First Java

유영진 · 이도연

YD연두에디션
Edition

First Java

발행일 2021년 01월 29일 초판 1쇄
지은이 유영진 · 이도연
펴낸이 심규남
기 획 염의섭 · 이정선
펴낸곳 연두에디션
주 소 경기도 고양시 일산동구 동국로 32 동국대학교 산학협력관 608호
등 록 2015년 12월 15일 (제2015-000242호)
전 화 031-932-9896
팩 스 070-8220-5528
ISBN 979-11-88831-73-9
정 가 30,000원

이 책에 대한 의견이나 잘못된 내용에 대한 수정정보는 연두에디션 홈페이지나 이메일로 알려주십시오.
독자님의 의견을 충분히 반영하도록 늘 노력하겠습니다.
홈페이지 www.yundu.co.kr

PREFACE

현재 국내에서는 공공 및 기업의 시스템들의 대부분들이 자바 기반의 웹 애플리케이션 프로젝트로 진행이 되고 있습니다. 특히 스마트 디바이스가 보급이 되고 보편화 되면서 안드로이드 운영체제 기반의 스마트 디바이스에 대한 관심이 많아지고 이 디바이스에서 실행이 가능한 애플리케이션에 대한 요구들이 많이 늘어났습니다. 이 안드로이드 운영체제에서 실행하는 애플리케이션도 자바를 기반으로 만들어집니다. 이처럼 자바가 도입 된지 20여년이 지난 현재에도 여전히 우리 실생활에서 아주 밀접하게 근접해 있는 언어가 자바 프로그래밍 언어입니다. 따라서 현재의 상황을 본다면 자바 기반의 코딩 학습은 필수적일 것입니다.

이 책은 자바 프로그래밍 언어를 처음 접하거나 객체지향 언어에 대한 경험이 아직 많지 않은 초보자를 위한 입문서입니다. 크게 프로그램의 기본 문법을 다루고 객체지향언어가 가지는 객체의 개념과 클래스 타입을 다룹니다. 그리고 자바에서 제공하는 다양한 API를 다루면서 자바 프로그래밍언어에 대해 알아봅니다. 객체지향의 특징과 자바 프로그래밍 언어의 특징들을 다루고 있으며 스스로 고민하고 코딩해보고 해결해 나가도록 권하고 있습니다. 그리고 하나의 애플리케이션을 챕터별로 프로그램을 보완해나가면서 완성하도록 하고 있습니다. 이 책이 자바의 모든 내용을 전달하지는 못하지만 객체지향언어인 자바의 특징에 대해 이해하고 자바 언어를 이용해서 문제 해결을 위한 코딩능력이 향상되길 바랍니다.

마지막으로 강의와 집필을 핑계로 함께하는 시간이 적었지만 옆에서 언제 응원해준 가족들에게 고맙고 사랑한다고 전하고 싶습니다. 이 책을 집필하면서 아낌없는 도움을 주신 모든 분들과 이 책이 완성되기까지 오래 기다려 주시고 협조와 지원을 아끼지 않은 도서출판 연두에디션 관계자 여러분들께 진심으로 감사를 드립니다.

2021년을 시작하는 1월의 시작

저 자

학습자의 경우 아래의 과정으로 학습하길 권장합니다.
1. 각 챕터의 본문 내용 및 프로그램을 예습 및 복습을 하고, 수업 진행 도중 해당 내용과 프로그램을 반복하여 학습을 진행합니다.
2. 본문의 프로그램을 실습한 후 '요약'을 참고하여 개인이 이해한 내용으로 요약을 만들어 봅시다.
3. '연습문제'를 통해 이해하고 있는 언어의 이해와 활용 여부를 다시 정리해봅시다.
4. '코딩하기'를 통해 요구사항을 해결하는 실습 과정을 진행하면서 코딩 능력과 문제 해결능력을 향상시켜 봅시다.
5. '프로젝트'는 프로젝트가 있는 챕터는 책에서 진행하는 프로젝트나 혹은 다른 주제로 프로젝트를 진행해봅시다.

교수자의 경우 아래의 과정으로 진행하길 권장합니다.
1. 3시간 중 2시간 이내를 본문의 내용 및 프로그램을 다룹니다.
2. '연습문제'와 '코딩 해보기'의 실습을 진행한다. 1시간 이내에서 '코딩 해보기' 문제의 일부에 대한 실습을 진행하고, 나머지 문제 중 일부를 과제로 부과하여 제출하게 합니다.
3. '프로젝트'는 한 학기 또는 두 학기 프로그래밍 프로젝트 일환으로 학습자의 전공이나 관심 분야에 해당하는 분야의 주제를 하나 선정하게 한 후, 해당 문제에 대한 문제 해결 과정 및 프로그래밍, 결과 보고서 작성 등에 대한 프로젝트 진행합니다.

한 학기 분량으로 수업을 진행 할 경우, 16주 가정하여 수업을 진행합니다. 13~15장의 고급 API를 다루는 챕터는 생략하고 진행 할 수 있습니다.

주	해 당 챕 터
1	1. 객체지향 언어인 JAVA
2	2. JAVA에서 데이터 다루기
3	3. JAVA에서 제공하는 연산자
4	4. 프로그램 흐름제어를 위한 조건문과 반복문
5	5. 객체지향 - 인스턴스와 클래스
6	6. 배열
7	7. 객체지향 - 상속
8	중간고사
9	8. 객체지향 - 추상클래스와 인터페이스
10	9. API
11	10. 예외처리
12	11. 컬렉션 프레임워크
13	12. JAVA I/O
14	프로젝트 발표
15	기말고사

강의 계획

2학기 분량으로 수업을 진행 할 경우, 한 학기 16주 가정하여 수업을 진행합니다.

1학기

주	해 당 챕 터
1	1. 객체지향 언어인 JAVA
2	2. JAVA에서 데이터 다루기
3	
4	3. JAVA에서 제공하는 연산자
5	
6	4. 프로그램 흐름제어를 위한 조건문과 반복문
7	
8	중간고사
9	5. 객체지향 - 인스턴스와 클래스
10	
11	6. 배열
12	7. 객체지향 - 상속
13	8. 객체지향 - 추상클래스와 인터페이스
14	프로젝트 발표
15	기말고사

2학기

주	해 당 챕 터
1	9. API
2	
3	10. 예외처리
4	11. 컬렉션 프레임워크
5	
6	12. JAVA I/O
7	
8	중간고사
9	13. 스레드
10	
11	14. GUI
12	
13	15. 네트워크 프로그래밍
14	프로젝트 발표
15	기말고사

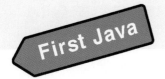

First Java

CONTENTS

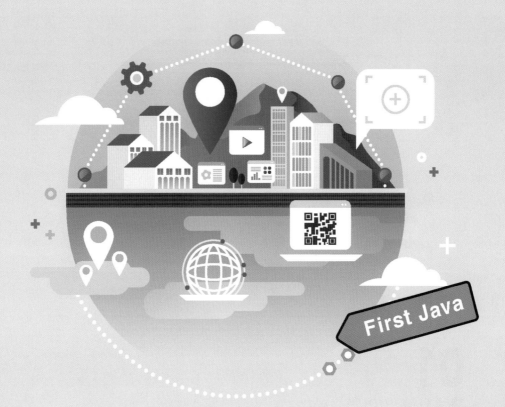

First Java

01

객체지향 언어인 JAVA

First Java

01 객체지향 언어인 JAVA

First Java

1.1 JAVA

1.1.1 컴퓨터 프로그래밍

프로그래밍이란 무엇일까요? 프로그래밍은 컴퓨터에서 동작하는 프로그램을 만드는 것을 의미합니다. 그리고 프로그램들을 만들기 위해서는 "문제를 해결"하기 위해 방법과 절차를 프로그래밍 언어로 정의하는 과정을 프로그래밍이라고 합니다. 앞에서 언급한 문제를 해결하기 위해 실행하는 절차의 목록을 알고리즘이라고 합니다. 우리는 이미 일상생활에서 많은 알고리즘을 접해보았습니다. 예를 들면 요리 레시피나 게임 미션 해결하기, 종이 접기 등과 같이 특정 문제를 해결하기 위한 단계별 행동을 정의한 것 들이 알고리즘입니다. 이처럼 알고리즘을 반영해 컴퓨터에게 실행하도록 하는 것이 프로그램이며 이 프로그램이 컴퓨터에서 동작할 수 있도록 만들어주는 과정이 프로그래밍입니다.

프로그래밍 언어

프로그램은 컴퓨터에서 구동이 되는 것이고 프로그래밍 언어로 정의한다고 했습니다. 그렇다면 프로그래밍 언어가 하는 역할은 무엇일까요? 바로 컴퓨터에게 연산처리를 하도록 명령하는 것입니다. 프로그래밍 언어로 작성된 프로그램은 컴퓨터의 CPU가 읽을 수 있는 기계어로 번역되어 실행됩니다. 따라서 여러분들이 어떠한 프로그래밍 언어를 선택해서 프로그램을 만들어도 기계어로 변환 되어 실행이 됩니다. 프로그래밍 언어는 프로그램의 성격과 목적에 맞게 선택해야 하는데 프로그래밍을 할 때에는 사람들이 쉽게 이해하고 작성하기 편하게 만들어진 고급언어를 사용합니다. C언어, JAVA, Python 등이 고급언어에 속합니다. 이런 고급언어는 컴파일러나 인터프리터에 의해 기계어로 변환되어 프로그램을 실행합니다.

컴파일 언어는 프로그래머가 작성한 소스 코드를 CPU가 읽을 수 있는 2진 코드로 변환되는 과정을 거치고 실행되는 형태의 언어입니다. 인터프리터 언어는 프로그램 코드가 실행하면 해석기에 의해 CPU가 읽을 수 있는 2진 코드로 변환 한 후 실행합니다. JAVA는 프로그램 이 실행 될 때 컴파일 과정을 거쳐 바이트코드를 생성하고 바로 CPU가 읽는 것이 아니라 JVM(가상머신)이 클래스 파일을 읽고 기계어로 변환 시켜 실행 하는데 이런 특징은 하나 의 소스 코드로 다양한 플랫폼에서 실행될 수 있도록 해줍니다.

1.1.2 객체지향언어인 JAVA

JAVA는 1991년 Sun Microsystem사의 James Gosling Patrick Naughton, Chris Warth, Ed Frank Mike Sheridna에 의해서 고안 개발한 객체지향 언어입니다. 고안된 초기에는 "Oak"으로 불렸으나 1995년 "JAVA"로 변경되었습니다. 1996년에 JAVA 개발 환경인 JDK1.0을 발표했습니다. 초기의 JAVA는 가전제품과 같은 전자기기를 제어하기 위해 개발되었으나 월드와이드웹의 발전과 함께 JAVA 도 발전하게 되었습니다. 인터넷 및 분산처리 시스템에서 효과적으로 응용프로그램을 작성하고 최근에는 프레임워크 기반 의 웹 어플리케이션과 안드로이드 운영체제의 스마트 디바이스 환경의 어플리케이션을 개 발하는데 사용됩니다. 특히 우리나라는 웹 분야에서 독보적인 점유율을 가지고 있는데 이 는 우리나라 공공 부문의 정보화 사업에 대한 표준화된 프레임워크가 JAVA 기반의 프레임 워크를 기반으로 만들어졌기 때문입니다. JAVA 프로그래밍 언어를 사용하면 객체지향의 특징을 이용하여 보다 효율적인 프로그램을 개발할 수 있습니다.

🗄 객체지향 프로그래밍의 특징

객체지향 프로그래밍의 개념은 명령어들의 순서에 따라 실행하는 관점이 아닌 객체의 개념 으로 프로그래밍을 하는 것을 의미합니다. 각 객체들은 데이터를 저장하는 속성과 기능을 가지고 객체 서로 간에 메시지를 주고받고 처리하는 것을 의미합니다. 객체지향 프로그래 밍의 특징은 프로그램을 유연하고 변경이 쉽게 만들 수 있어 대규모 소프트웨어개발과 간편 한 유지보수 등의 장점을 가지기 때문에 최근 웹 기반의 애플리케이션 개발에 많이 사용하 고 있습니다.

객체지향의 언어는 아래와 같은 특징을 가지고 있습니다.

● **캡슐화(Encapsulation)**

객체가 가지고 있는정보를 은닉하여 정보를 보호하는 것을 의미 합니다. 외부에서 객체의 정보에 직접 접근하는 것을 막고 특정 메소드를 통해 접근하도록 정의합니다.

● **정보은닉(Information Hiding)**

캡슐화에서 가장 중요한 개념으로, 외부 다른 클래스 또는 객체로부터 객체 자신의 정보를 숨기고 객체 내부에서만 접근을 허용하도록 하는 것을 의미합니다.

● **추상화(Abstraction)**

여러 객체에서 공통부분을 추출해서 정의하는 것을 의미합니다. 즉 클래스의 변수와 메소드들 중 공통적이고 대표성을 가지는 요소들을 뽑아 정의하는 것입니다.

● **상속성(Inheritance)**

이미 정의된 상위 클래스(부모 클래스)의 모든 멤버들(변수와 메소드)을 하위 클래스가 물려받는 것을 의미합니다. 상속을 하면 상속을 받은 새로운 클래스는 변수나 메소드를 따로 정의하지 않고 상속받은 멤버들을 사용 할 수 있습니다.

● **다형성(Polymorphism)**

상속관계에 있는 클래스들 간에 상위 클래스 타입으로 다양한 하위 클래스 타입의 객체를 처리 할 수 있도록 하는 것을 의미합니다. 각 객체들은 동일한 메소드 이름을 사용하지만 하위 클래스 타입 객체에 따라 각각 다른 처리를 할 수 있습니다.

🖮 JAVA 특징

● **JAVA는 고급언어이며 컴파일언어입니다.**

JAVA는 고급언어이기 때문에 소스코드 작성 후 프로그램을 실행시키기 위해서는 컴파일을 반드시 해주어야 합니다. JAVA소스를 컴파일 하면 가상머신(JVM)에서 실행할 수 있는 바이트코드로 변환됩니다. JAVA 프로그램을 실행하는 것은 컴파일 된 바이트코드가 가상머신(JVM)에서 실행되는 것입니다.

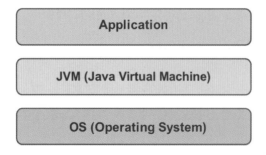

● JAVA는 플랫폼에 독립적인 언어입니다.

　하나의 소스 코드로 다양한 플랫폼 또는 운영체제에서 실행할 수 있습니다.

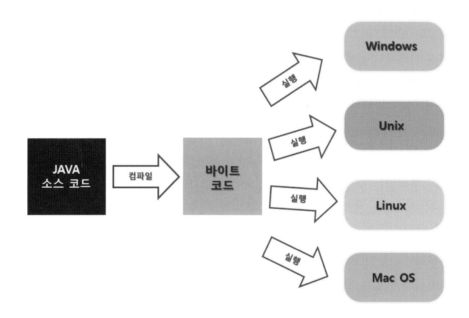

　C언어 또는 C++ 등의 언어로 프로그램을 개발하면 운영체제 별로 코드를 작성해야
하고 각 운영체제에 맞게 별도로 컴파일 해야만 실행이 가능하지만 JAVA는 하나의
소스 코드로 운영체제에 상관없이 프로그램의 실행이 가능합니다.

● JAVA는 객체지향 프로그램 언어입니다.

　객체의 개념으로 클래스를 사용하고, 추상화, 캡슐화, 상속, 다형성 등을 이용해서
프로그래밍을 합니다. 절차보다는 사람 중심의 프로그래밍을 할 수 있습니다.

● **JAVA는 멀티스레드 언어입니다.**

하나의 프로세스에서 여러 개의 스레드를 동시에 실행할 수 있도록 프로그래밍 할 수 있습니다. JAVA는 API를 통해 스레드를 쉽게 처리할 수 있도록 지원합니다. 이렇게 동시에 스레드를 실행 시키도록 해서 병렬 프로그래밍이 가능해집니다. 이러한 병렬 처리는 프로그램의 성능을 향상 시켜줍니다. 안드로이드에서 실행하는 JAVA 애플리케이션의 경우도 네트워크 관련 프로그래밍의 경우 반드시 스레드를 사용해서 처리를 하도록 되어 있습니다.

● **메모리관리를 자동으로 해줍니다.**

C언어 같은 고급언어는 메모리의 할당과 관리를 프로그래머가 직접해주어야 했습니다. 하지만 JAVA언어는 가비지컬렉션에 의해 객체 생성 시 메모리의 생성과 소멸의 생명주기를 프로그래머가 아닌 가상머신(JVM)이 해줌으로써 프로그래머는 핵심 로직 구현에만 집중할 수 있습니다.

다양한 운영체제에서 하나의 소스코드로 실행이 가능한 이유도 운영체제별로 가상머신이 있기 때문입니다.

1.1.3 개발환경 구축

JAVA언어를 기반으로 프로그래밍을 하기 위해서는 JAVA 개발환경을 제공하는 개발도구인 JDK를 이용하여 개발합니다. 우리는 JAVA 언어를 기반으로 하는 어플리케이션을 개발하기 위해서는 JDK를 설치하고 프로그래밍을 해야 합니다. 개발환경의 구축과정은 아래와 같습니다.

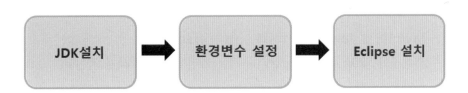

● JDK의 **구성**

JDK는 **JAVA** 언어를 기반으로 프로그래밍을 할 수 있는 개발 환경을 제공합니다. **JAVA** 프로그램을 만들기 위해서는 **JDK**를 설치하고 프로그래밍을 해야 합니다. **JDK** 에는 개발도구와 **JRE**를 포함하여 구성되어 있습니다.

JDK = JAVA 개발도구(컴파일러, 툴) + JVM(가상머신) + JAVA API(라이브러리)

JAVA API(Application Programming Interface)는 **JAVA** 프로그램개발에 사용되는 라이브러리들의 집합입니다. 이 라이브러리에는 **JAVA**를 이용하여 쉽게 프로그램을 구현 할 수 있도록 클래스와 인터페이스 계층 구조로 구성되어 있습니다. **JAVA** 가상 머신**(JVM : Java Virtual Machine)**은 **JAVA**가 실행될 수 있는 플랫폼 환경입니다. 이 가상머신은 운영체제에 설치되어 있고 **JAVA** 소스 코드를 컴파일한 바이트코드를 실행시키는 역할을 합니다.

● JDK의 **종류**

1. Java SE : Java Platform , Standard Edition
   표준 **JAVA** 플랫폼으로 **JAVA** 가상 머신 규격 및 **API**를 포함하고 있습니다.

2. Java EE : Java Platform , Enterprise Edition
   Java SE에 웹 어플리케이션 서버**(Web Application Server)**에서 동작하는 기능을 추가한 플랫폼입니다. 예를 들어 오픈 소스 기반의 **WAS**인 **Tomcat**은 **JAVA EE**로 구현된 웹 어플리케이션 서버입니다.

3. Java ME : Java Platform , Micro Edition
   휴대전화, **PDA** 등 작은 단말기나 작은 가전제품에 **JAVA**를 지원하기 위해 만든 플랫폼 입니다.

❶ JDK 설치

 JDK 다운로드

JDK 다운로드에 앞서 설치할 컴퓨터의 운영체제를 먼저 확인 한 후 운영체제에 맞는 **JDK**를 다운받아 설치해야 합니다. 최근의 컴퓨터의 윈도우 운영체제 대부분은 **64**비트의 운영체제이지만, 간혹 **32**비트의 운영체제가 있을 수 있음으로 확인이 필요합니다. 또 **MAC** 사용자의 경우에도 **MAC** 운영체제에 맞는 **JDK**를 제공하므로 알맞은 **JDK**를 다운로드 해서 설치해야 합니다.

먼저 **Windows** 운영체제 확인을 합니다. 운영체제 확인은 제어판 ➜ 시스템 및 보안 ➜ 시스템에 접속하면 됩니다. 또는 파일탐색기 ➜ 내 **PC**의 오른쪽 버튼을 누르고 속성을 선택하면 됩니다.

JDK는 오라클 사이트에서 다운로드 할 수 있습니다. 아래 주소를 통해 사이트에 접속해 봅시다.

https://www.oracle.com/technetwork/java/javase/downloads/index.html

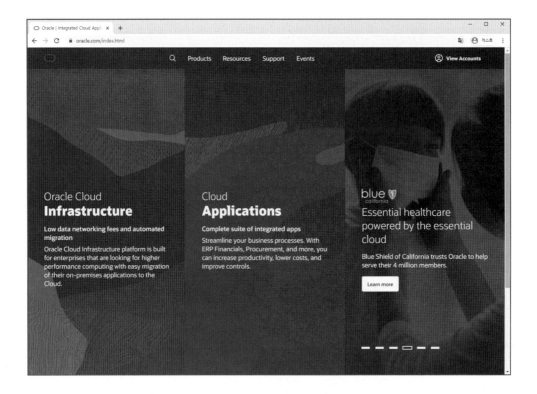

상단의 Product 메뉴를 클릭하고 Java 메뉴를 클릭합니다.

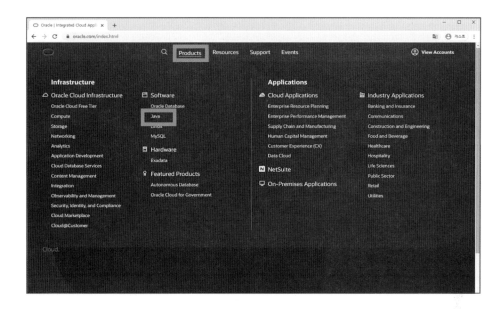

우측 상단의 Download Java 버튼을 클릭합니다.

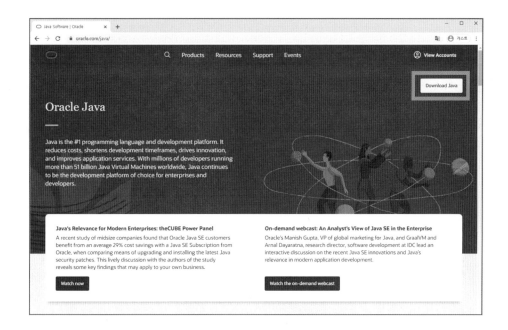

다운로드 페이지에 접속하면 가장 최근 버전인 Java Se 15 버전이 가장 위에 보입니다.
아래로 스크롤을 내려 Java SE 8 버전을 찾습니다.

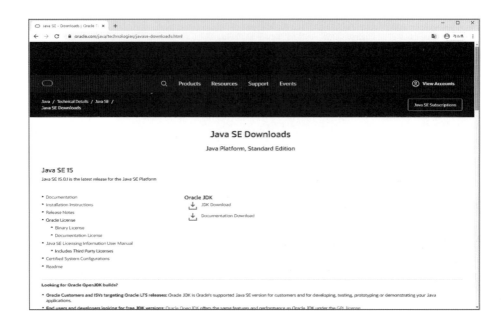

Java SE 8 버전을 찾으면 JDK를 다운 받을 수 있는 메뉴가 나옵니다. JDK Download 메뉴를 클릭합니다.

아래 표를 보면 운영체제 별 JDK를 다운로드 할 수 있도록 분류해서 제공해 주고 있습니다. 우리는 앞서 확인한 대로 윈도우즈 64비트 운영체제에 맞는 JDK를 다운로드 합니다.

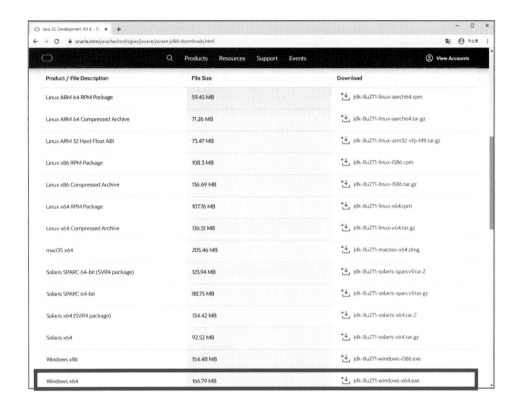

다운로드 클릭하면 라이선스에 관련한 메시지가 나옵니다. 체크박스 체크 후 다운로드 버튼을 클릭합니다.

오라클 계정에 로그인 하는 페이지 입니다. 계정을 만들어서 로그인 하거나 계정이 이미 있다면 계정 정보를 입력해 로그인 합니다. 로그인이 되면 다운로드가 됩니다.

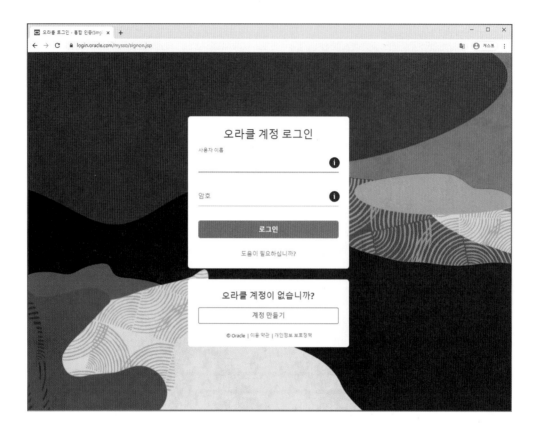

다운로드 페이지에서 다운로드 된 **JDK** 파일을 확인합니다.

JAVA JDK 설치

설치를 위해서는 앞에서 다운로드 한 JDK 파일을 실행시켜주면 됩니다. JDK exe파일을
더블 클릭합니다.

라이선스에 대한 설명이 나옵니다. Next 버튼을 클릭합니다.

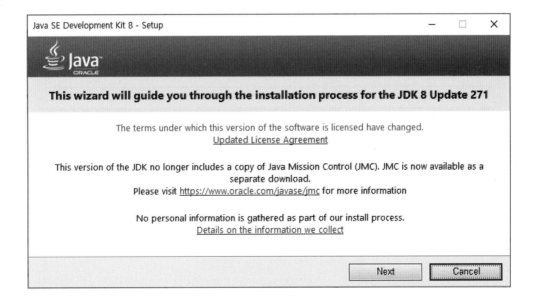

설치되는 프로그램의 저장 위치를 설정할 수 있습니다. next 버튼을 클릭합니다.

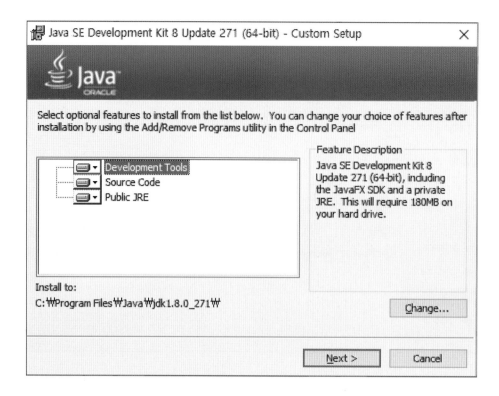

앞에서 **JDK**의 구성 요소에서 보았듯이 **JDK**를 설치할 때에는 **JRE**도 함께 설치됩니다. **JRE** 설치 폴더도 다른 위치로 설정 할 수 있습니다. 지금은 기본 설정 그래도 두고 next 버튼을 클릭합니다.

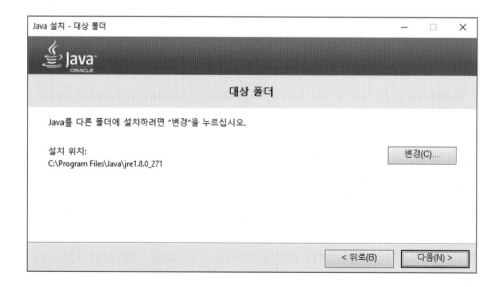

설치를 진행합니다.

설치가 완료되면 아래와 같은 설치 메시지가 나옵니다.

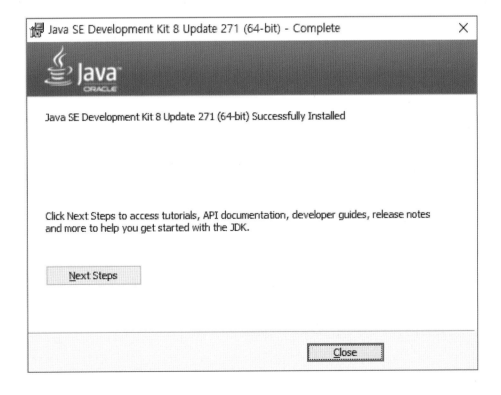

❷ 윈도우즈 기반 환경변수 설정

제어판 ➔ 시스템 및 보안 ➔ 시스템 창을 열고 왼쪽에 고급 시스템 메뉴를 클릭해서 시스템 속성 설정 창을 열어 줍니다. 제어판에서 시스템 환경설정 창을 열어주거나 windows키 +Pause Break 키를 눌러 열 수도 있습니다.

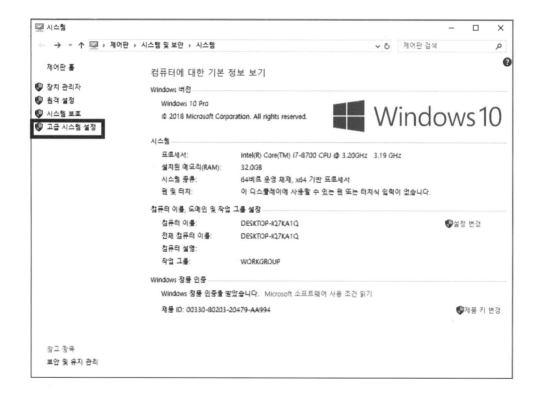

🔖 환경 변수

환경 변수란, 운영체제가 프로그램을 실행할 때 프로세스를 생성하면서 참조하는 변수입니다. 예를 들어 **Java**가 운영체제에서 실행할 때 필요한 변수들을 환경 변수에 저장하고, 참조해서 실행할 때 사용하는 것입니다.

그 중에 가장 많이 사용되는 것이 **path**라는 환경 변수 입니다. 환경 변수 **path**는 운영체제가 특정 응용프로그램을 실행 시킬 때 필요한 응용프로그램 실행 파일의 경로를 저장하고 있는 변수 입니다. 즉 응용프로그램이 실행할 때 필요한 경로를 참조하는 변수입니다.

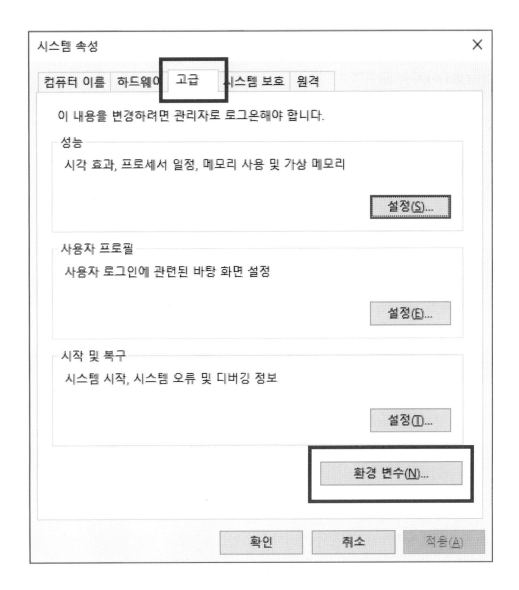

시스템 속성 창에서 상단의 탭 메뉴의 고급 탭을 클릭하고 아래 환경 변수 버튼을 눌러 환경 변수 설정 창을 열어줍니다.

환경 변수는 사용자 변수와 시스템 변수가 있습니다. 사용자 변수와 시스템 변수의 차이는 사용자 변수는 해당 사용자가 윈도우에 로그인 했을 때에만 사용할 변수로 등록하는 것이고, 시스템 환경 변수는 현재 컴퓨터 운영체제에 모든 사용자가 사용하는 환경 변수입니다.

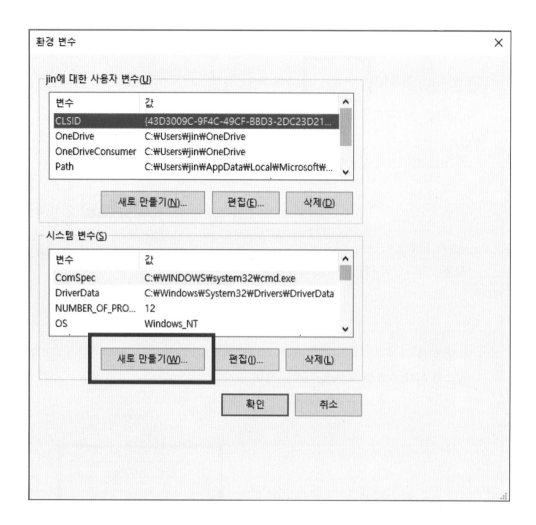

환경 변수 설정 창에서 시스템 변수 영역의 새로 만들기 버튼을 클릭 해서 변수 등록 창을
열어줍니다.

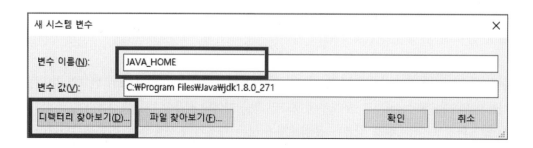

시스템 변수 등록을 위해 변수이름에는 **"JAVA_HOME"**을 입력하고, 변수 값에는 **JAVA JDK**가 설치된 경로를 등록해 줍니다.

그리고 아래 **path** 변수를 선택하고 편집을 합니다.

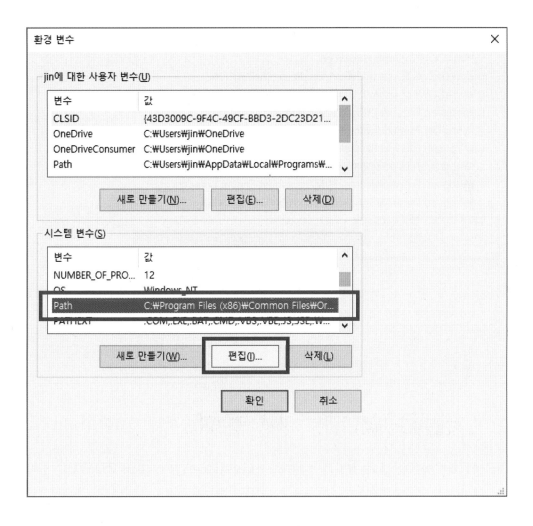

그리고 새로 만들기 버튼을 클릭하고 **%JAVA_HOME%\bin** 경로를 등록합니다.

지금 path에 등록한 경로는 "C:\Program Files\Java\jdk1.8.0_271\bin" 입니다. 이 경로를 등록하는 이유는 JAVA 프로그램을 만드는데 필요한 컴파일러와 JAVA 프로그램을 실행시켜주는 실행 파일 파일들이 JDK의 bin 폴더에 있기 때문입니다. 이렇게 등록을 하면 어떤 위치에서든 해당 실행 파일들을 사용할 수 있게 됩니다.

윈도우 키 + r 을 누르면 윈도우 화면 좌측 하단에 아래와 같은 실행 창이 나타납니다. 열기 입력 창에 **cmd**를 입력하고 확인을 클릭합니다.

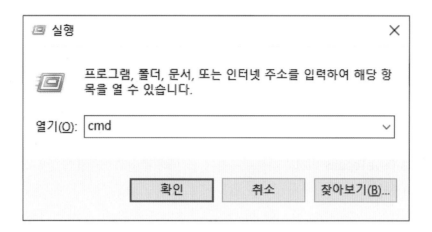

아래와 같이 커멘드 창이 열리고 **java -version** 명령을 입력해보면 현재 시스템에 설치된 **JAVA** 버전을 출력해줍니다. 여기서 JAVA 명령은 JDK 의 **bin** 폴더의 **java.exe**를 실행 하는데 앞서 설정한 환경 변수 **path**에 의해 해당 명령을 실행해 주는 것입니다.

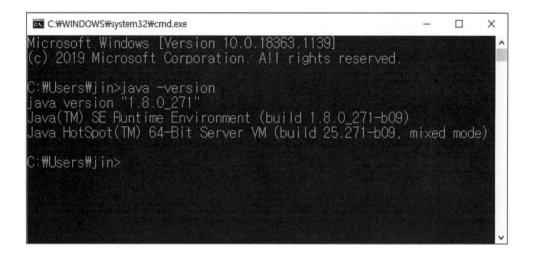

❸ 이클립스 설치

🗳️ 이클립스 다운로드

이클립스는 다양한 플랫폼에서 다양한 언어를 지원하는 프로그래밍 통합개발 환경입니다. JAVA 기반으로 개발 되었으며, 오픈 라이선스이지만 다양한 기능을 제공하고 있습니다. JAVA 개발자용, JAVA EE(웹개발)용 등 다양한 버전이 있습니다. 우리는 JAVA 개발을 위한 Java Developers 버전을 다운로드 합니다. 아래 주소로 이클립스 다운로드 페이지에 접속해봅시다.

```
https://www.eclipse.org/downloads/
```

현재 컴퓨터 운영체제에 맞고 프로그래밍 언어에 맞는 편집기를 다운로드 하기 위해 Download Package 버튼을 클릭합니다.

Eclipse IDE 2020-09 R Packages 는 JDK 11 이상에서만 구동이 됩니다. 본 교재는
JDK8 기준으로 쓰여졌기 때문에 JDK8 버전에서 실행이 가능한 버전을 다운로드 해야 합니
다. 오른쪽 하단의 **MORE DOWNLOADS** 에서 Eclipse 2020-06 (4.16) 버전을 선택하고
Java Developers 버전을 다운로드 합니다.

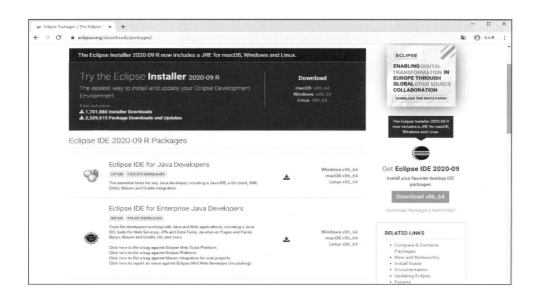

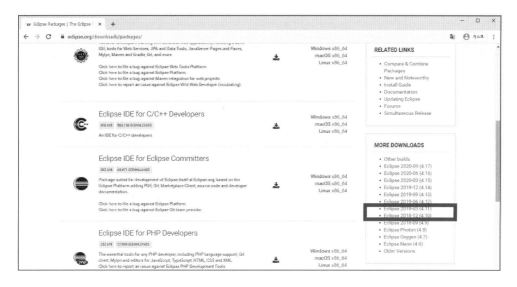

MORE DOWNLOADS 에서 Eclipse 2020-06 (4.16) 버전을 선택합니다.

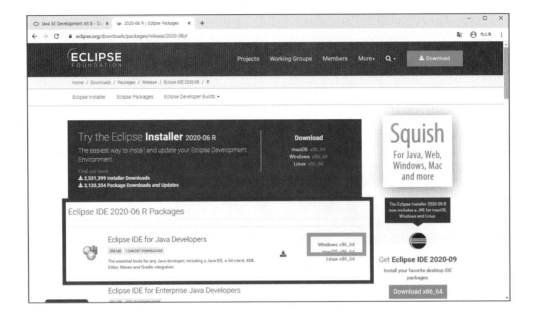

Eclipse IDE 2020-06 R Packages의 Eclipse IDE for Java Developers의
Windows x86_64을 클릭해서 다운로드 합니다.

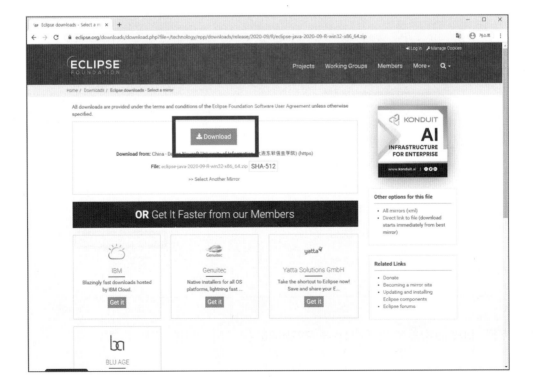

다운로드 버튼을 클릭해서 다운로드 합니다.

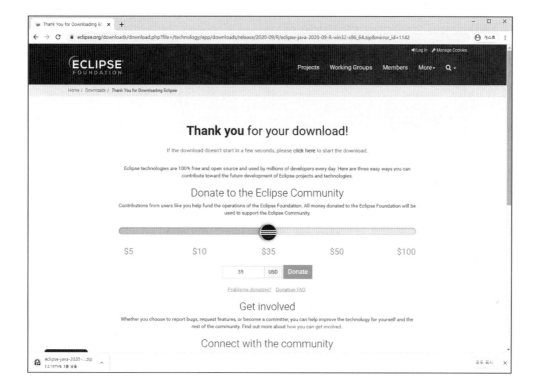

브라우저에서 다운로드가 됩니다.

다운로드 된 파일의 압축을 풀어줍니다.

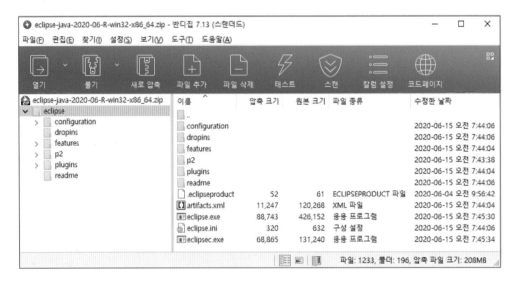

이클립스의 실행은 아래 폴더에 있는 **eclipse.exe** 파일을 더블 클릭해 주면 됩니다.

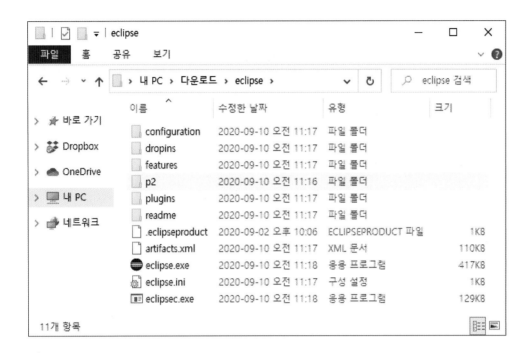

이클립스를 실행하면 먼저 워크 스페이스 폴더를 설정하는 창이 뜹니다. 워크 스페이스는 프로그래머가 생성하는 프로젝트 들을 저장하는 폴더를 의미합니다. 이클립스를 통해 생성하는 프로젝트들은 이 워크스페이스 폴더에 물리적인 폴더로 생성되어 저장됩니다. 여러분들은 원하는 위치에 폴더를 생성하고 그 폴더를 지정해 주면 됩니다.

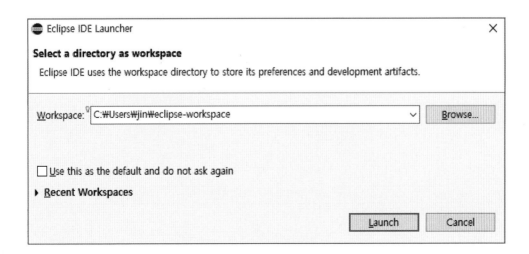

이클립스가 설치되고 처음 실행한 화면입니다.

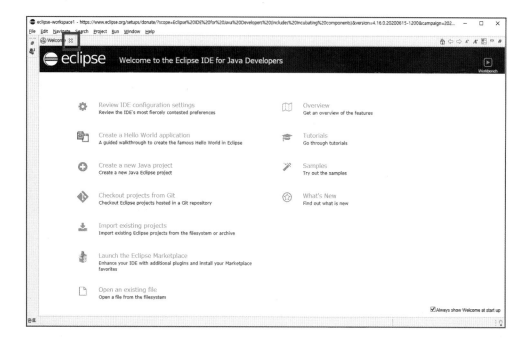

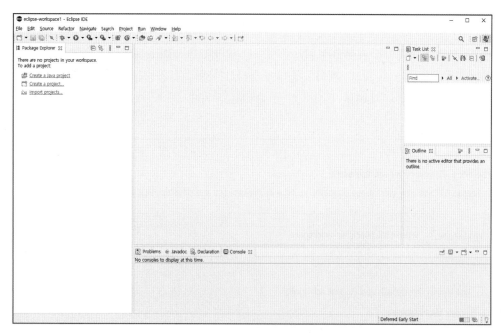

1.2 JAVA 프로그래밍 처리과정

일반적인 고급언어 기반의 프로그래밍 과정입니다.

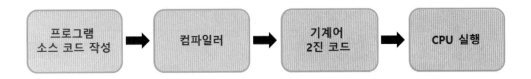

프로그래밍 언어로 소스 코드를 작성하고 컴파일러를 이용해서 컴파일을 합니다. 컴파일이란 프로그래머가 작성한 코드를 컴퓨터의 CPU가 해석할 수 있는 2진 코드로 변경하는 것을 말합니다. 이렇게 컴파일 된 2진 코드는 CPU가 알고 실행하는 것입니다.

JAVA 프로그래밍 처리과정

JAVA기반 프로그램의 특징은 다른 언어와 다르게 컴파일이 되면 바로 기계어로 변환되는 것이 아니라 바이트코드로 컴파일 해서 JVM(가상머신)에서 실행한다는 것입니다.

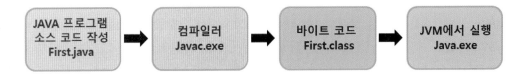

프로그래머는 JAVA언어를 이용해서 앞서 설치한 통합개발환경에서 코드를 작성합니다. 이때 작성된 소스코드는 .java 확장자의 파일로 저장합니다. .java 파일은 JAVA 컴파일러(javac.exe)를 이용해서 바이트코드로 컴파일 합니다. 컴파일 된 바이트코드는 JVM(가상머신)에서 실행됩니다.

1.3 JAVA프로그램 구조 살펴보기

1.3.1 클래스 구조

JAVA 프로그램은 코드를 클래스라는 단위로 작성합니다. 이 소스코드를 FirstJava.
java 파일로 저장하고 컴파일 하면 FirstJava.class 파일로 만들어지고, 가상머신에
서 실행을 합니다. 이때 FirstJava.class 파일이 실행되면 main 메소드를 실행시키고
메소드 안의 명령문들이 위에서 아래로 순차적으로 실행됩니다. System.out.println
("Hello~ JAVA~!!")는 콘솔에 문자열을 출력하는 문장입니다. 이러한 문장을 명령문
이라고 합니다. 이 명령문 뒤에는 반드시 세미콜론(;)을 써주어야 합니다. System.
out.println("Hello~ JAVA~!!") 명령문은 큰 따옴표(")안의 문자열을 출력하는 명
령을 수행합니다.

JAVA 프로그램은 클래스라는 형식으로 프로그래밍을 한다고 했습니다. 클래스를 작성할
때 어떠한 요소들이 필요한지 살펴보겠습니다.

클래스 내부에 작성하는 것을 구분해보면 키워드(keyword), 식별자(identifier) 그
리고 데이터들을 사용해서 작성합니다.

데이터

프로그래밍에서 사용되는 데이터는 숫자(정수, 실수), 문자, 문자열, 논리값 등이 있습니다.

키워드

키워드는 JAVA 프로그램 내부에서 이미 약속된 단어로 약속된 명령어 입니다. 키워드는 클래스, 메소드, 변수 이름으로 사용할 수 없습니다.

abstract	continue	for	new	switch
assert	default	goto	package	synchronized
boolean	do	if	private	this
break	double	implements	protected	throw
byte	else	import	public	throws
case	enum	instanceof	return	transient
catch	extends	int	short	try
char	final	interface	static	void
class	finally	long	strictfp	volatile
const	float	native	super	while

JAVA 내부에서 정의되어 있는 상수

true	false	null

JAVA에서 사용하는 기호

대괄호, 중괄호, 소괄호, 마침표, 쉼표, 세미콜론 등이 있습니다.

식별자

식별자는 JAVA 프로그램 내부에서 식별하기 위한 이름을 의미합니다. 식별자에는 클래스의 이름, 메소드의 이름, 변수의 이름이 식별자 입니다. 이 식별자의 이름을 작성할 때에는 키워드를 사용할 수 없으니 작성 시에는 키워드를 이름으로 작성하지 않도록 주의해야 합니다. 그리고 JAVA의 식별자는 대/소문자를 철저하게 구분합니다. 이러한 특징들을 고려하고 클래스나 메소드가 어떤 작업을 수행하는지 의미를 부여하는 이름으로 작성합니다.

주석

주석은 JAVA 소스코드에서 프로그램에서 수행되는 코드가 아닌 코드 내부에서 프로그래머가 남기는 메모와 같습니다. 주석을 이용하면 유지보수 그리고 다른 사람들과 협업시에 유용하게 사용됩니다. 주석을 사용할 때는 하나의 행을 주석으로 사용하는 방법과 여러 행을 주석으로 처리하는 방법 두 가지 방법이 있습니다. 주석을 사용하는 방법은 아래와 같이 사용하면 됩니다.

```
// 한의 행을 주석 처리할 때는 행 맨 앞에 슬래시 두 개를 기술해 주면 됩니다.

/*
여러 행의 주석은
앞에 /* 로 시작하고
마지막에 */ 로 마감해 주면 됩니다.
*/
/*
사용자 이름과
사용자 나이를 저장하는
변수를 선언
*/

String name = "KING";      // 사용자 이름
int age;                   // 사용자 나이
```

1.3.2 변수

변수는 하나의 데이터를 저장하고, 변수
에 접근할 수 있도록 주소의 기능을 가집
니다. 데이터의 저장은 박스에 물건을 넣
어두고 필요할 때 다시 꺼내 쓰는 것과 같
이 프로그램에서 필요한 데이터를 담아
두고 필요할 때 쓸 수 있도록 하는 것을
의미합니다.

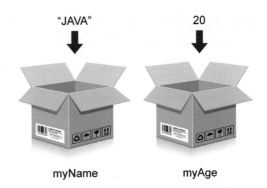

JAVA 프로그램 내부에서 자주 사용해야 하는 데이터를 변수로 만들고 프로그램의 흐름에
서 필요한 시점에 변수에 접근해서 사용하게 됩니다. 변수를 사용하기 위해서는 어떤 데이
터를 저장할 것인가를 결정해서 변수를 정의해야 하는데 이렇게 변수를 정의하는 것을 **"변
수 선언"**이라고 합니다. 변수 선언은 변수의 자료형 타입을 정의 하고 변수를 식별할 수
있는 이름을 정의해 주면 됩니다. 정의하는 방법은 아래와 같이 정의합니다.

나이를 의미하는 숫자 데이터를 저장하는 변수 선언을 해보겠습니다.

> 데이터 자료형 변수이름;
> int age;
> 정수데이터를 저장하는 변수 age

1.3.3 메소드

프로그래밍 언어에는 함수라는 것이 있습니다. 함수는 특정 목적의 기능을 수행하는 코드
들의 집합을 의미 합니다. 예를 들어 토스트기에 빵을 넣으면 구워진 빵이 나오게 됩니다.
이처럼 프로그램에서는 특정 데이터를 넣으면 데이터를 처리하고 결과를 반환합니다.
JAVA에서는 함수가 객체에서만 존재하기 때문에 객체에 정의된 함수를 메소드라고 합
니다.

1.3.4 이클립스로 JAVA 프로그램 작성하기

 **workspace 설정**

이클립스를 실행하면 먼저 workspace 설정하는 창이 뜹니다.

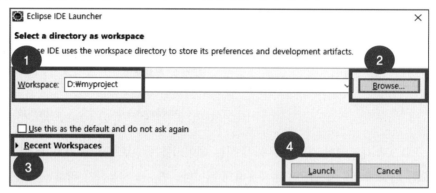

① workspace 경로를 나타냅니다.
② 새로운 workspace 경로를 찾아 설정할 수 있습니다.
③ 최근 workspace 경로를 나타냅니다.
④ 이클립스 프로그램을 실행합니다.

 **이클립스 실행 화면**

이클립스 실행 첫 화면

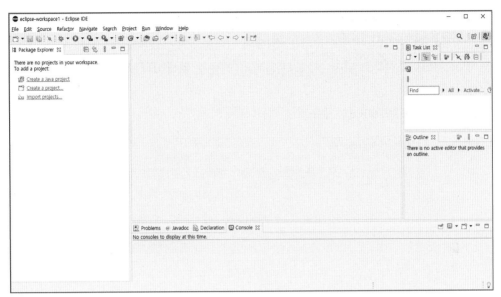

 이클립스 영역별 화면 구분

이클립스는 코드를 편집하고 기타 정보를 보여주는 영역을 제공합니다.

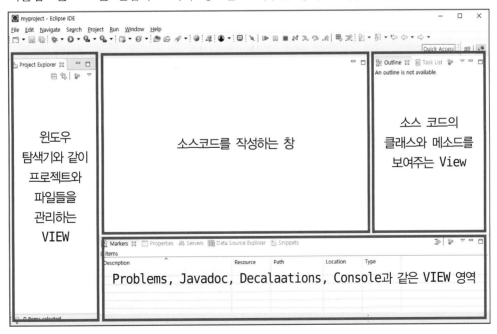

이클립스의 환경설정 - 1

먼저 이클립스가 편집하는 코드의 문자셋을 **UTF-8**로 설정해 줍니다. **UTF-8**은 유니코드를 문자셋으로 설정하는데 유니코드는 전 세계 언어를 모두 포함하는 문자셋입니다. 한글을 정상적으로 표현하고 다른 프로그램들과의 연동을 위해 **UTF-8**로 설정합니다.

Windows→ Preferences 메뉴를 선택합니다.

General → Workspace 탭을 선택하고 아래 Text file encoding 설정에서 UTF-8 설정을 합니다.

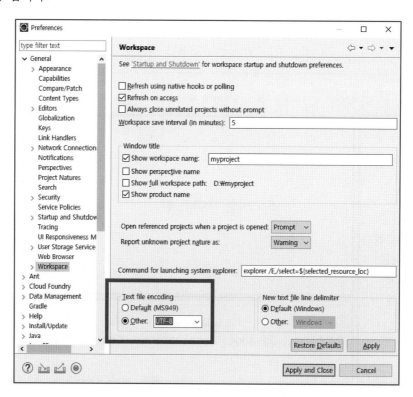

🧽 코드 들여쓰기 설정

Windows→ Preferences → General → Editor → Text Editor를 선택합니다.
그리고 **Displayed tab width** 설정을 4에서 2로 변경합니다. 이는 코드 작성시에 들여
쓰기를 **tab**으로 처리를 하는데, 이 간격이 넓어 코드가 길어질 경우 가독성이 떨어지므로
들여쓰기 간격을 줄이는 것입니다.

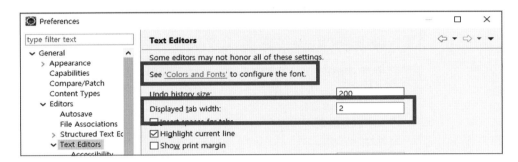

🧽 편집창의 폰트 설정

위에서 **Text Editors** 설정한 화면 위에 **Colors and Fonts**를 클릭하면 폰트와 폰트
색상을 설정할 수 있습니다. **Colors and Fonts** 화면의 **Edit** 버튼을 클릭하면 편집
창이 나타납니다.

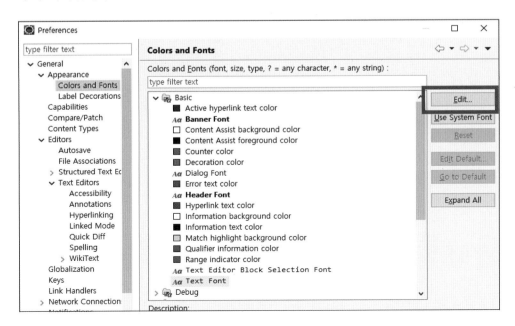

프로젝트의 생성

첫 화면의 **Create a java Project**를 클릭해서 JAVA 프로젝트를 생성할 수 있습니다. 프로젝트가 하나라도 있으면 아래 화면은 보이지 않습니다.

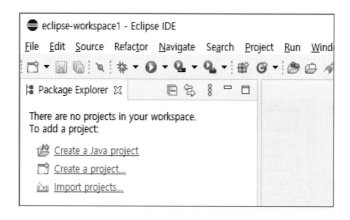

프로젝트를 생성하는 다른 방법은 **File ➔ New ➔ Java Project** 메뉴를 선택하면 됩니다.

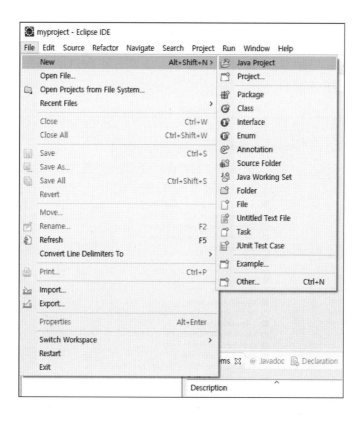

프로젝트 생성과 설정

프로젝트 설정은 Project name을 작성해주고 Finish 버튼을 클릭해 주면 됩니다. JRE 환경이나 Project layout, Working sets 설정은 하지 않고 기본값으로 프로젝트를 생성합니다.

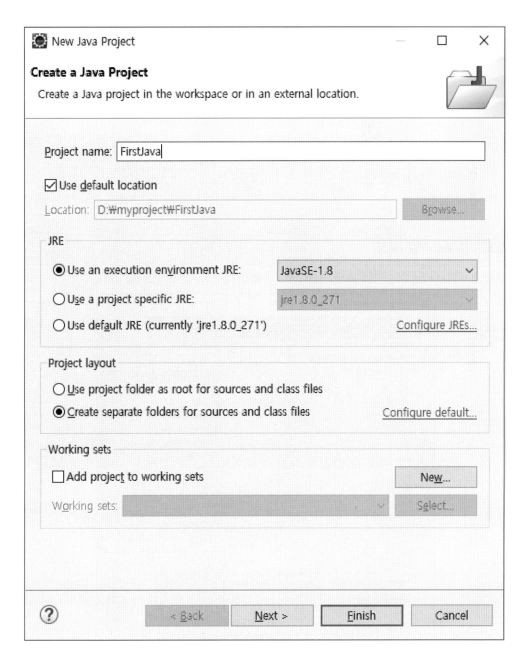

프로젝트 생성 화면

프로젝트가 생성되면 **Package Explorer**에 프로젝트 생성시에 설정한 프로젝트 이름의 프로젝트 폴더가 생성이 되고 그 아래 **JAVA JRE** 버전과 함께 **JRE System Library**가 보이고, 그 아래 `src` 폴더가 나타납니다. `src` 폴더에 클래스 파일인 `*.java` 파일을 생성하면 됩니다.

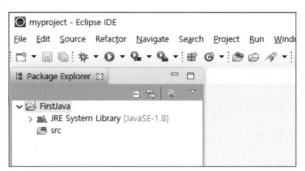

클래스파일 생성

클래스 파일의 생성은 `File → New → Class` 메뉴를 클릭하면 됩니다.

🧽 클래스 파일 생성 설정

클래스 생성시의 설정은 Package 설정과 Name 설정을 해주면 됩니다. 그 아래 public static void main(String[] args)를 체크해줍니다. 이는 메소드를 자동으로 생성하도록 하는 것인데 이 main()메소드는 클래스 실행하면 이 메소드를 호출해서 실행합니다. 설정이 다되면 Finish 버튼을 클릭하면 우리가 만들고자 하는 java 파일이 생성됩니다.

🗂 생성된 FirsrJava.java

파일이 생성되면 화면 중앙 영역에 생성된 java 파일의 코드가 나타납니다.

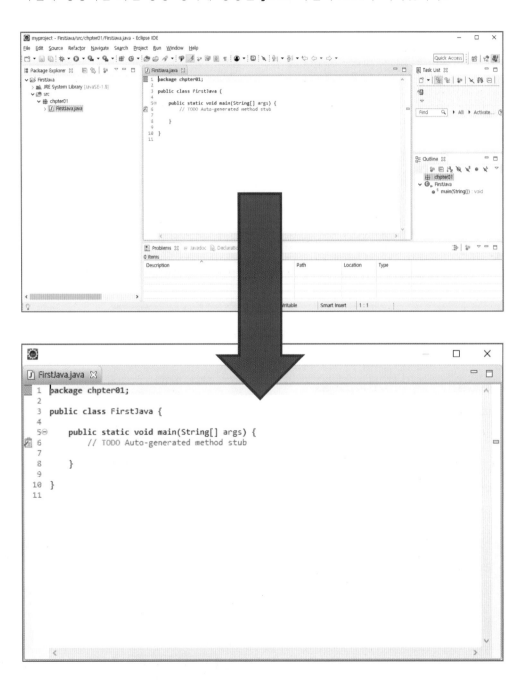

코드 코드 작성과 편집

아래와 같이 코드를 작성합니다. `System.out.println()`는 콘솔(`Console`)에 문자열을 출력합니다.

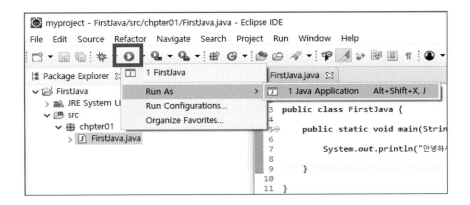

java 파일의 실행과 결과 확인

이클립스에서 `java` 파일을 실행할 때에는 아래 버튼을 클릭하고 `Run As`의 `Java Application` 메뉴를 선택하면 됩니다.

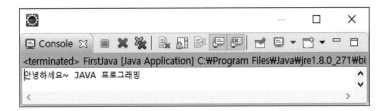

샐행의 결과는 화면 아래 `Console tab`에서 확인하면 됩니다.

1.4 메소드

메소드는 필요한 데이터를 받아 받은 데이터를 처리 후 처리한 결과를 반환합니다. 메소드는 데이터를 받아 처리할 수도 있지만 데이터를 받지 않고 처리할 수도 있습니다. 또 데이터 처리 결과를 반환하는 경우와 반환하지 않는 경우도 있습니다.

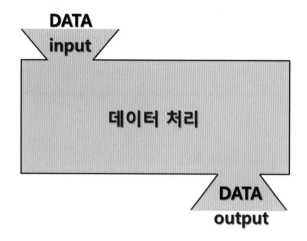

특정 목적의 기능을 수행하는 명령문들은 메소드의 중괄호"{}" 내의 명령문들 기술해서 처리하도록 정의합니다.

```
①반환데이터타입 ②메소드 이름 (③데이터타입 변수명, 데이터타입 변수명, ...)
{
        /* ④ 처리할 문장들*/
}
```

메소드를 정의하는 방법은 ①반환 데이터타입을 기술하고 ②메소드이름을 기술합니다. 그리고 괄호 안에 ③데이터타입 변수이름을 기술해 주는데 변수를 선언해주는 것과 같습니다. 이렇게 괄호 안에 선언한 변수를 가리켜 매개변수라고 합니다. 이렇게 정의 한 것을 메소드의 "선언부"라고 하며 다음에 오는 중괄호"{}" 블록은 "처리부"라고 하는데 메소드가 처리할 명령문들을 작성하면 됩니다.

예제를 통해 메소드를 정의하는 방법을 살펴보겠습니다. 작성해볼 메소드는 정수형 데이터 두개를 받아 덧셈 연산을 한 후 결과 값을 반환하는 메소드를 정의해 보겠습니다.

```
// 선언 부
// 반환 데이터 타입은 long
// 메소드 이름은 add
// 매개변수 long n1, long n2로 정의
long add(long n1, long n2) {
    long result = n1 + n2; // 매개변수의 덧셈연산
    return result; // return 키워드는 값을 반환
}
```

위 예제에서 메소드의 "선언부"를 보면 메소드가 기능 실행 후 long 타입의 데이터를 반환하겠다고 정의하고 있습니다. 메소드의 이름은 add, 매개변수는 long 타입의 변수 두개를 정의했습니다. 이는 메소드 호출할 때는 long 타입의 정수 데이터 두개를 전달해야 합니다. 처리 블록을 보면 매개변수를 통해 전달받은 정수형 데이터들의 덧셈 연산을 하고 그 결과 값을 result 변수에 대입합니다. 그리고 return 키워드를 통해 결과 값을 반환합니다.

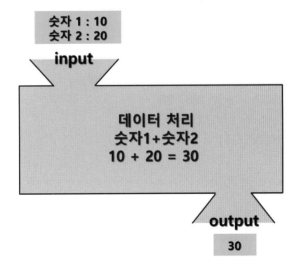

메소드의 기능에서 데이터를 반환하지 않는 경우에는 선언 부에 반환할 데이터 타입 대신 void 키워드를 사용해서 정의합니다. 아래 코드는 결과 데이터의 반환이 없는 메소드를 정의하는 코드입니다.

```java
void addPrint(long n1, long n2) { // 반환 데이터타입 대신에 void 사용
  long result = n1 + n2;
  System.out.println(result);
}
```

return

return 키워드의 기능은 메소드를 종료 하는 기능을 가지고 있습니다. return 키워드가 실행 되면 현재 메소드는 종료되고 현재 메소드를 호출한 메소드의 실행 위치로 돌아갑니다. 반환해야 할 데이터가 있는 경우에는 반드시 return 키워드 뒤에 메소드의 선언 부에서 정의한 데이터 타입과 일치하는 데이터를 기술하면 됩니다. 아래 예제는 앞에서 설명한 메소드를 정의해서 사용하는 예제입니다.

```java
1   package chapter01;
2
3   public class AddMethod {
4
5     public static void main(String[] args) {
6       long result = add(100, 200);
7       System.out.println(result);
8       addPrint(10, 11);
9     }
10
11    // 메소드 선언 부
12    // 반환 데이터 타입은 long
13    // 메소드 이름은 add
14    // 매개변수 long n1, long n2로 정의
15    public static long add(long n1, long n2) {
```

> 클래스를 실행하면 main() 메소드를 호출해서 실행합니다.

```
16      long result = n1 + n2; // 매개변수의 덧셈연산
17      return result; // return 키워드는 값을 반환
18    }
19
20   public static void addPrint(long n1, long n2) {
21      // 반환 데이터타입 대신에 void 사용
22      // 메소드 이름은 addPrint
23      // 매개변수 long n1, long n2로 정의
24
25      long result = n1 + n2;
26      System.out.println(result);
27
28    }
29
30  }
```

☞ 결과(Console)

```
300
21
```

이 예제에서 public과 static도 키워드 입니다. 이 키워드는 뒤 챕터에서 다루게 되니 여기에서는 main() 메소드에 static 키워드를 사용했기 때문에 main() 메소드에서 호출할 add 메소드에도 static과 public을 붙여준다고 이해하고 넘어가도 됩니다. static 키워드와 public 키워드는 메소드에 추가적인 의미를 부여하는데 이번 예제에서는 추가적인 의미보다는 main() 메소드가 프로그램의 시작점임을 이해하고 넘어가시면 됩니다.

1.5 요약

■ JAVA

플랫폼에 독립적인 구조를 가지고 있는 언어로 운영체제에 상관없이 JVM(JAVA가상머신)이 설치되어 있는 플랫폼에서는 실행이 가능합니다. 프로그램 개발에 사용되는 라이브러리의 집합인 API를 제공하고 있는 객체지향 언어입니다.

■ 객체지향의 특징

- 캡슐화(Encapsulation)
- 정보은닉(Information Hiding)
- 추상화(Abstarction)
- 상속성(Inheritance)
- 다형성(Polymorphism)

■ JAVA 프로그래밍 언어의 특징

- JAVA는 고급언어이며 컴파일 언어입니다.
- JAVA는 플랫폼에 독립적인 언어입니다.
- JAVA는 객체지향 프로그램 언어입니다.
- JAVA는 멀티스레드 언어입니다.
- 메모리관리를 자동으로 해줍니다.

■ JVM(가상머신)

JAVA가 실행할 수 있는 플랫폼을 의미하며 JAVA로 컴파일 된 바이트코드를 실행시킵니다. 운영체제마다 실행할 수 있는 가상머신이 존재합니다.

■ JAVA 개발 도구

JAVA 개발 도구 (Java Development Kit)는 JAVA로 프로그램을 개발할 수 있는 컴파일러와 같은 개발 도구와 실행 환경(JVM:JAVA가상머신) 등을 제공합니다.

■ 환경변수 설정

Windows 운영체제 환경에서 JDK 설치 후 CMD 또는 터미널에서 설치된 JDK 폴더의 bin 폴더에 있는 여러 명령 도구들을 사용하기 위해 JAVA_HOME, path의 환경 변수를 설정합니다.

■ 통합개발환경(IDE)

무료로 사용할 수 있는 오픈 소스 통합 개발 환경(IDE : Integrated Development Environment)입니다. 파일 생성, 코드 작성, 디버깅, 빌드, 실행과 같은 개발에 필요한 여러 가지 기능을 제공해 주는 소프트웨어입니다.

■ JAVA 프로그래밍 처리과정

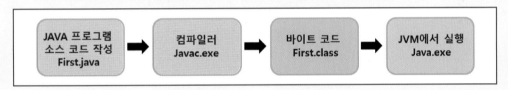

■ 클래스의 구조

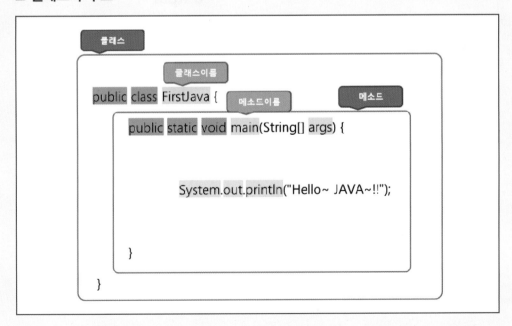

클래스를 정의할 때에는 데이터, 키워드, 상수, 기호와 부호 등을 이용해서 정의합니다.

■ 변수

메모리에 데이터를 저장할 수 있는 공간을 생성하고 해당 메모리에 접근할 수 있도록 하는 것을 의미합니다.

■ 메소드

메소드는 필요한 데이터를 받아 데이터를 처리 후 처리한 결과를 반환하도록 해주는 명령 코드들의 집합입니다. 메소드을 종료하거나 값을 반환할 때는 return 키워드를 사용합니다.

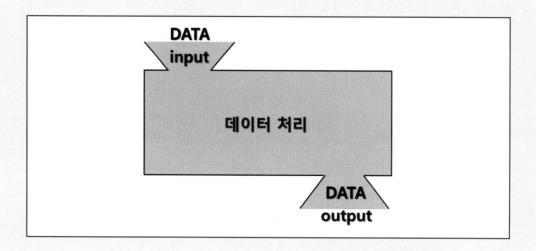

1.6 연습문제

01 JAVA의 특징이 아닌 것을 고르시오.

    (1) JAVA는 고급 언어이며 컴파일 언어입니다.

    (2) JAVA는 플랫폼에 독립적인 언어입니다.

    (3) JAVA는 객체지향 프로그램 언어입니다.

    (4) JAVA는 싱글스레드 언어입니다.

    (5) 메모리관리를 프로그래머가 해주어야 합니다.

02 가상머신이 무엇인지 설명하시오

03 JAVA 개발도구(JDK)가 포함하는 것을 모두 고르시오.

    (1) JDK 설치 폴더\bin

    (2) JDK 설치 폴더\include

    (3) JDK 설치 폴더\jre

    (4) JDK 설치 폴더\lib

04 JAVA 개발도구 설치 후 JAVA 컴파일러와 실행 명령어가 있는 폴더를 찾으시오.

    (1) JDK 설치 폴더\bin

    (2) JDK 설치 폴더\include

    (3) JDK 설치 폴더\jre

    (4) JDK 설치 폴더\lib

05 이클립스에 대한 설명 중 틀린 것을 고르시오

    (1) 이클립스는 다양한 플랫폼에서 프로그래밍 통합개발 환경입니다.

    (2) 이클립스는 JAVA 언어만을 지원하는 프로그래밍 통합개발 환경입니다.

    (3) 이클립스는 JAVA 기반으로 개발되었습니다.

    (4) 이클립스는 오픈 라이선스이고 다양한 기능을 제공합니다.

06 JAVA 프로그래밍 과정을 순서에 맞게 나열하시오.

> A. 실행결과를 확인한다.
> B. javac 명령어로 컴파일 해 .class 파일을 생성합니다.
> C. 소스 파일 .java 파일을 작성합니다.
> D. java 명령어로 프로그램을 실행합니다.

07 클래스를 작성하는 방법의 설명 중 틀린 것을 고르시오.

(1) 숫자(정수, 실수), 문자, 문자열, 논리값 등의 데이터를 이용해 작성합니다.

(2) JAVA 내부에서 이미 약속된 단어로 약속된 명령어인 키워드는 사용할 수 없습니다.

(3) 대괄호, 중괄호, 소괄호, 마침표, 쉼표, 세미콜론 등을 사용할 수 있습니다.

(4) 클래스에는 변수와 메소드를 작성할 수 있고, 변수의 이름이나 메소드의 이름은 키워드의 이름과 같이 쓸 수도 있습니다.

(5) 메소드는 반드시 반환하기 위한 데이터 타입을 정의해 주어야 합니다.

(6) 메소드들 종료하거나 데이터를 반환 할 때는 return 키워드를 사용합니다.

1.7 코딩 해보기

1. MyProject라는 프로젝트를 생성해봅시다.

2. Member 클래스를 생성하고, main()메소드를 만들고 자기 자신의 이름을 출력하는 메소드
   를 만들어 출력해 봅시다.

3. Calculator 클래스를 정의해 봅시다.

   ① 숫자 두 개를 매개변수의 인자로 전달받아 더하기 메소드를 추가합시다.

   ② 숫자 두 개를 매개변수의 인자로 전달받아 빼기 메소드를 추가합시다.

   ③ 숫자 두 개를 매개변수의 인자로 전달받아 곱하기 메소드를 추가합시다.

   ④ 숫자 두 개를 매개변수의 인자로 전달받아 나누기 메소드를 추가합시다.

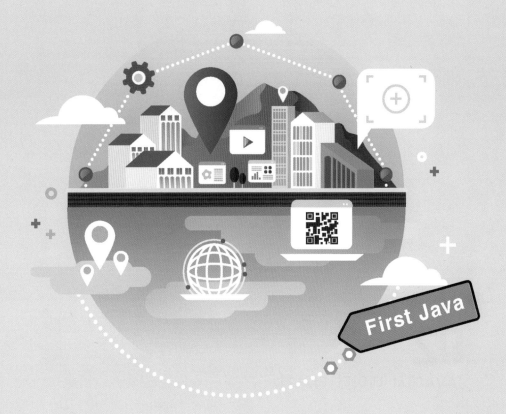

First Java

02
JAVA에서 데이터 다루기

First Java

02 JAVA에서 데이터 다루기

First Java

2.1 데이터

데이터란 어떠한 현상이나 상태를 관찰을 한 후 그 결과로 나타나는 정성적 혹은 정량적인 실제 존재하는 값을 말합니다. 수치로 표현이 가능한 데이터를 정량적 데이터라 하고 수치로 표현이 불가능한 데이터를 정성적 데이터라고 합니다. 예를 들어보면 전화번호, 이름, 성별과 같은 데이터는 수치로 측정이 불가능하기 때문에 정성적 데이터이고, 가격, 제품의 개수, 매출액과 같이 수치로 측정이 된 데이터를 정량적 데이터라 할 수 있습니다.

프로그램을 만드는 것은 이러한 데이터를 다루고 이 데이터에 의미를 부여하여 정보를 만들고, 이 정보를 사용자에게 제공하는 기능을 만드는 것을 의미합니다. 프로그램을 만들기 위한 프로그래밍을 하기 위해서는 이러한 데이터를 컴퓨터에서 다룰 수 있는 숫자, 문자, 문자열과 같은 형식으로 다룰 필요가 있습니다. 이번 챕터에서는 사용자에게 데이터를 받는 방법과 데이터를 콘솔에 출력하는 방법, 그리고 프로그램 내부에서 다루는 데이터를 저장하는 변수를 정의하고 사용하는 방법을 살펴보겠습니다.

2.2 데이터 출력

JAVA는 데이터를 콘솔 화면에 출력할 때 아래의 명령문을 이용해 데이터를 출력합니다.

- System.out.print() : 괄호 안의 내용을 출력합니다.
- System.out.println() : 괄호 안의 내용을 출력하고 한 행을 띄웁니다.
- System.out.printf() : 문자열을 서식문자를 이용하여 형식화된 내용으로 출력합니다.

2.2.1 System.out.print()

```
1   package chapter02;
2
3   public class ConsolePrint {
4
5     public static void main(String[] args) {
6
7       System.out.print("안녕하세요.");  // 괄호() 안의 데이터를 콘솔창에
          출력.
8       System.out.print("저는 JAVA입니다.");  //"안녕하세요" 문자열 옆에
          문자열이 출력.
9
10    }
11  }
```

👈 **결과(Console)**

안녕하세요.저는 JAVA입니다.

위 코드의 결과를 보면 "안녕하세요." 문자열이 출력된 후 바로 뒤에 "저는 JAVA입니다." 문자열이 출력되는 것을 볼 수 있습니다. 콘솔에 출력된 결과처럼 System.out.print() 메소드는 () 괄호 안의 데이터를 그대로 출력을 합니다.

2.2.2 System.out.println()

```
1   package chapter02;
2
3   public class ConsolePrintln {
4
5     public static void main(String[] args) {
6
```

```
 7         System.out.println("안녕하세요.");   // 문자열을 출력하고 한 줄을
              띄어줍니다.
 8         System.out.println("저는 JAVA입니다."); // "안녕하세요"가
              출력되고 아래 줄에 출력

 9
10     }
11 }
```

👉 **결과(Console)**

안녕하세요.
저는 JAVA입니다.

System.out.println() 메소드는 System.out.print() 메소드와 같이 () 안의 내용을 그대로 출력하지만 System.out.print() 메소드와 달리 괄호 안의 내용을 출력한 후 다음 행으로 이동을 합니다.

2.2.3 System.out.printf()

System.out.printf()메소드는 단순히 출력만 하는 System.out.print()메소드와 System.out.println() 메소드와 달리 여러 서식문자를 이용하여 정해진 형식이 아닌 사용자가 원하는 형식의 문자열로 만들어 출력할 수 있도록 해줍니다.

서식문자	설명
%d	정수 형식으로 출력해 줍니다.
%o	8진수 정수의 형식으로 출력해 줍니다.
%x 또는 %X	16진수 정수의 형식으로 출력해 줍니다.
%f	소수점 형식으로 출력해 줍니다.
%c	문자형식으로 출력해 줍니다.
%s	문자열 형식으로 출력해 줍니다.
%e 또는 %E	지수 표현식의 형식으로 출력해 줍니다.

아래 예제는 printf() 메소드를 이용한 예제입니다.

```java
1    package chapter02;
2
3    public class ConsolePrintf {
4
5      public static void main(String[] args) {
6
7        System.out.printf("안녕하세요. 저는 %s입니다.\n", "JAVA"); // %s에
           "JAVA"를 출력
8        System.out.printf("저는 %d살 입니다. \n", 20); // %d에 20을 출력
9
10       System.out.printf("정수 : %d, 실수 : %f \n", 10, 13.5); // %d에
           10, %f에 13.5 출력
11       System.out.printf("문자 : %c, 문자열 : %s \n", 'Z', "KING");
12       // %c에 문자 Z, %s에 "KING" 문자열을 출력
13
14     }
15   }
```

결과(Console)

```
안녕하세요. 저는 JAVA입니다.
저는 20살 입니다.
정수 : 10, 실수 : 13.500000
문자 : Z, 문자열 : KING
```

위 예제의 콘솔에 출력된 결과를 보면 문자열 포멧에서 각 서식문자(첨자)들 중 %s에는 "JAVA" 문자열이 대입되고, %d에는 정수 20이 대입되어 포맷팅된 문자열이 완성되고 완성된 문자열이 출력 됩니다. 문자열이 완성되는 과정을 보면 다음과 같습니다.

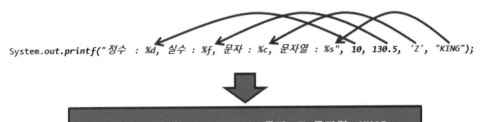

```
System.out.printf(" 정수 : %d, 실수 : %f, 문자 : %c, 문자열 : %s", 10, 130.5, 'Z', "KING");
```

정수 : 10, 실수 : 130.500000, 문자 : Z, 문자열 : KING

이스케이프 시퀀스(Escape Sequence)

이스케이프 시퀀스는 ₩(\ )로 시작해서 약속된 특정 의미로 해석되는 문자들입니다.

서식문자	설명
\n	다음 행으로 이동합니다.
\t	다음 탭으로 이동합니다.
\b	뒤로(왼쪽) 한 칸 이동합니다.
\r	줄의 맨 앞으로 이동합니다.
\\	\ 출력합니다.
\'	' 출력합니다.
\"	" 출력합니다.

아래 예제는 이스케이프 시퀀스를 사용한 예제입니다.

```
1    package chapter02;
2
3    public class ConsolePrintlnEscSeq {
4
5      public static void main(String[] args) {
6
7        System.out.print("\n줄바꿈\n연습\n");
8        System.out.print("\t텝키\t연습\n");
9        System.out.print("이것은/r 앞으로 이동합니다.\n");
10       System.out.print("글자가 \"강조\" 됩니다.\n");
11       System.out.print("\\\\\\역슬래시 세개 출력");
```

```
12
13        }
14  }
```

> 🖐 결과(Console)
>
> 연습
>   텝키 연습
> 이것은
> 앞으로 이동합니다.
> 글자가 "강조" 됩니다.
> \\\역슬래시 세개 출력

2.3 키보드를 이용한 데이터의 입력

사용자가 키보드를 통해 입력하는 데이터를 얻기 위해서는 java.util 패키지에 있는 Scanner 클래스를 이용하면 됩니다. Scanner 클래스는 사용자가 키보드로 입력한 데이터를 간단한 방법으로 int, long, double, byte, float, short 등과 같은 기본 유형의 데이터를 얻을 수 있습니다.

Scanner 클래스를 이용하기 위해서는 아래와 같이 인스턴스를 생성해서 사용합니다.

```
Scanner in = new Scanner(System.in);
```

Scanner 클래스에 정의되어 있는 메소드는 nextInt(), nextByte(), nextShort(), next(), nextLine(), nextDouble(), nextFloat(), nextBoolean() 등과 같이 값 유형을 반환하는 nextXXX() 메소드를 제공합니다.

메소드	설명
nextBoolean()	사용자가 입력한 값을 boolean 타입의 데이터로 반환합니다.
nextByte()	사용자가 입력한 값을 byte 타입의 데이터로 반환합니다.
nextDouble()	사용자가 입력한 값을 double 타입의 데이터로 반환합니다.
nextFloat()	사용자가 입력한 값을 float 타입의 데이터로 반환합니다.
nextInt()	사용자가 입력한 값을 int 타입의 데이터로 반환합니다.
nextLine()	사용자가 입력한 값을 String 타입의 문자열 데이터로 반환합니다.
nextLong()	사용자가 입력한 값을 long 타입의 데이터로 반환합니다.
nextShort()	사용자가 입력한 값을 short 타입의 데이터로 반환합니다.

아래 예제는 Scanner 클래스를 이용하여 키보드 입력을 받아 출력하는 예제입니다.

```java
1   package chapter02;
2
3   import java.util.Scanner;
4
5   public class ScannerTest {
6
7       public static void main(String[] args) {
8
9           Scanner in = new Scanner(System.in);
10          System.out.print("이름을 입력하세요 >> ");
11          String name = in.nextLine();  // 콘솔에서 키보드 입력을 받아
                문자열(String)을 반환
12          System.out.println("안녕하세요. " + name + "님. 반갑습니다.");
13          in.close();
14
15      }
16  }
```

👉 결과(Console)

이름을 입력하세요 >> 손흥민
안녕하세요. 손흥민님. 반갑습니다.

2.4 변수

프로그램이 실행되는 과정에서는 데이터를 많이 사용하게 됩니다. 이 데이터들은 사용자의 요구에 맞는 데이터로 변경하고 사용자의 화면에 출력하는 처리 등을 해주어야 하는데 데이터를 저장하고 필요한 시점에 사용할 수 있어야 합니다. 프로그램이 실행되면서 데이터들을 저장하고 데이터를 변경 할 수 있도록 해주는 것이 변수입니다.

변수는 데이터를 저장할 수 있는 메모리 공간

2.4.1 변수의 역할

변수는 데이터를 저장할 수 있는 메모리 공간을 가지며 이 메모리 공간을 찾아갈 수 있는 기능을 가지고 있습니다. 따라서 프로그래머는 변수를 이용하여 데이터를 저장할 수 있는 메모리 공간을 활용해야 합니다. 프로그램은 변수의 이름을 통해 메모리공간에 접근해서 데이터를 저장하고 그 위치의 메모리에 저장된 데이터를 읽을 수 있습니다.

데이터를 저장할 수 있는 공간을 가진다.

저장하는 공간으로 찾아갈 수 있는 이름(식별자)를 가진다.

2.4.2 변수의 선언

변수의 선언 방법은 저장하고자 하는 데이터의 타입을 지정하고 식별할 수 있는 이름을 붙여주면 변수가 선언이 됩니다. 변수가 선언이 되면 데이터 타입에 맞는 사이즈의 메모리 공간을 생성합니다. 변수 선언은 아래와 같은 방법으로 선언합니다.

int point ;

자료형   이름

위의 변수 선언은 "정수형 데이터를 저장할 수 있는 메모리공간을 생성한다."의 의미입니다.

변수 선언 시에 지정하는 자료형 타입은 데이터의 종류와 저장할 수 있는 공간을 결정합니다. 따라서 저장하고자 하는 데이터에 대해 충분히 검토 후 변수를 선언해야 합니다.

변수의 선언은 아래와 같은 형태로 변수의 선언이 가능합니다.

같은 타입의 변수 여러 개를 선언하는 경우에는 변수 선언 타입을 생략하고 콤마(,)를 통해 선언이 가능합니다.

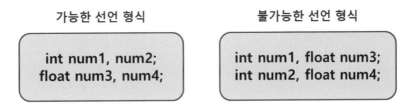

변수에 데이터 대입하기

변수에 데이터의 대입은 변수 선언한 타입과 같은 데이터만 대입이 가능합니다.

변수의 선언과 동시에 초기화도 가능합니다. 변수의 초기화란 변수 선언 후 값을 대입하는 것을 변수의 초기화라고 합니다.

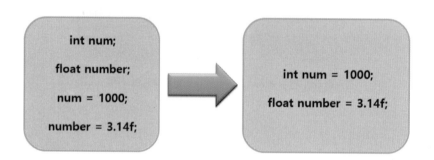

같은 타입의 경우에는 변수 선언 타입을 생략하고 콤마(,)를 통해 선언과 초기화를 할 수 있습니다.

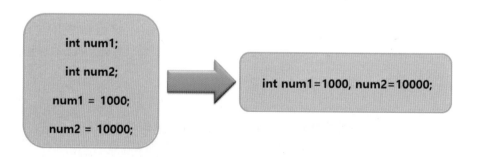

아래 예제는 위에서 설명하고 있는 방법으로 변수 선언을 하고 변수의 초기화를 하는 예제입니다.

```java
1   package chapter02;
2
3   public class Valiable {
4
5     public static void main(String[] args) {
6
7       // 자료형 변수이름(식별을 위한 이름) = 데이터 ;
8       int num = 1000;
9       // 숫자 1000을 저장하기 위한 메모리 공간을 만들고,
10      // 저장공간의 주소를 가지는 이름 num을 만듦.
11
12      int a;
13      double b;
14
15      int n1;
16      int n2;
17      // int n1, n2; ß16번 17번 행의 선언과 동일합니다.
18
19      int a1;
20      float b1;
21      int c1;
22      float d1;
23      // int a1, c1;
24      // float b1, d1;
25      // int a1, float b1; // 오류
26      // int c1, float d1; // 오류
27
28    }
29
30  }
```

2.4.3 변수의 이름(식별자) 명명 규칙

JAVA에서 식별자의 이름을 정할 때는 아래의 규칙에 맞게 정해야 합니다.

● 대소문자가 구분되며 길이에 제한이 없습니다.

- Point와 point는 서로 다른 것으로 인식됩니다.

● 숫자로 시작해서는 안 됩니다.

- top10은 허용하지만, 10top은 허용되지 않습니다.

● 특수문자는 '_'와 '$'만을 허용합니다.

- $dallar은 허용되지만 #Sarp는 허용되지 않습니다.

● 키워드(예약어)를 사용해서는 안 됩니다.

- true는 예약어라 사용할 수 없지만, True는 사용이 가능합니다.

2.4.4 JAVA의 키워드

abstract	continue	for	new	switch
assert	default	goto	package	synchronized
boolean	do	if	private	this
break	double	implements	protected	throw
byte	else	import	public	throws
case	enum	instanceof	return	transient
catch	extends	int	short	try
char	final	interface	static	void
class	finally	long	strictfp	volatile
const	float	native	super	while

2.5 데이터 타입

변수 선언시에 사용할 수 있는 데이터 타입은 크게 기본형 데이터와 인스턴스를 참조해 주소 값을 저장하는 참조형 타입 두 가지 형태로 나뉩니다. 하나의 실제 값을 저장하는 자료형 타입이 기본형 데이터 타입이고, 클래스와 같이 구조화된 데이터를 저장하는 타입을 참조형 데이터 타입이라고 합니다.

실제 메모리에 저장되는 단위인 bit

변수에 데이터를 저장할 때 메모리에는 0 또는 1의 값을 가지는 bit 단위로 저장됩니다. 메모리에 데이터를 저장하는 것도 대입연산으로 처리되는데 이때 bit 단위로의 연산보다는 8개의 bit를 묶어 연산을 합니다. 이렇게 8개의 bit를 묶은 단위를 byte라고 합니다. 이 byte 단위는 컴퓨터의 기억장치의 크기를 표현하는 단위로 사용되고, JAVA 에서는 데이터 자료형 타입의 저장 범위를 byte로 표현합니다.

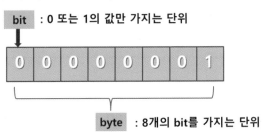

bit : 0 또는 1의 값만 가지는 단위

| 0 | 0 | 0 | 0 | 0 | 0 | 0 | 1 |

byte : 8개의 bit를 가지는 단위

2.5.1 기본형

기본형 타입은 참/거짓 데이터, 문자 데이터, 정수, 실수를 다룰 수 있는 자료형들이 있습니다.

참과 거짓 상수 데이터	boolean
문자 데이터	char
정수 데이터	byte, short, int, long
실수 데이터	float, double

참과 거짓을 다루는 논리형 타입은 값을 true, false 두 가지 상수 값만을 저장할 수 있습니다. 문자형 타입은 문자 하나만 저장하는데 실제 저장되는 데이터는 유니코드 값인 정수 데이터가 저장됩니다. 정수형 데이터 타입은 주로 사용하는 int 타입입니다. 최근 빅데이터 처리가 많아지면서 long 타입을 사용하는 경우도 많아지고 있습니다. 실수 타입의 경우 실수를 저장하는데 사용됩니다. 다음의 표를 보면 각 자료형 타입에 따라 저장 범위를 알 수 있습니다.

자료형	데이터	메모리 크기	저장 가능 범위
boolean	참, 거짓	1 byte	true, false
char	문자	2 byte	유니코드 값
byte	정수	1 byte	$-2^7 \sim -2^7-1$ (-128 ~ 127)
short		2 byte	$-2^{15} \sim 2^{15}-1$
int		4 byte	$-2^{31} \sim 2^{31}-1$
long		8 byte	$-2^{31} \sim 2^{31}-1$
float	실수	4 byte	
double		8 byte	

❶ 참, 거짓 데이터를 저장하는 boolean

boolean타입은 논리 값(참/거짓)을 저장하는 자료형 타입입니다. 뒤 챕터에서 다루게 될 조건문이나 반복문과 같이 판별이 필요할 때 주로 사용하게 됩니다.

논리적 표현 방법

- true : '참'의 값을 의미하는 상수 키워드
- false : '거짓'의 값을 의미하는 상수 키워드

```
boolean check = true;
boolean power = false;
```

아래 예제는 boolean 타입의 변수를 사용하는 예제입니다.

```
1    package chapter02;
2
3    public class ValiableBooleanType {
4
5      public static void main(String[] args) {
6
7        // 참/거짓 저장 타입 : boolean
8        boolean bool1 = true;  // boolean 타입의 변수선언과 논리값 true를
                 초기화
9        boolean bool2 = false; ;  // boolean 타입의 변수선언과 논리값 false를
                 초기화
10
11       System.out.println(bool1);
12       System.out.println(bool2);
13
14     }
15   }
```

☞ 결과(Console)

```
true
false
```

---

❷ 문자 데이터를 저장하는 char

char 타입은 문자 하나를 2바이트로 표현하는 유니코드 값으로 저장합니다. 우리가 코드 상에서 표현은 'A' 형식으로 표현하지만 실제 저장되는 데이터는 유니코드 값을 저장합니다. 유니코드는 전 세계의 문자를 표현할 수 있는 코드의 집합을 말합니다. 문자를 표현할 때는 작은따옴표 안에 문자 하나를 넣어 표현합니다.

```
char ch = 'A';
char c = 'a';
```

아래 예제는 char타입의 변수를 사용하는 예제입니다.

```java
1   package chapter02;
2
3   public class VariableCharType {
4
5     public static void main(String[] args) {
6
7       // 문자 데이터 저장 타입 : char
8       char ch1 = 'A'; // 문자 타입의 변수 선언과 변수에 데이터 'A' 값을 초기화
9       char ch2 = '자'; // 문자 타입의 변수 선언과 변수에 데이터 '자'로 초기화
10
11      char ch3 = 65; // Unicode 값 65를 직접 대입
12      char ch4 = 51088; // Unicode 값 51088 값을 직접 대입
13
14      System.out.println(ch1);
15      System.out.println(ch2);
16      System.out.println(ch3);
17      System.out.println(ch4);
18    }
19  }
```

☞ 결과(Console)

```
A
자
A
자
```

❸ 정수의 표현

가장 왼쪽에 있는 bit는 부호를 표현하는 부호비트라고 합니다. 이 부호 bit를 제외한 나머지 비트가 데이터 타입의 크기를 나타내는데 이 비트의 사이즈가 데이터의 표현(저장) 하는 범위를 나타내는 것입니다.

• 부호 비트 0 ➡ 양의 정수
• 0010101 ➡ 21
• 결과 : 양의 정수 21

음수의 표현은 양수 표현과 다르게 표현됩니다. 같은 절대값의 양수와 음수를 더하면 0이 됩니다. 고로 음수의 표현은 양의 정수와의 합이 0이 되는 데이터로 표현합니다.

🖱️ 정수를 저장하는 byte

byte 타입은 정수를 저장하는데 8비트 사이즈로 1비트는 부호 비트로 사용하고, 나머지 비트로 숫자를 저장합니다. -127~128까지의 값을 저장할 수 있습니다. 보통 파일의 입출력시 사용하는 타입으로 byte 타입의 배열로 처리합니다.

변수 선언시 사용방법은 아래와 같습니다.

byte 변수이름 = 숫자 데이터

🖱️ 정수를 저장하는 short

short 타입은 정수를 저장하는데 16비트 사이즈로 1비트는 부호 비트로 사용하고, 나머지 비트로 숫자를 저장합니다. -32,768 ~ 32,767까지의 값을 저장할 수 있습니다.

변수 선언시 사용방법은 아래와 같습니다.

short 변수이름 = 숫자 데이터

정수를 저장하는 int

int 타입은 정수를 저장하는데 32비트 사이즈로 1비트는 부호 비트로 사용하고, 나머지 비트로 숫자를 저장합니다. -2,147,483,648 (-2 ^ 31)에서 2,147,483,647 (2 ^ 31-1)까지의 값을 저장할 수 있습니다.

JAVA의 정수 연산시에는 int 타입 보다 작은 사이즈의 정수형 타입(byte, short, char)의 산술 연산이 이루어질 때 작은 사이즈 타입의 변수들은 모두 int 타입으로 변경되어 연산이 이루어집니다. 따라서 꼭 필요한 경우가 아니라면 정수의 경우 int 타입으로 변수선언을 해주는 것이 좋습니다.

변수 선언 시 사용 방법은 아래와 같습니다.

int 변수이름 = 숫자 데이터

정수를 저장하는 long

long 타입은 정수를 저장하는데 32비트 사이즈로 1비트는 부호 비트로 사용하고, 나머지 비트로 숫자를 저장합니다. -9,223,372,036,854,775,808 (-2 ^ 63)에서 9,223,372,036,854,775,807 (2 ^ 63-1) (포함)까지의 값을 저장할 수 있습니다.

long 타입은 int에서 제공 한 것보다 많은 값 범위가 필요할 때 사용됩니다. 최근 빅데이터 처리가 늘어나면서 정수 데이터의 변수를 long 타입으로 정의하는 경우가 많아지고 있습니다.

변수 선언 시 사용 방법은 아래와 같습니다.

long 변수이름 = 숫자 데이터

아래 예제는 정수를 다루는 타입을 사용하는 예제입니다.

```
1   package chapter02;
2
3   public class ValiableIntegerType {
4
5     public static void main(String[] args) {
6
7       // 정수형 데이터 저장 타입 : byte, short, int, long
8       byte byteNum = 10;                // 데이터 10을 저장하는 초기화
9       short shortNum = 300;        // 데이터 300을 저장하는 초기화
10      int intNum = 100000;         // 데이터 100000을 저장하는 초기화
11      long longNum = 100000000000L;    // 데이터 100000000000L을 저장하는
          초기화
12
13      System.out.println(byteNum);
14      System.out.println(shortNum);
15      System.out.println(intNum);
16      System.out.println(longNum);
17
18    }
19  }
```

👉 **결과(Console)**

```
10
300
100000
100000000000
```

11행의 초기화 과정을 보면 숫자 뒤에 **L** 문자를 붙이고 초기화가 이루어 졌습니다. 이렇게 해야 하는 이유는 변수의 초기화는 대입 연산이 이루어지는데 변수에 넣을 데이터도 메모리에 저장이 되어 연산이 되기 때문입니다. 숫자 데이터를 임시로 메모리공간에 저장을 할 때에 정수 데이터의 경우 **int** 타입의 사이즈만큼의 메모리공간이 생기도록 약속되어 있습니다. 이 메모리공간에 데이터를 저장하고 대입연산이 이루어지게 됩니다. 11행의 경우 저장하고자 하는 정수 데이터가 **int** 타입의 사이즈에 저장할 수 없는 숫자이기 때문에 숫자 데이터 뒤에 **long** 타입을 의미하는 접미사 **L**을 붙여 주어야 합니다.

❹ 실수의 표현

우리가 실수를 표현할 때 **0**과 **1**사이의 실수만 해도 무한대의 개수가 나올 것입니다. 이러한 실수를 표현하는 방법에는 두 가지가 있습니다.

● **고정 소수점 표현방식**
● **부동 소수점 표현방식**

고정 소수점 방식은 아래와 같은 형식으로 실수를 표현하고 저장합니다.

고정 소수점 방식

이 고정 소수점 표현 방식은 정수부와 소수부의 자릿수가 크지 않아 표현할 수 있는 범위가 매우 적다는 단점이 있습니다. 그래서 더 많은 실수 표현을 위해 부동 소수점 표현 방식으로 실수를 표현합니다. 이 부동 소수점 표현 방식은 정밀도를 포기하고, 표현할 수 있는 실수의 범위를 넓혀 표현하는 방식입니다. 하지만 이러한 표현 방식은 항상 오차가 발생합니다. 그래서 실수 연산의 결과는 오차가 발생함을 인식하고 처리해야 합니다.

부동 소수점 표현 방식

$$\pm(1.\text{가수부})\times2^{\text{지수부}-127}$$

float형 부동 소수점 방식

[float 타입의 실수 표현은 소수점 7자리까지 표현이 가능합니다.]

double형 부동 소수점 방식

[double 타입의 실수 표현은 소수점 15자리까지 표현합니다.]

실수를 저장하는 float

float 타입은 실수를 저장하는데 **32bit** 부동 소수점 형식으로 소수점 **7**자리까지 표현하고, 값은 무한대의 값을 저장합니다. 기본 데이터의 저장 시에는 **0.0f**로 작성해주어야 합니다. 정밀한 표현보다는 많은 값을 표현하는 형태의 표현법이기 때문에 연산시에 정확한 값을 얻지 못할 수 있습니다.

변수 선언 시 사용 방법은 아래와 같습니다.

float 변수이름 = 숫자 데이터**F**

실수를 저장하는 double

double 타입은 실수를 저장하는데 32bit 부동 소수점 형식으로 소수점 15자리까지 표현하고, 값은 무한대의 값을 저장합니다. 실수의 표현에서는 double 값을 기본 타입으로 처리합니다.

기본 값을 표현할 때는 0.0d로 표현하지만 접미사 d는 생략 가능합니다.

변수 선언 시 사용 방법은 아래와 같습니다.

double 변수이름 = 숫자 데이터d

아래 예제는 정수를 다루는 타입을 사용하는 예제입니다.

```
1    package chapter02;
2
3    public class ValiableRealNumType {
4
5      public static void main(String[] args) {
6
7        // 실수 데이터 저장 타입 : float, double
8        float num1 = 1.23456789f;      // 데이터 1.23456789f을 저장
9        double num2 = 1.23456789123456789; // 데이터 1.234567891234567
          까지의 근사치 값을 저장
10
11       System.out.println(num1);
12       System.out.println(num2);
13     }
14
15   }
```

👉 **결과(Console)**

```
1.2345679
1.234567891234568
```

8행과 9행의 코드에서 차이점은 저장하는 데이터를 보면 8행에서는 접미사 f를 붙이고 9행에서는 접미사를 붙이지 않는 것을 볼 수 있습니다. 이것은 앞서 정수형 데이터에 접미사 L을 붙이는 규칙과 비슷합니다. 실수 표현에서 단순 연산을 위해 저장하는 실수 데이터는 double 타입의 사이즈 형태로 저장이 되도록 약속되어 있습니다. 그래서 9행의 double 타입의 데이터를 저장할 때는 그냥 실수 데이터만 쓰여지고 8행의 float 데이터를 저장할 때는 숫자 데이터 뒤에 f를 붙여주는 것입니다. 뒤에 붙이는 접미사는 대문자 또는 소문자 표현이 모두 가능합니다.

2.5.2 참조형

참조형은 기본형 타입 8가지를 제외한 나머지 자료형을 참조형이라고 합니다. 참조형은 인스턴스의 메모리 주소를 저장하는데 사용되며, 4바이트 사이즈의 저장 공간을 가집니다. 클래스는 사용자가 정의하는 여러 가지 변수들을 하나로 묶어 새로운 타입을 정의해서 사용하는데 이때 정의하는 하나의 묶음을 타입으로 정의하고 사용하는 것입니다. 이후에 클래스를 자세히 다룰 예정이니 지금은 "참조형 변수는 인스턴스의 **메모리 주소**를 저장하는 변수다."라고 기억하고 넘어가면 됩니다.

아래 예제는 참조형 타입을 사용하는 예제입니다.

```
1   package chapter02;
2
3   public class ValiableRefferenceType {
4
5     public static void main(String[] args) {
6
7       String str = "JAVA Program";
8       //문자열 "JAVA Program"을 저장하고 있는 인스턴스의 주소 값을 저장
9
10      System.out.println(str);
11
12    }
13
14  }
```

결과(Console)

JAVA Program

String은 문자들을 묶음인 문자열을 저장하도록 해주는 클래스 타입입니다. 클래스에 대한 내용은 이후 다루게 됩니다. 여기서 우리가 기억할 것은 문자열을 저장하는 메모리 공간이 따로 생성이 되고 이 메모리공간의 주소 값을 변수에 저장해 놓고 관리한다는 것입니다.

2.5.3 변수의 초기화

변수의 초기화란 변수 선언 후 처음으로 값을 대입하는 것을 변수의 초기화라고 합니다. 변수를 선언한 후에는 초기화를 해주는 것이 좋습니다. 변수가 선언 되는 위치에 따라 반드시 초기화를 해야 하는 경우와 초기화를 생략할 수 있는 경우가 있습니다. 초기화를 생략하는 경우에는 아래와 같이 각 타입 별로 기본값이 자동으로 초기화됩니다.

자료형	기본 값
boolean	false
char	'₩u0000'
byte	0
short	0
int	0
long	0L
float	0.0f
double	0.0d
참조형	null

🧽 리터럴

리터럴이란 프로그램에서 변수가 아닌 정수, 실수, 논리값, 문자, 문자열, null 과 같이 값 자체로 의미를 가지는 것을 의미합니다. 리터럴도 변수처럼 메모리의 저장공간에 값을 저장하고 사용되지만 변수와 같이 식별할 수 있는 이름을 가지지 않습니다.

🧽 리터럴의 접미사

리터럴도 메모리를 사용하기 때문에 리터럴이 저장되는 메모리공간의 사이즈를 정의해 주어야 합니다. 변수처럼 선언하는 과정이 없이 몇 가지 규칙을 통해 리터럴을 메모리에 저장을 합니다. 정수의 경우 기본적으로 int 타입의 저장 공간에 저장합니다. long 타입의 리터럴을 사용한다면 리터럴 뒤에 문자 L을 붙여줍니다. 실수의 경우 기본적으로 double 타입의 저장공간에 저장합니다. 그래서 float 타입의 리터럴을 사용한다면 리터럴 뒤에 문자 F를 붙여줍니다.

2.6 데이터 자료형의 변환

우리가 사용하는 자료형은 제 각각 메모리상에서의 표현 방법을 가지고 있습니다. 표현을 하는 방법이 제각각 이기 때문에 연산을 하는 경우 표현 방법을 일치 시켜야 합니다. 정상적인 연산을 위해서는 연산의 대상이 되는 변수들의 자료형 타입을 동일하게 맞춰 주어야 합니다.

이렇게 자료형을 변경하는 것을 "형 변환"이라고 합니다. JAVA에서는 이러한 형 변환을 암묵적으로 변환 해주기도 하고 명시적으로 형 변환을 표기해서 사용하기도 합니다. 자동으로 형 변환이 되는 경우는 표현할 수 있는 범위에 따라서 범위가 작은 변수가 넓은 범위의 변수로 변경되는 경우 자동으로 형 변환 처리를 해줍니다.

반대로 넓은 범위의 자료형이 작은 범위의 자료형으로 변경해야 할 때는 명시적으로 형 변환 연산자를 이용해서 형 변환 처리를 해야 합니다.

아래 그림은 자동형 변환이 되는 단계를 표현한 것입니다.

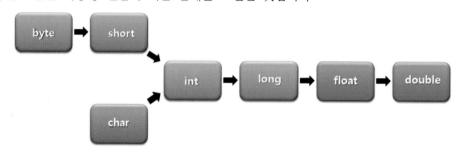

위의 이미지를 보면 8바이트의 long 타입이 4바이트 사이즈의 float형으로 자동 형 변환이 되는데 이는 자료형의 사이즈가 아닌 표현 범위가 기준이 되어 자동형 변환이 이루어짐을 알 수 있습니다. 아래 예제는 형 변환을 사용하는 예제입니다.

```java
package chapter02;

public class CastingOperator {

  public static void main(String[] args) {

    char c1 = 'a';
    int n1 = 1;

    System.out.println(c1 + n1);  // char타입의 변수 c1의 값이
       int타입으로 변환 되어 연산

    int n2 = 10;
    float n3 = 10.0f;

    System.out.println(n2 + n3); // int타입의 변수 n2의 값이
       float타입으로 변환 되어 연산

  }

}
```

👉 **결과(Console)**

```
98
20.0
```

10행의 더하기 연산에서는 char 타입의 변수와 int 타입의 변수를 연산하는 코드입니다. 이 연산은 char 타입 + int 타입 연산에서 char 타입이 int 타입으로 바뀌어 연산이 이루어집니다. 즉 int 타입 + int 타입 연산이 됩니다. 11행의 int 타입 + float 타입 연산은 int 타입의 변수가 float 타입으로 자동 변경되어 float 타입 + float 타입 연산이 이루어집니다. 이렇게 타입을 일치 시켜 연산을 해야 하는 경우 작은 타입의 변수가 자동으로 큰 타입의 변수로 변환되어 연산이 됩니다.

2.7 요약

■ **JAVA에서 다루는 데이터|숫자, 문자, 문자열, true/false**

■ **데이터 출력 메소드**

- System.out.printIn( ) : 매개변수의 인자로 전달된 데이터를 콘솔에 출력하고 개행을 합니다.
- System.out.print( ) : 매개변수의 인자로 전달된 데이터를 콘솔에 출력하고 개행은 하지 않습니다.
- System.out.printf( ) : 매개변수의 인자로 전달된 형식으로 데이터를 콘솔에 출력합니다.

■ **변수**

변수는 메모리에 데이터를 저장할 공간을 만드는 기능과 그 메모리 공간의 주소를 저장하는 기능을 가지는 것이다. 변수는 데이터를 저장하고 필요한 시점에 저장된 변수 데이터를 사용하기 위해 변수를 사용합니다.

■ **변수 선언**

변수를 생성하는 것을 말합니다. 자료형 타입을 정의하고 식별할 수 있는 이름을 정의해 줍니다.

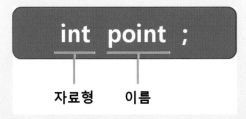

■ 데이터 타입

타입	
논리 값을 저장하는 타입	char
정수 값을 저장하는 타입	byte, short, int, long
실수 값을 저장하는 타입	float, double
참조 값을 저장하는 타입	클래스 타입 ex) String

■ 변수와 리터럴

대입연산을 할 때 데이터의 저장을 위해서는 이 데이터도 메모리에 저장된 후 연산이 됩니다. 정수는 int, 실수는 double 타입의 임시 메모리공간이 생성됩니다.

■ 데이터 자료형의 형 변환

범위가 작은 변수가 넓은 범위의 변수로 변경되는 경우 자동으로 형 변환 처리가 됩니다.

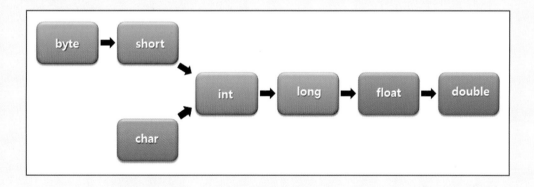

넓은 범위의 자료형이 작은 범위의 자료형으로 변경해야 할 때는 명시적으로 형 변환 연산자를 이용해서 형 변환 처리를 해야 합니다.

2.8 연습문제

01 System.out.println() 메소드는 어떤 기능을 하는지 설명하시오.

02 System.out.println() 메소드와 System.out.print() 메소드는 어떻게 다른지 설명하시오.

03 JAVA의 변수 명을 지정하는 규칙으로 잘못된 것은?

(1) 한글을 사용할 수 없다.
(2) '$'와 '_'를 문자와 숫자의 조합에 사용할 수 있다.
(3) 길이 제한이 없다.
(4) 대소문자를 구별한다.
(5) 첫 번째 글자는 숫자와 '$', '_'는 올 수 없다.

04 JAVA의 변수 명으로 적합한 것은?

(1) abstract
(2) 3Color
(3) color3
(4) 변수
(5) abcdefghijklmnopqrstuvwxyz
(6) color-number
(7) the color

05 JAVA의 변수 명을 지정하는 규칙에 맞는 것은?

   (1) %this

   (2) 3this

   (3) This

   (4) this-3

   (5) this

   (6) $this

06 JAVA의 예약어가 아닌 것은?

   (1) if

   (2) main

   (3) boolean

   (4) null

   (5) true

   (6) do

07 다음 중 변수 명으로 사용할 수 없는 것은?

   (1) $ystem

   (2) new

   (3) m@n

   (4) system_host

   (5) 1cup

   (6) NULL

08 정수형 byte 타입의 범위는?

   (1) $2^7 \sim 2^7\text{-}1$

   (2) $0 \sim 2^8$

   (3) $-2^8 \sim 2^8\text{-}1$

   (4) $-2^7 \sim 2^7\text{-}1$

   (5) $-2^{7\text{-}1} \sim 2^7$

09 다음 중에서 잘못된 것은?

(1) int i = 12345678;

(2) float f = 3.5;

(3) double d = 12345678.0;

(4) String s = "";

10 다음 프로그램의 결과는?

```
class Test {
    public static void main ( String  [] args ) {
        byte a = 64;
        byte b = 64;
        byte result = a + b;
        System.out.println("result = " + result );
    }
}
```

(1) 127   (2) 128   (3) -128   (4) 컴파일 에러

11 다음 소스 중에서 변수의 초기화가 필요한 것은?

(1)
```
public class Test {
        int i;
        public static void main( String [] args ) {
          Test t = new Test( );
          System.out.println( i );
      }
}
```

(2)
```
public class Test {
        static int i;
        public static void main( String [] args ) {

            System.out.println( Test.i );
      }
}
```

(3)
```
public class Test {
        public static void main( String [] args ) {
        int i;
        System.out.println( i );
    }
}
```

(4)
```
public class Test {
        int i;
        int method() { return i;  }
        public static void main( String [] args ) {
          Test t = new Test( );
          System.out.println( t.method() );
    }
}
```

12 다음 프로그램의 결과는?

```
class Test {
  public static void main ( String  [] args ) {
    String a = "hello";
    String b = "hello";
    System.out.println( a == b );
    System.out.println( a.equals(b) );
  }
}
```

13 다음 프로그램의 결과는?

```
class Test {
  public static void main ( String [] args ) {
    byte b = 36;
    int i = ( int ) b;
    System.out.println( "b = " + b );
    System.out.println( "i = " + i );
  }
}
```

14 다음 프로그램의 결과는?

```
class Test {
  public static void main ( String [] args ) {
    int  i = 360;
    byte  b = ( byte ) i;
    System.out.println( "i = " + i );
    System.out.println( "b = " + b );
  }
}
```

15 다음 중 형 변환을 생략이 가능한 것은?

```
byte  b = 128;
char  c = '글';
int   i = 20000000;
long  l =  1L;
```

(1) b = (byte) i;

(2) i = (int) ch;

(3) int var = (int) b;

(4) float f = (float) l;

(5) l = (double) i;

2.9 코딩 해보기

1. 앞서 생성 했던 Member 클래스에 main() 메소드 안에 아래 조건의 변수를 정의해봅시다.

    ① String 타입의 이름을 저장할 수 있는 변수 name을 정의해봅시다.

    ② int 타입의 나이를 저장할 수 있는 변수 age를 정의해봅시다.

    ③ double 타입의 키를 저장할 수 있는 변수 height를 정의해봅시다.

    ④ boolean 타입의 JAVA책의 보유 여부를 저장할 수 있는 변수 hasBook를 정의해봅시다.

    ⑤ 이름과 나이, 키, 책의 보유 여부를 출력해봅시다.

2. Person 클래스를 만들어 보고, 아래의 회원 정보를 저장하는 변수들을 선언해봅시다. 변수 이름을 작성하는 규칙에 맞게 직접 변수 이름을 정의해 보세요.

    ① 회원이름을 저장하는 변수

    ② 회원 전화번호 (000-0000-0000)를 저장하는 변수

    ③ 회원 주민등록번호 (000000-0000000 또는 0000000000000)를 저장하는 변수

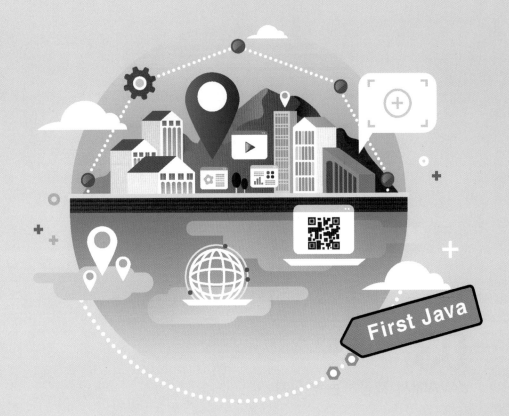

First Java

CHAPTER

03 JAVA에서 제공하는 연산자

03

JAVA에서 제공하는 연산자

First Java

03 JAVA에서 제공하는 연산자

First Java

3.1 연산자의 종류와 구분

프로그래밍을 하기 위해서는 프로그램에서 다루는 숫자 데이터를 변경하기도 하고 문자열을 원하는 문자열로 변경하는 등의 처리가 필요합니다. JAVA에서는 프로그램 내부에서 사용할 수 있는 데이터들을 변수에 저장하거나 다른 연산을 통해 데이터를 변경할 수 있습니다. 데이터의 변경을 위해 숫자 데이터를 더하거나 곱하기를 하는 등의 작업을 하는데, 이러한 작업을 연산이라고 합니다. 연산을 위해서는 연산의 대상이 되는 피연산자와 연산을 위해 기호를 사용하는데, 이러한 기호를 연산자라고 합니다. JAVA에서는 여러 타입의 데이터 변경을 위한 연산자들을 제공하고 있습니다. 먼저 연산식의 구조를 살펴보고 JAVA에서 제공하고 있는 연산자들을 살펴보겠습니다.

아래 연산식을 보면 a와 b는 피연산자 이고 + 기호는 연산자입니다.

연산식에서 연산이 이루어지는 대상을 피연산자라고 하는데 프로그램 내부에서 사용하는 변수 혹은 데이터 자체를 의미합니다. 연산자는 흔히 우리가 알고 있는 사칙연산을 위한 기호도 있고 비교를 하는 비교 연산자와 논리값을 대상으로 연산하는 논리 연산자 등이 있습니다. 프로그램 내부에서 처리해야 하는 데이터에 따라 연산자도 맞추어 사용해야 합니다. JAVA에서 제공하는 연산자 종류에는 어떤 것들이 있는지 알아보겠습니다.

3.2 연산자의 종류

연산자의 종류는 피연산자의 수에 따라 단항 연산, 이항 연산, 삼항 연산자로 구분합니다. JAVA에서는 숫자 계산을 위한 산술 연산자와 논리적인 참, 거짓을 판단하는 비교 연산자, 그리고 논리 값을 비교하는 논리 연산자 등이 있습니다.

아래 표는 JAVA에서 제공하는 연산자를 정리한 것입니다.

연산형식	연산자의 종류	연산자	연산 방향
단항	증감	++, --, +, -, !, ~	←
이항	산술	+, -, *, /, %	→
	시프트	>>, <<, >>>	→
	비교	==, >, <, >=, <=, !=	→
	비트	&, |, ^, ~	→
	논리	&&, ||, !, ^	→
삼항	삼항	? :	→
이항	대입	=, +=, -=, *=, /=, %=, &=, ^=, |=, <<=, >>=, >>>=	→

3.3 연산자의 연산 방향

각각의 연산자는 연산자의 종류에 따라 연산의 방향이 다르게 정의되어 있습니다. 단항 연산자와 대입 연산자는 오른쪽에서 왼쪽으로 연산이 이루어집니다. 아래 대입 연산식은 가장 기본적인 대입 연산자를 이용하는 연산식입니다. 오른쪽 항에 있는 정수 데이터 10을 왼쪽 항에 있는 변수 num에 대입하는 연산식입니다.

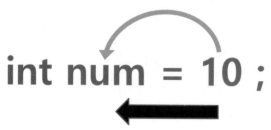

아래의 대입 연산식을 보면 두 개의 대입 연산이 이루어집니다. 대입 연산은 오른쪽 항에서 왼쪽 항으로 연산이 되기 때문에 변수 num3의 값이 변수 num2의 변수에 대입하는 연산이 먼저 이루어지고, num2의 값을 변수 num1에 대입하는 순서로 연산이 이루어집니다.

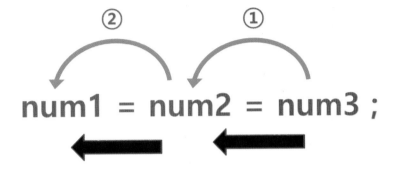

아래 연산자는 단항 연산자의 연산식입니다. 증감연산자의 경우와 논리부정 연산자의 경우는 피연산자가 오른쪽에 위치하고 피연산자를 대상으로 왼쪽의 연산자로 연산이 이루어집니다. 이 연산자들도 오른쪽에서 왼쪽 방향으로 연산이 이루어집니다.

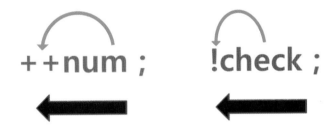

이항 연산자와 삼항 연산자는 왼쪽 항에서 오른쪽 항의 방향으로 연산이 이루어집니다. 이항 연산자는 아래의 그림처럼 왼쪽에서 오른쪽 방향으로 연산이 이루어집니다.

$$a + b \qquad a > b \qquad a \ \&\& \ b$$

산술 연산인 a+b는 왼쪽 항 a값에 오른쪽 항의 b값을 더하는 연산이 이루어집니다. 비교 연산인 a>b의 경우도 왼쪽 항의 a의 값을 확인하고 b의 값과 비교하는 연산이 이루어집니다. a&&b 연산은 a의 논리값을 확인하고 b의 논리값과 비교하는 연산이 이루어집니다.

3.4 연산자의 우선순위

연산자들 중 여러 연산자의 우선순위는 이미 우리가 알고 있는 것들이 많습니다. 수학을
공부하며 익혔던 내용들이며, 아래 연산들을 보고 확인해 볼 수 있습니다.

```
-x + y
```

위 연산식의 연산 순서를 보면 가장 먼저 − 부호 연산인 단항 연산이 먼저 실행된 다음
이항 연산인 + 연산이 실행되는 순서로 연산식이 실행됩니다.

```
x + y * z
```

위 연산식의 연산 순서를 보면 곱셈 연산이 우선 처리되고, 더하기 연산이 이루어집니다.
이는 우리가 수학 문제를 해결할 때에도 이러한 규칙을 통해서 문제 해결을 했습니다. 산술
연산 식은 곱하기 연산이나 나누기 연산이 우선 처리가 되고 난 후 더하기나 빼기 연산이
이루어집니다.

```
x + z  >  y + 10
```

위 연산식은 "크다" 또는 "작다"를 연산하는 비교 연산자와 앞에서 본 산술 연산자가 혼합
된 연산식입니다. JAVA 언어의 연산 규칙에서는 산술 연산을 먼저 처리한 후 비교 연산을
하도록 정의되어 있습니다. 따라서 x+z의 연산과 y+10 연산이 먼저 실행되고 난 후 비교
연산 좌측 연산의 결과가 우측 연산의 결과보다 작은지를 비교하게 됩니다.

```
x = y + 10
```

위 연산을 보면 "="연산 기호가 있습니다. JAVA에서는 "="연산은 변수에 데이터를 대입
하는 대입 연산자로 정의되어 있습니다. 대입 연산은 모든 연산에서 가장 마지막에 실행

합니다. 대입 연산자를 기준으로 우측 항의 덧셈 연산이 우선 처리되고, 연산의 결과 값을 왼쪽 항의 변수에 대입하는 연산이 이루어집니다.

기본적인 연산의 우선순위는 위의 예제처럼 처리가 되고, **JAVA**에서 제공하는 또 다른 연산자들의 경우에는 연산자의 우선순위의 특징을 확인하고 연산 수식을 만들어 주어야 합니다.

> 단항 > 산술 > 비교 > 논리 > 삼항 > 대입

아래의 표는 여러 연산자를 사용하는 수식에서의 연산자 우선순위를 정리한 표입니다.

우선순위	연산자	
1	.(점) , [대괄호], (괄호)	우선순위 높음
2	++(postfix), --(postfix)	
3	+(양수), -(음수), ++(prefix), --(prefix), ~, !	
4	(casting type)	
5	*, /, %	
6	+(더하기), -(빼기)	
7	<<, >>, >>>	
8	>, <, <>, <=, instanceof	
9	==, !=	
10	&	
11	^	
12			
13	&&	
14				
15	(condition) ? (식) : (식)	
16	=, +=, -=, *=, /=, %=, &=, ^=, |=, <<=, >>=, >>>=	우선순위 낮음

3.5 단항연산자

단항연산자는 피연산자가 하나인 연산자를 단항연산자라고 합니다.

3.5.1 부호연산자 : +, −

부호 연산자는 변수의 부호를 바꿔주는 연산자입니다. 연산자에는 +, - 두 개의 연산자가 있고, + 연산자는 실제 아무런 역할을 하지 않습니다. 그러나 − 연산자는 변수에 -1을 곱해 부호를 변경시킵니다. 아래 예제를 통해 부호 연산자 사용법을 살펴보겠습니다.

```java
package chapter03;

public class AdditiveOperator {

  public static void main(String[] args) {

    int num1 = 5;
    int num2 = +num1;    // + 연산은 변수에 1을 곱하는 연산을 수행
    int num3 = -num1;    // - 연산은 변수에 -1을 곱하는 연산을 수행

    System.out.println("num1 => " + num1);
    System.out.println("num2 => " + num2);
    System.out.println("num3 => " + num3);

  }

}
```

☞ 결과(Console)

```
num1 => 5
num2 => 5
num3 => -5
```

8행의 부호연산에서 + 연산의 결과는 콘솔 출력결과를 보듯이 데이터에 변화가 없습니다. 하지만 9행의 부호연산에서 -는 변수에 -1을 곱해서 원래 가지던 부호를 반대 부호로 변경합니다. num3의 데이터의 부호가 바뀌어 출력되는 것을 확인할 수 있습니다.

3.5.2 논리부정 연산자 : !

논리부정 연산자는 변수가 가지는 논리값을 반대의 논리값으로 변경해 주는 연산자입니다. 피연산자가 Boolean 타입일 때 사용되며, 논리값이 true 이면 false로 false일 때는 true로 변경해 주는 연산자입니다. 아래 예제를 통해 논리부정 연산의 사용법을 살펴보겠습니다.

```java
1    package chapter03;
2
3    public class NotOperator {
4
5      public static void main(String[] args) {
6
7        int num1 = 5;
8        int num2 = 13;
9        boolean led = true;
10
11       System.out.println("led 변수의 논리 값 => " + led);
12       System.out.println("led 변수의 논리 값의 변경 => " + !led);
13                      // 논리값을 반대 값으로 변경
14       System.out.println("num1>num2의 결과 : " + (num1 > num2));
15       System.out.print("num1>num2의 결과 값을 반전 한 결과 : ");
16       System.out.println( !(num1 > num2) );
17                      // 비교 연사의 결과 논리값을 반대 논리 값으로 변경
18
19     }
20   }
```

> **결과(Console)**
>
> ```
> led 변수의 논리 값 => true
> led 변수의 논리 값의 변경 => false
> num1>num2의 결과 : false
> num1>num2의 결과 값을 반전 한 결과 : true
> ```

9행의 변수 led는 논리 값 true를 가지고 있고, 12행에서 논리부정 연산을 통해 논리값이 false로 되어 출력이 됩니다. 14행과 16행에는 비교 연산이 되어 결과로 논리값을 반환하는데 14행에서는 이 결과 값을 논리부정 연산자로 반대 논리값으로 변환해서 출력이 됩니다. 논리부정 연산자는 이후에 살펴볼 비교 연산이나 논리 연산에서 비교 조건이 까다로운 연산식을 만들 경우 보다 쉬운 연산을 만들 수 있도록 해줄 수 있습니다.

3.5.3 증감연산자

증감 연산자는 변수에 저장된 값(피연산자)을 1씩 증가시키거나 감소시키는 연산자입니다. 피연산자가 하나인 단항 연산자이며 피연산자의 앞 또는 뒤에 위치하는데 위치하는 곳에 따라 증감 연산의 순서가 달라지고 결과가 달라집니다. **전위 형(prefix)** 연산자와 **후위 형(postfix)** 연산자를 구분해서 살펴보겠습니다.

🔲 전위 형(prefix)

전위 형 증감연산자는 연산 기호가 피연산자의 앞에 붙습니다. 다른 연산자와 같이 쓰일 때 다른 연산보다 증감연산을 우선 처리하고 다른 연산을 처리합니다.

연산자	연산자의 기능	예	연산 방향
++	피 연산자에 저장된 값에 1 증가합니다.	++num	←
--	피 연산자에 저장된 값을 1 감소합니다.	--num	←

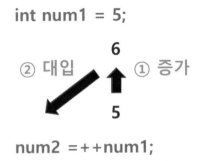

int num1 = 5;

② 대입   6   ① 증가

5

num2 = ++num1;

연산의 처리과정을 보면 먼저 num2 변수에 대입하기 전에 **num1**의 값을 **1**증가시키고 나서 대입 연산이 됩니다. 아래 예제는 전위 형 증감 연산자의 예제입니다. 예제를 통해 전위 형 증감 연산자의 처리 순서를 살펴보겠습니다.

```
1   package chapter03;
2
3   public class PrefixOperator {
4
5     public static void main(String[] args) {
6
7       int num1 = 5;
8       int num2 = ++num1 ;  // num1의 값을 먼저 1증가 시킨 후 대입 연산을 수행
9
10      System.out.println("num1 의 값 : " + num1); // 6
11      System.out.println("num2 의 값 : " + num2); // 6
12      System.out.println("++num1 의 값 : " + ++num1);    // 7
13                       // num1의 값을 먼저 1증가시킨 후 문자열 연산이 수행
14
15    }
16  }
```

☞ **결과(Console)**

```
num1 의 값 : 6
num2 의 값 : 6
++num1 의 값 : 7
```

8행의 연산식은 증감 연산과 대입 연산이 혼합되어 있습니다. 이 연산에서의 우선순위는 단항 연산인 증감 연산입니다. 따라서 먼저 num1의 값을 증가시키고 대입 연산이 됩니다. 12행의 연산식은 출력을 위한 print()메소드와 문자열의 덧셈 연산 그리고 증감 연산이 혼합된 형태로 정의되어 있습니다. 여기서 연산의 우선순위가 가장 우선한 것은 ++num1 하는 증가 연산이고 그리고 문자열의 합 연산이 이루어진 후에 콘솔에 출력이 됩니다. 이처럼 증감 연산은 단항 연산자이기 때문에 가장 먼저 연산이 수행됩니다.

후위 형(postfix)

후위 형 증감 연산자 연산은 기호가 피연산자의 뒤에 붙습니다. 다른 연산자와 같이 사용할 때 다른 연산을 먼저 처리한 후 증감 연산을 처리합니다.

연산자	연산자의 기능	예	연산 방향
++	피 연산자에 저장된 값에 1 증가합니다.	num++	←
--	피 연산자에 저장된 값을 1 감소합니다.	num--	←

int num1 = 5;

6

② 증가

① 대입

5

num2 = num1++;

후위 형 증감 연산의 실행 순서를 보면 num1의 값을 먼저 참조한 후 num2에 num1을 참조한 값을 대입 연산을 합니다. 그리고 나서 num1의 증가 연산을 합니다.

아래 예제를 통해 후위 형 증감 연산자가 수행되는 순서를 살펴보겠습니다.

```
1    package chapter03;
2
3    public class PostfixOperator {
```

```
4
5      public static void main(String[] args) {
6
7        int num1 = 5;
8        int num2 = num1++ ;   // 대입 연산 후 num1의 값을 1 증가시킴
9
10       System.out.println("num1 의 값 : " + num1); // 6
11       System.out.println("num2 의 값 : " + num2); // 5
12       System.out.println("++num1 의 값 : " + num1++ );
13                            // 6 출력 후 num1의 값 1 증가
14
15     }
16   }
```

> 🔊 **결과(Console)**
>
> num1 의 값 : 6
> num2 의 값 : 5
> ++num1 의 값 : 6

8행의 연산에는 후위 형 증감 연산자가 있습니다. 후위 형은 증가 연산을 먼저 하지 않기 때문에 num2 변수에 num1의 값을 먼저 대입하고 난 후 num1의 값을 증가시킵니다. 따라서 8행의 연산이 실행되면 num2에는 5가 대입되어 있고, num1은 1이 증가한 6을 저장하고 있게 됩니다. 12행의 연산도 문자열의 연산이 먼저 실행되고 난 후 num1의 값이 증가하기 때문에 6이 출력됩니다.

아래 예제를 보면서 증감 연산자의 연산 순서에 대해 정리해 보도록 하겠습니다.

```
1    package chapter03;
2
3    public class UnaryOperator {
4
```

```
5       public static void main(String[] args) {

6

7         int num1 = 30;

8

9         System.out.println( num1++ ); // (num1->31)
10        System.out.println( ++num1 ); // 32출력
11        System.out.println( num1-- ); // (num1->31)
12        System.out.println( --num1 ); // 31출력

13

14        System.out.println( num1++ + ++num1 ); // 30+((30+1)+1)=62

15

16      }
17    }
```

☞ 결과(Console)

```
30
32
32
30
62
```

각 행 별로 수행하는 연산을 정리해보겠습니다.

- **10행** : num1의 값 **30**을 출력 하고 num1의 값을 증가시켜 num1의 값은 **31**이 됩니다.
- **11행** : num1의 값을 먼저 증가시켜 num1이 **32**가 되고 num1의 값 **32**를 출력합니다.
- **12행** : num1의 값 **32**를 출력 하고 num1의 값을 감소시켜 num1의 값은 **31**이 됩니다.
- **13행** : num1의 값을 먼저 감소시켜 num1이 **30**이 되고 num1의 값 **30**을 출력합니다.
- **15행** : 후위 형 연산으로 이항 연산의 좌변은 **30**으로 되고, num1의 증가연산 **30+1** 연산이 됩니다. 그리고 이항연산의 오른쪽 변은 num1 전위 형 연산으로 **31+1** 증가연산이 되어 **32**가 오른쪽 변의 값이 됩니다. 따라서 연산은 **30+32**의 연산 이 됩니다.

3.5.4 형 변환 연산자 : (data type)

형 변환 연산자는 변수의 데이터 타입을 원래 가지고 있던 데이터 타입을 다른 종류의 데이터 타입으로 변환하는 연산자를 말합니다. 피연산자 앞에 괄호( )를 사용하고 괄호 안에 변경하고자 하는 데이터 타입을 명시해주면 됩니다. 아래 예제는 형 변환 연산자를 사용한 예제입니다.

```java
1    package chapter03;
2
3    public class CastingOperator {
4
5        public static void main(String[] args) {
6
7            byte num1 = 10;
8            byte num2 = 20;
9
10           // byte num3 = num1 + num2;  // 오류 발생
11           // num1 변수와 num2 변수가 int 타입으로 변경됨
12           // 덧셈의 결과도 int 타입이 됨
13
14           byte num3 = (byte) (num1 + num2); // 덧셈의 결과를 byte. 타입으로
                 변경
15
16       }
17   }
```

10행의 연산은 오류가 발생합니다. 오류가 발생하는 이유는 JAVA의 연산 방식에 있습니다. JAVA는 정수형 연산의 경우 int 타입보다 작은 사이즈의 데이터 타입의 연산을 할 경우 int 타입으로 변환 후 연산을 합니다. 그리고 연산의 결과도 int 타입으로 반환합니다. 10행은 byte + byte 연산이 int + int 연산이 되고 int 타입의 결과가 반환 되는데 num3 변수는 byte 타입이기 때문에 int 타입의 결과 값을 저장할 수 없어 오류가 발생한 것 입니다. 따라서 byte 타입의 num3에 num1+num2 연산의 결과를 저장 할 수 있도록 num1+num2의 연산 결과를 byte 타입으로 형 변환을 해주면 오류 없이 byte 타입의 num3에 대입 연산이 가능해집니다.

3.6 이항연산자

3.6.1 산술연산자

산술연산자는 이항연산자 중 가장 많이 사용되는 연산자 입니다. 우리가 알고 있는 더하기, 빼기, 곱하기, 나누기와 같은 연산자를 가지고 있습니다.

연산자	연산자의 기능	예	연산 방향
+	왼쪽에 피 연산자와 오른쪽 피 연산자의 값을 더합니다.	10 + 20	→
-	왼쪽에 피 연산자에서 오른쪽 피 연산자의 값을 뺍니다.	100 - 10	→
*	왼쪽에 피 연산자와 오른쪽 피 연산자의 값을 곱합니다.	5 * 2	→
/	왼쪽에 피 연산자에서 오른쪽 피 연산자의 값으로 나눕니다.	10 / 2	→
%	왼쪽에 피 연산자에서 오른쪽 피 연산자의 값으로 나눈 후 얻는 나머지 값을 반환합니다.	10 % 3	→

아래 예제를 통해 산술 연산자에 대해 살펴보겠습니다.

```java
1   package chapter03;
2
3   public class ArithmeticOperator {
4
5     public static void main(String[] args) {
6
7       int num1 = 30;
8       int num2 = 2;
9       float num3 = 2.0f;
10      System.out.println( num1 + num2 ); // 연산 순서 ➜ 30 + 2 = 32
11      System.out.println( num1 - num2 ); // 연산 순서 ➜ 30 - 2 = 28
12      System.out.println( num1 * num2 ); // 연산 순서 ➜ 30 * 2 = 60
13      System.out.println( num1 / num2 ); // 연산 순서 ➜ 30 / 2 =15
```

```
14      System.out.println( num1 / num3 ); // 연산 순서 ➔ 30 / 2.0f ➔
        30.0f / 2.0f = 15.0f
15      System.out.println( num1 % num2 ); // 연산 순서 ➔ 30 / 2.0f 의
        나머지 는 0
16    }
17  }
```

👁 **결과(Console)**

```
32
28
60
15
15.0
0
```

이 예제에서 주의 깊게 봐야 할 부분은 **14**행입니다. **14**행의 연산을 보면 int 타입의 변수와 float 타입의 변수간의 나누기 연산이 이루어지는데 이때 연산을 위해 자료형을 일치시키게 됩니다. 일치시켜야 하는 이유는 각 자료형 타입의 메모리 저장 방식이 다르기 때문에, 자료형의 변환 없이 연산이 이루어질 경우에는 정상적인 결과를 얻을 수 없습니다.

JAVA에서의 산술 연산은 정수형 연산의 경우 int 타입으로 변경이 된 후 연산이 됩니다. 또 표현의 범위가 큰 자료형으로 자동형 변환이 되어 연산이 이루어지게 됩니다.

```
byte   +  byte    →   int    +  int      결과 int
byte   +  int     →   int    +  int      결과 int
long   +  int     →   long   +  long     결과 long
float  +  int     →   float  +  float    결과 float
float  +  double  →   double +  double   결과 double
```

위의 예제 코드들은 + 연산으로만 표현하고 있지만, + 연산이나 산술 연산에서만 이러한 규칙이 적용되는 것이 아니라 다른 연산자의 연산에서도 이러한 규칙이 적용이 됩니다.

산술 연산의 나누기 연산에서 연산의 결과는 피연산자의 데이터 타입에 따라 결정됩니다. 두 개의 피연산자가 실수 데이터 타입이라면 결과도 실수 데이터 타입으로 반환됩니다.

아래 예제를 통해 두 피연산자가 모두 실수인 형태를 살펴보겠습니다.

```java
1   package chapter03;
2
3   public class ArithmeticOperator2 {
4
5     public static void main(String[] args) {
6
7       float num1 = 10f;
8       float num2 = 3.0f;
9
10      System.out.println(num1 / num2);   // 실수 데이터의 연산은 결과도 실수
11      System.out.println(num1 % num2);   // 실수 데이터의 연산은 결과도 실수
12
13    }
14  }
```

☞ 결과(Console)

```
3.3333333
1.0
```

10행 11행의 출력 결과를 보면 실수 형태의 데이터가 출력이 됩니다. 이는 실수 타입의 연산은 결과도 실수 타입의 결과가 반환되는 것을 알 수 있습니다.

문자 타입의 연산도 int 타입으로 형변환이 되어 연산이 됩니다. 다음 예제로 문자 타입의 연산을 살펴보겠습니다.

```java
1   package chapter03;
2
3   public class CharTypeOperator {
4
5       public static void main(String[] args) {
6
7           char c1 = 'A'; // 유니코드 값이 저장
8           int n1 = c1;
9
10          // char c2 = c1 + 1;  // 오류가 발생합니다.
11
12          int n2 = c1 + 1;  // c1이 int 타입으로 변환되고 int+int 연산이 됩니다.
13
14          System.out.println(c1);
15          System.out.println(n1);
16          System.out.println(n2);
17
18      }
19  }
```

👉 **결과(Console)**

```
A
65
66
```

10행의 연산은 오류가 발생합니다. c1+1 의 연산의 결과가 int 타입으로 반환되기 때문에 int 타입의 결과값을 char 타입의 변수에 대입할 수 없어 오류가 발생합니다. 12행은 c1 변수가 int 타입으로 자동으로 형 변환이 되고 int 타입의 연산이 되어 int 타입의 결과 값을 변수 n2에 저장하는 것입니다.

char 타입의 이항 연산의 경우에는 int 타입으로 형 변환이 이루어지고 연산이 되어 int 타입의 결과가 나오게 되는데, char 타입의 단항 연산의 증감 연산일 경우에는 char 타입

을 그대로 유지합니다. 아래 예제를 통해 **char** 타입의 단항 증감 연산자의 특징을 살펴보겠습니다.

```java
1   package chapter03;
2
3   public class CharTypeOperator2 {
4
5     public static void main(String[] args) {
6
7       char c = 'A';
8
9       System.out.println( c++ );   // char 타입의 증감 연산은 char 타입을
                                      유지 A 출력
10      System.out.println( c-- );   // 'B' 출력
11      System.out.println( c );     // 'A' 출력
12      System.out.println( ++c );   // 'B' 출력
13      System.out.println( --c );   // 'A' 출력
14
15    }
16  }
```

👁 결과(Console)

```
A
B
A
B
A
```

JAVA에서는 문자열도 +연산을 할 수 있습니다. 하지만 문자열의 경우 모든 산술연산이 가능한 것이 아니라 + 연산자의 사용만 가능합니다. 이 + 연산자는 문자열을 붙여 하나의 문자열로 만들어주는 연산을 합니다. 아래 형식은 문자열의 여러 연산 형식을 보여주고 있습니다. 가장 큰 특징은 문자열과 더하기 연산의 경우는 어떠한 타입이 오더라도 문자열

타입으로 변화되어 문자열 간의 더하기 연산이 된다는 것입니다.

```
"문자열" + "문자열"   →  "문자열문자열"
"문자열" + true       →  "문자열" + "true"  →  "문자열true"
"문자열" + 100        →  "문자열" + "100"   →  "문자열100"
"문자열" + 10.2f      →  "문자열" + "10.2"  →  "문자열10.2"
"문자열" + null       →  "문자열" + "null"  →  "문자열null"
```

3.6.2 관계연산자

관계연산자는 피연산자 간의 크기를 비교하여 판단하는 연산자입니다. 두 피연산자의 데이터를 비교하기 때문에 비교 연산자라고도 합니다. 비교 연산 후 반환 값은 true 또는 false 의 논리값을 반환합니다. 이 연산자는 프로그램의 흐름을 처리하는 if문 또는 반복문의 반복의 조건을 확인할 때 사용됩니다.

연산자	연산자의 기능	예	연산 방향
>	왼쪽에 피연산자가 오른쪽 피연산자보다 크면 true를 반환	1 > 0	→
<	왼쪽에 피연산자가 오른쪽 피연산자보다 작으면 true를 반환	0 < 1	→
>=	왼쪽에 피연산자가 오른쪽 피연산자보다 크거나 같으면 true를 반환	1 >= 0	→
<=	왼쪽에 피연산자가 오른쪽 피연산자보다 작거나 같으면 true를 반환	1 <= 0	→
==	왼쪽에 피연산자와 오른쪽 피연산자가 같으면 true를 반환	1 == 1	→
!=	왼쪽에 피연산자와 오른쪽 피연산자가 다르면 true를 반환	1 != 0	→

비교 연산은 앞에서 살펴본 산술 연산과 같이 연산 시에 자료형 타입을 일치시켜 연산을 하고 연산의 결과는 논리값을 반환합니다. 다음 예제를 통해 비교 연산자를 사용하는 방법들을 살펴보겠습니다.

```java
1    package chapter03;
2
3    public class RelationalOperator {
4
5      public static void main(String[] args) {
6
7        int num1 = 30;
8        int num2 = 2;
9
10       System.out.println( num1 == num2 ); // false
11       System.out.println( num1 > num2 ); // true
12       System.out.println( num1 < num2 ); // false
13       System.out.println( num1 >= num2 ); // true
         System.out.println( num1 <= num2 ); // false
14       System.out.println( num1 != num2 ); // true
15     }
16   }
```

☞ 결과(Console)

```
false
true
false
true
false
true
```

비교 연산의 경우 참조형 변수의 비교에도 사용할 수 있습니다. 그러나 주의할 점은 참조변
수는 객체의 주소값을 저장하는 것이어서 크기 비교의 개념이 없습니다. 따라서 참조변수
의 비교연산은 주소값이 "같다" 또는 "다르다"의 연산만 사용합니다. 다음 예제로 참조형
변수의 비교 연산의 사용법을 살펴보겠습니다.

```
1    package chapter03;
2
3    public class RelationalOperator2 {
4
5      public static void main(String[] args) {
6
7        String str1 = "JAVA";
8        String str2 = "Program";
9
10       System.out.println( str1 == str2 ); // 참조 주소 값 == 참조 주소 값
11       System.out.println( str1 != str2 ); // 참조 주소 값 != 참조 주소 값
12
13       // System.out.println(str1 > str2); //오류
14
15     }
16
17   }
18
```

> ☞ 결과(Console)

```
false
true
```

비교 연산도 연산이기 때문에 변수의 타입을 일치시킨 후 연산이 이루어집니다. 산술 연산에서 보았듯이 char 타입의 경우 int 타입으로 변경되어 유니코드 값의 정수 연산이 이루어지고, 변수들의 타입을 일치시키기 위해 자동 형 변환이 이루어져 연산이 이루어집니다. 아래 예제로 자동 형 변환이 이루어지면서 연산하는 것을 살펴보겠습니다.

```
1    package chapter03;
2
3    public class RelationalOperator3 {
```

```
4
5       public static void main(String[] args) {
6
7         char c = 'A';
8         int num = 10;
9
10        System.out.println( c > 10 ); // 연산 순서 ➡  65 > 10
11        System.out.println( '1' > '0' ); // 연산 순서 ➡ 49 > 48
12
13        System.out.println( num == 10f ); // 연산 순서 ➡ int == float
             -> float == float
14      }
15   }
```

👉 **결과(Console)**

```
true
true
true
```

10행의 **c>10** 비교 연산도 변수 c가 int 타입의 값으로 자동 변환되어 **65 > 10**의 비교 연산이 됩니다. 11행 역시 리터럴 '1'이 int 타입의 값으로 변환되어 **49 > 48**의 비교 연산이 됩니다. 13행은 int 타입의 변수 num과 리터럴 **10f**의 같다 비교 연산을 하는데 int 타입의 변수 num의 값이 float 타입의 값으로 자동 변환되어 float == float 연산이 됩니다.

3.6.3 논리연산자

논리연산자는 피연산자가 논리값을 가지고 연산을 하고 판단해서 참(true), 거짓(false)
값을 반환하는 연산자로 논리곱(AND), 논리합(OR), 논리부정(NOT) 연산자로 이루어져
있습니다.

연산자	연산자의 기능	예	연산 방향
&&	왼쪽에 피연산자와 오른쪽 피연산자의 논리 값이 모두 true 이면 true를 반환 이외에는 false 반환	1 > 0	→
||	왼쪽에 피연산자와 오른쪽 피연산자의 논리 값이 같으면 true를 반환 이외에는 false 반환	0 < 1	→
!	왼쪽에 피연산자가 오른쪽 피연산자보다 크거나 같으면 true를 반환 이외에는 false 반환	1 >= 0	→

논리 연산자에 따라 표현되는 논리 표를 살펴보겠습니다.

a	b	a && b	a || b
true	true	true	true
true	false	false	true
false	true	false	true
false	false	false	false

&& 연산은 두 개의 논리값이 모두 참일 때 참이 나오는 연산을 하기 때문에 범위를 선택하
는 조건식을 만들 때 사용할 수 있습니다. || 연산은 특정 범위 이외의 범위를 찾을 때
사용할 수 있습니다. 이때 논리부정 연산자 "!"를 사용해서 범위를 반전 시키는 것입니다.
예제를 통해 논리 연산자의 사용법을 살펴보겠습니다.

```
1    package chapter03;
2
3    public class LogicalOperator {
4
```

```
5       public static void main(String[] args) {
6
7         int num1 = 30;
8         int num2 = 2;
9
10        System.out.println( num1 > 10 && num1 < 50 ); // 연산 순서 → true
            && true -> true
11        System.out.println( num1 < 10 && num1 < 50 ); // 연산 순서 → false
            && true -> false
12
13        System.out.println( num1 > 10 || num2 > 10 ); // 연산 순서 → true
            || false -> true
14        System.out.println( num1 < 10 || num2 > 10 ); // 연산 순서 → false
            || false -> false
15      }
16  }
```

👉 **결과(Console)**

```
true
false
true
false
```

10행의 연산은 "10보다 크다"와 "50보다 작다"의 두 조건을 모두 충족할 때 결과가 true가 나오도록 하는 조건식으로 10보다 크고 50보다 작은 범위의 값인지를 판별하는 조건식입니다. 11행은 num1의 값이 10보다 작지 않고 50보다는 작은 값이기 때문에 왼쪽 비교 연산의 결과는 false가 되고 오른쪽 비교 연산의 결과는 true가 됩니다. 논리 연산은 false && false 연산이 되어 결과가 false가 나오게 됩니다. 13행과 14행의 "||" 연산은 좌우 피연산자의 논리값이 모두 false일 때만 논리 연산의 결과가 false가 되기 때문에 13행은 true || false 연산이 되어 결과를 true가 되고 14행은 false || false 연산이 되기 때문에 결과는 false가 됩니다.

3.6.4 비트연산자

정수형 데이터는 2진수 형태로 메모리에 저장이 됩니다. 비트 연산자는 저장된 데이터를 비트 단위로 연산을 하는 연산자입니다. 비트 단위 연산자는 정수형 데이터에서만 사용하는데 2진수나 16진수 데이터를 사용하여 연산합니다. 비트 연산자의 종류에는 비트 논리 연산자와 비트 시프트 연산자가 있습니다.

❶ 비트 논리 연산자

연산자	연산자의 기능
&	왼쪽에 피연산자와 오른쪽 피연산자의 비트의 AND 연산
|	왼쪽에 피연산자와 오른쪽 피연산자의 비트의 OR 연산
^	왼쪽에 피연산자와 오른쪽 피연산자의 비트의 XOR 연산
~	피연산자의 비트의 NOT 연산

비트 논리 연산자 : &

비트 &(AND) 연산자는 연산하는 두 비트가 모두 1일 때만 1을 반환하고 다른 경우는 모두 0을 반환합니다. 아래의 표는 정수 5와 3의 & 비트 연산의 표입니다.

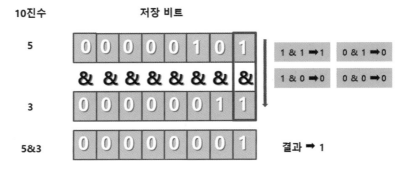

논리 연산자 : |

비트 |(OR) 연산자는 연산하는 두 비트 중 하나라도 1이면 1을 반환하고 두 비트가 모두 0일 때만 0을 반환합니다. 아래의 표는 정수 5와 3의 | 비트 연산의 표입니다.

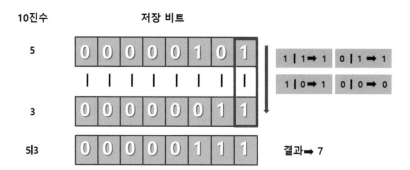

비트 논리 연산자 : ^

^(XOR) 연산자는 연산하는 두 비트가 서로 다르면 1을 반환하고 서로 같으면 0을 반환합니다. 아래의 표는 정수 5와 3의 ^ 비트 연산의 표입니다.

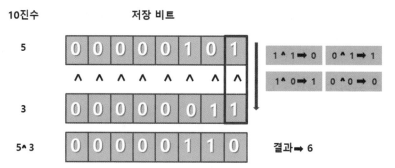

비트 논리 연산자 : ~

~(NOT) 연산자는 해당 비트가 1이면 0을 반환하고 0이면 1을 반환합니다. 아래의 표는 정수 5의 ~ 비트 연산의 표입니다.

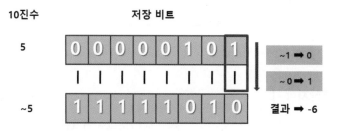

아래 예제를 통해 앞에서 살펴본 비트 논리연산자의 규칙에 맞게 연산이 되는지 살펴봅시다.

```java
1    package chapter03;
2
3    public class BItOperator {
4
5      public static void main(String[] args) {
6
7        System.out.println( 5&3 );  //1
8        System.out.println( 5|3 );  //7
9        System.out.println( 5^3 );  //6
10       System.out.println( ~5 );  //-6
11
12     }
13   }
```

🖙 결과(Console)

```
1
7
6
-6
```

시프트 연산자

시프트 연산자는 정수형 데이터를 지정한 비트만큼 왼쪽 또는 오른쪽으로 이동시키는 연산자입니다. 왼쪽으로 한번 시프트 하는 경우 2를 곱한 결과와 같고 왼쪽으로 n 번 이동하는 경우 2의 n승 한 것과 같습니다. 반대로 오른쪽으로 한번 시프트 하는 경우는 2로 나누는 것과 같고, 오른쪽으로 n번 시프트 하는 경우는 2의 n승으로 나누는 것과 같습니다.

연산자	연산자의 기능
A<<B	왼쪽에 피연산자 A를 B비트만큼 왼쪽으로 이동시키고 오른쪽 비트는 **0**으로 채운다.
A>>B	왼쪽에 피연산자 A를 B비트만큼 오른쪽으로 이동시키고 왼쪽 비트는 양수일 경우 **0**으로 채우고, 음수일 경우 1로 채운다.
A>>>B	왼쪽에 피연산자 A를 B비트만큼 오른쪽으로 이동시키고 왼쪽 비트는 항상 **0**으로 채운다.

비트 시프트 연산자 : <<

아래 표는 정수 데이터 5의 비트를 왼쪽으로 1번 시프트 하는 연산의 표입니다.

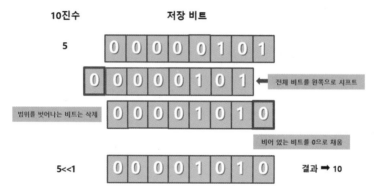

비트 시프트 연산자 : >>

아래 표는 정수 데이터 4의 비트를 오른쪽으로 1번 시프트 하는 연산의 표입니다. 이때 부호 비트 값에 따라서 공백 비트의 값이 부호 비트 값으로 채워집니다. 즉 부호 비트가 1이면 시프트 되면서 생기는 공백 비트에 1이 채워지고 **0**이었으면 **0**이 채워지게 됩니다.

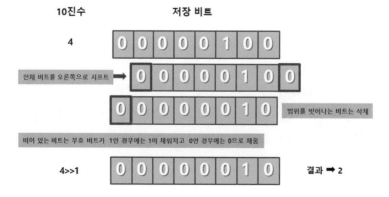

💿 비트 시프트 연산자 : >>>

아래 표는 정수 데이터 4의 비트를 오른쪽으로 1번 시프트하고 이동된 데이터는 항상 0으로 채우는 연산의 표입니다.

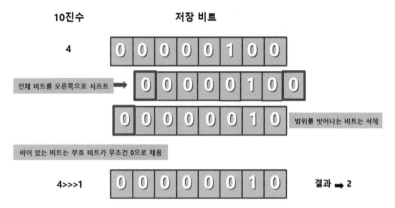

아래 예제를 통해 앞에서 살펴본 시프트 연산의 규칙과 규칙에 맞는 연산 결과가 나오는지 확인해 보겠습니다.

```
1    package chapter03;
2
3    public class BitOperator2 {
4
5      public static void main(String[] args) {
6
7        int num1 = 5;
8        int num2 = 4;
9
10       System.out.println( num1<<1 ); // 연산 순서 → 00000101 << 1 →
             00001010
11       System.out.println( num1<<3 ); // 연산 순서 → 00000101 << 3 →
             00101000
12
13       System.out.println( num2>>1 ); // 연산 순서 → 00000100 >> 1 →
             00000010
14       System.out.println( num2>>2 ); // 연산 순서 → 00000100 >> 2 →
```

```
                  00000001
15
16       System.out.println( num2>>>1 ); // 연산 순서 ➔ 00000100 >> 2 →
                  00000001
17
18     }
19
20  }
```

🔍 **결과(Console)**

```
10
40
2
1
2
```

3.6.5 대입 연산자

대입 연산자는 오른쪽 변의 값을 연산자 왼쪽에 있는 변수에 대입하는 연산자입니다. 대입 연산은 모든 연산자 중 우선순위가 가장 낮으며, 연산식의 맨 마지막에 처리됩니다. 대입 연산자도 연산이기 때문에 왼쪽 변에 있는 변수의 타입과 저장하고자 하는 변수 혹은 리터럴의 데이터 타입이 일치해야 하고, 서로 다른 타입의 연산에서는 자동으로 형 변환이 이루어집니다. 대입 연산의 방향은 오른쪽 변에 있는 데이터를 왼쪽 변에 있는 변수에 데이터를 대입하는 형식입니다. 아래 예제를 통해 대입 연산의 방향과 순서를 살펴보겠습니다. 아래는 대입 연산자가 두개가 있는 형태입니다.

---

num1 = num2 = num3

위의 연산에서는 먼저 num2 변수에 변수 num3 가진 값을 대입합니다. 그리고 변수 num1에 변수 num2가 가지는 값을 저장하는 순서로 연산이 이루어집니다.

```
float number = 10; → float number = 10f;
```

위 대입 연산을 보면 리터럴 10을 float 타입의 변수 number에 int 타입 리터럴 10을 저장하는 연산식입니다. 이 연산은 리터럴 10이 자동으로 float 타입으로 형 변환 되어 대입 연산이 됩니다.

복합대입 연산자

JAVA에서는 대입 연산자와 다른 연산자를 묶어 다양한 형식의 복합대입 연산자를 제공하고 있습니다. 대입 연산자의 형식은 대입 연산자 앞에 다른 연산자가 붙어 복합 연산자가 됩니다. 보통 숫자 기반의 산술 연산자 또는 비트 연산자와 대입 연산자를 묶어서 사용하는데 문자열의 경우 +연산자와 대입 연산자를 사용하는 복합대입 연산자를 사용하기도 합니다.

다양한 형식의 복합대입 연산자를 살펴보겠습니다.

일반 연산		복합대입연산
num = num + 1	→	num += 1
num = num - 1	→	num -= 1
num = num * 1	→	num *= 1
num = num / 1	→	num /= 1
num = num % 1	→	num %= 1
num = num & 1	→	num &= 1
num = num | 1	→	num |= 1
num = num ^ 1	→	num ^= 1
num = num << 1	→	num <<= 1
num = num >> 1	→	num >>= 1
num = num >>> 1	→	num >>>= 1

위의 표를 보면 일반 연산을 복합대입 연산으로 변경이 가능한 것을 볼 수 있습니다. 하지만 일반 연산을 복합대입 연산자를 이용해서 변경할 수 있는 것이지 반드시 복합대입 연산으로만 사용해야 하는 것은 아닙니다.

예제를 통해 대입 연산과 복합대입 연산자의 사용방법을 살펴보겠습니다.

```
1   package chapter03;
2
3   public class AssignmentOperator {
4
5     public static void main(String[] args) {
6
7       int num = 10;
8
9       num += 5;// num=10+5
10      System.out.println(num);
11      num -= 5;// num=15-5
12      System.out.println(num);
13      num *= 2;// 10*2
14      System.out.println(num);
15      num /= 2;// 20/2
16      System.out.println(num);
17      num %= 3;// 20%2
18      System.out.println(num);
19
20      short snum1 = 20;
21      short snum2 = 30;
22      snum1 += snum2;
23      // snum1 = snum1 + snum2;  //snum1과 snum2는 int 타입으로 변환되어
             연산
24      System.out.println(snum1);
25
26      num=snum1=snum2;
27
28      System.out.println("num = "+num);
```

```
29      System.out.println("snum1 = "+snum1);
30      System.out.println("snum2 = "+snum2);
31
32    }
33  }
```

결과(Console)

```
15
10
20
10
1
50
num = 30
snum1 = 30
snum2 = 30
```

22행은 복합대입 연산의 경우 int 타입이 아닌 shot 타입이 유지됩니다. 23행은 변수 snum1과 snum2는 int 타입으로 변환되어 연산이 되고 결과값이 int 타입이기 때문에 short 타입 변수 snum1에 대입 연산은 오류가 발생합니다. 26행의 연산은 앞에서 설명한 대입 연산의 순서를 확인할 수 있습니다. snum2 값을 snum1에 대입 연산하고 num에 snum1의 값을 대입하게 되어 변수 3개 모두 30을 저장하게 됩니다.

3.6.6 삼항 연산자

삼항 연산자는 조건문을 대체하는 연산자입니다. 조건문은 특정 조건에 따라 분기하는 명령문인데 다음 챕터에서 다루게 됩니다. 삼항 연산자는 세 개의 피연산자를 사용하는 연산자이며, 삼항 연산자의 사용방법은 아래와 같이 사용합니다.

(조건식) ? 조건이 true일 때 반환 값 : 조건이 false일 때 반환 값 ;

삼항 연산자의 ? 앞에 오는 논리값에 의해 분기 처리가 되기 때문에 일반적으로 비교 연산이나 논리 연산식을 넣어줍니다. ? 앞의 결과값이 **true**라면 콜론(:) 앞의 문장이 실행되고, ? 앞의 결과값이 **false**라면 콜론(:) 뒤의 문장이 실행됩니다. 이렇게 조건에 의해 문장이 실행되기 때문에 간단한 조건문은 삼항 연산자로 대체할 수 있습니다.

예제를 통해 삼항 연산자의 사용방법을 살펴보겠습니다.

```java
package chapter03;

public class TernaryOperator {

  public static void main(String[] args) {

    int num1 = 2;
    int num2 = 5;

    int min = (num1 < num2) ? num1 : num2;
    System.out.println(min);

    int max = (num1 > num2) ? num1 : num2;
    System.out.println(max);

    String result = (num1 % 2 == 0) ? "짝수" : "음수";
    System.out.println("num1은 " + result);

    result = (num2 % 2 == 0) ? "짝수" : "음수";
    System.out.println("num2는 " + result);

  }
}
```

🖰 결과(Console)

2
5
num1은 짝수
num2는 음수

10행은 num1과 num2의 비교하고 비교 연산의 결과에 따라 작은 값을 변수 min에 저장합니다. 13행은 num1과 num2의 비교하고 비교 연산의 결과에 따라 큰 값을 변수 max에 저장합니다. 16행 19행은 각각 num1과 num2의 값을 2로 나눈 나머지가 0과 같은지 비교합니다. 즉 짝수인지 확인하고 변수 result에 "짝수" 또는 "홀수"를 저장합니다.

3.7 요약

■ 연산자

연산의 형태를 정의하는 기호를 의미합니다.

■ 피연산자

연산의 대상이 되는 변수 또는 상수, 리터럴을 의미합니다.

■ JAVA에서의 연산자 종류

연산형식	연산자의 종류	연산자	연산 방향	우선순위
단항	증감	++, --, +, -, !, ~	←	높음
이항	산술	+, -, *, /, %	→	
	시프트	>>, <<, >>>	→	
	비교	==, >, <, >=, <=, !=	→	
	비트	&, |, ^, ~	→	
	논리	&&, ||, !, ^	→	
삼항	삼항	? :	→	
이항	대입	=, +=, -=, *=, /=, %=, &=, ^=, |=, <<=, >>=, >>>=	←	낮음

■ 증감 연산자

++, -- 연산 기호를 의미하며 변수의 값을 1씩 증가, 1씩 감소시킵니다. 연산 기호의
위치가 변수의 왼쪽에 있으면 증감 연산을 먼저 하고 다른 처리가 되고 오른쪽에 위치한
경우에는 다른 처리가 먼저 처리된 후 증감 연산이 됩니다.

■ 비교 연산자

크다, 작다, 같다 등의 비교하는 연산을 의미하며 비교의 결과를 boolean 타입의 논리값
을 반환합니다.

■ 논리 연산자

&&, ||, ! 등을 말하며 논리곱, 논리합, 논리 부정 연산을 하고 **boolean** 타입의 논리값을 반환합니다.

■ 대입 연산자와 복합대입 연산자

= 연산 대입 연산이라 하고 오른쪽의 값을 왼쪽에 대입하는 연산을 합니다.+=, -= 등의 연산자는 복합대입 연산자라 하고 연산 기호에 맞는 연산을 한 후 왼쪽 변수에 대입 연산을 합니다.

■ 삼항 연산자

(조건식) ? X : Y 형식의 연산을 말하며 조건식의 결과가 **true**이면 X를 반환하고, **false**이면 Y를 반환합니다.

■ 연산의 결과 값

연산을 위해서는 자료형 타입을 일치시켜야 합니다. 일치시킨 자료형 타입이 연산의 결과 타입니다.

3.8 연습문제

01 값을 할당하는 연산자를 고르시오

(1) +

(2) *

(3) /

(4) =

02 아래 연산식에서 복합대입 연산자를 완성시키시오.

(1) a=a+1 → (   )

(2) a=a-1 → (   )

(3) a=a*1 → (   )

(4) a=a/1 → (   )

03 특정 값을 비교해서 같음의 여부를 확인하는 연산자는 무엇인가요?

(1) >

(2) <

(3) ==

(4) !=

04 논리값 true->false 로 false=>true 로 변경하는 연산자는 무엇인가요?

(1) =

(2) !

(3) ++

(4) -

05 아래 연산식에서 형 변환이 잘못된 것을 고르시오?

(1) char + int → int + int

(2) char + char → int + int

(3) float + int -> float + float

(4) long + float → long + long

06 아래 연산의 결과를 쓰시오.

```
char c ='65';
```

(1) System.out.println(c + 1); → (   )

(2) System.out.println(++c); → (   )

(3) System.out.println(c++); → (   )

(4) System.out.println(c); → (   )

07 아래 수학 연산식을 JAVA에서 실행 가능한 연산식으로 변환하시오.

```
{ ( 10 + 3 ) X 4 + 10 ÷ 2 + 10 X 8 }
```

08 다음 프로그램의 결과는?

```
class Test {
  public static void main ( String  [] args ) {
    int i = 4, j= 2;
    i = i << 2;
    System.out.println("result = " + i );
  }
}
```

09 다음 중 short circuit logic이 적용되는 연산자는?

(1) &

(2) |

(3) &&

(4) ||

(5) ^

10 다음 프로그램의 결과는?

```java
class Test {
  public static void main ( String  [] args ) {
    System.out.println( 4 && 7 );
  }
}
```

(1) 컴파일 오류 발생

(2) 3

(3) 4

(4) 7

11 다음 프로그램의 결과는?

```java
class Test {
  public static void main ( String  [] args ) {
    int i = 5;
    System.out.println( i++ );
    System.out.println( i++ );
  }
}
```

(1) 6	(2) 5	(3) 6	(4) 5
7	7	6	6

12 다음 프로그램의 결과는?

```
class Test {
  public static void main ( String  [] args ) {
    int a = -5;
    if ( ( a> 0 ) && ( ( ++a / 3 ) > 0 ) ) {
      a++;
    }
    System.out.println( a );
  }
}
```

3.9 코딩 해보기

1. Calculator 클래스를 정의해봅시다.

① 정수 두 개를 매개변수의 인자로 전달받아 더하기연산 후 출력하는 메소드를 정의

② 정수 두 개를 매개변수의 인자로 전달받아 빼기연산 후 출력하는 메소드를 정의

③ 정수 두 개를 매개변수의 인자로 전달받아 곱하기연산 후 출력하는 메소드를 정의

④ 정수 두 개를 매개변수의 인자로 전달받아 나누기연산 후 출력하는 메소드를 정의

⑤ 실수 반지름 하나를 매개변수의 인자로 전달받아 원의 둘레를 구해 반환하는 메소드를 반환하는 메소드를 정의

⑥ 실수 반지름 하나를 매개변수의 인자로 전달받아 원의 넓이를 구해 반환하는 메소드를 반환하는 메소드를 정의
원의 둘레 : 2 x π x r , 월의 넓이 : π x r x r

⑦ main() 메소드를 정의하고 각각의 메소드를 호출해서 결과를 콘솔에 출력해봅시다.

⑧ 콘솔에서 사용자에게 데이터를 받아 메소드를 호출할 때 사용자에게 받은 데이터를 메소드의 매개변수의 인자로 전달하는 코드를 main() 메소드에 추가해봅시다.

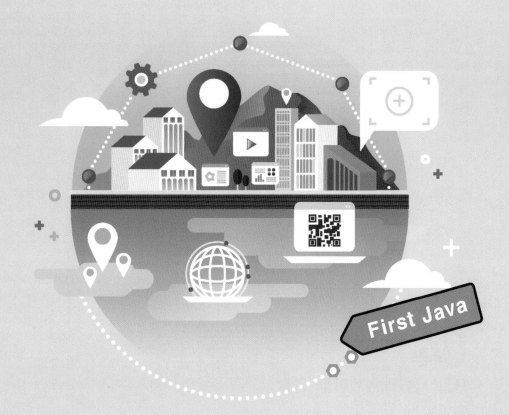

First Java

04

프로그램 흐름제어를 위한
조건문과 반복문

First Java

04 프로그램 흐름제어를 위한 조건문과 반복문

First Java

4.1 조건문

여러분들이 사용하는 스마트폰에서 게임을 한다고 합시다. 게임에서 캐릭터를 터치하거나 메뉴를 클릭하거나 하는 행동으로 캐릭터를 제어합니다. 이때 사용자의 입력에 또는 사용자가 어떤 영역을 터치했느냐에 따라 처리하는 것이 달라집니다. 이렇게 상태에 따라 다른 처리를 하기 위해서는 특정 상태를 판단하여 상황에 맞게 분기해서 프로그래밍을 해야 합니다.

JAVA에서는 프로그램의 흐름을 제어하는 분기 구문으로 if문과 switch문을 제공하고 있어 프로그램의 흐름을 제어할 수 있습니다. 프로그램의 흐름이란 논리적 조건을 만들어서 프로그램 문장을 실행하는 것이기 때문에 조건문을 잘 다루기 위해서는 앞장에서 다룬 조건식을 잘 만들 수 있어야 합니다.

4.1.1 if 문

if문에는 단순 if 구문과 단순 if elas 구문 다중 if else 구문 형태로 나눌 수가 있습니다.

🔹 if()

if 구문을 사용하는 방법은 아래와 같습니다.

```
if (condition) {
    // 문장
}
```

위 문법 구조를 보면 괄호()안의 condition은 값은 true 혹은 false 값을 가지는데 이 논리값으로 조건문의 실행 여부를 판단하게 됩니다. 괄호 안은 일반적으로 결과가 boolean 타입의 값을 반환하는 관계 연산식이나 논리 연산식을 쓰게 됩니다.

조건식(condition)의 결과가 참(true)일 경우 if 구문 바로 아래의 문장을 수행합니다. 조건식(condition)의 결과가 거짓(false)일 경우 if 구문 바로 아래의 문장은 실행되지 않고 if 구문이 종료됩니다.

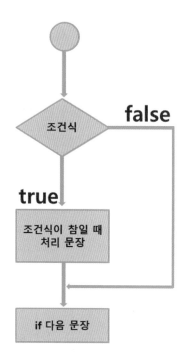

if 문의 조건식이 참일 때 처리하는 문장은 한 라인일 수도 있고 여러 라인일 수도 있습니다. 조건에 맞는 실행 문장이 한 라인일 경우 블록 기호({ })를 사용하지 않아도 됩니다. 하지만 조건에 맞는 실행 문장이 여러 라인일 경우 블록 기호({ })를 반드시 사용해야 합니다. 괄호를 사용하지 않는 경우 두 번째 문장은 조건의 결과로 실행하는 문장으로 인식하지 않습니다.

예를 들어 시험 점수가 60점 이상일 때 "PASS"를 출력하는 프로그램을 만들기 위해서는 프로그램이 실행될 때 점수(데이터) 값을 비교해서 결과를 출력하는 흐름을 만들어주어야 합니다. if() 구문을 이용해 값을 비교해서 결과를 출력하는 흐름을 만들어보겠습니다.

```java
if (score >= 60) {

    System.out.println("PASS");

}
```

위 코드를 이용해서 실행 가능한 프로그램을 완성해보겠습니다.

```java
1   package chapter04;
2
3   public class IfTest {
4     public static void main(String[] args) {
5       int score = 91;
6       if (score >= 60) {
7           System.out.println("PASS");  // 조건식의 결과가 참일 때 "PASS"를
        출력
8         }
9     }
10  }
11
```

☞ 결과(Console)

PASS

위 예제는 score 값에 따라 "PASS"를 출력할 수도 있고 출력하지 않고 프로그램이 종료될 수 있는 프로그램을 완성했습니다. 6행을 보면 if 문의 조건으로 score의 값이 60이상인지 여부를 판단하는 조건식을 사용해서 true일 때 "PASS"를 출력하도록 하고 있습니다.

아래 예제는 if 구문에서 {} 블록을 생략하고 사용하는 예제입니다.

```
1    package chapter04;
2
3    public class IfTest2 {
4
5      public static void main(String[] args) {
6        int age = 20;
7        if (age > 18)
8          System.out.print("18세 이상입니다. 투표가 가능합니다.");
9      }
10   }
```

결과(Console)

18세 이상입니다. 투표가 가능합니다.

7행 비교연산 구문 바로 뒤에 중괄호가 없이 바로 아래에 if의 조건식이 **true**일 때 실행할 문장 하나가 바로 정의되어 있습니다. 이렇게 조건식의 결과에 따라 실행할 문장이 하나일 때는 중괄호{}를 생략할 수 있습니다.

if() ~ else

포로그램에서 조건을 사용할 때 비교의문 결과에 따라 참일 때와 거짓일 때 각각 처리해야 할 흐름이 있다면 if()~else 구문을 사용합니다.

if~else 구문을 사용하는 방법은 아래와 같습니다.

```
if (condition) {
    // 조건식이 true일 때
    // 실행할 문장
} else {
    // 조건식이 false일 때
    // 실행할 문장
}
```

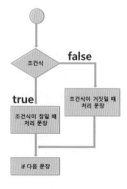

조건식의 구문을 보면 조건식(condition)의 결과가 참(true)일 경우 if 구문 바로 아래의 문장 블록({})을 수행하고 거짓(false)일 경우 else 구문 아래의 문장 블록({}) 을 수행합니다.

앞서 설명한 단일 if 문장에서와 같이 if~else 안의 문장도 실행해야 하는 문장이 하나라 면 블록 기호({ })를 사용하지 않아도 되지만 실행 문장이 여러 라인일 경우 반드시 블록 기호({ }) 사용해야 합니다. 앞의 예제와 같이 점수가 60점 이상인 경우에는 **"PASS"**를 출력 하고, 60점 미만인 경우 **"FAIL"**을 출력하는 프로그램을 만들어봅시다. 이 프로그램 을 만들기 위해서는 60점 이상일 때와 60점 미만일 때가 다른 결과를 출력하는 흐름의 분기가 필요합니다. if~else 구문을 이용해서 점수 데이터를 60과 비교하는 조건식을 만들고 조건식의 결과에 따라 각각 다른 출력을 하도록 흐름의 분기를 만들 수 있습니다.

```java
if (score >= 60) {
    // 60점 이상일 때
    System.out.println("PASS");
} else {
    // 60점 이상이 아닐 때 즉, 60점 미만일 때
    System.out.println("FAIL");
}
```

아래 예제는 위의 조건식으로 if~else를 사용하는 예제입니다.

```java
1   package chapter04;
2
3   public class IfelseTest {
4
5     public static void main(String[] args) {
6       int score = 51;
7       if (score >= 60){   // score 변수의 값을 60 이상인지를 비교
8           // 60점 이상일 때
9           System.out.println("PASS");
10      } else {   // score 변수의 값을 60 이상인지를 비교 값이 false 일 때
```

```
11          // 60점 이상이 아닐 때 즉, 60점 미만일 때
12          System.out.println("FAIL");
13        }
14      }
15    }
```

결과(Console)

```
FAIL
```

아래 예제는 if~else 구문을 이용해서 홀수/짝수 판별하는 예제입니다.

```
1    package chapter04;
2
3    public class IfelseTest2 {
4
5      public static void main(String[] args) {
6
7        int number = 21;
8
9        if (number % 2 == 0) {   // number 변수의 값을 2로 나눈 나머지가 0인지 비교
10           System.out.println("짝수");
11        } else {   // 비교 값이 false 일 때
12           System.out.println("홀수");
13        }
14
15      }
16
17    }
18
```

결과(Console)

```
홀수
```

if() else if() else

조건문에서 여러 조건으로 판별할 때는 다중 If~else if() else 구문을 사용합니다.
if~else if~else 구문을 사용하는 방법은 아래와 같습니다.

```
if (condition){
        // 문장1
} else if (condition){   // if (조건)의 결과가 false 이고, 이 조건을 비교
        // 문장2
} else {  // if(조건)의 결과가 false이고, else if(조건)의 결과도 false
        // 문장3
}
```

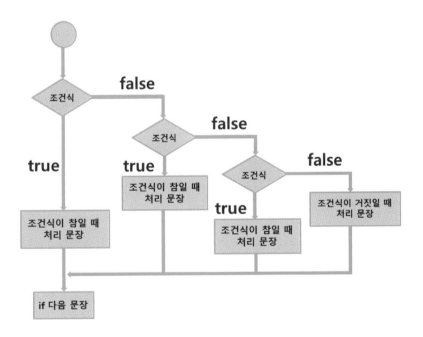

다중 if~else 구문은 조건식에 따라 분기해서 처리해야 할 문장이 여러 가지인 경우 즉,
조건식의 결과가 true 또는 false만 있는 경우가 아니라 3개 이상의 다른 결과가 필요한
경우 사용합니다. 문장의 구조는 조건식이 여러 개로 구성되며 두번째 조건식부터는 else
if(조건식) 형태로 작성하면 됩니다.

다중 if~else 구문 역시 조건에 따라 실행되는 문장이 한 라인일 경우 블록 기호({ })를 사용하지 않아도 되지만 문장이 여러 라인일 경우 반드시 블록 기호({ })를 사용해야 합니다.

다중 if~else 구문을 사용하여 아래의 요구 조건에 맞게 프로그램을 작성해 보겠습니다.

- 점수가 90점 이상인 경우 "A"를 출력하고
- 80점 이상이면서 90점 미만인 경우 "B"를 출력
- 앞의 두 조건에 맞지 않는 이외의 경우에는 "C"를 출력하는 프로그램

아래 구문은 점수에 따라 만든 조건식입니다.

```java
if (score >= 90) {
    // true ➜ 90점 이상
    System.out.println("A");
} else if (score >= 80) {
    // true ➜ 90점 이상이 아니고(90점 미만), 80점 이상인 경우
    System.out.println("B");
} else {
    // false ➜ 90점 이상도 아니고, 80점 이상도 아닌 경우
    System.out.println("C");
}
```

아래 예제를 통해 다중 if-else if-else를 사용하는 방법을 살펴보겠습니다.

```java
1   package chapter04;
2
3   public class IfelseIfTest {
4
5     public static void main(String[] args) {
6
7       int score = 91;
8       if (score >= 90) {
9         // 90점 이상
```

```
10        System.out.println("A");
11    } else if (score >= 80) {
12        // 90점 이상이 아니고, 80점 이상인 경우
13        System.out.println("B");
14    } else {
15        // 90점 이상도 아니고, 80점 이상도 아닌 경우
16        System.out.println("C");
17    }
18  }
19 }
20
```

🖐 결과(Console)

```
A
```

11행의 else if (score >= 80) 구문은 8행의 비교 연산의 결과가 false일 때 실행되는 구문이기 때문에 90 미만의 범위를 조건으로 가지게 되고 80 이상의 조건으로 비교하기 때문에 11행의 else if의 조건의 범위는 90 미만 80 이상이 됩니다. 14행의 else 의 구문은 앞의 두 개의 조건 모두 false인 경우이기 때문에 90 미만 80 미만의 조건이 됩니다.

아래 예제는 다중 if~else 구문을 사용하여 특정 변수의 값이 양수 또는 음수 또는 0인지 판별해서 출력하는 예제입니다.

```
1  package chapter04;
2
3  public class IfelseIfTest2 {
4
5    public static void main(String[] args) {
6
7      int number = -13;
```

```
8       if (number > 0) {      // number 변수의 값이 0보다 크면 "양수"라고 출력
9           System.out.println("양수");
10      } else if (number < 0) {  // number 변수의 값이 0보다 작으면 "음수"라고
        출력
11          System.out.println("음수");
12      } else {  // 위의 두 조건 모두 false 일 때 0 출력
13          System.out.println("0");
14      }
15    }
16  }
```

> 결과(Console)

음수

8행에서 양수를 찾고 아래 10행의 조건은 0보다 크지 않은 값의 범위에서 number 변수의
값이 0보다 작은지 비교합니다. 크지 않다는 조건은 0을 포함하는 음수의 범위입니다.
12행의 else 구문은 0보다 크지 않고 작지도 않은 조건이 되기 때문에 0을 찾아내는 조건
식의 결과가 되는 것입니다.

4.1.2 switch~case 문

switch~case 문은 if~else 문과 더불어 JAVA에서 제공하는 조건문 중에 하나입니다.
switch~case 문은 다중 분기 즉 여러 개의 조건이 필요할 때 사용되고 범위를 비교하는
연산보다는 하나의 특정 값을 비교하여 프로그램의 흐름을 만들 때 사용됩니다.

switch()에서 switch 뒤에 오는 괄호() 안의 값이 분기의 판단 기준으로 사용됩니다.
이 값은 조건식이 아닌 일반 연산 식의 값으로서 정수와 문자열의 값으로 나타냅니다. 즉
true/false 값으로 분기의 판단하는 것이 아니라 괄호 안의 값과 중괄호 블록 안의 case
문장의 값과 비교하여 분기하게 됩니다. JDK7 이전에는 4byte 이하의 정수 값만을 사용
해야 했으나 JDK7 이후부터는 문자열을 이용해서 비교할 수 있게 되었습니다. 즉

switch 구문의 조건 값에는 byte, short, char, int 형의 변수와 JAVA에서 제공해주는 Wrapper클래스 중 Byte, Short, Character, Integer를 사용할 수 있고, enum 과 String 타입의 문자열도 사용 가능합니다. JAVA JDK 버전에 따라 사용법이 다르니 주의해서 사용해야 합니다.

switch~case 문의 구조를 살펴보겠습니다.

```java
switch (key){
case value1:
  // key값과 value1의 값이 일치하는 경우 실행할 문장1
  break;
case value2:
  // key값과 value2의 값이 일치하는 경우 실행할 문장1
  break;
default:
  // key값과 value1, value2 모두 일치하지 않은 경우 실행할 문장1
  break;
}
```

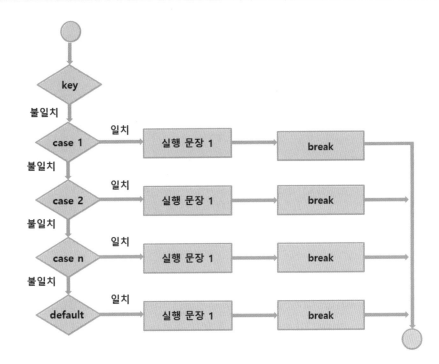

switch 구문을 보면 switch() 다음에 case 문장들이 기술됩니다. case 문장을 보면 그 뒤에 value 값이 오는데 이 value 값은 변수를 사용할 수 없고 반드시 리터럴 값을 사용해야 합니다. switch()구문의 괄호() 안의 값과 case 문장 뒤에 오는 value 값이 일치 할 경우 case 문장 아래 있는 문장을 실행 시킵니다. 그리고 그 아래 break 키워드 가 있는데 이 키워드는 switch 문장을 종료 시키고 switch 문장을 벗어나도록 합니다. 만약 첫 번째 case 문이 실행되고 break를 만났다면 그 아래의 case 문과 default 문은 실행되지 않고 switch 문을 종료하고 {}블록을 벗어나게 됩니다. default 구문은 if~ else 구문에서 else 와 의미가 비슷합니다. 앞의 모든 case 구문에서 일치하는 것이 없을 때 default 구문이 실행됩니다.

if 문의 흐름을 보기 위해 작성해 보았던 예제와 같은 프로그램을 만들어보겠습니다. 점수 가 90점 이상인 경우 "A"를 출력하고, 80점 이상이면서 90점 미만인 경우 "B"를 출력, 앞의 두 조건에 맞지 않는 이외의 경우에는 "C"를 출력하는 프로그램을 만들어봅시다.

```java
switch ( score/10 ){
case 10 :
  System.out.println("A");
  break;
case 9:
  System.out.println("A");
  break;
case 8:
  System.out.println("B");
  break;
default:
  System.out.println("C");
  break;
}
```

switch 뒤에 오는 score/10 연산은 점수의 10의 자리수를 추출합니다. 10의 자리숫자 를 비교함으로 해서 10단위 안의 숫자를 모두 포함하는 조건으로 되어 case 구문의 개수를 줄일 수 있습니다. score/10 연산의 값 중 9인 경우는 90~99까지의 범위를 가지고,

8인 경우는 **80~89**까지의 범위를 가지게 됩니다. 이처럼 연산식을 잘 쓰게 되면 switch 문도 범위의 조건을 처리할 수 있습니다.

아래 예제는 위에서 정의한 switch case 분기 구문을 포함하여 완성한 예제입니다.

```
1    package chapter04;
2
3    public class SwitchCaseTest1 {
4
5      public static void main(String[] args) {
6
7        int score = 93;
8
9        switch ( score/10 ){ // socre 변수의 값을 10으로 나눈 몫을 비교하는
                                      값으로 사용
10       case 10 :  // score/10 == 10,
11          System.out.println("A");
12          break;
13       case 9:    // score/10 == 9, 90이상
14          System.out.println("A");
15          break;
16       case 8:    // score/10 == 8, 80이상 90 미만
17          System.out.println("B");
18          break;
19       default:  // score/10!=10 and score/10 !=9 and score/10 !=8 ,
                          80 미만
20          System.out.println("C");
21          break;
22       }
23     }
24   }
25
```

☞ 결과(Console)

A

break와 default 문장의 생략

switch 구문에서 break와 default 문장은 생략 가능합니다. 생략이 될 경우 어떻게 처리가 되는지 잘 살펴볼 필요가 있습니다. break문의 경우는 각 case 구문에서 value 값이 일치하는 위치에서 구문이 실행이 되고 아래 나오는 case 구문이 실행되는데 break 키워드가 없으면 아래에 있는 모든 case 구문이 실행되게 됩니다. 즉 Key 값과 value1과 일치한다면 문장1, 문장2, 문장3이 모두 실행합니다.

```
switch ( key ){
case value1:
  // 문장1
case value2:
  // 문장2
default:
  // 문장3
}
```

아래 예제를 통해 switch 문에서 break 구문이 생략되었을 때 실행되는 것을 살펴보겠습니다.

```
1    package chapter04;
2
3    public class SwitchCaseTest2 {
4
5      public static void main(String[] args) {
6
7        int score = 93;
8
9        switch (score/10){
10       case 10 :
11         System.out.println("A");
12       case 9:        // 93/10 == 9 이기 때문에 case8 일 때와 default 까지
                          실행
13         System.out.println("A");    // 출력됨
```

```
14        case 8:
15            System.out.println("B");   // 출력됨
16        default:
17            System.out.println("C");   // 출력됨
18        }
19    }
20 }
21
```

> ☞ **결과(Console)**
>
> A
> B
> C

score/10의 값이 9와 일치함으로 11행의 "A"가 출력됩니다. 그리고 그 아래에 작성된 case 8과 default 행의 비교 결과 값과 상관없이 "B", "C" 값이 출력됩니다.

default 구문이 없는 경우는 case 문들의 조건에 맞지 않는 경우 아무것도 처리가 되지 않습니다. 아래 예제를 통해 switch 문에서 default 구문이 생략했을 때 처리되는 것을 확인해보겠습니다.

```
1  package chapter04;
2
3  public class SwitchCaseTest3 {
4
5    public static void main(String[] args) {
6
7      int score = 75;
8
9      switch (score/10){
10     case 10 :
```

```
11          System.out.println("A");
12          break;
13      case 9:
14          System.out.println("A");
15          break;
16      case 8:
17          System.out.println("B");
18          break;
19    }
20   }
21 }
22
```

👉 결과(Console)

default 구문이 없어 score/10의 결과가 7 이하의 값이 나오게 되면 case10, case9, case8 모두를 만족하지 않기 때문에 아무것도 출력하지 못하게 됩니다. 이 예제는 default 구문을 정의하지 않았기 때문에 아무것도 출력되지 않습니다.

4.1.3 조건문의 중첩

조건문의 중첩은 if와 if, if와 switch, switch와 switch 여러 형태로 중첩이 가능하고, 중첩의 횟수가 제한되지 않아 원하는 만큼 중첩이 가능합니다.

아래 예제는 조건문의 중첩을 사용해서 양의 정수와 음의 정수 그리고 0을 판별하는 예제입니다.

```
1  package chapter04;
2
```

```java
 3    public class IfNestedTest1 {
 4
 5      public static void main(String[] args) {
 6
 7        int num = 10;
 8
 9        if(num>0) {
10          System.out.println("num은 양의 정수 입니다.");
11        } else {
12          if(num<0) {
13            System.out.println("num은 음의 정수입니다.");
14          } else {
15            System.out.println("num은 0 입니다.");
16          }
17        }
18
19      }
20
21    }
22
```

👉 결과(Console)

num은 양의 정수 입니다.

9행에서 변수 num 의 값이 0보다 큰 수인지 비교 후 참이면 "양의 정수 입니다."를 출력합니다. 그 뒤의 12행의 비교 문장은 앞의 비교(num>0)가 거짓이므로 0 이상의 값의 범위를 가지는 숫자를 0보다 작은지 여부를 비교합니다. 0보다 작다의 비교 값이 참이라면 "음의 정수입니다."를 출력합니다. 14행의 else구문은 위 비교 구문의 결과가 모두 거짓일 때 처리되는 구문 입니다. 즉 0보다 크지도 않고 0보다 작지도 않은 값을 가지기 때문에 "num의 값은 0입니다."가 출력됩니다.

4.2 반복문

프로그래밍을 하다 보면 같은 명령이 반복적으로 처리되어야 하는 경우가 많습니다. 예를 들어 게임에서 같은 종류의 몬스터를 여러 번 생성해야 할 때 동일한 코드를 여러 번 실행해야 합니다. 이때 사용자(프로그래머)가 정의하는 횟수만큼 반복이 되도록 해주는 명령문을 반복문이라고 합니다. 반복문은 프로그램이 처리하는 대부분의 코드에 반복적인 형태가 많아 가장 많이 사용되는 제어문 중 하나입니다.

반복문의 종류에는 while문, do~while문, for문 세 가지가 있습니다.

4.2.1 while 문

while 반복문은 while 키워드 뒤에 오는 괄호() 안에 사용자가 조건을 정의하고 정의한 조건을 만족할 때 반복 블록({ }) 안의 명령 문장들을 실행합니다. 괄호안의 값은 boolean 타입의 논리값이어야 합니다.

반복문에서 반복을 위한 조건은 반복적으로 실행해야 하는 조건이 되므로 조건을 정의하는 조건식을 잘 정의해야 목적에 맞게 반복하게 됩니다. 그리고 중요한 것은 반복문을 탈출하기 위한 체크 변수를 반복문을 정의하기 전에 선언해 주어야 합니다. 이 변수의 용도는 반복의 횟수를 저장하도록 하는 변수로 변수의 증감 연산이 반드시 정의되어서 이 변수의 값으로 반복의 구문이 탈출이 되도록 해주어야 합니다.

while 반복문의 문법은 아래와 같습니다.

```
변수   // 반복의 횟수를 저장
while ( 조건식 ) {
    //조건식의 결과가 참일 때
    // 반복적으로 실행할 명령문
    ...
    // 변수의 증감 식
}
```

① 변수;
② while (조건식)
{
③ 반복적으로 실행하고자 하는 명령문
   ...
④ 변수의 증감식
};

while 문의 흐름을 보면 먼저 조건식이 참(true)인지를 판단하여, 참(true)이면 조건식 뒤에 정의한 반복 블록{} 안의 명령문들을 실행합니다. 블록{} 안의 명령문들을 모두 실행하고 나면, 다시 조건식의 조건을 판단하고, 참(true)라면 다시 블록{} 안의 명령문들을 실행합니다. 거짓(false)이라면 반복문을 종료 하고 반복문 아래의 다른 문장을 실행합니다.

반복문을 정의할 때는 반복의 조건을 만드는 것도 중요하지만 탈출이 가능하도록 하는 처리도 중요합니다. 탈출의 환경이 만들어지지 않는 조건식이 된다면 무한반복에 빠지게 되기 때문에 반복의 조건과 그 조건에서 처리하는 변수의 값이 변경이 되도록 하는 명령처리가 필요한 것입니다.

아래 예제를 통해 while 문의 처리 흐름을 살펴보겠습니다.

```
1   package chapter04;
2
3   public class WhileLoop {
4
5     public static void main(String[] args) {
6
7       int num = 0; // 초기식, 반복을 위한 조건에 사용하는 변수
8
9       while (num < 5) {     // 반복을 위한 조건
10
11          System.out.println(num);    // 반복해야 하는 구문
12
13          num++;    // num 의 값을 증가하는 것은 탈출을 위한 것 입니다.
14       }
15    }
16  }
17
```

```
결과(Console)
0
1
2
3
4
```

while 뒤에 오는 괄호 안의 조건이 참일 때 괄호( ) 뒤에 오는 블록{ } 안의 문장들이
실행됩니다. 실행의 횟수는 9행 괄호 안의 조건식의 결과값이 참일 때까지 반복 처리됩니
다. 13행의 변수 num의 값을 1씩 증가해주는 것은 탈출을 위한 것입니다. 이 연산식이
없으면 반복의 구문을 탈출할 수 없어 무한 반복이 됩니다.

4.2.2 do while 문

do~while 문은 조건식을 먼저 확인하는 것이 아니라 반복 처리할 블록{}을 먼저 실행한
후 반복의 조건을 확인 합니다. 반복처리에서 조건과 상관없이 먼저 한번을 실행해야 하는
경우 do~while 반복문을 사용합니다.

do~while문의 사용하는 방법과 do~while 구문의 흐름을 살펴보겠습니다.

```
변수 // 반복의 횟수를 저장
do {
    // 조건식의 결과가 참일 때
//실행할 명령문들
} while (조건식);
```

① 변수;
do {
② 반복적으로 실행하고자 하는 명령문
...
③ 변수의 증감식
} while (조건식);
④

do~while 구문은 while 문과 달리 **do {}** 구문이 먼저 처리된 그 다음 **while(** 조건식 **)** 구문이 실행됩니다. **do { }**을 먼저 실행하고 **while(**조건식**)** 구문을 처리하기 때문에 반드시 한번 먼저 반복 구문의 실행이 필요한 경우 이 **do~while** 구문을 사용합니다.

아래 예제를 통해 do~while문 사용하는 방법을 살펴보겠습니다.

```
1   package chapter04;
2
3   public class DoWhileLoop {
4
5     public static void main(String[] args) {
6
7       int num = 0; // 초기식, 반복을 위한 조건에 사용하는 변수
8
9       do {
10        System.out.println(num);
11        num++; // 탈출을 위한 증가식
12      } while (num < 5); // 반복의 여부를 판별하는 조건식
13    }
14  }
```

👉 **결과(Console)**

```
0
1
2
3
4
```

9행 do 블록 뒤에 반복 구문을 작성한 블록{}이 있는데 while 문과 달리 num의 값을 출력하는 반복문장을 먼저 실행합니다. 그리고 11행에서 num의 값을 1 증가하고 난 후 12행의 while(조건식) 구문이 실행되어 반복의 여부를 확인 합니다.

4.2.3 for 문

for 반복문은 초기식, 조건식, 증감식을 반복문의 정의부에서 정의해 놓고 반복문을 실행하는 반복문입니다. for 반복문은 반복의 횟수가 정해져 있을 때 주로 사용합니다. 앞으로 다루게 될 배열이나 컬렉션의 리스트를 사용할 때 사용하게 됩니다.

for 반복문을 사용하는 방법은 아래와 같습니다.

```
for ( 초기식 ; 조건식 ; 증감식 ) {
    // 조건식의 결과가 참일 때
    //실행활 명령문
}
```

①———②———④
for (초기식; 조건식; 증감식)

{
③
반복적으로 실행하고자 하는 명령문
…
};

for 반복문의 실행 순서는 초기 변수가 먼저 선언과 초기화가 되고 다음 조건식의 결과로 true가 나온다면 반복문의 구문으로 진입하고 반복해야 할 문장들을 실행합니다. 모두 실행 후 증감식이 실행된 다음 조건식으로 이동해서 조건에 충족하는지 확인하고 true라면 다시 반복 구문으로 진입하고 실행됩니다. 위 이미지의 번호에서 for 반복문의 순서를 정리해보면 ① → ② → ③ → ④ → ② → ③ → ④ → ② … → 반복문의 종료 순으로 실행됩니다.

아래 예제는 for문을 이용한 예제 입니다. for 반복문의 사용법을 살펴보겠습니다.

```
1   package chapter04;
2
3   public class ForLoop {
4
5     public static void main(String[] args) {
6
7       for(int i=0; i<5; i++) {     // for 반복문을 정의 0~4까지 반복
8         System.out.println(i);    // 초기식의 변수 i를 출력
```

```
9        }
10      }
11    }
```

> **결과(Console)**

```
0
1
2
3
4
```

4.2.4 반복문의 중첩

반복문도 조건식과 마찬가지로 처리 블록{}안에 또 다른 반복문을 정의해서 처리할 수 있습니다. 반복 과정에서 또 다른 반복을 처리하는 것을 이야기 합니다. 반복문이 중첩하는 형태의 구조로 구구단을 아래와 같이 출력하는 코드를 작성해봅시다.

2 x 1 = 2	3 x 1 = 3	4 x 1 = 4	5 x 1 = 5	6 x 1 = 6	7 x 1 = 7	8 x 1 = 8	9 x 1 = 9
2 x 2 = 4	3 x 2 = 6	4 x 2 = 8	5 x 2 = 10	6 x 2 = 12	7 x 2 = 14	8 x 2 = 16	9 x 2 = 18
2 x 3 = 6	3 x 3 = 9	4 x 3 = 12	5 x 3 = 15	6 x 3 = 18	7 x 3 = 21	8 x 3 = 24	9 x 3 = 27
2 x 4 = 8	3 x 4 = 12	4 x 4 = 16	5 x 4 = 20	6 x 4 = 24	7 x 4 = 28	8 x 4 = 32	9 x 4 = 36
2 x 5 = 10	3 x 5 = 15	4 x 5 = 20	5 x 5 = 25	6 x 5 = 30	7 x 5 = 35	8 x 5 = 40	9 x 5 = 45
2 x 6 = 12	3 x 6 = 18	4 x 6 = 24	5 x 6 = 30	6 x 6 = 36	7 x 6 = 42	8 x 6 = 48	9 x 6 = 54
2 x 7 = 14	3 x 7 = 21	4 x 7 = 28	5 x 7 = 35	6 x 7 = 42	7 x 7 = 49	8 x 7 = 56	9 x 7 = 63
2 x 8 = 16	3 x 8 = 24	4 x 8 = 32	5 x 8 = 40	6 x 8 = 48	7 x 8 = 56	8 x 8 = 64	9 x 8 = 72
2 x 9 = 18	3 x 9 = 27	4 x 9 = 36	5 x 9 = 45	6 x 9 = 54	7 x 9 = 63	8 x 9 = 72	9 x 9 = 81

아래 코드는 while 반복문을 이용해서 작성한 코드입니다.

```
1   package chapter04;
2
3   public class DuplicatedWhileLoop {
```

```java
4
5    public static void main(String[] args) {
6
7        int i=1; // 출력 할 때의 행을 표현하기 위한 반복문의 조건을 만들기 위한 변수
8
9        while(i<10) {      // 반복의 조건 : 1~9
10
11           int j=2;              // 단을 표현하기 위한 변수 : 2~9
12
13           while(j<10) {
14               System.out.print(j + " x" + i + " = " + j*i + "\t");
15               j++;   // j변수에 1을 증가시킵니다. 탈출을 위한 증가식입니다
16           }
17           System.out.println();
18           i++; // 행의 반복을 위한 증가식, 탈출을 위한 증가 식
19        }
20    }
21 }
```

결과(Console)

```
2 x 1 = 2    3 x 1 = 3    4 x 1 = 4    5 x 1 = 5    6 x 1 = 6    7 x 1 = 7    8 x 1 = 8    9 x 1 = 9
2 x 2 = 4    3 x 2 = 6    4 x 2 = 8    5 x 2 = 10   6 x 2 = 12   7 x 2 = 14   8 x 2 = 16   9 x 2 = 18
2 x 3 = 6    3 x 3 = 9    4 x 3 = 12   5 x 3 = 15   6 x 3 = 18   7 x 3 = 21   8 x 3 = 24   9 x 3 = 27
2 x 4 = 8    3 x 4 = 12   4 x 4 = 16   5 x 4 = 20   6 x 4 = 24   7 x 4 = 28   8 x 4 = 32   9 x 4 = 36
2 x 5 = 10   3 x 5 = 15   4 x 5 = 20   5 x 5 = 25   6 x 5 = 30   7 x 5 = 35   8 x 5 = 40   9 x 5 = 45
2 x 6 = 12   3 x 6 = 18   4 x 6 = 24   5 x 6 = 30   6 x 6 = 36   7 x 6 = 42   8 x 6 = 48   9 x 6 = 54
2 x 7 = 14   3 x 7 = 21   4 x 7 = 28   5 x 7 = 35   6 x 7 = 42   7 x 7 = 49   8 x 7 = 56   9 x 7 = 63
2 x 8 = 16   3 x 8 = 24   4 x 8 = 32   5 x 8 = 40   6 x 8 = 48   7 x 8 = 56   8 x 8 = 64   9 x 8 = 72
2 x 9 = 18   3 x 9 = 27   4 x 9 = 36   5 x 9 = 45   6 x 9 = 54   7 x 9 = 63   8 x 9 = 72   9 x 9 = 81
```

아래 코드는 for 반복문을 이용해서 작성한 코드입니다.

```java
1    package chapter04;
2
3    public class DuplicatedForTest {
```

```
4
5        public static void main(String[] args) {
6
7
8
9          for (int i = 1; i < 10; i++) {   // 수직방향(행)의 반복을 위한 for
                 반복문을 정의
10             for (int j = 2; j < 10; j++) {   //수평방향(열)의 반복을 위한 for
                   반복문을 정의
11                 System.out.print(j + " x" + i + " = " + j*i + "\t");
12             }
13             System.out.println();
14         }
15     }
16 }
```

결과(Console)

```
2 x 1 = 2    3 x 1 = 3    4 x 1 = 4    5 x 1 = 5    6 x 1 = 6    7 x 1 = 7    8 x 1 = 8    9 x 1 = 9
2 x 2 = 4    3 x 2 = 6    4 x 2 = 8    5 x 2 = 10   6 x 2 = 12   7 x 2 = 14   8 x 2 = 16   9 x 2 = 18
2 x 3 = 6    3 x 3 = 9    4 x 3 = 12   5 x 3 = 15   6 x 3 = 18   7 x 3 = 21   8 x 3 = 24   9 x 3 = 27
2 x 4 = 8    3 x 4 = 12   4 x 4 = 16   5 x 4 = 20   6 x 4 = 24   7 x 4 = 28   8 x 4 = 32   9 x 4 = 36
2 x 5 = 10   3 x 5 = 15   4 x 5 = 20   5 x 5 = 25   6 x 5 = 30   7 x 5 = 35   8 x 5 = 40   9 x 5 = 45
2 x 6 = 12   3 x 6 = 18   4 x 6 = 24   5 x 6 = 30   6 x 6 = 36   7 x 6 = 42   8 x 6 = 48   9 x 6 = 54
2 x 7 = 14   3 x 7 = 21   4 x 7 = 28   5 x 7 = 35   6 x 7 = 42   7 x 7 = 49   8 x 7 = 56   9 x 7 = 63
2 x 8 = 16   3 x 8 = 24   4 x 8 = 32   5 x 8 = 40   6 x 8 = 48   7 x 8 = 56   8 x 8 = 64   9 x 8 = 72
2 x 9 = 18   3 x 9 = 27   4 x 9 = 36   5 x 9 = 45   6 x 9 = 54   7 x 9 = 63   8 x 9 = 72   9 x 9 = 81
```

4.2.5 반복제어를 위한 키워드

JAVA에서는 break 키워드와 continue 키워드를 이용해서 반복문 안에서 반복문의 문장들의 실행 여부를 조정할 수 있습니다.

break

break 키워드는 반복문 내에서 사용합니다. 반복문 안에서 break 키워드를 만나면 반복문을 조건식과 관계없이 바로 반복문을 종료시키고 반복문 다음 문장을 실행합니다. 반복의 횟수를 모르지만 반복문을 사용해야 하는 경우 반복 블록{} 내에 조건을 두고 조건에 충족하면 반복문을 벗어나도록 할 때 사용합니다. 즉 반복문 내에서 조건식의 판단 결과와 상관없이 반복문을 완전히 빠져나가고 싶을 때 사용합니다.

아래 예제를 보고 break 키워드를 어떻게 사용하는지 살펴보겠습니다.

```java
1   package chapter04;
2
3   public class WhileLoopBreak {
4
5     public static void main(String[] args) {
6
7       int num = 0; // 초기식, 반복을 위한 조건에 사용하는 변수
8
9       while ( true ) { // 무한 반복을 하기 위한 조건 : true
10
11        if(num==5) {
12          break; // 반복문을 벗어남
13        }
14
15        System.out.println(num);
16
17        num++; // 탈출을 위한 증가식
18      }
19    }
20  }
```

☞ **결과(Console)**

```
0
1
2
3
4
```

🧹 **continue**

continue 키워드는 반복문 내에서 사용합니다. 반복문 내에서 continue 키워드를 만나면 continue 아래문장들은 건너뛰고 블록의 마지막으로 이동해서 다시 조건식으로 이동합니다. 반복문 내에서 특정 조건일 때 처리 하지 않고 건너뛰게 만들 때 사용합니다. 즉 조건에 맞을 때만 특정 처리를 해야 할 경우 사용하게 되는 것입니다.

아래 예제는 continue 키워드를 사용해서 10 미만의 짝수만 출력하는 예제입니다.

```java
1    package chapter04;
2
3    public class WhileLoopContinue {
4
5      public static void main(String[] args) {
6
7        int num = 0; // 초기식, 반복을 위한 조건에 사용하는 변수
8
9        while (++num < 10) { // num의 값이 10보다 작은 조건일 때 반복
10
11         if(num%2 == 1 ) { //홀수 인지를 판별하는 조건문
12           continue;  // 조건식으로 이동
13         }
14         System.out.println(num);
15
16      }
```

```
17        }
18    }
```

결과(Console)

```
0
2
4
6
8
```

12행의 코드를 보면 홀수라면 continue 키워드를 실행하는데 조건식 아래의 14행의 출력문을 실행하는 것이 아니라 다시 조건식으로 올라가 반복 할 지의 여부를 확인합니다. 즉 아래 출력문을 실행하지 않고 반복을 진행하는 것입니다.

4.3 요약

■ 프로그램의 흐름을 제어하는 조건문과 반복문

- 조건문 : if~else, switch case
- 반복문 : while, do~while, for

■ 조건문 if

```
if (조건식) {
    문장
}
```

```
if (조건식) {
    문장1
} else {
    문장2
}
```

```
if (조건식1) {
    문장1
} else if (조건식2) {
    문장2
} else {
    문장3
}
```

- 단순 if : 구문조건식이 참인 경우에만 처리가 필요한 경우에 사용합니다.
- 단순 if else : 구문조건식의 결과가 참일 때 거짓일 때 두 가지인 경우에 사용합니다.
- 다중 if else : 구문조건식의 결과가 여러 가지 일 때 사용합니다.

■ 조건문 switch case

```
switch (정수식) {
    case 값1: 문장1;
    break;
    case 값2: 문장2;
    break;
    :
    case 값n; 문장n;
    break;
    default : 문장;
}
```

- 다중 선택을 위한 문법
- switch 구문의 괄호 안은 조건식이 아니라 일반 연산 식으로 정의해야 합니다.
- case 문의 각각에는 break 문을 선택적으로 사용할 수 있습니다.
- default 문도 경우에 따라 생략이 가능합니다.

■ 반복문 while

```
while (조건식) {
문장
}
```

- 괄호 안의 조건식이 참일 경우 블록 내부의 문장을 반복 실행 하는 반복문 입니다.
- 반복의 조건과 반복문의 탈출의 조건을 잘 정의해 주어야 합니다.
- 반복의 횟수를 확인하기 어려운 경우에 사용하기 적합한 반복문입니다.

■ 반복문 do~while

```
do {
문장
} while ( 조건식 );
```

- while 문과 반복 처리는 같으나 반복의 블록을 최소 한번은 실행하고 조건식을 참조하여 반복 실행합니다.
- 반복의 실행 중 반드시 한번은 출력해야 하는 경우에 사용합니다.

■ 반복문 for

```
for (초기식; 조건식; 증감식) {
문장
}
```

- 지정된 횟수에 따라 블록 안의 명령문들을 반복 수행하는 반복문 입니다.
- 초기식, 조건식, 증감식에 따라 블록 안의 명령문들을 반복 실행 합니다.

■ break / continue

반복문의 실행 중 반복문을 종료하거나 반복 구문의 실행 없이 조건식으로 이동할 수 있도록 해주는 키워드 입니다.

4.4 연습문제

01 switch 문에서 조건식에 넣을 수 있는 데이터 타입은?

(1) boolean

(2) char

(3) byte

(4) float

(5) double

(6) int

02 다음 중 에러가 발생하는 문장은?

(1) if (i = 0) { }

(2) if (j < 10) { }

(3) while(true) { }

(4) switch('A') { }

(5) switch(100) { }

03 다음 프로그램의 실행하여 출력되는 숫자는?

```java
public class Test{
public static void main( String [] args ) {
    int  x = 1;
    while(  x++ < 3 )
  System.out.println(x);
}
}
```

(1) 1   (2) 2

(3) 3   (4) 4

04 다음 프로그램의 실행결과는?

```java
public class Test{
public static void main( String [] args ) {
    int i = 0, j = 0;
    for( i = 0 ; i < 5 ; i++ ) {
      for( j = 0 ; j < 4 ; j++ ) {
          if( i == 2 && j == 1 ) break;
          if( i == 3 && j == 2 ) continue;
      }
    }
  System.out.println("i = " + i + " , j = " + j );
}
}
```

(1) 컴파일 에러가 발생한다.   (2) i = 2, j = 1

(3) i = 3, j = 2   (4) i = 5, j = 4

05 다음 프로그램의 실행결과는?

```java
public class Test{
public static void main( String [] args ) {
    int i = 2, j = 0;
    switch( i ) {
        case 0 : j+= 0;
        case 2 : j+= 2;
        case 4 : j+= 4;
        default : j += 6;
    }
  System.out.println( j );
}
}
```

(1) 2   (2) 0

(3) 6   (4) 12

06 다음 프로그램의 실행결과는?

```java
class Test{
public static void main( String [] args ) {
    int i = 1, j = 10;
    do {
       if(  i > j ) break;
       j--;
    } while( ++i < 5 );
  System.out.println("i="+i + " , j = " + j );
}
}
```

(1) i = 4, j = 6   (2) i = 5, j = 6

(3) i = 5, j = 5   (4) i = 6, j = 6

07 다음 프로그램의 실행결과는?

```java
public class Test{
public static void main( String [] args ) {
    int i = 0, j = 0, k = 0;
    OUTER : for( i=0; i < 10 ; i++ )
        MIDDLE : for ( j=0; j < 3; j++ )
            INNER : for ( k=0; k < 4; k++ ) {
                if( i==4 && j ==2 ) break OUTER;
            }
  System.out.println( i );
System.out.println( j );
System.out.println(k );
}
}
```

08 다음 프로그램에서 for문을 while문으로 변경하시오.

```java
public class Test{
public static void main( String [] args ) {
      for( int i = 0; i < 5 ; i++ ) {
         for( int j=0; j <=i ;  j++)
  System.out.print("#");
         System.out.println();
      }
}
}
```

4.5 코딩 해보기

1. 앞에서 만든 Member 클래스에는 아래 요구사항에 맞는 메소드를 정의하고, main()메소드에 해당 메소드를 호출해서 결과를 확인해보세요. 메소드의 이름도 JAVA의 규칙에 맞게 정의해 봅시다.

① 독감예방 접종이 가능한지 여부를 확인하는 메소드를 정의합니다.
- 매개변수로 태어난 해(년도)를 전달받습니다.
- 15세 미만의 경우와 65세 이상의 경우 "무료예방접종이 가능합니다."메시지가 콘솔에 출력하도록 합니다.
- 위에서 정의한 조건의 범위가 아닌 나머지의 경우 "무료접종 대상이 아닙니다."라고 출력하도록 합니다.

② 건강검진 대상 여부를 판별하고 어떤 검진이 가능한지 확인하는 메소드를 정의합니다.
- 매개변수로 태어난 해(년도)를 전달받습니다.
- 대한민국 성인(20세)의 경우 무료로 2년마다 건강검진을 받을 수 있습니다.
- 짝수 해에 태어난 사람은 올해가 짝수년이라면 검사 대상이 됩니다.
- 40 이상의 경우는 암 검사도 무료로 검사를 할 수 있습니다.

First Java

05

객체지향_인스턴스와 클래스

05 객체지향_인스턴스와 클래스

First Java

5.1 객체지향언어인 JAVA

5.1.1 객체지향언어와 JAVA

JAVA는 객체지향언어로써 객체지향의 특징을 가지고 있는 프로그래밍 언어입니다. JAVA를 이용한 객체지향 프로그래밍은 기존의 절차지향 프로그래밍 방식이 아닌 객체의 개념을 이용해서 객체를 중심으로 프로그래밍 하는 것을 의미합니다. 그렇다고 절차지향 중심의 프로그래밍을 아예 사용하지 않는 것은 아닙니다. 앞에서 다루었던 메소드는 순서대로 위에서 아래로 명령문들을 실행합니다.

객체지향에서의 객체는 무엇일까요? 먼저 객체의 의미는 사물이나 혹은 개념을 의미합니다. 그렇다면 JAVA 프로그래밍을 하는 과정에서 많은 사물과 개념이 존재할 텐데 객체는 어떻게 구분을 할까요? 객체를 정의할 때에는 프로그래머나 혹은 프로그램의 사용자 입장에서 다루어야 하는 대상이나 혹은 개념을 의미합니다. 이 객체들을 속성과 기능으로 정의하고 객체간의 관계를 실제의 흐름 그대로 프로그래밍에 반영하여 프로그래밍 는 것을 객체지향 프로그래밍이라고 하는 것입니다.

객체지향 프로그래밍을 하게 되면 코드를 묶고, 묶은 코드들을 나누어 부품처럼 다룰 수 있도록 해주는데 이를 모듈이라고 합니다. 이 모듈들을 묶어 라이브러리라고 하고 라이브러리들을 묶어 컴포넌트 또는 프레임워크로 만들어 프로그램을 만듭니다. 그리고 다른 사람들이 만들어 놓은 라이브러리나 혹은 프레임워크를 사용해서 프로그래밍을 할 수 있습니다. 우리는 모듈화를 함으로써 모듈들을 필요할 때에만 사용할 수 있게 되어 필요한 모듈을 가져다가 조립하는 형식으로 프로그래밍을 하면 됩니다. 예를 들면 레고 블록으로 건물을 만든다고 가정해보면 내가 필요한 곳에 필요한 사이즈와 모양을 가지는 블록을 가져다가 조립을 해서 만들어 가게 되는데 객체지향 프로그래밍도 이 관점으로 보시면 됩니다. 우리가 필요한 데이터와 기능 코드를 모듈(클래스)로 만들고 필요할 때 가져다가 쓰는 형식입니다. 즉 객체 지향 프로그래밍은 프로그램 코드(객체-모듈)들을 조립해서 프로그램을 완성해나가는 것 입니다. 앞으로 우리는 객체를 만들어 사용 해야 하고, JAVA의 객체 중심의 구조에 맞게 만들어진 라이브러리나 혹은 프레임워크들이 제공하는 코드(클래스)들을 사용해야 합니다.

이미지 [독립적인 블록들을 조립해서 건물을 완성합니다.]

🔍 용어 알아보기

● 모듈
프로그램을 구성하는 구성요소로 관련된 데이터와 함수를 묶어 사용할 때 이 묶음을 모듈이라고 합니다. 일반적으로 파일로 분리해서 생성하고, JAVA에서는 모듈의 단위를 클래스로 정의해서 사용합니다.

● 라이브러리
라이브러리는 코드의 재사용을 목적으로 서로 관련되고 자주 사용되는 기능을 구현하고 있는 모듈들을 모아 제공하는 것을 라이브러리라고 합니다.

● 프레임워크
프레임워크는 애플리케이션의 틀과 구조를 이미 정의하고 그 틀(구조) 안에서 프로그래밍이 가능하도록 기능을 제공하는 라이브러리들의 집합입니다. 프레임 워크를 이용하면 복잡한 구조의 설계를 하지 않아 개발 시간을 단축시킬 수 있는 장점이 있습니다.

이번 챕터에서는 객체지향에 대해 알아보고, 객체를 사용하기 위해 필요한 클래스를 정의하는 방법과 객체를 생성하고 사용하는 방법에 대해 알아보겠습니다.

5.1.2 객체지향 프로그래밍 과정

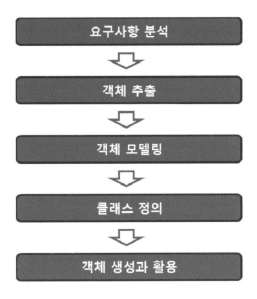

객체지향 프로그래밍의 과정을 살펴보면 가장먼저 요구사항을 분석해야 합니다. 그리고 분석한 결과를 바탕으로 속성과 기능을 가지는 객체를 추출하는데 요구사항을 분석한 결과를 바탕으로 개념이나 혹은 사물 그리고 데이터의 집합과 같은 것들을 객체로 정의해야 합니다. 객체는 속성과 기능을 가지는데 객체의 속성은 이 객체가 고유하게 가지는 값 즉 데이터를 의미하는 것이고 기능은 이 객체가 특정한 일을 하는 행위나 처리하는 업무 등을 의미합니다. 프로그램에 필요한 것들로만 추려서 객체를 다시 정의하는 것을 객체 모델링 이라고 합니다. 객체 모델링을 한 다음 모델링 된 객체를 JAVA 클래스 코드로 정의합니다. 이렇게 정의한 클래스는 객체를 생성하는데 사용됩니다. 클래스의 정의는 JAVA에서 제공 하는 키워드와 변수 그리고 메소드를 이용해서 정의합니다. 마지막으로 객체를 생성하고 생성된 객체를 사용해서 프로그래밍을 하게 됩니다. 객체 생성이란 클래스에서 정의한 변수와 메소드를 메모리에 생성해서 프로그램 내부에서 사용할 수 있는 상태로 만드는 것을 의미합니다. 이런 과정을 거쳐 만들어진 객체(메모리에 등록된 변수와 메소드의 집합)를 이용해서 프로그램을 완성하는 것입니다.

5.1.3 인스턴스와 클래스

이제 객체와 클래스에 대해 자세히 알아보겠습니다. 예를 들어 고객의 요구사항으로 우리가 스마트폰을 만들어야 하는 상황을 생각해보겠습니다. 우리의 관점에서 보면 만들어야 하는 대상인 스마트폰은 객체로 표현할 수 있습니다. 각각의 스마트폰은 크기, 색상과 같은 고유의 값은 가지는데 이를 속성으로 표현하고, 통화하기, 볼륨 조정 등의 처리를 위한 기능들을 가지고 있습니다. 스마트폰을 정의하기 위해 크기, 색상, 기능 등의 속성과 기능을 하나로 묶어 만드는 방법을 정리해 놓으면 스마트폰을 만들기 쉬워질 것입니다. 즉 스마트폰을 만들기 위해 설계도를 만들어두고 필요할 때 설계도에 따라 스마트폰을 손쉽게 만들 수 있고, 다양한 크기와 색상을 가지고 전화기능을 가지는 스마트폰을 만들어 사용할 수 있습니다. JAVA에서는 객체를 정의할 때 속성은 변수로 기능은 메소드로 만들고 변수들과 메소드들을 하나의 타입으로 묶어 사용하도록 하고 있습니다.

그러면 JAVA에서 객체를 만들기 위해서는 어떻게 해야 할까요? 객체를 만들기 위해 변수와 메소드들로 만들어지는 묶음 즉 설계도와 같은 것을 "클래스(class)"라고 합니다. 객체를 만들기 위한 방법을 정의해 놓은 것이며, 다시 말하면 "클래스는 객체를 만들기 위한 객체와 연관된 변수와 메소드를 정의해 놓은 설계도"와 같은 것입니다. 중요한 점은 이렇게 클래스를 정의했다고 해서 바로 프로그래밍을 할 수 있는 것은 아닙니다. 클래스는 설계도이기 때문에 당장 사용할 수 있는 것이 아니라 이 설계도를 기반으로 객체를 생성해서 사용하게 되는 것입니다.

JAVA에서 객체를 생성한다 하는 것은 클래스에 정의된 변수와 메소드를 메모리에 로드하고 메모리에 저장된 변수와 메소드를 사용할 수 있는 상태로 만드는 것을 객체를 생성한다 라고 합니다. 객체와 인스턴스는 같은 의미로 사용됩니다. 그래서 이 과정을 객체화 또는 인스턴스화라고 합니다. 객체를 생성하고 나면 우리는 생성된 객체가 가지고 있는 변수와 메소드를 이용해서 프로그래밍을 하게 되는 것입니다. 정리하면 JAVA에서는 객체를 만들기 위해 변수와 메소드를 정하는 클래스를 만들고, 이 클래스를 이용해서 객체를 생성하고 생성된 객체의 변수와 메소드를 사용하여 프로그래밍을 하는 것입니다. 이 객체가 앞에서 설명한 레고 블록의 블록에 해당 되는 것입니다.

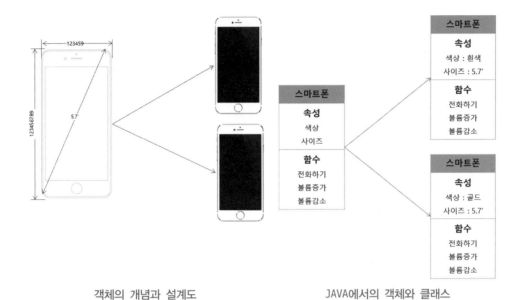

객체의 개념과 설계도   JAVA에서의 객체와 클래스

5.2 클래스 구성과 인스턴스 생성

5.2.1 클래스의 구조

JAVA에서 클래스를 정의하는 문법 구조는 아래와 같습니다.

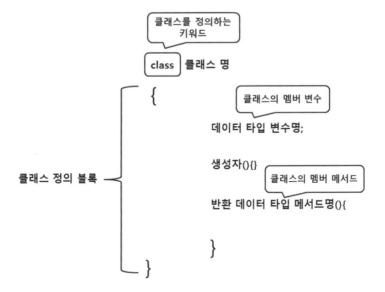

먼저 클래스를 정의하기 위해서는 키워드인 **class**를 기술하고 클래스임을 선언 합니다. 그리고 **class** 키워드 뒤에는 클래스 이름을 기술하는데 클래스 이름은 대문자로 시작하는 영문이름으로 작성합니다. 소문자로 작성을 해도 가능하지만 암묵적인 약속으로 대문자로 시작하도록 한 것입니다. 대문자로 시작하는 영문 이름을 쓰기로 한 이유는 우리가 사용하는 식별자(변수의 이름, 메소드의 이름, 클래스의 이름)들 간의 구별을 위한 것인데, 대문자로 시작하는 이름이 나오면 "아! 클래스를 가리키는 이름이구나"하고 구별할 수 있습니다. 그리고 중괄호 블록 "{}" 안에 클래스의 멤버들을 작성합니다. 클래스의 멤버는 속성을 표현하는 변수들과 기능을 표현하는 메소드들 그리고 생성자가 있습니다. 클래스가 포함하는 필요한 속성들을 변수로 선언하여 정의합니다. 이 변수를 멤버 변수 또는 인스턴스 변수라고 합니다. 행위 또는 기능의 표현은 메소드 형식으로 정의합니다. 메소드의 구성은 기능 실행 후 반환할 데이터의 타입을 정의해주고 메소드의 이름을 기술합니다. 그리고 메소드 이름 뒤에는 "()" 괄호 블록으로 기능 수행에 필요한 데이터를 어떤 타입으로 몇 개를 받을지 정의합니다. 이를 매개변수라고 합니다. 생성자는 클래스를 기반으로 객체가 만들어질 때 반드시 한번 실행하는 초기화 메소드로 인스턴스 생성시에 단 한번 실행됩니다. 생성자의 활용은 뒤에서 자세하게 다룰 것입니다.

그러면 스마트폰을 정의하는 클래스를 선언해봅시다.

```java
class SmartPhone {

  String color = "white"; // 속성 : 스마트폰의 색상
  float size = 5.7F;  // 속성 : 스마트폰의 사이즈       속성, 변수
  int volume = 0; // 속성 : 음량 크기

  void call() { // 기능 : 전화걸기
   System.out.println("전화걸기");
  }
  void volumeUp() { // 기능 : 음량  키우기
   volume += 1;                                    기능, 메소드
  }
  void volumeDown() { // 기능 : 음량 낮추기
    volume -= 1;
  }
}
```

class 키워드 뒤에 클래스 이름 SmartPhone을 기술했습니다. 그리고 블록{} 안에 속성들의 표현해서 색상, 사이즈, 볼륨 크기를 변수로 정의했습니다. 기능의 표현은 call() 메소드와 volumeUp(), volumeDown() 메소드로 정의했습니다.

5.2.2 인스턴스의 생성

앞에서 설명했듯이 클래스를 정의하는 것만으로는 프로그램에서 사용할 수 없습니다. 프로그래밍을 위해서는 새롭게 정의한 클래스를 이용해서 인스턴스를 생성해야만 합니다. JAVA 프로그램에서 인스턴스 생성은 클래스에 정의된 변수와 메소드를 메모리에 로드해서 변수를 참조하고 메소드를 호출할 수 있는 상태로 만드는 것입니다. 이렇게 인스턴스를 만드는 과정을 인스턴스화라고 합니다.

인스턴스의 생성 방법은 아래와 같습니다.

클래스이름 참조변수이름 = new 클래스이름();

먼저 인스턴스의 메모리 주소를 저장하기 위해 참조변수를 선언하고 인스턴스를 생성해서 생성된 인스턴스의 주소 값을 참조변수에 저장 합니다. 객체의 생성은 new 키워드를 사용해서 생성하는데, new 키워드 뒤에 클래스이름과 괄호 "()"를 붙여 생성합니다.

앞에서 정의한 SmartPhone 클래스의 인스턴스를 생성해봅시다. 참조변수는 변수이름 sp로 선언하고, new 키워드로 SmartPhone 인스턴스를 생성합니다.

SmartPhone sp = new SmartPhone();

아래 이미지는 인스턴스가 생성되는 과정을 설명합니다.

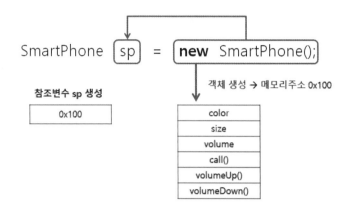

인스턴스가 생성되는 과정을 보면, 먼저 참조변수가 생성이 됩니다. 참조변수는 4바이트 사이즈의 정수형 타입으로 음수를 가지지 않고, 메모리의 주소를 저장합니다.

그리고 new 키워드는 인스턴스를 생성하는 키워드로 클래스에 정의된 멤버인 변수들을 메모리에 생성하고 메소드들의 코드를 메모리에 로드 합니다. 이때 생성되는 인스턴스는 메모리에 로드 된 변수들과 메소드들을 묶음으로 관리하는데 이 인스턴스의 메모리 주소를 인스턴스 생성과 동시에 반환합니다. 반환된 주소는 참조변수에 저장되고, 이 참조변수가 가지는 인스턴스의 주소 값을 통해 인스턴스가 가지고 있는 변수를 참조하고, 메소드의 호출이 가능해집니다.

참조변수의 예

```
SmartPhone sp1 = new SmartPhone();
SmartPhone sp2 = sp1;
```

위의 인스턴스를 생성하는 코드를 보면 참조변수 sp1은 인스턴스 생성을 통해 참조 값을 할당 받았고, 참조변수 sp2에는 참조변수 sp1이 가지고 있는 주소 값을 대입 했습니다. 여기서 여러분들이 정확하게 구분해야 하는 것은 참조변수는 인스턴스의 주소 값을 가지는 것이지 인스턴스 자체를 저장하는 것이 아닌 것을 구분하길 바랍니다.

5.2.3 인스턴스의 멤버에 접근

생성된 인스턴스의 멤버인 변수를 참조하거나 메소드를 호출하는 방법은 참조변수가 가지는 주소 값을 통해 해당 인스턴스의 메모리에 접근하고, 인스턴스 안에서 변수를 참조하고, 메소드를 호출하는 형식입니다.

 인스턴스의 변수 참조

참조변수.변수이름

```
SmartPhone sp = new SmartPhone();
System.out.println(sp.color);
sp.color = "red";
```

위의 코드를 보면 **SmartPhone** 클래스로 인스턴스를 생성하고, 참조변수 sp에 인스턴스의 주소를 저장합니다. 그리고 참조변수 sp를 통해 변수 color를 참조합니다.

 인스턴스의 메소드 호출

참조변수.메소드이름( )

인스턴스의 변수 참조와 같이 참조변수 sp를 통해 메소드를 호출합니다.

```
SmartPhone sp = new SmartPhone();
sp.call();
sp.volumeUp();
sp.volumeDown();
```

아래 예제는 위에서 정의한 **SmartPhone** 클래스를 이용해 인스턴스를 생성하고, 참조변수를 이용해서 변수를 참조하고 메소드를 호출하는 예제입니다.

```java
1   package chapter05;
2
3   class SmartPhone {
4
5     String color = "white";      // 스마트폰의 색상 값을 저장할 변수
6     float size = 5.7F;           //스마트폰의 사이즈 값을 저장할 변수
7     int volume = 0;              //스마트폰의 음량 값을 저장할 변수
8
9     void call() {
10       System.out.println("전화걸기");       전화걸기 기능의 정의
11     }
12
13     void volumeUp() {
14       volume += 1;                          음량 키우기 기능의 정의
15     }
16
17     void volumeDown() {
18       volume -= 1;                          음량 낮추기 기능의 정의
19     }
20   }
```

```java
1   package chapter05;
2
3   public class SmartPhoneMain {
4
5     public static void main(String[] args) {
6
7       SmartPhone sp = new SmartPhone(); // SmartPhone 클래스로 객체 생성
8
9       System.out.println(">color : " + sp.color()); // 참조변수를 이용해
         객체의 color변수 참조
```

```
10        System.out.println(">size : " + sp.size(); // 참조변수를 이용해
             객체의 color변수 참조
11        System.out.println(">volume : " + sp.volume ); // 참조변수를
             이용해 객체의 color변수 참조
12
13        sp.call(); // 참조변수를 이용해 객체의 메소드 호출
14     }
15  }
```

👉 결과(Console)

```
> color : white
> size : 5.7
> volume : 0
전화걸기
```

5.2.4 클래스 선언과 여러 개의 객체 생성

```
SmartPhone sp1 = new SmartPhone();
SmartPhone sp2 = new SmartPhone();
```

참조변수 **sp1**과 **sp2**를 비교해 보겠습니다. 참조변수 **sp1**과 **sp2**는 각각 다른 인스턴스를 생성하고, 서로 다른 인스턴스를 가리키는 주소 값을 가지고 있습니다. 인스턴스를 생성하면서 서로 다른 메모리 공간을 생성하고 있는 것입니다. 참조변수 **sp1**이 가리키는 인스턴스에는 **SmartPhone** 클래스에서 정의한 변수와 메소드를 가지고 있으며, **sp2**가 가리키는 인스턴스에도 **SmartPhone** 클래스에서 정의한 변수와 메소드를 가지고 있습니다. 즉 서로 다른 독립적인 인스턴스를 생성한 것이고, 각각 독립적인 변수가 메모리에 생성된 것입니다.

아래 예제를 통해서 클래스를 정의하고 인스턴스를 생성하는 방법과 인스턴스의 멤버들을 사용하는 방법을 살펴보겠습니다.

```java
1   package chapter05;
2
3   public class MultiInstance {
4       public static void main(String[] args) {
5
6           SmartPhone sp1 = new SmartPhone(); // SmartPhone 클래스로 객체 생성
7           SmartPhone sp2 = new SmartPhone(); // SmartPhone 클래스로 객체 생성
8           sp1.color = "Gold";    // 첫 번째 객체의 변수 color 속성값 대입
9           sp1.size = 5.7F;       // 첫 번째 객체의 변수 size 속성값 대입
10          sp1.volume = 5;        // 첫 번째 객체의 변수 volume 속성값 대입
11          System.out.println("z> color : " + sp1.color);
12          System.out.println("> size : " + sp1.size);
13          System.out.println("> volume : " + sp1.volume);
14
15          sp2.color = "Black";   // 두 번째 객체의 color 속성값 대입
16          sp2.size = 5.7F;       // 두 번째 객체의 size 속성값 대입
17          sp2.volume = 3;        // 두 번째 객체의 volume 속성값 대입
18          System.out.println("> color : " + sp2.color);
19          System.out.println("> size : " + sp2.size);
20          System.out.println("> volume : " + sp2.volume);
21
22          sp1.volumeUp();        // 첫 번째 객체의 volumeUp() 메소드 호출 :
                volume 5 -> 6
23          System.out.println("SmartPhone 1 객체의 volumeUp() 메소드를
```

첫 번째 객체의 변수들을 출력

두 번째 객체의 변수들을 출력

```
          호출했습니다.");
24     System.out.println("> volume : " + sp1.volume); // 5가 아닌 6이 출력
25     System.out.println("SmartPhone 2 객체의 volumeDown() 메서드를
          호출했습니다.");
26     System.out.println("> volume : " + sp2.volume); // 3이 아닌 2가 출력
27     }
28  }
```

🖐 결과(Console)

```
> color : Gold
> size : 5.7
> volume : 5
> color : Black
> size : 5.7
> volume : 3
SmartPhone 1 객체의 volumeUp() 메서드를 호출했습니다.
> volume : 6
SmartPhone 2 객체의 volumeDown() 메서드를 호출했습니다.
> volume : 2
```

5.3 메소드의 오버로딩

JAVA의 클래스 내에 같은 이름의 메소드를 둘 이상 정의할 수 없습니다. 같은 이름을 쓰게
된다면 메소드 호출 시에 어떤 메소드를 호출하는지 판단할 수가 없기 때문입니다. 하지만
프로그램 내에서 같은 이름의 메소드를 쓰면 어떨까요? 예를 들어보겠습니다. 연락처를
저장하는 메소드를 만들 때 이름과 전화번호를 받아 저장하는 경우와 이름 전화번호 회사이
름을 받는 경우 또는 이름과 전화번호 주소를 저장하는 메소드를 만들어야 한다면 세 개의
메소드가 만들어져야 합니다. 이때 메소드들의 역할만 본다면 저장이라는 기본 적인 역할
은 같지만 이름은 서로 다르게 해주어야 합니다. 만약 메소드의 이름을 동일하게 해준다면
프로그램 내에서 메소드 호출을 좀 더 간단하게 처리할 수 있습니다. JAVA에서는 기본적

으로 동일한 이름의 메소드 정의는 불가하지만 특정 조건을 만족할 때 동일한 이름의 메소드를 정의할 수 있습니다. 이렇게 같은 이름의 메소드를 정의하는 것을 메소드의 오버로딩 (overloading)이라고 합니다.

오버로딩은 이름이 같은 메소드를 정의할 때 메소드를 구분해서 호출하는 것을 메소드의 매개변수를 다르게 정의해서 메소드 호출 시에 메소드를 결정할 수 있도록 하는 것입니다. 즉 "같은 이름의 메소드를 정의 할 때 매개변수의 타입을 다르게 하거나, 매개변수의 개수를 다르게 정의"하면 같은 이름의 메소드로 정의할 수 있습니다. 그렇다면 메소드를 호출 할 때 같은 이름으로 호출을 하면 어떤 메소드를 호출하는 걸까요? 오버로딩 된 메소드의 호출은 **메소드 호출 시에 전달하는 매개변수의 개수 또는 타입이 일치하는 메소드를 호출**합니다. 이유는 메소드를 호출할 때는 이름과 매개변수만을 사용하고 호출 시에 메소드가 결정이 되야 하기 때문에 이름과 매개변수의 차이만을 가지고 구별하는 것입니다. 이러한 이유로 오버로딩된 메소드를 정의할 때에는 메소드의 반환 타입이나 내부 처리되는 내용의 차이는 오버로딩의 조건이 되지 않습니다. 이렇게 메소드를 오버로딩 하여 정의함으로써 메소드에 사용되는 이름을 많이 만들어내는 것을 막고 핵심 기능의 이름을 메소드 이름 하나로 사용할 수 있습니다.

JAVA API에서 제공하는 클래스에서도 메소드의 오버로딩이 되어 있는 메소드들이 있습니다. 오버로딩으로 정의되어있는 대표적인 메소드는 println() 메소드입니다. println() 메소드는 전달받는 매개변수의 타입에 따라 데이터를 콘솔에 출력하는 메소드인데, 메소드 호출 시에 전달하는 매개변수의 타입에 따라 매개변수의 인자를 받을 수 있는 메소드가 호출됩니다.

아래 메소드들이 plrintln() 메소드의 오버로딩 된 메소드 리스트입니다.

- println()   : 출력 없이 개 행을 합니다.
- println(boolean x) : 논리값을 출력합니다.
- println(char x)   : char타입의 데이터를 받아 출력합니다.
- println(char[] x) : char타입의 배열을 전달받아 출력합니다.
- println(double x) : double타입의 데이터를 전달받아 출력합니다.
- println(float x)   : float타입의 데이터를 전달받아 출력합니다.

- ● `println(int x)`   : `int`타입의 데이터를 전달받아 출력합니다.
- ● `println(long x)`   : `long`타입의 데이터를 전달받아 출력합니다.
- ● `println(Object x)` : `Object`타입의 객체를 전달받아 출력합니다.
- ● `println(String x)` : `String`타입의 데이터를 전달받아 출력합니다.

이제 오버로딩의 규칙에 맞게 오버로딩의 특징을 이용하여 메소드를 정의하는 방법을 살펴 보겠습니다.

```
int add(int n1, int n2) {
    return n1 + n2;
}
```
두 메소드는 매개변수의 타입이 다르기 때문에 오버로딩이 성립됩니다.

```
float add(float n1, float n2) {
    return n1 + n2;
}
```

```
void add(int n1, int n2) {
    System.out.println(n1+n2)
}
```
이 메소드는 매개변수는 같고 메소드의 반환 타입이 다른 형태로 정의 되어 오버로딩이 성립되지 않습니다.

```
int add(int num1, int num2) {
    return n1 + n2;
}
```
이 메소드는 매개변수의 이름이 다르게 정의 되어 있으나 호출 시에는 변수의 이름으로 구분이 되지 않아 오버로딩이 성립되지 않습니다.

오버로딩된 메소드의 호출은 메소드의 호출 시에 호출 메소드가 결정됩니다.

`add(10, 20)`   매개변수의 인자가 모두 int 타입이므로 `int add(int n1, int n2)` 호출

`add(10.1f, 20.2f)`   매개변수의 인자가 모두 float 타입이므로 `float add(float n1,float n2)`

더하기 연산을 하는 메소드들을 오버로딩해서 사용하는 예제입니다. 이 예제를 통해 오버로딩된 메소드의 정의와 호출되는 메소드들을 살펴보겠습니다.

```
1    package chapter05;
2
3    public class Adder {
4
5      int add( int n1, int n2 ) { // 오버로딩: int 타입의 매개변수 정의
6          return n1 + n2;
7      }
8
9      float add( float n1, float n2 ) { // 오버로딩: float타입의 매개변수 정의
10          return n1 + n2;
11      }
12   }
```

```
1    package chapter05;
2
3    public class AdderMain {
4
5      public static void main(String[] args) {
6
7          Adder adder = new Adder(); // Adder 인스턴스 생성
8
8          System.out.println( adder.add( 10, 20 ) ); // add(int n1, int
                n2) 호출
9          System.out.println( adder.add( 10.1f, 20.2f ) ); // add(float
                n1,float n2)호출
10      }
11   }
```

☞ 결과(Console)

```
30
30.300001
```

5.4 클래스 멤버의 구분

5.4.1 변수의 구분

변수는 선언된 위치에 따라 변수의 생명주기가 달라집니다. 선언되는 위치에 따라 지역
변수, 인스턴스 변수, 클래스변수로 나누어집니다. 변수의 사용 목적에 맞게 변수를 선언
해서 사용할 수 있습니다.

지역변수	메소드의 블록 안에서 선언되는 변수, 매개변수
인스턴스 변수	클래스 블록 안에서 선언되는 변수, 매개변수
클래스변수	인스턴스 변수 앞에 static 키워드가 있는 변수

변수의 생명 주기도 변수의 선언되는 위치에 따라 달라집니다.

구분	생성시기	소멸시기
지역변수	변수의 선언 명령문이 실행 될 때 생성	해당 변수를 감싸고 있는 블록이 종료가 될 때 소멸
인스턴스 변수	객체가 생성될 때 생성	객체가 소멸될 때 변수도 소멸
클래스변수	프로그램이 실행될 때 생성	프로그램이 종료 될 때 소멸

지역변수

지역변수는 메소드의 블록 안에서 선언되는 변수입니다. 메소드의 선언 부에 정의하는 매
개변수 변수도 지역변수의 특징을 가지고 있습니다. 지역변수는 변수의 메모리가 생성되는
시점은 변수의 선언문이 실행 될 때 변수의 메모리가 생성되고, 이 메모리 영역은 생성된
메소드가 종료되는 시점에 소멸됩니다. 지역변수는 조건문, 반복문의 "{}"괄호 블록 내
에서 선언 될 수 있고 블록의 끝에 오면 변수에 할당된 메모리 공간이 소멸됩니다. 따라서
메소드 내에서 정의된 지역변수는 메소드 블록 내에서만 사용이 가능하고 메소드를 벗어난
영역에서는 해당 변수를 참조할 수 없습니다. 특정 기능을 수행할 때만 필요한 변수를 사용
해야 할 경우 지역변수로 선언해서 사용하면 됩니다.

아래 예제는 지역변수를 사용하는 예제 코드입니다.

```java
1    package chapter05;
2
3    public class LocalVariable {
4
5      void method( int num ) { // 매개변수도 지역변수
6
7        int lv = 10; // 메소드 블록 안에서 정의하는 변수는 지역변수
8
9        if ( num > 10 ) {
10           boolean check = true; // 블록 안에 정의되는 변수는 블록 안에서만 사용
                가능한 지역변수
11       } else {
12           boolean check = false;
13       }
14
15       for ( int i = 0 ; i < 5 ; i++) {  // for 정의 부에서 선언된 메소드는
        for 블록 내부에서만 사용 가능한 지역변수
16           System.out.println(i);
17       }
18
19       while (lv < 0) {
20           int lv2 = 0; // while 블록 안에 정의되는 변수는 while 블록 안에서만
                사용 가능한 지역변수
21           System.out.println(lv2);
22       }
23     }
24   }
```

인스턴스 변수

인스턴스 변수는 클래스의 멤버가 정의되는 영역에 선언되는 변수입니다. 인스턴스가 생성되는 시점에 변수의 메모리가 생성되고, 해당 인스턴스가 소멸될 때 메모리 공간도 소멸됩니다. 인스턴스의 변수는 인스턴스 멤버들 간에 참조가 가능합니다. 인스턴스의 멤버로 정의된 메소드에서 같이 공유해서 사용해야 하는 경우 인스턴스 변수로 선언해서 사용합니다. 인스턴스 변수를 참조하는 방법은 **"참조변수.변수이름"** 형식으로 참조합니다.

참조변수.변수이름

아래 예제는 인스턴스 변수 사용 예제 입니다.

```java
package chapter05;

public class InstanceVariable {

    String name = "KING"; // 인스턴스 변수 name 선언
    int age = 12; // 인스턴스 변수 age 선언

    void tellName() {
        System.out.println("나의 이름은 "+ name +"입니다." );  // 멤버변수인 name을 참조한다.
    }
    void tellAge() {
        System.out.println("나는 "+ age +"살 입니다.");  // 멤버변수인 age를 참조한다.
    }

    public static void main(String[] args) {

        InstanceVariable variable = new InstanceVariable();
        variable.tellName(); // 인스턴스 메소드 호출
        variable.tellAge(); // 인스턴스 메소드 호출
```

```
18        }
19    }
```

> 💿 **결과(Console)**
>
> 나의 이름은 KING입니다.
> 나는 12살 입니다.

🔋 클래스변수

클래스변수는 선언되는 위치가 인스턴스 변수와 같지만 변수 앞에 **static** 키워드를 붙여 사용하는 변수입니다. 클래스변수의 생성 시점은 클래스의 바이트 코드가 메모리에 로드가 될 때 변수의 메모리공간도 생성이 되고, 프로그램이 종료될 때 클래스변수의 메모리 공간도 함께 소멸됩니다.

클래스 변수는 프로그램이 실행되어서 종료될 때까지 유지되고, 프로그램 내의 모든 인스턴스와 클래스변수가 정의된 인스턴스의 멤버에서 참조가 가능하기 때문에 공용변수라고도 합니다. 그래서 프로그램 내에서 언제나 유지해야 할 데이터가 있다면 클래스변수로 선언해서 사용하면 됩니다. 클래스변수의 참조 방법은 **"클래스이름.변수이름"** 형식으로 참조합니다. 클래스변수가 선언된 인스턴스의 멤버들은 객체의 멤버처럼 사용이 가능합니다. 이러한 특징 때문에 참조변수로도 클래스 변수를 참조 할 수 있습니다.

> **클래스이름.변수이름**
> **참조변수.변수이름**

아래 예제는 **static** 변수 사용 예제입니다.

```
1    package chapter05;
2
```

```java
3    public class ClassVariable {
4
5        static String name = "KING";  // 클래스 변수 name 선언
6        static int age = 10;  // 클래스변수 age 선언
7
8        void tellName() {
9            System.out.println("나의 이름은 "+ name +"입니다." );  // 클래스
                 변수인 name을 참조한다.
10       }
11       void tellAge() {
12           System.out.println("나는 "+ age +"살 입니다.");  // 클래스 변수인
                 age를 참조한다.
13       }
14
15       public static void main(String[] args) {
16           System.out.println("이름 : "+ ClassVariable.name );  // 인스턴스
                 생성 없이 클래스이름.변수 형식으로 참조
17           System.out.println("나이 : "+ ClassVariable.age );
18
19           ClassVariable variable = new ClassVariable();
20           System.out.println("이름 : "+ variable.name );  // 참조변수.변수
                 형식으로 참조
21           System.out.println("나이 : "+ variable.age );  // 참조변수.변수
22               형식으로 참조
23           variable.tellName();  // 인스턴스 내부의 멤버로 인식하기 때문에 메소드
                 호출에서도 변수를 참조해서 출력
24           variable.tellAge();
25       }
26   }
```

👀 결과(Console)

```
KING
10
나의 이름은 KING입니다.
나는 10살 입니다.
```

5.4.2 메소드의 구분

메소드의 정의도 인스턴스 메소드와 클래스 메소드로 나뉘어 서로 다른 범위에서 사용할 수 있습니다. 변수와 같이 메소드도 목적에 맞게 인스턴스 메소드나 클래스 메소드로 정의해서 사용하면 됩니다.

 인스턴스 메소드

인스턴스 메소드는 클래스 내부에서 정의하는 메소드로 클래스의 멤버인 인스턴스 변수와 클래스 변수들을 사용할 수 있습니다. 클래스에의 목적에 맞게 클래스내부에서 정의된 변수나 메소드와 관련한 처리를 합니다. 참조하는 방식은 **"참조변수.메소드이름()"** 형식으로 메소드를 호출합니다.

> **참조변수.**메소드이름();

아래 예제는 인스턴스 메소드 사용 예제입니다.

```java
package chapter05;

public class InstanceMethod {
    String name = "KING"; // 인스턴스 변수 선언

    // 인스턴스 메소드 정의
    void hi() {
        System.out.println("안녕하세요~!! 저는 "+name+"입니다.");
    }
    public static void main(String[] args) {
        InstanceMethod instanceMethod = new InstanceMethod();
        instanceMethod.hi(); // 참조변수를 통해 인스턴스 메소드 호출
    }
}
```

 **결과(Console)**

안녕하세요~!! 저는 KING입니다.

클래스 메소드

클래스 메소드도 클래스 변수와 동일하게 선언부 앞에 **static** 키워드를 써 정의합니다. 함수의 호출이나 사용 방법도 클래스 변수와 동일합니다. 클래스 메소드를 정의하는 위치는 인스턴스 메소드와 같이 클래스 내부에 정의하고 클래스 내부에서는 인스턴스의 멤버처럼 사용이 가능하며, 외부에서 호출방법은 "**클래스이름.메소드이름()**" 또는 "**참조변수.메소드이름()**" 형식으로 호출이 가능합니다. 클래스 메소드의 호출은 클래스 변수와 마찬가지로 클래스 코드가 메모리에 로드가 되는 시점에 메소드가 생성되기 때문에 클래스 변수나 클래스 메소드 안에서만 호출이 가능합니다. 주의할 점은 클래스 메소드 처리 블록 내부에서는 인스턴스 멤버를 쓸 수 없다는 것입니다. 이유는 클래스 멤버와 인스턴스 멤버의 생성시점과 생명주기가 틀리기 때문에 사용할 수 없는 것입니다.

아래 예제는 클래스 메소드 사용 예제입니다.

```java
1    package chapter05;
2
3    public class InstanceMethod {
4      String name = "KING"; // 인스턴스 변수 선언
5
6      // 인스턴스 메소드 정의
7      void hi() {
8        System.out.println("안녕하세요~!! 저는 "+name+"입니다.");
9      }
10     public static void main(String[] args) {
11       InstanceMethod instanceMethod = new InstanceMethod();
12       instanceMethod.hi(); // 참조변수를 통해 인스턴스 메소드 호출
13     }
14   }
```

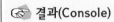 **결과(Console)**

안녕하세요~!! 저는 KING입니다.

5.5 생성자

생성자는 인스턴스가 생성될 때 마다 호출되는 초기화 메소드입니다. 클래스는 반드시 하나 이상의 생성자를 가지고 있어야 합니다. 이 생성자는 클래스를 기반으로 인스턴스가 만들어질 때 단 한번 실행되는데 문법적인 구조가 메소드의 구성과 비슷해서 초기화 메소드 라고 합니다. 인스턴스 생성시에 한번 처리되므로 인스턴스가 가지고 있는 변수를 초기화 하는데 사용이 됩니다.

생성자를 선언하는 방법은 아래와 같습니다.

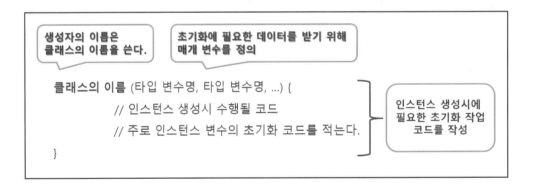

생성자의 구조를 보면 메소드 선언과 비슷하게 생성자의 이름과 초기화에 필요한 데이터를 받기위한 매개변수, 처리를 위한 블록으로 이루어진 구조입니다. 생성자를 정의하기 위해서는 아래와 같은 조건을 충족해야 합니다.

- 생성자의 이름은 클래스 이름을 사용합니다.
- 메소드의 구조와 비슷하지만 반환형 타입을 쓰지 않습니다.
- 매개변수의 정의는 메소드와 동일하게 정의합니다.

생성자가 호출되는 시기는 객체가 생성되고 난 후 생성자를 호출할 때 입니다. 인스턴스가 생성 되는 절차는 아래와 같습니다.

SmartPhone sp = new SmartPhone();

① SmartPhone sp : 참조변수 선언

② new SmartPhone : 인스턴스 생성

③ SmartPhone() : 생성자 호출

인스턴스의 생성 절차를 보면 먼저 참조변수가 선언이 되고, 다음으로 new SmartPhone 구문이 실행되어 클래스의 멤버들을 메모리에 올리는 인스턴스화가 진행됩니다. 그 다음 생성자의 호출 과정이 진행되는데 SmartPhone() 생성자를 호출하는 것입니다.

5.5.1 기본 생성자(Default Contructor)

앞서 작성한 예제들을 보면 생성자를 정의하지 않고 클래스를 정의했습니다. 앞에서 설명한데로라면 클래스는 하나 이상의 생성자를 가져야 하지만 생성자를 정의하지 않은 셈입니다. 하지만 JAVA에서는 프로그래머가 클래스를 정의할 때 생성자를 정의하지 않아도 **"기본 생성자"**라는 것을 자동으로 추가해서 프로그래머가 생성자를 정의 하지 않고 생략할 수 있도록 해줍니다.

```
SmartPhone(){
}
```

기본 생성자는 생성자의 매개변수가 징의 되지 않고 처리블록에는 처리하는 문장이 없는 생성자를 의미하는데 클래스 구성 시에 생성자를 정의하지 않아도 JAVA에서 기본 생성자를 자동으로 추가하여 실행하도록 하기 때문에 생략이 가능한 것입니다. 즉 생성자에 아무것도 처리하지 않는 경우에는 생성자의 정의를 생략해도 되는 것입니다.

5.5.2 매개변수를 받는 생성자

매개변수를 가지는 생성자는 메소드의 정의와 같이 생성자의 이름 뒤에 괄호"( )" 안에 초기화에 필요한 데이터를 받을 수 있도록 매개변수를 정의해주는 생성자입니다. 이렇게 매개변수로 필요한 데이터를 받아 초기화 작업에 사용합니다.

```java
SmartPhone(int num){
      size = num;
}
```

아래 예제는 생성자를 매개변수로 정의하는 예제입니다.

```java
1    package chapter05.phone;
2
3    public class SmartPhone {
4      String color; // 속성 : 스마트폰의 색상
5      float size; // 속성 : 스마트폰의 사이즈
6      int volume; // 속성 : 음량 크기
7
8      // 초기화에 필요한 데이터를 받기 위해 매개변수를 정의한 생성자
9      public SmartPhone(String color, float size, int volume) { //
         색상, 사이즈, 볼륨크기 값을 받아 초기화
10       this.color = color; // this는 인스턴스 자신을 가리키는 참조변수입니다.
11       this.size = size;
12       this.volume = volume;
13     }
14
15     void call() { // 기능 : 전화 걸기
16       System.out.println("전화걸기");
17     }
18
19     void volumeUp() { // 기능 : 음량 키우기
20       volume += 1;
21     }
```

```
22
23      void volumeDown() { // 기능 : 음량 낮추기
24        volume -= 1;
25      }
26
27      public static void main(String[] args) {
28
29        SmartPhone sp = new SmartPhone( "RED", 10.5F, 0 );
30        System.out.println(">color : " + sp.color); // 생성자를 통해
            초기화된 color변수 참조
31        System.out.println(">size : " + sp.size); // 생성자를 통해 초기화된
            size변수 참조
32        System.out.println(">volume : " + sp.volume); // 생성자를 통해
            초기화된  volume변수 참조
33        sp.call();    // 참조변수를 이용해 객체의 메서드 호출
34
35      }
36    }
```

☞ 결과(Console)

```
> color : RED
> size : 10.5
> volume : 0
전화걸기
```

5.5.3 여러 개의 생성자 정의

생성자도 메소드와 같이 오버로딩이 가능해서 여러 개의 생성자를 정의할 수 있습니다. 즉 생성의자의 매개 변수의 타입이나 매개변수의 개수를 다르게 하여 생성자 여러 개를 정의할 수 있습니다.

아래 예제는 생성자를 매개변수로 정의하는 예제입니다.

```java
1   package chapter05.phone;
2
3   public class SmartPhone2 {
4
5       String color; // 속성 : 스마트폰의 색상
6       float size; // 속성 : 스마트폰의 사이즈
7       int volume; // 속성 : 음량 크기
8
9       // 초기화에 필요한 데이터를 받기 위해 매개변수를 정의한 생성자
10      public SmartPhone2(String color, float size, int volume) { //
        색상, 사이즈, 볼륨크기 값을 받아 초기화
11          this.color = color;
12          this.size = size;
13          this.volume = volume;
14      }
15
16      public SmartPhone2(String color, float size) { // 색상, 사이즈 값을
        받아 초기화
17          this.color = color;
18          this.size = size;
19          this.volume = 0;
20      }
21
22      void call() { // 기능 : 전화걸기
23          System.out.println("전화걸기");
24      }
25
26      void volumeUp() { // 기능 : 음량 키우기
27          volume += 1;
28      }
29
30      void volumeDown() { // 기능 : 음량 낮추기
31          volume -= 1;
32      }
33
34      void printSpec() {
```

```
35      System.out.println("> 스마트폰의 색상 : " + color);
36      System.out.println("> 스마트폰의 사이즈 : " + size);
37      System.out.println("> 스마트폰의 볼륨 크기 : " + volume);
38   }
39
40   public static void main(String[] args) {
41
42      SmartPhone2 sp = new SmartPhone2( "RED", 10.5F, 0 ); // 색상,
            사이즈, 볼륨 값을 전달해서 인스턴스 생성
43      sp.printSpec();
44
45      SmartPhone2 sp1 = new SmartPhone2( "GOLD", 4.1F ); // 색상,
            사이즈 값을 전달해서 인스턴스 생성
46      sp1.printSpec();
47
48   }
49 }
```

🖙 결과(Console)

```
> 스마트폰의 색상 : RED
> 스마트폰의 사이즈 : 10.5
> 스마트폰의 볼륨 크기 : 0
> 스마트폰의 색상 : GOLD
> 스마트폰의 사이즈 : 4.1
> 스마트폰의 볼륨 크기 : 0
```

5.5.4 생성자를 호출하는 this()와 자기 자신을 가리키는 참조변수 this

생성자를 정의할 때 이미 정의한 다른 생성자를 호출할 수 있습니다. this()를 사용하는데 매개변수인자를 전달하는 형식으로 다른 생성자를 호출합니다. 메소드 호출과 비슷하게 매개변수의 인자의 개수나 타입으로 이미 정의된 생성자를 호출합니다.

참조 변수 this는 프로그래머가 정의 하지 않지만 인스턴스 생성과 동시에 생성되는 참조 변수입니다. this를 이용해서 같은 이름의 지역변수와 인스턴스 변수를 구별해서 사용하거나 참조변수를 매개변수의 인자로 전달 할 때 사용합니다.

아래 예제는 생성자를 여러 형태로 오버로딩하고 인스턴스를 생성하는 예제입니다.

```
1    package chapter05.phone;
2
3    public class SmartPhone3 {
4        String color; // 속성 : 스마트폰의 색상
5        float size; // 속성 : 스마트폰의 사이즈
6        int volume; // 속성 : 음량 크기
7
8        // 초기화에 필요한 데이터를 받기 위해 매개변수를 정의한 생성자
9        public SmartPhone3(String color, float size, int volume) { //
             색상, 사이즈, 볼륨크기 값을 받아 초기화
10           this.color = color;
11           this.size = size;
12           this.volume = volume;
13       }
14
15       public SmartPhone3(String color, float size) { // 색상, 사이즈 값을
             받아 초기화
16 //        this.color = color;
17 //        this.size = size;
18 //        this.volume = 0;
19           this(color, size, 0); // String, float, int 타입의 데이터 3개를 받을
             수 있는 생성자 호출
20       }
21
22       public SmartPhone3(String color) { // 색상 값을 받아 초기화
23           this(color, 5.7f, 0); // String, float, int 타입의 데이터 3개를 받을
             수 있는 생성자 호출
24       }
25
```

```
26    public SmartPhone3(float size) { // 사이즈 값을 받아 초기화
27      this("BLACK", size, 0); // String, float, int 타입의 데이터 3개를
            받을 수 있는 생성자 호출
28    }
29
30    void call() { // 기능 : 전화걸기
31      System.out.println("전화걸기");
32    }
33
34    void volumeUp() { // 기능 : 음량 키우기
35      volume += 1;
36    }
37
38    void volumeDown() { // 기능 : 음량 낮추기
39      volume -= 1;
40    }
41
42    void printSpec() {
43      System.out.println("> 스마트폰의 색상 : " + color);
44      System.out.println("> 스마트폰의 사이즈 : " + size);
45      System.out.println("> 스마트폰의 볼륨 크기 : " + volume);
46    }
47
48    public static void main(String[] args) {
49
50      SmartPhone3 sp = new SmartPhone3("RED", 10.5F, 0); // 첫 번째
            생성자 호출
51      sp.printSpec();
52      System.out.println();
53      SmartPhone3 sp1 = new SmartPhone3("GOLD", 4.1F); // 두 번째
            생성자 호출
54      sp1.printSpec();
55      System.out.println();
56      SmartPhone3 sp2 = new SmartPhone3("BLUE"); // 세 번째 생성자 호출
57      sp2.printSpec();
58      System.out.println();
```

```
59      SmartPhone3 sp3 = new SmartPhone3(5.0F); // 네 번째 생성자 호출
60      sp3.printSpec();
61    }
62  }
```

결과(Console)

```
> 스마트폰의 색상 : RED
> 스마트폰의 사이즈 : 10.5
> 스마트폰의 볼륨 크기 : 0

> 스마트폰의 색상 : GOLD
> 스마트폰의 사이즈 : 4.1
> 스마트폰의 볼륨 크기 : 0

> 스마트폰의 색상 : BLUE
> 스마트폰의 사이즈 : 5.7
> 스마트폰의 볼륨 크기 : 0

> 스마트폰의 색상 : BLACK
> 스마트폰의 사이즈 : 5.0
> 스마트폰의 볼륨 크기 : 0
```

5.6 패키지와 제어자

5.6.1 package와 import

JAVA에서 패키지는 서로 관련된 클래스와 인터페이스의 묶음입니다. 패키지 안에는 클래스와 인터페이스 그리고 또 다른 패키지를 포함할 수 있습니다. 패키지를 사용함으로써 서로 관련된 클래스와 인터페이스를 한대 묶어 놓음으로써 효율적인 관리가 가능하고 패키지를 나눔으로써 같은 이름의 클래스나 인터페이스의 충돌을 방지할 수 있습니다.

이 패키지 구조의 접근은 dot(.)으로 구분해서 사용합니다. 예를 들어 현재 날짜와 시간을 다루는 Date 클래스를 살펴보며 패키지에 대해 알아보겠습니다.

Date 클래스는 java 패키지 안에 존재하는 util 패키지 안에 존재하는 클래스입니다.

```
java.util.Date
```

패키지의 선언은 현재 작성하는 클래스의 패키지 위치를 정의하는 것입니다. 패키지 선언하는 방법은 아래와 같이 작성합니다.

```
package 패키지 이름;
```

현재 작성중인 클래스의 가장 위에 위치한 패키지 선언문입니다.

```
package chapter05.phone;
```

위에 예시로 든 패키지 구조는 현재 예제 클래스들을 포함하고 있는 패키지인데 chapter05 패키지 안의 phone 패키지임을 의미합니다. 패키지는 현재 작성하는 클래스의 물리적인 폴더입니다. 실행 폴더를 확인해보면 패키지의 이름이 각각의 폴더로 구성되어 있음을 확인 할 수 있습니다.

각 클래스의 풀 네임은 패키지를 포함한 클래스이름이 클래스의 풀 네임입니다. 그래서 다른 패키지에 존재하는 클래스를 사용해야 한다면 클래스의 풀 네임을 사용해야 합니다. 하지만 클래스 이름을 풀 네임으로 사용하기가 불편하기 때문에 JAVA에서는 import 구문을 사용해서 짧은 클래스의 이름을 사용할 수 있도록 해줍니다.

import 구문의 작성 방법은 아래와 같습니다.

```
import 패키지이름.클래스이름;
또는
import 패키지이름.*;
```

이렇게 패키지나 클래스를 import 하면 클래스의 이름만으로도 사용이 가능해집니다. 클래스 파일에서 패키지의 선언의 위치와 import 문의 위치는 아래와 같이 **패키지 선언 -> import 문 -> 클래스 선언** 순으로 작성합니다.

```
package 패키지 이름;
```

```
import 패키지이름.클래스이름;
import 패키지이름.*;
```

```
class 클래스이름{
}
```

클래스의 첫 라인에는 현재 작성중인 파일의 패키지 즉 폴더 위치를 정의하고, 아래에는 현재 작성 중이 클래스에서 사용할 다른 패키지의 클래스를 추가해주면 됩니다. 그리고 새롭게 만드는 클래스를 정의하면 됩니다. 아래 예제를 통해 package 정의와 import를 통해 클래스를 정의해주고 새로운 클래스를 정의하는 방법을 살펴보겠습니다.

```
1  package chapter05; // 현재 클래스의 패키지
2
3  import java.util.Date; // java.util.Date 클래스를 import
4
5  public class ImportDate {
6
7    public static void main(String[] args) {
8
```

```
9     java.util.Date now1 = new java.util.Date(); // Date 클래스의 기본
10       이름은 java.util.Date 입니다.
11    Date now2 = new Date(); // Date 클래스를 import 해서 간단하게 Date로
         쓸 수 있습니다.
12    System.out.println(now1);
13    System.out.println(now2);
14  }
15 }
```

👉 **결과(Console)**

```
Sun Oct 18 23:20:31 KST 2020
Sun Oct 18 23:20:31 KST 2020
```

5.6.2 접근제어자

접근제어자는 외부의 다른 인스턴스에서 인스턴스 멤버들을 참조하거나 호출 할 때 멤버들을 숨기는 정보은닉이 가능하도록 해주는 제어자입니다. 클래스, 변수, 메소드 등을 정의할 때 제어자를 써줌으로 다른 인스턴스에서의 접근을 제어할 수 있습니다.

JAVA에서 제공하는 접근제어자는 네 가지가 있고 접근할 수 있는 서로 다른 범위를 가집니다.

- private : 클래스 내부의 멤버들만 접근 가능
- default : 같은 클래스 내부와 같은 패키지의 인스턴스까지 접근 가능
- protected : 같은 클래스, 같은 패키지와 상속 관계의 하위 클래스에서 접근 가능
- public : 제약이 없이 어디서든 접근이 가능

private

private 접근제어자는 클래스 내부의 멤버들만 접근이 가능하도록 하는 제어자입니다. 다른 클래스에서는 private으로 정의된 멤버들은 접근이 불가능합니다. 아래 예제는 접근제어자를 써서 다른 인스턴스에서 변수를 참조하지 못하도록 하는 예제입니다.

```java
 1  package chapter05;
 2
 3  public class ModifierPrivate {
 4
 5      private String name; // 클래스의 인스턴스 변수는 내부에서만 접근 가능
 6      private int age;
 7
 8      void tell() {
 9          System.out.println("안녕하세요. " + age + "살 " + name +
                "입니다.");
10      }
11
12  }
```

```java
 1  package chapter05;
 2
 3  public class ModifierPrivateMain {
 4      public static void main(String[] args) {
 5          ModifierPrivate mp = new ModifierPrivate();
 6          //mp.name = "손흥민"; // 현재 클래스에서는 인스턴스 변수에 접근이 불가
 7          mp.tell();
 8      }
 9  }
```

결과(Console)

```
Exception in thread "main" java.lang.Error: Unresolved compilation
      problem:
  The field ModifierPrivate.name is not visible
  at chapter05.ModifierPrivateMain.main(ModifierPrivateMain.java:6)
```

default

default 접근제어자는 클래스 내부의 멤버들과 같은 패키지 내의 클래스에서만 접근이 가능한 제어자 입니다. default 접근제어자는 따로 접근제어자를 기술하지 않습니다. 따로 기술하지 않으면 default 접근제어자임을 의미합니다.

다음은 접근제어자를 써서 다른 패키지의 인스턴스에서 변수와 메소드를 참조하지 못하도록 하는 예제입니다.

```
1  package chapter05;
2
3  public class ModifierDefault {
4
5    String name; // 클래스의 인스턴스 변수는 같은 패키지 내부에서만 접근 가능
6    int age;
7
8    void tell() {
9      System.out.println("안녕하세요. " + age + "살 "+ name +"입니다.");
10   }
11 }
```

```
1  package chapter05;
2
3  import chapter05.ModifierDefault;
4
```

```
5    public class ModifierDefaultMain {

6

7      public static void main(String[] args) {

8

9        ModifierDefault mp = new ModifierDefault();

10

11       mp.name = "손흥민"; // 현재 클래스에서는 같은 패키지에서 접근하므로
                  인스턴스 변수에 접근 가능

12       mp.age = 28; // 현재 클래스에서는 같은 패키지에서 접근하므로 인스턴스
                  변수에 접근 가능

13

14       mp.tell(); // 현재 클래스에서는 같은 패키지에서 접근하므로 인스턴스 변수에
                  접근이 가능

15

16     }

17   }
```

👉 결과(Console)

안녕하세요. 28살 손흥민입니다.

```
1    package chapter05.other; // 사용하는 인스턴스와 다른 패키지

2

3    import chapter05.ModifierDefault;

4

5    public class ModifierDefaultMain {

6

7      public static void main(String[] args) {

8        ModifierDefault mp = new ModifierDefault();

9        mp.name = "손흥민";    // 현재 클래스에서는 다른 패키지에서 접근하므로
                  인스턴스 변수에 접근이 불가

10       mp.age = 28;       // 현재 클래스에서는 다른 패키지에서 접근하므로 인스턴스
                  변수에 접근이 불가

11       mp.tell();       // 현재 클래스에서는 다른 패키지에서 접근하므로 인스턴스
```

```
        변수에 접근이 불가
12   }
13 }
```

📬 **결과(Console)**

```
Exception in thread "main" java.lang.Error: Unresolved compilation
    problems:
  The field ModifierDefault.name is not visible
  The field ModifierDefault.age is not visible
  The method tell() from the type ModifierDefault is not visible
  at chapter05.other.ModifierDefaultMain.main(ModifierDefault
      Main.java:9)
```

🧱 protected

protected 접근제어자는 클래스 내부의 멤버와 같은 패키지의 클래스 그리고 상속관계에
있는 클래스일 경우 접근이 가능하도록 하는 제어자입니다. 다음은 접근제어자를 써서 다
른 인스턴스에서 변수를 참조하지 못하도록 하는 예제입니다.

```
 1   package chapter05;
 2
 3   public class ModifierProtected {
 4
 5     protected String name; // 상속 관계일 때 다른 패키지에 위치한 클래스에서
           참조가 가능
 6     int age;
 7
 8     protected void tell() {
 9       System.out.println("안녕하세요. " + age + "살 "+ name +"입니다.");
10     }
11 }
```

```
1   package chapter05.other; // 상속하는 클래스와 다른 패키지
2
3   import chapter05.ModifierProtected;
4
5   public class ModifierProtectedExtends extends ModifierProtected
      {
6
7     public static void main(String[] args) {
8       ModifierProtectedExtends mpe = new
          ModifierProtectedExtends();
9       mpe.name = "손흥민"; // 접근제어자가 protected 이기 때문에 상속
          관계에서도 접근이 가능
10      // mpe.age=28;   // 접근제어자가 default 이기 때문에 상속 관계에서도
          접근이 불가
11      mpe.tell(); // 접근제어자가 protected 이기 때문에 상속 관계에서도 접근이
          가능
12    }
13  }
```

☞ 결과(Console)

안녕하세요. 0살 손흥민입니다.

🧱 public

public 접근제어자는 제한 없이 어디서든 접근이 가능하도록 하는 제어자입니다. 아래 예제는 public 제어자를 이용해서 다른 패키지에서의 접근이 가능함을 보여주는 예제입니다.

```
1   package chapter05;
2
3   public class ModifierPublic {
```

```
4
5      public String name;
6      public int age;
7
8      public void tell() {
9        System.out.println("안녕하세요. " + age + "살 "+ name +"입니다.");
10     }
11   }
```

```
1    package chapter05.other; // 메인 메소드에서 생성한 인스턴스 다른 패키지
2
3    import chapter05.ModifierPublic;
4
5    public class ModifierPublicMain {
6
7      public static void main(String[] args) {
8        ModifierPublic mp = new ModifierPublic();
9        mp.name = "손흥민"; // 접근이 가능
10       mp.age = 28; // 접근이 가능
11       mp.tell(); // 접근이 가능
12     }
13   }
```

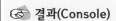 결과(Console)

안녕하세요. 28살 손흥민입니다.

5.6.3 데이터 보호와 캡슐화

JAVA에서의 캡슐화는 인스턴스의 변수를 임의로 바꾸지 못하도록 제한하거나 특정 메소드를 호출하지 못하도록 제한하는 것을 의미 합니다. 이렇게 데이터의 참조나 메소드의 호출을 제한 할 때는 접근제어자를 이용하게 됩니다. 클래스의 캡슐화를 위해서 일반적으로 변수 앞에는 private를 사용해서 변수에 직접 참조하는 것을 막고, public 메소드를 통해서만 참조하고 메소드를 통해서만 데이터가 변경이 되도록 하는 것입니다. 이때 사용하는 메소드가 변수의 값을 제공하는 getter 메소드와 변수에 값을 설정하는 setter 메소드입니다. 아래 예제는 변수는 private 처리하고 getter/setter 메소드를 통해서만 변수를 변경하는 예제입니다.

```java
package chapter05;

public class Person {

    private String name; // 변수는 외부에서 직접 참조가 불가능하도록 private
        적용
    private int age;

    // 변수에 값의 변경이나 반환을 위한 setter/getter 메소드는 public으로
        정의해서 외부에서 접근이 가능하도록 정의
    public String getName() {
        return name;
    }

    public void setName(String name) {
        this.name = name;
    }

    public int getAge() {
        return age;
    }

    public void setAge(int age) {
```

```
22       this.age = age;
23    }
24
25    public void tell() {
26      System.out.println("안녕하세요. " + age + "살 " + name +
           "입니다.");
27    }
28 }
```

```
1    package chapter05;
2
3    public class PersonMain {
4
5      public static void main(String[] args) {
6
7        Person person = new Person();
8
9        // person.name = "손흥민"; // 변수에 직접 참조는 불가능
10       person.setName("손흥민"); // 메소드를 이용해야만 변수에 참조 가능
11       person.setAge(28);
12       person.tell();
13     }
14
15   }
```

☞ **결과(Console)**

안녕하세요. 28살 손흥민입니다.

5.6.4 싱글톤 패턴

우리가 정의하는 클래스들 중에는 속성이 없고 기능만을 정의하고 있는 클래스들이 있습니다. 이 클래스를 이용해서 만들어지는 인스턴스들은 모두 같은 메소드들을 가지고 있어 중복해서 만들 필요가 없습니다. 이때 싱글톤 패턴을 사용해서 코드를 작성하면 여러 개의 인스턴스를 생성하지 않고 하나의 인스턴스만을 생성해서 사용할 수 있습니다.

싱글톤 패턴은 아래와 같은 코딩 스타일 특징을 가집니다.

1. 외부 인스턴스에서 인스턴스를 생성하지 못하도록 처리
   : 생성자에 private 접근제어자 사용

2. 사용할 인스턴스를 클래스 내부에서 생성
   : 클래스 변수로 정의하고 private 접근제어자 사용

3. 내부에 만들어진 참조 값을 외부에서 사용할 수 있도록 참조 값을 제공하는 메소드 생성
   : 클래스 메소드로 정의, public 접근제어자 사용

아래 예제는 싱글톤 패턴을 구현하는 예제입니다.

```java
1   package chapter05;
2
3   public class Singleton {
4
5       // 1. 외부 인스턴스에서 인스턴스를 생성하지 못하도록 처리 : 생성자에 private
            접근제어자 사용
6       private Singleton() {
7       }
8
9       // 2. 사용할 인스턴스를 클래스 내부에서 생성
10      private static Singleton s = new Singleton();  //
```

```
          Singleton.s=null;
11
12     // 3. 외부에서 만들어진 참조값을 사용할 수 있도록 참조값을 제공하는 메서드
13     public static Singleton getInstance() {
14       if(s==null) {
15           s = new Singleton();
16       }
17       return s;
18     }
19   }
```

```
1    package chapter05;
2
3    public class SingletonMain {
4
5      public static void main(String[] args) {
6        // Singleton s = new Singleton(); // 오류
7        Singleton s = Singleton.getInstance(); // 인스턴스를 얻을 수 있는
                유일한 방법
8      }
9    }
```

5.7 요약

■ 클래스

클래스는 인스턴스 생성을 위해 정의해 놓은 설계도와 같습니다. 클래스는 속성을 표현하는 변수와 기능을 정의하는 메소드들을 멤버로 구성됩니다. 클래스 멤버들의 초기화에 사용되는 생성자도 클래스의 멤버로 구성합니다.

■ 객체(인스턴스)

클래스를 기반으로 생성되며, 인스턴스라고도 합니다. 인스턴스는 클래스에 정의된 변수와 메소드가 메모리에 로드가 되어 프로그램 내부에서 사용할 수 있는 상태를 의미합니다.

■ 인스턴스의 생성

인스턴스의 생성은 new 키워드로 생성하고, 초기화 메소드인 생성자를 이용해서 인스턴스의 변수들을 초기화 합니다.

클래스이름 참조변수이름 = new 클래스이름( ) ;

■ 인스턴스의 변수 참조 방법

참조변수 . 변수이름

■ 인스턴스의 메소드 호출 방법

참조변수 . 메소드이름( )

■ 지역변수

메소드 블록 내부 또는 조건문이나 반복문의 블록 안에서 선언된 변수입니다.

■ 인스턴스 변수

클래스 내부에서 선언되는 변수로 인스턴스 생성 후 사용이 가능합니다.

■ 클래스 변수

클래스 블록에서 선언되지만 static 키워드를 사용하며 인스턴스 생성 이전에 메모리에 할당되고 여러 인스턴스에 사용이 가능합니다. 인스턴스 생성 없이 클래스 이름으로 접근할 수 있는 편리함을 제공해줍니다.

■ 인스턴스 메소드

인스턴스의 행위를 정의하는 명령문들의 집합입니다. 클래스 내부에서 정의하고 메소드의 반환 값이 없을 경우 void로 반환형을 정의하며 반환하는 데이터의 데이터 타입과 return 문의 결과 타입은 동일하게 정의해야 합니다.

■ 클래스 메소드

인스턴스 생성 없이 클래스 이름으로 간편하게 메소드를 호출할 수 있습니다. 클래스 메소드 내부에서는 인스턴스 멤버(인스턴스 변수와 인스턴스 메소드)들을 사용하지 못하고, 클래스 멤버(클래스 변수와 클래스 메소드)들만 사용이 가능합니다.

■ 생성자

초기화 메소드라고도 합니다. 인스턴스가 생성이 될 때 단 한번 호출이 됩니다. 이러한 특징으로 인스턴스의 멤버 변수를 초기화 하는데 생성자를 이용해서 초기화 작업을 합니다. 생성자의 매개변수를 통해 데이터를 받아 인스턴스 변수를 초기화 합니다.

■ 기본 생성자

클래스 정의 시에 생성자를 정의하지 않으면 JAVA에서 기본적으로 생성해주는 생성자입니다. 생성자의 처리 블록에는 아무런 내용이 정의도어 있지 않습니다.

■ 생성자의 오버로딩

생성자도 메소드와 같이 오버로딩이 가능합니다. 여러 형태의 인스턴스 초기화가 되어야 할 경우 오버로딩해서 사용합니다.

■ 페키지

패키지는 서로 관련된 클래스와 인터페이스의 묶음입니다. 물리적으로는 폴더형태로 클래스 파일들을 가지고 있습니다.

■ 접근제어자

JAVA에서는 클래스, 메소드, 변수 등에 접속을 제한하는 제어자를 private, default, protected, public의 네 가지 제어자를 가지고 있습니다.

접근 제어 지시자	적용 대상	클래스 내부	같은 페키지	자손 페키지	전체
public	클래스, 필드, 생성자, 메소드	0	0	0	0
protedted	필드, 생성자, 메소드	0	0	0	
default	클래스, 필드, 생성자, 메소드	0	0		
private	필드, 생성자, 메소드	0			

■ 캡슐화

멤버 변수에 private 제어자로 정의하고 클래스 내부에서만 접근 가능하도록 합니다. 그리고 getter와 setter 메소드를 정의해서 해당 멤버들의 접근이 가능하도록 해줍니다.

■ 싱글톤 패턴

프로그램 내에서 단 하나의 인스턴스만 생성이 되도록 해야 하는 경우가 있습니다. 이렇게 단 하나의 인스턴스만 사용이 가능하도록 해주는 코딩을 해주는데 이러한 코딩 스타일을 싱글톤 패턴이라고 합니다.

5.8 연습문제

01 다음 프로그램의 실행 결과는?

```java
public class Test {
  void method(  ) {
    private static int x = 7;
    System.out.println("x=" + x );
  }
  public static void main ( String  [] args ) {
    Test  t = new Test();
    t.method(  );
  }
}
```

(1) 컴파일 에러가 발생한다.

(2) 실행 시 예외가 발생한다.

(3) 7

(4) 0

02 다음 프로그램의 결과는?

```java
public class Test {
  public static void main ( String  [] args ) {
    String s;
    System.out.println("s=" + s );
  }
}
```

(1) String s에 초기값을 지정하지 않아 컴파일 에러가 발생한다.

(2) 결과는 "s="만 출력된다.

(3) 결과는 "s=null"이라고 출력된다.

(4) 컴파일은 성공하지만, 실행할 때 NullPointerException이 발생한다.

03 main()을 올바르게 선언한 것은?

    (1) public static int main(String [] args)

    (2) static public void main(String args[])

    (3) public void static main(String args[])

    (4) public static void main(String args)

    (5) public static void main(String [] args)

04 다음 소스 중에서 출력 결과로 "i=0"이라고 출력되는 것은?

    (1)
```java
class Test {
  int i;
  public static void main( String [] args ) {
    System.out.println("i="+i );
  }
}
```

    (2)
```java
class Test {
  static int i;
  public static void main( String [] args ) {
    System.out.println("i="+i );
  }
}
```

    (3)
```java
class Test {
  int i;
  public static void main( String [] args ) {
    System.out.println("i="+Test.i );
  }
}
```

    (4)
```java
class Var {
  private int i;
}
    class Test {
     int i;
```

```java
        public static void main( String [] args ) {
          Var v = new Var();
          System.out.println("i="+v.i );
        }
      }
```

5 다음 프로그램의 결과는?

```java
public class Test {
  private static int x;
  public static void main ( String  [] args ) {
    method( x );
    System.out.println("x=" + x );
  }
  public static void method( int x ) {
    x++;
  }
}
```

(1) x=0   (2) x=1   (3) x=2   (4) x=3

6 다음 소스에서 method() 메소드의 오버로딩으로 선언한 메소드는?

```java
class Test {
    private int x, y;
    private double z;
    public void method ( int a, int b, double c ) {
        x = a;
        y = b;
        z = c;
    }
}
```

(1) void method(int a, int b, double c) {
            x = a;
      y = b;

```
        z = c;
    }
(2) public void method ( int a, double b, int c ) {
    method( a, c, b );
    }


(3) public void method ( int a, double b, int c ) {
    this( a, c, b );
    }


(4) void method( int a, int b) {
            x = a;
      y = b;
    }


(5) void method( int i, int j, double k ) {
            x = i;
      y = j;
      z = k;
    }
```

7 다음 소스에서 잘못 된 부분을 찾아 수정하시오.

```java
class MyClass{
    int  var ;
}
public class Test {
  public static void main ( String [] args ) {
    MyClass  my;
    my.var = 1000;
    System.out.println( my. var );
  }
}
```

8 다음 소스에서 잘못 된 부분을 찾아 수정하시오.

```java
class MyClass{
    public int  method ( int i , int j ) {
     return i + j;
    }
    public double method  ( int i, int j ) {
     return ( i + j ) / 3. 0;
    }
}
```

9 다음 소스에서 잘못 된 부분을 찾아 수정하시오.

```java
class MyClass{
  protected String name;
  public MyClass() {
    System.out.println("생성자 실행");
    this("이름없음");
  }
  public My( String name ) {
    this.name = name;
  }
  public static void main ( String [] args ) {
    MyClass  my = new MyClass();
  }
}
```

5.9 코딩 해보기

Member 클래스에는 아래 요구사항에 맞는 변수와 메소드를 정의하고, main()메소드 에 해당
메소드를 호출해서 결과를 확인해보세요.

단 인스턴스의 생성은 생성자를 이용해서 초기화하는 코드를 작성해 봅시다.

① 아래의 데이터를 저장 이름, 전화번호, 전공, 학년, email, 생일, 주소

② 위에서 정의한 정보를 출력하는 메소드 정의

③ 모든 정보를 저장하도록 하는 생성자와 생일과 주소는 저장하지 않을 수 있는 생성자를
정의

④ main() 메소드에서 두 가지 생성자를 이용해서 인스턴스 생성하고 출력 메소드를 통해
저장된 데이터 출력

5.10 프로젝트-1

아래 이미지는 우리가 흔히 볼 수 있는 스마트폰에 이름, 전화번호, 이메일 등과 같은 연락처 정보를 저장하는 애플리케이션 화면입니다.

아래 데이터들을 저장하고, 데이터를 출력하는 메소드를 가지는 클래스 Contact를 정의해봅시다.

저장 정보
- ◆ 이름
- ◆ 전화번호
- ◆ 이메일
- ◆ 주소
- ◆ 생일
- ◆ 그룹

기능
- ◆ 위 데이터를 출력하는 기능

추가 요구 사항
- ◆ 변수들은 직접 참조를 막아 캡슐화 처리를 하도록 해봅시다. 변수의 직접 참조는 안되지만 변수의 값을 얻을 수 있는 메소드(getter)와 변수에 값을 저장할 수 있는 메소드(setter)를 정의합니다.
- ◆ 인스턴스 생성과 함께 데이터를 초기화 할 수 있도록 생성자를 정의해봅시다.
- ◆ 저장할 데이터를 콘솔에서 사용자의 입력 값으로 인스턴스를 생성해봅시다.

실행 과정
- ◆ main()메소드를 정의합니다.
- ◆ 연락처 데이터를 저장하는 인스턴스를 생성합니다.
- ◆ 변수 값을 반환하는 각각의 메소드를 호출해서 각 데이터를 출력문으로 출력합니다.
- ◆ 생성된 인스턴스의 정보 출력 메소드를 호출합니다.
- ◆ 인스턴스의 각 변수에 값을 바꾸는 메소드를 이용해서 데이터를 수정합니다.
- ◆ 인스턴스의 출력메소드를 다시 실행합니다.

First Java

06
배열

First Java

6.1 배열

프로그램 내에서 사용할 데이터를 저장할 때 사용하는 방법은 변수를 이용해서 데이터를 저장했습니다. 변수는 하나의 데이터를 저장하는데 만약 저장해야 할 데이터의 개수가 많다면 데이터의 개수만큼 변수를 선언해서 사용해야 합니다. 예를 들어 학생 100명의 국어 점수를 다루어야 한다면 변수를 100개 만들어서 사용해야 할 것입니다. 그렇다면 이렇게 많은 변수를 다루어야 한다면 어떻게 하면 좋을까요? JAVA에서는 많은 변수를 다루어야 할 때 보다 효과적인 방법으로 다룰 수 있도록 **"배열"**이라는 데이터 구조를 제공합니다. 배열은 동일한 자료형으로 선언된 데이터 공간을 메모리상에 연속적으로 나열하여 데이터 관리를 편하게 할 수 있도록 해줍니다.

배열은 같은 타입의 데이터를 연속된 공간에 나열 시키고 각 데이터에 인덱스(index)를 부여해 놓은 자료구조 입니다. 자료구조는 데이터를 어떻게 저장하느냐를 정의하는 것인데 배열은 연속된 변수들을 하나의 집합으로 묶고 index를 부여해서 index 값으로 각각의 데이터를 참조하도록 하는 것 입니다. 배열의 구성은 각각의 값을 구성하는 배열의 요소와 배열의 요소 위치를 정의하는 인덱스로 구성됩니다. 배열의 요소는 각각의 변수이고, 인덱스는 0부터 시작하는 숫자로 양수의 값으로만 표현됩니다.

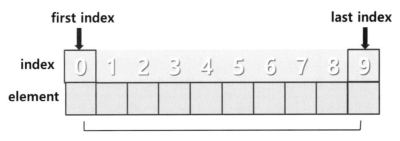

배열 요소의 개수 : 10

JAVA에서는 배열도 앞에서 다룬 인스턴스로 다룹니다. 인스턴스와 같이 배열(묶음)의 메모리의 주소 값을 배열 변수에 저장해서 메모리의 주소 값을 통해 배열의 요소에 접근합니다.

배열은 1차원 배열과 다차원 배열로 정의해서 사용할 수 있습니다. 다차원 배열은 배열의 요소로 배열 인스턴스를 정의하는 형태로 사용할 수 있습니다.

6.2 1차원 배열의 선언과 생성

6.2.1 배열 변수 선언

1차원 배열은 다음과 같은 구조로 배열 변수를 선언합니다.

> **자료형타입[ ] 배열이름**
> **자료형타입 배열이름[ ]**

배열 변수 선언시에 정의하는 자료형 타입은 배열 요소로 저장되는 변수의 타입을 명시합니다. 배열 이름 변수에는 배열 인스턴스의 메모리 주소를 저장합니다. 배열 변수는 배열이 생성된 후에 배열 인스턴스에 접근하기 위해 사용됩니다.

6.2.2 배열의 생성

배열 인스턴스를 생성하는 방법은 아래와 같습니다.

> **배열 이름 = new 자료형타입[배열 요소의 개수]**

배열을 생성 할 때는 클래스의 인스턴스를 생성할 때처럼 new 키워드를 이용하여 배열의 인스턴스를 생성합니다. [ ] 괄호 안에 생성하고자 하는 배열의 요소의 개수를 지정해줍니다. 배열의 요소 개수는 0보다 큰 정수 값을 쓰게 됩니다. 자료형 타입은 배열 변수 선언시에 정의한 자료형타입과 같은 타입을 기술해줍니다.

```
int[] numbers ; // 정수 타입의 배열 변수 선언
numbers = new int[5]; // 정수형 변수 5개를 요소로 가지는 배열 인스턴스 생성
```

위 의 문장은 "int **타입의 변수 5개를 묶음으로 처리하겠다.**"의 의미로 생각하시면 됩니다.
그리고 "**이 묶음의 이름은 numbers로 사용하겠다.**"입니다.

아래 이미지는 배열의 생성과정입니다.

int[] numbers ;   numbers

배열 인스턴스의 주소 값을 저장 할
배열 변수 number 생성

numbers = new int[5];   numbers

int 타입의 변수 5개를 저장할 수 있는
배열 인스턴스를 생성하고 인스턴스의 주소
값을 numbers 변수에 저장
numbers = 0x100;

0x100

0x100

int변수	int변수	int변수	int변수	int변수
0	0	0	0	0

배열인스턴스의 생성 과정을 보면 **int** 타입의 배열 변수 **numbers** 가 생성되고, 정수형
데이터를 저장 할 수 있는 **5**개 변수의 묶음을 생성합니다. 생성되는 이 묶음을 인스턴스로
정의합니다. 그리고 배열의 각 요소에는 배열 생성 시에 정의한 자료형 타입의 기본 데이터
로 초기화 됩니다. 클래스 기반으로 만들어지는 인스턴스 변수의 초기화 과정이 없을 때
자동으로 데이터가 초기화 되는 것과 같습니다.

배열 변수 선언과 배열 인스턴스 생성의 예를 살펴보겠습니다.

```
int[] nums = new int[10];    → int 타입의 요소를 10개 저장할 수 있는 배열 생성
byte[] nums = new byte[5];   → byte 타입의 요소를 5개 저장할 수 있는 배열 생성
long[] nums = new long[12];  → long 타입의 요소를 12개 저장할 수 있는 배열 생성
```

```
boolean[] checks = new boolean[5] → boolean 타입의 요소를 5개 저장할 수 있는 배열
                                        생성
char[] chars = new char[3];  → char 타입의 요소를 3개 저장할 수 있는 배열 생성
String[] names = new String[10];  → 문자열 요소를 10개 저장할 수 있는 배열 생성
```

6.2.3 배열의 요소 접근 방법

배열 요소의 접근하는 방법은 배열 인스턴스의 주소 값을 가지는 배열 변수를 통해 접근할 수 있습니다. 배열의 요소는 순서를 가지고 있고 이 순서를 통해 순차적 접근이 가능합니다. 앞에서 학습 한 반복문을 이용해서 배열의 요소에 참조 또는 일괄 처리가 가능합니다.

배열의 요소에 접근하는 방법은 **배열의 이름과 인덱스 값으로 배열의 요소에 접근**할 수 있습니다.

numbers	0x100

numbers[0]	numbers[1]	numbers[2]	numbers[3]	numbers[4]
0	0	0	0	0

배열의 요소에 접근하는 방법은 아래와 같은 방법으로 접근합니다.

```
numbers[index]
```

배열의 첫 번째 요소에 접근하여 값을 대입할 수 있습니다.

```
numbers[0] = 100;
```

배열의 요소에 접근하는 방법은 배열 변수의 이름과 [ ] 괄호를 사용하고 괄호 안에 인덱스 값을 명시하여 배열의 요소를 참조할 수 있습니다. 인덱스 값은 배열의 요소 개수가 N개일 때 index 값은 0부터 N-1까지를 가지게 됩니다. 아래 코드는 배열의 첫 번째 요소의 값을 출력하는 코드입니다. 배열의 요소 참조 방법은 앞에서 값을 대입하는 방법과 동일합니다.

```
System.out.println( numbers[0] );
```

1차원 배열도 인스턴스인데 이 배열 인스턴스에는 1차원 배열의 요소 개수를 저장하고 있는 length 변수를 가지고 있습니다. 그리고 length 변수를 사용하는 반복문을 이용하면 공통 작업처리를 간단하게 처리할 수 있습니다.

```
int[] arr = new int[5];
arr.length; // 1차원 배열의 개수 : 5
```

아래 예제는 10명의 학생들의 시험 점수를 배열로 저장해서 총점과 평균을 출력하는 예제입니다. 배열 인스턴스를 반복문을 통해 반복 작업을 처리하는 것을 볼 수 있습니다.

```
1    package chapter06;
2
3    public class ArrayTest1 {
4
5      public static void main(String[] args) {
6
7        int[] korScores = new int[10];    // 배열 인스턴스 생성
8
9        korScores[0]=68;
10       korScores[1]=65;
11       korScores[2]=86;    배열 요소 값 대입
12       korScores[3]=91;
13       korScores[4]=65;
```

```
14        korScores[5]=78;
15        korScores[6]=96;
16        korScores[7]=76;        배열 요소 값 대입
17        korScores[8]=82;
18        korScores[9]=75;
19
20        int sum=0;              // 총점
21        float avg=0f;           // 평균
22
23        // 배열은 반복문을 통해 일괄 처리가 가능합니다.
24        for(int i=0; i<10; i++){
25            sum +=korScores[i];    // 배열의 요소들의 합을 구합니다.
26        }
27
28        System.out.println("국어 점수의 총합은 "+ sum + "점 입니다.");
29        System.out.println("국어 점수의 평균 점수는 "+
              sum/korScores.length + "점 입니다.");
30
31     }
32  }
```

⊚ 결과(Console)

국어 점수의 총합은 782점 입니다.
국어 점수의 평균 점수는 78점 입니다.

6.2.4 배열의 선언과 초기화

변수의 선언하는 방법 중에 선언과 초기화를 한 번에 처리할 수 있었습니다. 배열에서도 배열의 선언과 동시에 배열의 요소를 바로 초기화할 수 있습니다.

초기화 하는 방법은 아래와 같습니다.

```
자료형 타입[ ] 변수이름 = {배열의 요소, 배열의 요소, 배열의 요소…};
자료형 타입[ ] 변수이름 = new 자료형타입[ ]{배열의 요소, 배열의 요소, …};
```

배열의 요소는 배열의 선언에 사용한 자료형 타입과 일치하는 데이터를 요소로 입력해야 합니다. 그리고 {} 블록에 정의한 요소의 개수가 이 배열의 요소 개수로 자동으로 정의됩니다.

배열의 변수의 선언과 배열 요소의 초기화가 따로 정의해야 할 경우 두 번째 방법으로 정의해주어야 합니다. 또 메소드의 매개변수로 배열이 정의되어서 인자로 전달받아 배열을 초기화해야 하는 경우에도 두 번째 방법으로 정의해주어야 합니다. 아래의 예제 코드는 배열 선언과 초기화는 int 타입의 요소 5개를 저장하고 있는 배열을 선언과 생성을 하는 코드입니다.

```
int[] score = {100, 90, 70, 80, 65};

int[]score;
score = new int[]{100, 90, 70, 80, 65};

int[] score = new int[]{100, 90, 70, 80, 65};
```

아래 예제는 배열 선언과 동시에 명시적으로 초기화하는 배열을 생성하는 예제입니다.

```
1   package chapter06;
2
3   public class ArrayTest2 {
4
5     public static void main(String[] args) {
6
7       int[] score1 = {100, 90, 70, 80, 65};        ← 배열 인스턴스 생성
8
9       int[] score2 = new int[]{100, 90, 70, 80, 65};
```

```
10
11        int[]score3;
12        score3 = new int[]{100, 90, 70, 80, 65};
13
14        System.out.println("배열 score1 =====");
15        for(int i=0; i<score1.length;i++){
16            System.out.print(score1[i] + ", ");
17        }
18
19        System.out.println();
20        System.out.println("배열 score2 =====");
21        for(int i=0; i<score2.length;i++){
22        System.out.print(score2[i] + ", ");
23        }
24
25        System.out.println();
26        System.out.println("배열 score3 =====");
27            for(int i=0; i<score3.length;i++){
28                System.out.print(score3[i] + ", ");
29        }
30      }
31  }
```

배열 인스턴스 생성

결과(Console)

```
배열 score1 =====
100, 90, 70, 80, 65,
배열 score2 =====
100, 90, 70, 80, 65,
배열 score3 =====
100, 90, 70, 80, 65,
```

6.2.5 매개변수의 인자에 배열 전달

메소드의 매개변수를 참조변수로 선언하고 참조 값을 인자로 전달이 가능했습니다. 배열 변수도 매개변수로 정의해서 사용이 가능합니다. 매개변수에 배열 변수로 선언된 경우 메소드 호출 시에 매개변수의 인자로 배열 인스턴스의 참조 값을 전달하면 됩니다.

아래의 예제는 배열을 전달받아 합을 구해 반환하는 메소드를 구현한 예제입니다.

```java
package chapter06;

public class ArrayTest3 {

    public static void main(String[] args) {

        int[] korScores = new int[10];   // 배열 인스턴스 생성

        korScores[0]=68;
        korScores[1]=65;
        korScores[2]=86;
        korScores[3]=91;
        korScores[4]=65;
        korScores[5]=78;                    배열 요소 값 대입
        korScores[6]=96;
        korScores[7]=76;
        korScores[8]=82;
        korScores[9]=75;

        // 합과 평균을 계산하고 출력하는 메소드 호출
        sum( korScores );                       //메소드 호출 시 배열 전달
    }

    public static void sum( int[] arr ){   //배열의 주소 값을 전달 받음

        int sum = 0;
        float avg = 0f;
```

```
28
29        // 배열은 반복문을 통해 일괄 처리가 가능합니다.
30        for(int i=0; i<10; i++){
31          sum +=arr[i];    // 복합대입연산으로 배열의 요소들의 합을 구합니다.
32        }
33
34
35        System.out.println("국어 점수의 총합은 "+ sum + "점 입니다.");
36        System.out.println("국어 점수의 평균 점수는 "+ sum/arr.length +
          "점 입니다.");
37      }
38 }
```

결과(Console)

국어 점수의 총합은 782점 입니다.
국어 점수의 평균 점수는 78점 입니다.

6.3 다차원배열(2차원 배열)

다차원배열이란 2차원 이상의 배열을 의미하며, 배열의 요소가 다른 배열을 가지는 배열을 의미합니다. 즉 2차원 배열은 1차원 배열을 요소로 가지는 1차원 배열입니다. 배열의 각 요소가 1차원 배열 인스턴스의 주소 값을 저장하고 있습니다. 즉 다차원 배열은 1차원 배열의 집합입니다. JAVA에서의 다차원 배열은 2차원 배열을 다루는 방법을 이해하면 2차원 이상의 배열도 다루는데 문제없을 것입니다.

6.3.1 2차원배열의 선언과 생성

2차원 배열의 선언과 배열 인스턴스 생성 방식은 아래와 같습니다.

```
자료형타입[][] 배열변수이름;
자료형타입 배열변수이름[][];
자료형타입[] 배열변수이름[];
```

앞에서 설명한 1차원 배열과 같이 자료형 타입은 저장할 요소의 데이터 타입을 정의하는 것이고, 배열의 이름은 배열의 요소에 참조하기 위한 이름입니다.

2차원 배열은 행과 열을 사용해서 표(table)처럼 표현해볼 수 있는데 첫 번째 []는 행을 정의하고 두 번째 []는 열을 정의합니다.

int[][] numbers = new int[3][3];

numbers[0][0]	numbers[0][1]	numbers[0][2]
numbers[1][0]	numbers[1][1]	numbers[1][2]
numbers[2][0]	numbers[2][1]	numbers[2][2]

6.3.2 2차원 배열의 접근

배열의 각 요소에 접근하는 방법은 행의 index 값과 열의 index값을 이용해서 접근합니다.

접근하는 방법은 아래와 같은 방법으로 접근합니다.

numbers[행의 **index**][열의 **index**]

2차원 배열의 첫 번째 행의 첫 번째 요소에 아래와 같이 값을 대입할 수 있습니다.

numbers[0][0] = 10;

2차원 배열의 메모리구조는 아래와 같은 구조를 가집니다.

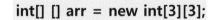

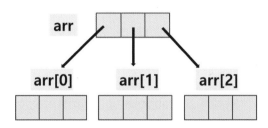

2차원 배열 arr은 1차원 배열의 주소 값을 가지는 1차원 배열입니다. 따라서 arr[0]은 2차원 배열이 가지는 첫 번째 1차원 배열이고 arr[1]은 두 번째, arr[2]는 세 번째 1차원 배열입니다. 따라서 첫 번째 1차원 배열의 첫 번째 요소는 arr[0][0]이 되는 것입니다.

아래 예제는 2차원 배열을 생성하고, 각 요소에 데이터를 대입하고, 각 요소를 출력하는 예제입니다.

```
1    package chapter06;
2
3    public class ArrayTest4 {
4
5        public static void main(String[] args) {
6
7            int[][] arr = new int[2][2];    // 2차원 배열 인스턴스 생성
8
9            arr[0][0] = 11;
10           arr[0][1] = 12;
11           arr[1][0] = 21;     배열 요소 값 대입
12           arr[1][1] = 22;
13
14           System.out.println(arr[0][0]);    배열 요소 출력
15           System.out.println(arr[0][1]);
```

```
16        System.out.println(arr[1][0]);    ┐ 배열 요소 출력
17        System.out.println(arr[1][1]);    ┘
18    }
19 }
```

결과(Console)

```
11
12
21
22
```

6.3.3 배열 선언과 동시에 요소 초기화하기

2차원 배열도 1차원 배열과 마찬가지로 배열을 선언 후 바로 초기화하는 방법은 아래와 같은 방법으로 할 수 있습니다.

```
자료형타입[열의 길이] [행의 길이] 배열이름= {
    {배열 요소, 배열 요소, ...},
    {배열 요소, 배열 요소, ...},
    {배열 요소, 배열 요소, ...},
    ...
};
```

아래 예제는 2차원 배열로 국어, 영어, 수학 점수를 저장하는 배열을 생성하고, 바로 초기화 하는 코드로 2차원 배열을 활용하는 예제입니다.

```
1  package chapter06;
2
3  public class ArrayTest5 {
```

```
4
5        public static void main(String[] args) {
6
7            int[][] scores = {
8                              {100, 90, 80},
9                              {98, 76, 90},
10                             {85, 84, 77},
11                             {89, 100, 69}
12                          };
13
14    2차원 ┌ System.out.println("scores[0][0] => " + scores[0][0]);
15    배열   │ System.out.println("scores[1][1] => " + scores[1][1]);
16    요소   │ System.out.println("scores[2][2] => " + scores[2][2]);
17    참조  └ System.out.println("scores[3][2] => " + scores[3][2]);
18
19    }
20  }
```

배열 인스턴스
생성과 초기화

결과(Console)

```
scores[0][0] => 100
scores[1][1] => 76
scores[2][2] => 77
scores[3][2] => 69
```

6.4 배열의 순차적 접근

앞에서 언급한 바와 같이 배열도 인스턴스 입니다. 이 인스턴스에는 요소의 개수를 저장하고 있는 **length** 필드를 가지고 있어 배열의 요소 개수를 참조하여 활용할 수 있습니다. 배열의 일괄처리는 반복문을 이용해서 처리하는데 반복문은 배열의 활용에 있어 아주 중요하게 활용됩니다. 2차원 배열도 인스턴스이기 때문에 요소 개수를 정의하는 **length** 필드를 가지고 있습니다.

```
int[][] numbers = new int[4][3];

numbers.length;
```
2차원 배열의 **행의 개수 : 4**
2차원 배열이 가지고 있는 1차원 배열의 개수를 저장하고 있습니다.

```
numbers[0].length
```
2차원 배열의 **첫 번째 행 배열의 개수 : 3**
첫 번째 1차원 배열의 요소 개수를 저장하고 있습니다.

6.4.1 for 반복문을 이용한 배열처리

2차원 배열의 참조는 반복문의 중첩을 통해 일괄적인 참조가 가능합니다. 아래 예제는
앞서 생성한 점수 배열을 반복문을 이용해서 일괄 처리하는 예제입니다.

```
1    package chapter06;
2
3    public class ArrayTest6 {
4
5      public static void main(String[] args) {
6
7        int[][] scores = {
8                        {100, 90, 80},
9                        {98, 76, 90},
10                       {85, 84, 77},
11                       {89, 100, 69}
12                       };
13
14       for(int i=0; i<scores.length; i++){   // 행의 반복 : 변수 i는 행의
           index
15
16         for(int j=0; j<scores[i].length; j++){   // 열의 반복 : 변수
             j는 열의 index
```

```
17              System.out.print("numbers["+i+"]["+j+"] => " +
                  scores[i][j] + ", \t");
18          }
19
20          System.out.println();
21      }
22    }
23  }
```

> 🖐 결과(Console)

```
numbers[0][0] => 100,    numbers[0][1] => 90,     numbers[0][2] => 80,
numbers[1][0] => 98,     numbers[1][1] => 76,     numbers[1][2] => 90,
numbers[2][0] => 85,     numbers[2][1] => 84,     numbers[2][2] => 77,
numbers[3][0] => 89,     numbers[3][1] => 100,    numbers[3][2] => 69,
```

6.4.2 향상된 for 문(The enhanced for statement)을 이용한 배열 처리

향상된 for문은 아래와 같은 방식으로 사용합니다.

> for (자료형타입 변수이름 : 배열 또는 컬렉션의 원본) {
> // 배열이나 컬렉션의 요소 개수만큼 순차적으로 실행합니다.
>   // 각 요소 처리할 문장을 기술합니다.
> }

for 다음에 오는 괄호 안의 첫 번째 변수는 배열의 각 요소를 저장하는 변수입니다. 배열을 반복하면서 각 요소 데이터를 이 변수에 저장됩니다. 그리고 {} 블록 안에서 이 변수를 이용해서 데이터 처리를 합니다.

1차원배열을 for 반복문으로 처리했던 예제를 향상된 for 문을 이용해서 다시 작성해 보겠습니다.

```
1   package chapter06;
2
3   public class ArrayTest7 {
4
5     public static void main(String[] args) {
6
7       int[] score1 = {100, 90, 70, 80, 65};  // 배열 인스턴스 생성
8
9       System.out.println("배열 score1 =====");
10      for( int i : score1 ){
11        System.out.println(i);   // 변수 i에 배열의 각 요소 값이 저장되어
                  반복하면 출력
12      }
13
14    }
15  }
```

👉 **결과(Console)**

```
배열 score1 =====
100
90
70
80
65
```

앞에서 for 문을 이용한 2차원배열 출력 예제를 향상된 for문을 이용해서 작성해 보겠습니다.

```
1   package chapter06;
2
3   public class ArrayTest8{
4
```

```
5      public static void main(String[] args) {
6
7        int[][] scores = {        {100, 90, 80},
8                            {98, 76, 90},
9                      };
10
11       for ( int[] is : scores ) { // 행의 반복
12
13           for ( int i : is ) { // 열의 반복
14               System.out.print( i + ", \t");
15           }
16
17           System.out.println();
18       }
19    }
20  }
```

결과(Console)

```
100,    90,    80,
98,     76,    90,
```

6.5 객체를 다루는 배열

배열은 변수들을 묶음으로 처리하는 것인데, 이때 처리하는 묶음의 개념이 우리가 사용하는 객체에도 있다는 것입니다. 우리가 작성하는 클래스에는 여러 가지 타입의 변수를 선언하여 객체를 만들 수 있습니다. 이때 만들어지는 객체도 여러 가지 변수를 묶음으로 사용한다는 것입니다. 그렇다면 배열이 객체를 요소로 가진다면 이것도 다차원 배열을 사용하는 것과 같습니다.

```java
1   package chapter06;
2
3   public class Member {
4
5     int memberNo;
6     String memberId;
7     String memberName;
8
9       // 생성자
10    public Member(int memberNo, String memberId, String memberName) {
11      this.memberNo = memberNo;
12      this.memberId = memberId;
13      this.memberName = memberName;
14    }
15
16    @Override
17    public String toString() {
18      return memberNo + ". " + memberId + " (" + memberName + ")";
19    }
20
21  }
```

```java
1   package chapter06;
2
3   public class ArrayTest9 {
4
5       public static void main(String[] args) {
6
7           // Member클래스 타입의 배열 5개 생성합니다.
8           Member[] members = new Member[5];
9
10          // 배열의 요소에 참조 값 대입합니다.
11          members[0] = new Member(1, "cool", "시원한");
12          members[1] = new Member(2, "hot", "뜨거운");
13          members[2] = new Member(3, "son", "손흥민");
```

```
14      members[3] = new Member(4, "park", "박지성");
15      members[4] = new Member(5, "cha", "차두리");
16
17      // 배열의 요소인 참조 변수를 통해 객체의 멤버에 참조합니다.
18      for(int i=0; i<members.length; i++){
19          System.out.printf("%d번 회원의 아이디는 %s 이고, 이름은 %s
            입니다.\n",
20              members[i].memberNo, // i번지 객체의 memberNo 속성 값
                참조
21              members[i].memberId, // i번지 객체의 memberId 속성 값
                참조
22              members[i].memberName  // i번지 객체의 memberName 속성
                값 참조
23          );
24      }
25    }
26 }
```

👉 결과(Console)

1번 회원의 아이디는 cool이고, 이름은 시원한 입니다.
2번 회원의 아이디는 hot이고, 이름은 뜨거운 입니다.
3번 회원의 아이디는 son이고, 이름은 손흥민 입니다.
4번 회원의 아이디는 park이고, 이름은 박지성 입니다.
5번 회원의 아이디는 cha이고, 이름은 차두리 입니다.

6.6 요약

■ 배열

같은 타입의 변수를 하나의 묶음으로 처리하는 데이터 구조입니다. 데이터는 연속된 메모리공간에 저장되어 데이터의 순차적 접근이 가능합니다. 배열도 인스턴스입니다.

■ 인덱스

배열의 요소에 0부터 번호를 부여한 숫자를 의미합니다. 순차적인 저장과 참조를 할 때 사용됩니다.

■ 배열 변수 선언

변수의 선언과 유사합니다. 자료형 타입 옆이나 변수 이름 뒤에 대괄호를 붙여주면 됩니다.

자료형타입[ ] 배열이름
자료형타입 배열이름[ ]

■ 배열의 생성

배열의 생성은 인스턴스 생성과 유사합니다. new 키워드 자료형 타입[배열의 사이즈] 형식으로 생성합니다.

■ 배열 요소의 접근

배열의 요소의 접근 방법은 배열이름[인덱스] 형식으로 접근합니다.

■ 배열의 길이

배열에 저장할 수 있는 요소의 개수를 말하며 배열 인스턴스의 length 변수에 저장되어 있습니다.

■ 다차원 배열

다차원 배열이란 2차원 이상의 배열을 의미하며, 배열 요소로 또 다른 배열을 가지는 배열을 의미합니다. 2차원 배열은 1차원 배열을 요소로 가지는 1차원 배열입니다. 각 요소가 1차원 배열 인스턴스의 주소 값을 저장하고 있습니다.

■ 2차원 배열의 생성

2차원 배열의 선언과 생성 방법은 타입[ ][ ] 변수 = new 타입[행의 길이][열의길이] 형식으로 정의합니다.

■ 배열의 순차적 접근

배열은 저장의 순서를 가지고 있고 배열의 요소는 인덱스 값으로 참조가 가능합니다. 이러한 특징으로 반복문을 이용하면 배열의 요소를 일괄 참조하는데 매우 편하게 참조할 수 있습니다.

6.7 연습문제

01 다음 중 배열을 선언 시 잘못된 것은?

    (1) int [] arr = { 1, 2, 3 };

    (2) int [] arr [] ;

    (3) int [] [] arr ;

    (4) int arr[3] = { 1, 2, 3 };

02 배열의 요소가 5개인 배열의 첫 번째 요소의 index 값과 마지막 요소의 index 값은 무엇인가?

    (1) 0 ,4

    (2) 1, 4

    (3) 0, 5

    (4) 1, 5

03 아래의 배열 선언에서 arr.length 값은?

```
int  arr [] [] = {  { 1, 2, 3, 4, 5}, { 6, 7, 8 }, { 9 } ,
               { 7, 7, 7, 7 }  };
```

04 아래의 배열 선언에서 arr[2].length 값은?

```
int  arr [] [] = {  { 1, 2, 3, 4, 5}, { 6, 7, 8 }, { 9 } ,
               { 7, 7, 7, 7 }  };
```

05 이 프로그램에서 출력 결과가 third = 2라고 출력하기 위해 콘솔 창에서 JAVA를 실행했을 때 맞는 것은?

```
class Test {
  public static void main ( String  [] args ) {
    String first = args[1];
    String second = args[2];
    String third = args[3];
    System.out.println("third = " + third );
  }
}
```

(1) java Test 1 2 3 4

(2) java Test 1432

(3) java Test 4 3 2 1

(4) java Test 1 4 3 2

06 아래 코드는 배열의 요소를 일괄 출력 처리하는 코드 입니다. 빈칸에 알맞은 코드를 작성하세요.

```
String[] names = {"KING", "SCOTT", "ADAMS", "SMITH"} ;

for(int i= (1)  ;  I <    (2)    ;   (3)  ){
    System.out.println(s);
}
```

(1)

(2)

(3)

07 아래 코드는 배열의 요소를 일괄 출력 처리하는 코드 입니다. 빈칸에 알맞은 코드를 작성하
세요.

```
String[] names = {"KING", "SCOTT", "ADAMS", "SMITH"} ;

for(        (1)        s :       (2)        ){
    System.out.println(s);
}
```

(1)

(2)

6.8 코딩 해보기

1. 국어, 영어, 수학 점수 10개씩을 저장하는 배열을 정의하고 점수를 모두 출력하고, 평균 점수를 출력하는 프로그램을 작성해봅시다.

2. Student 클래스를 정의해봅시다.

   ① 학생이름, 국어점수, 영어점수, 수학점수를 저장하는 변수를 정의 합니다.

   ② 변수는 캡슐화를 합니다. getter/setter 메소드를 정의합니다.

   ③ 총점과 평균을 구해 결과를 반환하는 메소드를 정의합니다.

3. main()메소드에 아래 내용을 정의해봅시다.

   ① Student 타입의 배열을 선언하고, 요소 10개를 저장할 수 있는 배열 인스턴스를 생성해 봅시다.

   ② Student 타입의 인스턴스를 생성하고 배열에 저장하는 코드를 정의해봅시다.

   ③ 배열에 저장된 Student 타입의 인스턴스의 메소드를 이용해서 모든 데이터를 출력해봅시다.

6.9 프로젝트-2

Chapter5에서 정의한 Contact 클래스를 기반으로 아래 요구사항을 추가해서 프로그램을 작성합니다.

1. SmartPhone 클래스를 정의합니다. 이 클래스는 연락처 정보를 관리하는 클래스입니다.

A. Contact 클래스의 인스턴스 10개를 저장 할 수 있는 배열을 정의합시다.

B. 배열에 인스턴스를 저장하고, 수정하고, 삭제, 저장된 데이터의 리스트를 출력하는 메소드를 정의합니다.

2. main()메소드를 아래의 요구조건을 정의해봅니다.

① SmartPhone 클래스의 인스턴스를 생성합니다.

② 사용자로부터 입력을 받아 Contact 인스턴스를 생성해서 SmartPhone 클래스의 인스턴스가 가지고 있는 배열에 추가합니다.

③ 10번 반복해서 배열에 추가합니다.

④ 배열의 모든 요소를 출력합니다.

⑤ 배열의 모든 요소를 검색합니다.

⑥ 배열의 요소를 삭제해 봅시다.

⑦ 배열의 요소를 수정해 봅시다.

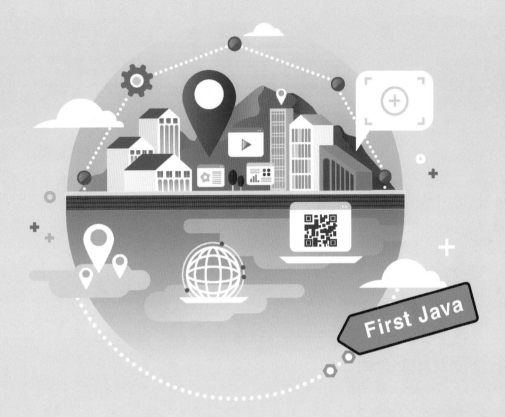

First Java

07

객체지향_상속

First Java

First Java

7.1 클래스의 상속

클래스의 상속(inheritance)이란 기존에 정의되어 있는 클래스를 이용하여 변수와 메소드를 추가하여 새로운 클래스를 정의하는 것을 의미합니다. "상속"의 의미처럼 이미 정의되어 있는 클래스를 상속하면 상속을 하는 클래스의 멤버(변수, 메소드)들을 물려받아 새로운 클래스는 상속하는 멤버들을 자신의 멤버로 사용하게 됩니다. 이때 기존에 정의되어 있던 클래스를 조상 클래스 또는 상위 클래스, 기초 클래스라고 합니다. 그리고 상속을 통해 새롭게 정의되는 클래스를 자식 클래스 또는 하위 클래스, 파생 클래스라고도 합니다.

상속은 코드의 재사용을 목적으로 합니다. 이 코드의 재사용을 통해 프로그래밍 작업의 생산성을 높이고, 유지 보수와 같은 변경사항 사항에 효율적으로 대처할 수 있습니다. 그리고 상속을 이용하는 이유는 상속을 통해 새로운 클래스 구성 시 필요한 변수, 메소드의 규칙을 적용하는 것입니다. 상속의 관계 설정은 개념적으로 넓은 의미를 가지고 있는 클래스가 조상 클래스로 정의하여 공통적인 것들을 정의합니다. 자식 클래스의 경우 개별적으로 좀더 세부적인 정보와 기능을 정의합니다.

7.1.1 클래스 상속의 기본 문법

클래스를 상속하는 방법은 아래와 같습니다.

```
// 조상 클래스, 상위 클래스, 기본 클래스
class Parent {
}
// 자손 클래스, 하위 클래스, 새로 만드는 클래스
```

```
class Child extends Parent {
}
```

새로 만드는 자손 클래스의 경우 상속을 하기 위해서는 클래스 선언부에 **extends** 키워드를 사용해서 조상 클래스를 지정해줍니다. 상속을 하게 되면 조상 클래스의 변수들과, 메소드들이 새로운 클래스로 상속되지만 생성자는 상속되지 않습니다.

아래 예제는 상속을 통해 새로운 클래스를 만드는 예제입니다.

```
1   package chapter07;
2
3   public class Phone {
4
5     String phoneNumber;
6
7     void call(){
8       System.out.println(phoneNumber+"에서 전화를 걸어 통화를 합니다.");
9     }
10
11  }
```

조상 클래스로 **Phone** 클래스를 정의했습니다. Phone 클래스에 변수 phoneNumber와 call() 메소드를 멤버로 정의했습니다.

```
1   package chapter07;
2
3   public class SmartPhone extends Phone {  // Phone 클래스를 상속
4
5       String model;
6
7       void game(){
8           System.out.println(model + " 게임을 합니다.");
```

```
9        }
10    }
```

SmartPhone 클래스는 새롭게 정의한 자손 클래스입니다. extends 키워드를 이용하여 Phone 클래스를 상속하고, 변수 model과 game() 메소드를 새롭게 추가해서 정의하고 있습니다.

두 클래스의 상속 관계 표현은 개념적으로 넓은 의미를 가지는 Phone 클래스에서 기본적이고 공통적인 멤버들을 정의했고, 좁은 의미를 가지는 SmartPhone 클래스로 정의해서 좀더 자세한 정보와 기능을 정의했습니다.

```
1    package chapter07;
2
3    public class InheritanceTest {
4
5      public static void main(String[] args) {
6
7        SmartPhone smartPhone = new SmartPhone();
8
9        // 조상 클래스로 부터 상속받은 변수
10       smartPhone.phoneNumber = "010-0000-0000";
11
12       // 자식 클래스에서 추가로 정의한 변수
13       smartPhone.model = "Google";
14
15       // 조상 클래스로 부터 상속받은 메소드
16       smartPhone.call();
17
18       // 자식 클래스에서 추가로 정의한 메소드
19       smartPhone.game();
20     }
21   }
```

👁️ **결과(Console)**

```
010-0000-0000에서 전화를 걸어 통화를 합니다.
Google 게임을 합니다.
```

InheritanceTest 클래스에서는 새롭게 만든 SmartPhone 클래스의 7행에서 인스턴스를 생성하고 멤버 변수를 참조하고 메소드를 호출하도록 했습니다. 여기에서 phoneNumber 변수를 참조하고, call() 메소드를 호출 할 수 있는 것은 Phone 클래스를 상속했기 때문입니다.

7.1.2 IS~A

상속의 관계를 사용해서 클래스를 정의하면 코드의 재 사용성을 높여 코드의 관리가 편해집니다. 그러나 무조건 상속의 관계가 되는 것은 아닙니다. 무조건 상속의 관계로 처리하는 경우 오히려 관리가 어려워지게 됩니다. 우선 상속의 관계 말고 다른 관계는 어떤 것이 있는지 살펴보아야 합니다. JAVA에서는 클래스간의 관계는 상속 관계와 포함 관계로 정의할 수 있습니다. 포함관계는 클래스에 다른 클래스의 인스턴스를 가지고 있는 것을 의미합니다. 작은 단위의 인스턴스들을 조립해서 큰 단위의 새로운 클래스를 정의할 때 사용됩니다. 그렇다면 어떻게 상속의 관계나 포함관계는 어떻게 구분해서 정의할까요? 클래스간의 관계를 결정하기 위해서는 "IS~A" 관계나 혹은 "HAS A"관계가 성립이 되는지 확인해보면 됩니다. 상속의 관계로 정의하기 위해서는 "IS~A"관계가 성립되어야 합니다. 상위클래스로 정의할 클래스가 다른 하위클래스들의 대표성을 가진다면 "IS~A"관계가 되는 것입니다. IS~A 관계의 예를 들어 보겠습니다.

> 스마트폰은 전화기 이다.   →   스마트폰 is 전화기
> 유선전화기는 전화기 이다.   →   유선전화기 is 전화기

이렇게 전화기가 대표성을 가지기 때문에 전화기는 상위클래스로 정의하고 스마트폰과 유선전화기는 하위 클래스로 정의할 수 있습니다.

7.1.3 HAS A

HAS~A 관계는 클래스간의 대표성을 가지지 않지만 다른 클래스의 멤버를 사용해야 하는 경우 정의할 수 있습니다. 선과 점을 예로 들어보겠습니다. "선은 점이다, 선 is 점"과 같이 "IS~A"관계가 성립 되지는 않지만 선은 점을 포함하고 있기 때문에 이러한 관계는 "HAS~A"관계로 표현합니다. 아래의 클래스들은 포함 관계로 정의한 클래스의 예입니다.

```java
public class Point {
    int xPos;
    int yPos;
}
```

```java
public class Line {
    //int point1Xpos;
    //int point1Ypos;
    //int point2Xpos;
    //int point2Ypos;
    Point point1;
    Point point2;
}
```

7.2 상위클래스의 멤버 호출

7.2.1 변수 구분

조상 클래스와 자손 클래스에 같은 이름의 변수나 메소드가 존재한다면 어떻게 구분할까요? 상속 관계에 있는 클래스에서 멤버들의 구분은 super 키워드를 이용해 구분합니다. 여기서 super 키워드는 상위클래스를 지정하는 용도로 사용됩니다.

아래의 예제는 상속관계에서 super 키워드를 이용해서 멤버를 구별하는 예제입니다.

```java
1    package chapter07;
2
3    public class Parent {
4        int num = 10;
5    }
```

```
1    package chapter07;
2
3    public class Child extends Parent {
4
5      int num=100;
6
7      void showData(){
8
9        System.out.println("조상 클래스의 변수 num=" + super.num);
10       System.out.println("자손 클래스 인스턴스 변수 num=" + this.num);
11     }
12   }
```

```
1    package chapter07;
2
3    public class InheritanceTest2 {
4
5        public static void main(String[] args) {
6
7            Child child = new Child();
8            child.showData();
9
10       }
11   }
```

👉 결과(Console)

조상 클래스의 변수 num=10
자손 클래스 인스턴스 변수 num=100

7.2.2 메소드 호출

하위클래스에서 상위 클래스의 메소드를 호출할 때에도 **super** 키워드를 이용해서 호출할 수 있습니다. 아래 예제는 하위 클래스에서 상위 클래스의 메소드를 호출하는 예제입니다. Phone 클래스를 상속받는 SmartPhone2 클래스의 game()메소드 내에서 **super** 키워드로 상위 클래스의 메소드를 호출하여 메소드를 정의합니다.

```
1   package chapter07;
2
3   public class Phone {
4     String phoneNumber;
5     void call(){
6       System.out.println(phoneNumber+"에서 전화를 걸어 통화를 합니다.");
7     }
8   }
```

```
1   package chapter07;
2
3   public class SmartPhone2 extends Phone {
4     String model;
5     void game(){
6       super.call();  // 상위클래스의 call()메소드를 호출
7       System.out.println(model + " 게임을 합니다.");
8     }
9   }
```

```
1   package chapter07;
2
3   public class InheritanceTest3 {
4
5     public static void main(String[] args) {
6
```

```
7     SmartPhone2 smartPhone = new SmartPhone2();
8     // 조상 클래스로 부터 상속받은 변수
9     smartPhone.phoneNumber = "010-0000-0000";
10    // 자식 클래스에서 추가로 정의한 변수
11    smartPhone.model = "Google";
12    // 자식 클래스에서 추가로 정의한 메소드
13    smartPhone.game();
14  }
15 }
```

결과(Console)

010-0000-0000에서 전화를 걸어 통화를 합니다.
Google 게임을 합니다.

7.2.3 생성자 호출

상속관계에서 생성자는 상속의 대상이 아니기 때문에 인스턴스 생성시에 멤버의 초기화는
하위 클래스의 생성자가 상위 클래스의 생성자를 호출해서 상위 클래스의 멤버 변수를 초기
화합니다. 따라서 하위 클래스의 생성자는 상위 클래스에서 초기화 할 멤버의 값을 받아서
상위 클래스의 생성자를 호출해야 합니다. 상위 클래스의 생성자 호출도 상위 클래스의
멤버를 호출할 때 사용하는 키워드 **super**를 사용합니다. 예제를 통해 **Phone**클래스와
SmartPhone 클래스의 생성자를 정의하고, 상속관계에서 생성자 호출 단계를 살펴보겠습
니다. 먼저 **Phone** 클래스의 변수를 초기화하는 생성자를 정의합니다.

```
1   package chapter07;
2
3   public class Phone {
4     String phoneNumber;
5     public Phone(String phoneNumber) { // phoneNumber 변수를 초기화 하는
        생성자
```

```
 6        this.phoneNumber = phoneNumber;
 7    }
 8    void call(){
 9      System.out.println(phoneNumber + "에서 전화를 걸어 통화를 합니다.
          ");
10    }
11 }
```

SmartPhone 클래스의 6행에 있는 생성자를 보면 **super** 키워드를 이용해서 상위 클래스의 생성자를 호출합니다. 그리고 새로 정의한 변수를 초기화 합니다.

```
 1  package chapter07;
 2
 3  public class SmartPhone extends Phone {
 4    String model;
 5    public SmartPhone(String phoneNumber, String model) {
 6      super(phoneNumber);   // 상위클래스의 생성자 호출
 7      this.model = model;
 8    }
 9    void game(){
10      System.out.println(model + " 게임을 합니다.");
11    }
12 }
```

```
 1  package chapter07;
 2
 3  public class InheritanceTest4 {
 4
 5    public static void main(String[] args) {
 6      SmartPhone smartPhone = new SmartPhone("010-7777-7777",
          "IOS");
 7      // 조상 클래스로 부터 상속받은 메소드
 8      smartPhone.call();
```

```
9        // 자식 클래스에서 추가 로 정의한 메소드
10       smartPhone.game();
11    }
12  }
```

> 결과(Console)
>
> 010-7777-7777에서 전화를 걸어 통화를 합니다.
> IOS 게임을 합니다.

상속을 이용해서 새롭게 정의한 클래스의 인스턴스 생성과정은 아래와 같은 순서로 처리됩니다.

```
new SmartPhone("010-7777-7777", "IOS");  // 1. 하위 클래스의 생성자 호출

public SmartPhone(String phoneNumber, String model) {
  super(phoneNumber);      // 2. 상위 클래스의 생성자 호출
  this.model = model;          // 4. 하위 클래스에서 변수 초기화
}

public Phone(String phoneNumber) {
  this.phoneNumber = phoneNumber;    //3. 상위 클래스의 변수 초기화
}
```

인스턴스의 초기화 순서는 먼저 상위클래스와 하위클래스의 생성자가 메모리에 로드 되고, **SmartPhone** 클래스의 생성자가 호출됩니다. **SmartPhone** 클래스의 생성자의 super키워드로 상위클래스 **Phone** 클래스의 생성자를 호출하고, 초기화 된 후 **SmartPhone** 클래스의 생성자에서 나머지 변수의 초기화가 됩니다.

7.3 메소드의 재구성 : 오버라이딩

부모님께 집을 상속 받았다고 가정해 봅시다. 이 집의 상속받은 본인의 것이기 때문에 방을 고쳐서 사용할 수 있습니다. 방이라는 원래 고유의 기능은 바뀌지 않지만 방 안의 구성을 바꿔 사용할 수 있습니다. 메소드의 오버라이딩이란 **"상속받은 방을 원하는 데로 변경해서 사용하듯이 상속 관계에 있는 자손 클래스가 조상 클래스의 멤버인 메소드를 재 구성하는 것"**을 오버라이딩이라고 합니다. 재구성이란 상위 클래스에 정의된 메소드의 이름, 반환 타입, 매개변수선언의 메소드 선언부가 완전히 동일한 메소드를 메소드 처리 블록 안의 문장들을 새롭게 구성하는 것을 말합니다.

오버라이딩을 하기 위한 조건은 아래와 같습니다.

1. 상속 관계에서 상위 클래스에서 상속한 메소드를 하위 클래스에서 재구성하는 경우에 오버라이딩이 성립됩니다.
2. 메소드의 반환타입, 이름, 매개변수의 정의 선언부가 동일해야 합니다.
3. 접근제어자는 큰 범위로의 변경은 가능하지만 작은 범위로의 변경은 불가합니다.
4. 상위 클래스의 메소드에서 정의한 예외 타입보다 많은 예외를 선언할 수 없습니다.

이 때 오버라이딩 된 경우 상위클래스의 메소드는 오버라이딩 된 메소드에 의해 가려집니다. 메소드를 호출하면 상위 클래스의 메소드가 호출되는 것이 아니라 오버라이딩 된 메소드가 호출되는 것입니다.

아래 예제는 상속관계에서 메소드의 오버라이딩을 구현한 예제입니다.

```
1    package chapter07;
2
3    public class SmartPhoneImpl extends Phone {
4
5        String model;
6
7        public SmartPhoneImpl(String phoneNumber, String model) {
```

```
8        super(phoneNumber); // super 키워드를 이용해서 상위 클래스 생성자 호출
9        this.model = model;
10   }
11
12   @Override // 오버라이딩 규칙을 체크해주는 어노테이션
13   void call() {  // 상위클래스의 메소드를 재구성
14       super.call(); // super 키워드는 상위클래스를 가리키는 키워드
15       System.out.println("이어팟을 이용해서 통화를 합니다.");
16   }
17
18   public static void main(String[] args) {
19
20       SmartPhoneImpl phone = new SmartPhoneImpl("010-9999-0000",
           "IOS");
21
22       phone.call();  // 오버라이딩된 메소드가 호출됩니다.
23   }
24 }
```

☞ 결과(Console)

010-9999-0000에서 전화를 걸어 통화를 합니다.
이어팟을 이용해서 통화를 합니다.

🖥 어노테이션 @Override

어노테이션은 우리가 사용하는 JAVA의 문법은 아니지만 주석과 같은 기능이 없는 것이 아닌 추가적인 의미나 기능을 가집니다. 위의 예제에서 나온 @Override 어노테이션의 의미는 아래 메소드가 오버라이딩 하고 있으니 오버라이딩의 규칙에 맞게 잘 정의가 되었는지 체크하는 기능을 가지고 있습니다. 따라서 이 메소드가 오버라이딩 규칙에 어긋난 경우 오류 표현을 해줍니다.

7.4 다형성

다형성(polymorphism)이란 여러 가지 형태를 가진다는 의미를 가지고 있습니다. JAVA 에서는 조상클래스의 한 타입의 참조변수로 자손클래스의 여러 타입의 인스턴스를 참조할 수 있도록 하여 프로그램을 구현하는데 사용됩니다.

다형성을 이용한 참조변수를 선언하고 인스턴스를 생성하는 방법은 아래와 같습니다.

조상클래스 변수이름 = new 자손클래스이름();

```java
1   package chapter07;
2
3   public class SmartPhoneImpl2 extends Phone {
4
5     String model;
6
7     public SmartPhoneImpl2(String phoneNumber, String model) {
8       super(phoneNumber); // 상위클래스 생성자 호출
9       this.model = model;
10    }
11
12    @Override
13    void call() { // 오버라이딩
14      super.call(); // super 키워드는 상위클래스를 가리키는 키워드
15      System.out.println("이어팟을 이용해서 통화를 합니다.");
16    }
17
18    void playMusic() { // 새로운 메소드를 정의
19      System.out.println("다이너마이트가 플레이 됩니다.");
20    }
21  }
```

```java
1    package chapter07;
2
3    public class SmartPhoneMain {
4
5      public static void main(String[] args) {
6
7        Phone phone = new SmartPhoneImpl2("010-1111-2222",
           "Android");
8
9        phone.call(); // 상위 클래스에 정의되어 있기 때문에 호출가능.
10                     // 하위 클래스의 오버라이딩된 메소드가 호출됨.
11
12       //phone.playMusic(); // 상위 타입의 참조변수이기 때문에 메소드 사용불가
13     }
14
15   }
```

☞ **결과(Console)**

010-1111-2222에서 전화를 걸어 통화를 합니다.
이어팟을 이용해서 통화를 합니다.

위 예제를 보면 조상 클래스 타입의 참조변수로 선언했는데, 상위 클래스의 메소드가 실행한 것이 아니라 하위 클래스에서 정의한 메소드가 호출된다는 것입니다.

그리고 참조 변수를 상위 클래스로 정의했기 때문에 상위 클래스인 **Phone** 타입의 멤버만 사용이 가능합니다. 참조한 인스턴스의 멤버를 사용하는 것이 아니라 참조변수 타입의 클래스의 멤버만 사용이 가능한 것입니다. 즉 참조변수는 참조하는 인스턴스에서 사용할 멤버를 정의하는 것입니다.

Phone
String phoneNumber
void call()

SmartPhoneImpl2
String phoneNumber
void call()
void playMusic()

```
Phone phone = new SmartPhoneImpl2();
phone.phoneNumber="010-0000-0000" // 사용가능
phone.call(); // 사용가능 오버라이딩된 메소드 호출
phone.playMusic(); // 오류 , 인스턴스에는 있지만 참조변수의 타입에서 정의하지 않음.
```

7.4.1 다형성을 이용한 형 변환

위의 예제 코드에서 보았듯이 참조 변수 phone 이 phone.playMusic(); 메소드를 사용
하기 위해서는 참조변수 phone을 SmartPhoneImpl2 타입의 변수로 자료형 변환을 해주
어야 합니다. 이때 형 변환 연산자를 이용해서 자료형을 변환합니다. 참조형변수는 상속의
관계에서 자료형 변환 연산자를 이용하여 자료형 변환을 할 수 있습니다.

상속관계에서의 형 변환은 아래와 같은 특징을 가지고 있습니다.

- · 하위 클래스 타입에서 상위 클래스 타입으로의 자료형 변환
  → 형 변환 연산이 생략 가능합니다.
- · 상위 클래스 타입에서 하위 클래스 타입으로의 자료형 변환
  → 명시적으로 형 변환 연산자를 이용해서 형 변환을 해야 합니다.

아래 예제는 상속관계에 있는 참조 변수들 간의 자동으로 자료형 변환이 되는 것을 보여줍
니다. 하위 클래스타입의 인스턴스를 참조하는 참조변수가 형 변환 연산 없이 상위 클래스
타입으로 형 변환 합니다.

```
1   package chapter07;
2
3   public class AndroidPhone extends Phone { // Phone 클래스 상속
4
5     public AndroidPhone(String phoneNumber) {
6       super(phoneNumber); // 상위클래스 생성자 호출
7     }
8   }
```

```
1   package chapter07;
2
3   public class IPhone extends Phone { // Phone 클래스 상속
4
5     public IPhone(String phoneNumber) {
6       super(phoneNumber); // 상위클래스 생성자 호출
7     }
8   }
```

```
1   package chapter07;
2
3   public class ClassTypeChange {
4
5     public static void main(String[] args) {
6
7       AndroidPhone androidPhone = new
          AndroidPhone("010-0000-0000");
8
9       Phone phone1 = (Phone) androidPhone; // 형 변환 연산자를 이용해서
          형 변환
10      phone1.call();
11
11      Phone phone2 = androidPhone; // 형 변환 연산자 없이 자동 형 변환
12      phone2.call();
13
```

```
14        }
15
16    }
```

📢 **결과(Console)**

010-0000-0000에서 전화를 걸어 통화를 합니다.
010-0000-0000에서 전화를 걸어 통화를 합니다.

아래 예제는 위 예제와 반대의 상황을 보여줍니다. 상위 클래스 타입의 변수가 하위 클래스
타입으로 변경되는 것을 보여줍니다.

```
1    package chapter07;
2
3    public class ClassTypeChange2 {
4
5      public static void main(String[] args) {
6
7        AndroidPhone androidPhone = new
           AndroidPhone("010-0000-0000");
8        IPhone iPhone = new IPhone("010-9999-9999");
9
10       Phone phone1 = androidPhone;
11       Phone phone2 = iPhone;
12
13       //IPhone iPhone1 = phone2;  // 오류
14       IPhone iPhone1 = (IPhone) phone2; // 형 변환
15       IPhone iPhone2 = (IPhone) phone1; // 오류
16     }
17    }
```

> ### ⊙ 결과(Console)
>
> ```
> Exception in thread "main" java.lang.ClassCastException:
>   chapter07.AndroidPhone cannot be cast to chapter07.IPhone
>   at chapter07.ClassTypeChange2.main(ClassTypeChange2.java:15)
> ```

7.4.2 자료형 타입 확인

앞의 예제에서 보았듯이 잘못된 자료형 변환은 런타임 오류를 발생 시킵니다. 다형성으로 인해 참조변수가 실제참조하고 있는 인스턴스 타입이 아닌 상위 클래스 타입의 변수로 사용되기 때문에 실제로 참조하고 있는 인스턴스 타입을 확인 하고 형 변환 할 필요가 있습니다. 참조변수가 어떤 자료형의 인스턴스를 참조하고 있는지 확인을 할 때는 특정 자료형 타입으로 형 변환이 가능한지를 판별해주는 instanceof 연산자를 이용해서 확인 할 수 있습니다. instanceof 연산자의 사용 방법은 아래와 같습니다.

참조변수 instanceof 클래스이름

왼쪽의 참조변수가 오른쪽에 기술한 클래스로 형 변환이 가능한지 판별하고 true/false 논리값을 반환합니다. 아래 예제는 위의 예제를 instanceof 연산자를 이용해서 형 변환 여부를 확인 후 형 변환 하는 예제입니다.

```
1    package chapter07;
2
3    public class ClassTypeChange3 {
4
5      public static void main(String[] args) {
6
7        AndroidPhone androidPhone = new
            AndroidPhone("010-0000-0000");
8        IPhone iPhone = new IPhone("010-9999-9999");
```

```
9
10        Phone phone1 = androidPhone;
11        Phone phone2 = iPhone;
12
13        IPhone iPhone1 = null;
14        // 변수 phone2이 IPhone 타입으로 형 변환 가능 여부 판별
15        if(phone2 instanceof IPhone) { // 형 변환 연산자 instanceof
16            iPhone1 = (IPhone) phone2;
17            iPhone1.call();
18        } else {
19            System.out.println("자료형 변환이 불가합니다.");
20        }
21
22        IPhone iPhone2 = null;
23        // 변수 phone1이 IPhone 타입으로 형 변환 가능 여부 판별
24        if(phone1 instanceof IPhone) {
25            iPhone2 = (IPhone) phone1;
26            iPhone2.call();
27        } else {
28            System.out.println("자료형 변환이 불가합니다.");
29        }
30    }
31 }
```

👉 **결과(Console)**

```
010-9999-9999에서 전화를 걸어 통화를 합니다.
자료형 변환이 불가합니다.
```

7.4.3 매개변수의 다형성

메소드의 선언할 때 매개변수를 정의합니다. 이때 받아야 하는 타입이 여러 개인 경우 각 타입에 맞는 여러 개의 메소드가 정의되어야 합니다. 이때 매개변수의 타입들이 상속관계에 있다면 이 매개변수를 상위 타입의 변수로 정의하면 만들어야 하는 메소드의 개수를 줄이고 메소드를 효율적으로 정의할 수 있습니다.

```java
AndroidPhone androidPhone = new AndroidPhone("010-0000-0000");
IPhone iPhone = new IPhone("010-9999-9999");

callByPhone(androidPhone);
callByPhone(iPhone);

// Phone 클래스를 확장하는 클래스가 생성되면 메소드도 같이 정의해주어야 합니다.
void callByPhone(IPhone phone){
    phone.call();
}

void callByPhone(AndroidPhone phone){
    phone.call();
}
```

```java
AndroidPhone androidPhone = new AndroidPhone("010-0000-0000");
IPhone iPhone = new IPhone("010-9999-9999");

callByPhone(androidPhone);
callByPhone(iPhone);

// 매개변수의 다형성 활용
// Phone클래스를 확장하는 클래스가 생성되어도 메소드를 추가로 정의하지 않아도 됩니다.

void callByPhone(Phone phone){
    phone.call();
}
```

아래 예제는 매개변수의 다형성을 이용하는 예제입니다.

```
1    package chapter07;
2
3    public class ClassTypeChange4 {
4
5      public static void main(String[] args) {
6
7        AndroidPhone androidPhone = new
           AndroidPhone("010-0000-0000");
8        IPhone iPhone = new IPhone("010-9999-9999");
9
10       callByPhone( androidPhone );
11       callByPhone( iPhone );
12
13     }
14
15     // 전화를 거는 메소드: Phone 타입의 인스턴스 참조 값을 받는다.
16     public static void callByPhone( Phone phone ){
17         phone.call();
18     }
19   }
```

☞ 결과(Console)

010-0000-0000에서 전화를 걸어 통화를 합니다.
010-9999-9999에서 전화를 걸어 통화를 합니다.

7.4.4 다형성을 이용한 객체의 배열 처리

배열을 사용하는 가장 큰 가치는 여러 개의 변수를 묶어 일괄처리를 할 수 있다는 것입니다. 그렇다면 다양한 상속관계의 확장 클래스들을 묶어 사용할 수 있다면 데이터 처리가 매우 효율적일 것입니다. 다형성을 이용하면 상속관계에서 서로 다른 하위클래스들의 인스턴스들을 하나의 배열로 묶어 사용도 가능합니다. 이는 다형성의 특징인 상위클래스 타입의 변수로 정의할 수 있기 때문입니다.

아래 예제는 다형성을 이용해서 여러 타입의 인스턴스들을 하나의 배열로 다루는 예제입니다. 스마트폰에 앱을 설치하고 실행기능을 정의하는 예제입니다.

```java
package chapter07;

public class Application {

  String type;
  String appName;
  String company;
  int size;

  public Application(String type, String appName, String company,
    int size) {
    this.type = type;
    this.appName = appName;
    this.company = company;
    this.size = size;
  }

  public void AppRun() {
    // Application 클래스를 상속하는 파생 클래스에서 메소드 재 정의
  }

  public void stop() {
    System.out.println(appName + " 애플리케이션을 종료합니다.");
```

```
23      }
24
25      public void dislayAppInfo() {
26        System.out.println("----------------------");
27        System.out.println("애플리케이션 종   류 : " + type);
28        System.out.println("애플리케이션 이   름 : " + appName);
29        System.out.println("애플리케이션 개발사 : " + company);
30        System.out.println("애플리케이션 사이즈 : " + size);
31        System.out.println("----------------------");
32      }
33
34      @Override
35      public String toString() {
36        return "Application [type=" + type + ", appName=" + appName + ",
            company=" + company + ", size=" + size + "]";
37      }
38
39    }
```

```
1     package chapter07;
2
3     public class GameAppImpl extends Application {
4
5       public GameAppImpl(String appName, String company, int size) {
6         super("GAME", appName, company, size); // 상위 클래스의 생성자 호출
7       }
8
9       @Override
10      public void AppRun() { // 상속한 메소드를 재 구성
11        System.out.println(">>>>>>>>>> " + appName + " 게임을 합니다.");
12      }
13    }
```

```java
1    package chapter07;
2
3    public class UtilAppImpl extends Application {
4
5      public UtilAppImpl(String appName, String company, int size) {
6        super("UTIL", appName, company, size); // 상위 클래스의 생성자 호출
7      }
8
9      @Override
10     public void AppRun() { // 상속한 메소드를 재 구성
11       System.out.println(">>>>>>>>>> " + appName+" 유틸을 실행해서
         사진을 편집합니다.");
12     }
13   }
```

```java
1    package chapter07;
2
3    public class SmartPhoneImpl3 extends Phone {
4
5      String model;
6      GameAppImpl[] gameApps;
7      UtilAppImpl[] utilApps;
8
9      int gameAppCnt = 0;
10     int utilAppCnt = 0;
11
12     public SmartPhoneImpl3(String phoneNumber, String model) {
13       super(phoneNumber); // 상위 클래스의 생성자 호출
14       this.model = model;
15       gameApps = new GameAppImpl[100];
16       utilApps = new UtilAppImpl[100];
17     }
18
19     // 게임 앱만 설치하는 메소드
10     void installApp(GameAppImpl app) {
```

```
21      gameApps[gameAppCnt++] = app; // 배열에 인스턴스 추가
22      System.out.println(app.appName + " 앱을 설치했습니다.");
23    }
24
25    // 유틸 앱만 설치하는 메소드
26    void installApp(UtilAppImpl app) {
27      utilApps[utilAppCnt++] = app; // 배열에 인스턴스 추가
28      System.out.println(app.appName + " 앱을 설치했습니다.");
29    }
30
31    @Override
32    void call() {
33      super.call(); // super 키워드는 상위클래스를 가리키는 키워드
34      System.out.println("이어팟을 이용해서 통화를 합니다.");
35    }
36
37  }
```

위 클래스의 문제는 설치되는 앱의 종류가 증가할 때마다 설치된 앱을 저장하는 배열과,
설치된 앱의 개수를 저장하는 변수, 그리고 설치하는 메소드가 추가로 정의되어야 합니다.
이런 경우 다형성성의 특징을 이용해서 배열을 정의하면 하나의 배열과, 하나의 변수,
하나의 메소드만으로 구현이 가능해집니다.

아래 예제는 다형성을 이용해서 상위 타입의 배열 하나로 처리하는 예제입니다.

```
1   package chapter07;
2
3   public class SmartPhoneImpl4 extends Phone {
4
5     String model;
6     Application[] installedApps; // 상위클래스타입의 배열 하나만 정의
7     int cntOfApps;
8
9     public SmartPhoneImpl4(String phoneNumber, String model) {
```

```java
10        super(phoneNumber);
11        this.model = model;
12        installedApps = new Application[100];
13        cntOfApps=0;
14    }
15
16    // 다형성을 이용하면 다양한 타입의 앱을 받아서 처리 할 수 있다.
17    void installApp(Application app) {
18      installedApps[cntOfApps++]=app;
19      System.out.println(app.appName+" 앱을 설치했습니다.");
20    }
21
22    // Application 타입의 배열과 찾고자 하는 앱의 이름을 받아 애플리케이션 객체를
         반환
23    Application getApplication(Application[] storeApps, String
         name) {
24      Application app = null;
25      for(int i=0; i<storeApps.length; i++) {
          if(storeApps[i].appName.equals(name )) {
26            app = storeApps[i];
27        }
28      }
29      return app;
30    }
31
32    Application getIstalledApp(String name) {
33      Application app = null;
34      for(int i=0; i<cntOfApps; i++) {
35        if(installedApps[i].appName.equals(name)) {
36            app = installedApps[i];
37        }
38      }
39      return app;
40    }
41
42 }
```

```java
1   package chapter07;
2
3   public class SmartPhoneMain2 {
4
5     public static void main(String[] args) {
6
7       // Phone 인스턴스 생성
8       SmartPhoneImpl4 phone = new SmartPhoneImpl4("010-0000-0000",
          "MyPhone");
9
10      // 설치할 수 있는 애플리케이션 배열 생성과 초기화
11      // Application을 상속하는 인스턴스를 저장할 수 있다
12      Application[] store = new Application[5];
13      store[0] = new GameAppImpl("지뢰찾기", "MicroSoft", 1000);
14      store[1] = new UtilAppImpl("깨똑", "카카5", 5000);
15      store[2] = new GameAppImpl("프리쉘", "MicroSoft", 3100);
16      store[3] = new UtilAppImpl("너튜브", "Google", 5000);
17      store[4] = new UtilAppImpl("인별그램", "Facebook", 1000);
18
19      // 폰에 유틸 애플리케이션 너트뷰 설치
20      // phone.installApp(store[3]); // 배열의 요소도 참조형 변수입니다.
21      Application app = phone.getApplication(store, "너튜브");
22
23      if(app!=null) {
24          phone.installApp(app);
25      } else {
26        System.out.println("스토어에 찾으시는 애플리케이션이 없습니다.");
27      }
28
29      // 너튜브 앱 실행
30      Application installedApp = phone.getIstalledApp("너튜브");
31      if(installedApp!=null) {
32          installedApp.dislayAppInfo();
33          installedApp.AppRun();
34      }
35    }
36  }
```

👉 **결과(Console)**

너튜브 앱을 설치했습니다.
- -
애플리케이션 종　류 : UTIL
애플리케이션 이　름 : 너튜브
애플리케이션 개발사 : Google
애플리케이션 사이즈 : 5000
- -
>>>>>>>>>> 너튜브 유틸을 실행해서 사진을 편집합니다.

7.5 요약

■ 클래스의 상속

상위 클래스의 멤버들을 상속 받아 새로운 클래스를 정의하는 것을 말합니다.

■ 클래스간의 관계

클래스는 상속의 관계와 포함의 관계가 있습니다. 상속은 is~a 관계가 성립되고, 포함 관계는 has~a 관계가 성립됩니다.

■ 상위 클래스를 가리키는 super 키워드

상속관계에서 상위 클래스의 멤버를 구분할 때 super 키워드를 이용합니다. 특히 인스턴스 생성시에 상위 클래스에 생성자가 정의되어 있다면 super 키워드를 이용해서 상위클래스의 생성자를 호출해주어야 합니다.

■ 메소드의 오버라이딩

상속 관계에서 상속 받은 메소드를 재구성 하는 것을 오버라이딩 이라고 합니다. 오버라이딩은 메소드의 선언부는 수정할 수 없고 처리 블록의 내용만 재 정의가 가능합니다.

■ 다형성

상위클래스 타입의 참조변수에 하위 클래스의 인스턴스를 참조하는 것을 말합니다.

■ 다형성의 형 변환

상속관계에서 하위 클래스 타입의 변수는 상위 클래스 타입의 변수로 자동 형 변환이 가능합니다. 반대로 상위 클래스 타입의 변수에서 하위 클래스 타입의 변수로 형 변환은 형 변환 여부를 확인 하고 명시적으로 형 변환 연산자를 이용해서 형 변환을 해야 합니다.

■ instanceof 연산자

a instanceif A   참조변수 a가 A 클래스로 형 변환이 가능한지 여부를 확인하고 논리값을 반환 합니다.

■ 다형성을 이용한 매개변수

다형성을 이용해서 매개변수를 정의하면 메소드를 여러 개 만들지 않고 하나의 메소드 정의로 가능해집니다.

■ 다형성을 이용한 배열

여러 타입의 변수를 하나의 타입으로 정의 할 수 있어 배열로 여러 타입의 인스턴스를 저장할 수 있게 됩니다.

7.6 연습문제

01 같은 패키지에 있는 클래스에서는 참조할 수 있고, 다른 패키지에 있는 클래스에서는 참조할 수 없는 메소드를 만들고자 할 때, 이 메소드 앞에 어떤 접근 지정자를 선언해야 하나?

(1) public

(2) private

(3) protected

(4) 아무것도 지정하지 않는다.

02 다음 소스에서 "여기" 부분에 메소드 오버라이딩으로 적합한 것은?

```
class  Parent {
    public void method( ) {   }
}
class Child extends Parent {
    /*    여기    */
}
```

(1) void method( ) {   }

(2) public void method( ) {   }

(3) public void method(int i) {   }

(4) public int method() { return 0;   }

03 다음 소스에서 "여기" 부분에 들어갈 코드로 알맞은 것은?

```
class  Parent {
    public double method( ) {   return   36.7;   }
}
class Child extends Parent {
    /*    여기    */
}
```

(1) public void method( ) { double d = 36.7; };

(2) public double method(double d) { return d; }

(3) double method(double d) { return d; }

(4) double method( ) { return 36.7;   }

04 다음 소스에서 "여기" 부분에 들어갈 코드로 알맞은 것은?

```
class  Parent {
  final  int  i = 1;
  Parent() { }
  Parent( String s ) { System.out.println(s);  }
}
class Child extends Parent {
  int  i;
  Child() { }
  Child( int i ) { /* 여기 */  }
  public static void main ( String [] args ) {
    Child  ch = new Child( 10 );
  }
}
```

(1) Child (int i) {
    this.i = i;
    this();
    }

(2) Child (int i) {
    this.i = i;
    super("생성");
    }

(3) Child (int i) {
    super("생성");
    this.i = i;
    }

(4) Child (int i) {
    super("생성");
    super.i = i;
    }

05 다음 소스의 출력 결과는?

```java
class Parent {
  int  i = 7;
  public int get() {  return i ; }
}
class Child extends Parent {
  int  i = 5 ;
  public int get() {  return i ; }
}
public class Test {
  public static void main ( String [] args ) {
    Parent  p = new Parent ();
    System.out.println("--------------------1--------------
       -------");
    System.out.println( p.i );
    System.out.println( p.get( ) );
    Child  c = new Child ();
    System.out.println("--------------------2--------------
       -------");
    System.out.println( c.i );
    System.out.println( c.get( ) );
    Parent  p2 = new Child ();
    System.out.println("--------------------3--------------
       -------");
    System.out.println( p2.i );
    System.out.println( p2.get( ) );
  }
}
```

7.7 코딩 해보기

1. Person 이라는 클래스를 정의해봅시다.

① 이름을 저장하는 변수, 주민등록번호를 저장하는 변수를 정의해봅시다.

② 인사하는 메소드를 정의해봅시다.
- "안녕하세요. 저는 OOO입니다. OO살 입니다."라는 문자열이 출력하도록 정의합시다.

2. Person 클래스를 상속해서 확장하는 새로운 클래스 Male 클래스와 Female 클래스를 정의해봅시다.

① 각 클래스는 상속 받은 멤버 외에 추가적인 변수와 메소드를 추가해서 새로운 클래스를 정의해봅시다.

② 각 클래스는 상속 받은 멤버 외에 추가적인 변수와 메소드를 추가해서 새로운 클래스를 정의해봅시다.

③ Person 클래스에서 정의된 인사하는 메소드를 오버라이딩 해봅시다.

④ Person 클래스에 생성자를 정의해서 인스턴스 변수들을 초기화 해봅시다.

3. main()메소드를 정의해봅시다.

① Person 클래스를 상속받은 Male클래스와 Female클래스를 이용해서 인스턴스를 생성해봅시다.

② 생성된 인스턴스들을 이용해서 메소드를 호출해봅시다.

7.8 프로젝트-3

Chapter6에서 정의한 Contact 클래스를 상속의 구조로 만들어 봅니다.

1. Contact 클래스는 기본정보를 저장하고 기본 정보를 출력하는 메소드를 정의합니다.
  - 생성자를 통해 기본 정보들을 초기화 합니다.

2. 그룹에 해당하는 정보들을 추가적으로 정의하는 새로운 클래스들을 정의합니다. 회사, 거래처의 정보를 저장하는 하위 클래스를 정의합니다.

  ① CompanyContact 회사, 거래처의 정보를 저장하는 하위 클래스를 정의합니다.
    - 회사이름, 부서이름, 직급 변수 추가
    - 정보를 출력하는 메소드를 오버라이딩 해서 추가된 정보를 추가해서 출력

  ② CustomerContact 회사, 거래처의 정보를 저장하는 하위 클래스를 정의합니다.
    - 거래처회사이름, 거래품목, 직급 변수 추가
    - 정보를 출력하는 메소드를 오버라이딩 해서 추가된 정보를 추가해서 출력

3. SmartPhone 클래스의 배열을 다형성의 특징을 이용해서 상위 타입의 배열을 생성해서 하위 클래스의 인스턴스를 저장하는 형태로 프로그램은 작성해봅시다.

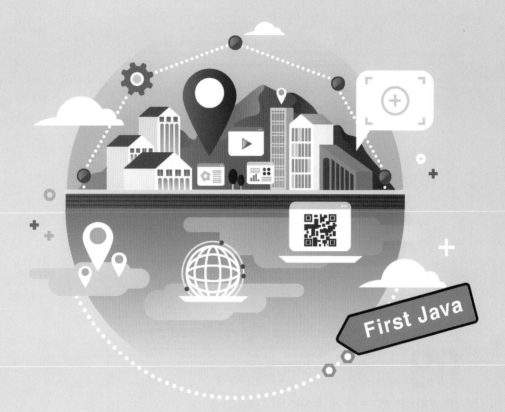

First Java

08

객체지향_추상클래스와 인터페이스

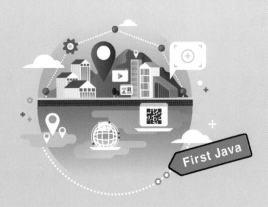

First Java

08 객체지향_추상클래스와 인터페이스

First Java

8.1 추상클래스

JAVA에서 클래스를 정의하는 방법 중 추상클래스를 이용하는 방법이 있습니다. JAVA에서는 하나 이상의 추상메소드(abstract method)를 포함하는 클래스를 가리켜 추상 클래스(abstract class)라고 합니다. 추상 메소드는 완성되지 않은 메소드를 의미하는데 추상클래스는 완성되지 않은 메소드를 포함하고 있는 클래스이므로 미완성된 클래스를 의미 합니다. 추상클래스는 완전하게 정의된 클래스가 아니기 때문에 인스턴스 생성이 불가합니다. 하지만 기존의 클래스가 가지는 기능이나 성격을 동일합니다. 추상 클래스를 상속받아 새롭게 정의하는 클래스의 인스턴스를 생성하기 위해서는 반드시 추상 메소드를 오버라이딩 해야 합니다. 그렇지 않으면 상위 클래스인 추상클래스에 정의 되어 있는 추상 메소드가 멤버로 포함되기 때문에 새롭게 만든 클래스도 추상 클래스가 됩니다. 그리고 추상클래스를 상속하는 것도 일반 클래스를 상속하는 것과 같이 메소드를 오버라이딩할 수 있습니다. 즉, 반드시 사용되어야 하는 메소드를 추상 클래스에 추상 메소드로 선언해 놓으면, 이 클래스를 상속받는 모든 클래스에서는 이 추상 메소드를 오버라이딩해서 사용합니다. 이렇게 미완성의 클래스를 정의하는 이유는 새롭게 정의할 클래스가 추상 클래스를 상속하면서 추상 메소드를 반드시 재 정의하도록 하는데 목적을 가지고 있기 때문입니다. 즉 프로그래밍의 가이드 및 규칙을 정의해서 새롭게 정의하는 클래스가 추상클래스를 상속해서 추상 메소드를 새로운 클래스의 목적에 맞게 오버라이딩 하도록 하는 것입니다.

abstract 제어자

"abstract"의 사전적 의미는 추상적이라는 의미를 가지고 있습니다. JAVA에서는 abstract의 의미를 "미 구현된" 또는 "완성되지 않은"의 의미로 사용됩니다. abstract 키워드를 사용해서 메소드나 클래스에 추가적인 의미를 부여할 수 있는데 완성되지 않은 메소드, 완성되지 않은 클래스로 정의할 수 있습니다.

- 추상메소드 : 선언부만 정의하고 처리하는 내용은 구현하지 않은 메소드
- 추상클래스 : 클래스 멤버 메소드들 중 추상메소드가 하나라도 존재하는 클래스

8.1.1 추상메소드

추상메소드는 선언부만 정의 되어 있고 메소드의 기능을 정의하는 {}블록은 정의되지 않은 메소드를 의미합니다. 추상클래스를 정의하는 방법은 아래와 같습니다.

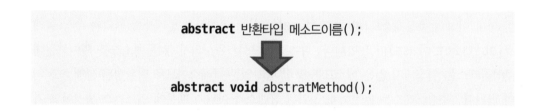

꼭 사용이 되어야 하는 메소드 이지만 하위 클래스 마다 다르게 구현되어야 하는 경우 추상 메소드로 정의합니다. 즉 하위 클래스에서 반드시 정의해서 사용하도록 하는 역할을 합니다.

추상클래스 내부에 정의된 완성되어 있는 인스턴스 메소드에서 추상메소드의 호출이 가능 합니다.

```
abstract void abstratMethod();

void instanceMethod() {
    abstratMethod();
}
```

instanceMethod() 메소드에서 추상메소드 abstratMethod()를 호출이 가능합니다. 인스턴스 메소드의 실행 시점을 보면 이 추상클래스를 상속하고 있는 클래스가 추상 클래스 를 오버라딩하고 클래스를 완성 시켜 인스턴스를 생성해주어야 인스턴스 메소드를 호출할 수 있기 때문에 메소드 호출 시점에는 이 추상메소드가 완성되어 있을 것이기 때문입니다.

8.1.2 추상클래스 생성

앞서 설명한 데로 추상 메소드를 포함하는 클래스를 추상클래스라고 했습니다. 예제코드들 통해 추상클래스를 정의하는 방법을 살펴보겠습니다.

```java
1   package chapter08;
2
3   public abstract class AbsractClass {  // abstract 키워드는
        추상클래스임을 정의
4
5     int num;
6     String  name;
7
8     abstract void abstratMethod();    // 추상메소드
9
10    void instanceMethod() {
11      abstratMethod();
12    }
13
14    void printData() {
15      System.out.println(name);
16    }
17  }
```

위 예제 클래스는 추상 메소드를 포함하고 있습니다. 그리고 클래스 선언부에 **abstract** 제어자를 사용해서 추상 클래스임을 정의했습니다. 추상 메소드를 포함하는 클래스는 반드 시 **abstract** 키워드를 써 주어야 합니다.

8.1.3 추상메소드와 메소드의 오버라이딩

추상 클래스는 상속을 목적으로 하는 클래스이기 때문에 추상 클래스를 상위클래스로 사용해서 새로운 클래스를 정의할 수 있습니다. 아래 예제는 추상 클래스를 이용해서 새로운 클래스를 정의하는 예제입니다.

```java
package chapter08;

public class NewClass extends AbsractClass {

    @Override
    void abstratMethod() {    // 추상메소드를 오버라이딩
        System.out.println("추상메소드를 구현했습니다.");
    }
}
```

새롭게 정의하는 이 클래스에서 중요한 점은 추상클래스에 정의된 추상 메소드를 완성 시켜주어야 한다는 것입니다. 이렇게 메소드의 처리 부분을 완성하는 것을 메소드를 **"구현한다"**라고 합니다. 추상 클래스를 상속받아 새롭게 만드는 클래스는 반드시 포함 하고 있는 모든추상 메소드를 구현해 주어야 합니다. 포함된 추상 메소드 중 하나라도 구현이 되지 않으면상속하고 새롭게 만든 클래스도 추상 클래스가 됩니다. 이러한 경우 이 클래스 앞에도abstract 제어자로 추상 클래스임을 정의해 주어야 합니다.

```java
public abstract class NewClass extends AbsractClass {

}
```

위 예제 클래스는 추상 클래스를 상속하지만 추상메소드를 오버라이딩 하지 않습니다. 따라서 새롭게 정의하는 클래스인 NewClass는 추상 클래스가 되므로 앞에 abstract를붙여줍니다.

8.1.4 추상클래스 정의 목적

인스턴스를 생성하지 못하는 추상클래스를 왜 사용하는 걸까요? 추상클래스는 인스턴스 생성에는 목적이 없고 상속을 목적으로 하는 상위 클래스를 만들 때 사용합니다. 추상클래스는 상속을 받아 새롭게 만들 클래스가 반드시 가지고 있어야 할 메소드를 선언부만 구현해 제공하고 추상클래스를 상속해서 새로운 클래스를 정의하고 이 새로운 클래스의 인스턴스를 사용해서 프로그래밍 하는 것입니다. 즉 추상클래스의 역할을 새롭게 정의하는 클래스에 사용할 변수를 미리 정의하고, 구현해서 사용할 추상 메소드를 정의하는 것입니다. 그리고 새로운 클래스를 정의할 때 미리 정의해 놓은 추상 클래스를 상속해서 상속 받은 변수와 추상메소드를 오버라이딩 해서 완성 하는 입니다. 이렇게 만들어진 추상 클래스는 공통 모듈이나 라이브러리로 제공을 합니다. 이 모듈이나 라이브러리를 사용할 때 이 추상 클래스를 사용하는 사용자는 메소드의 정의부를 정의하는 것이 아니라 이미 선언부가 정의되어 있는 추상 메소드를 사용해서 재구성하는 형태이기 때문에 추상 클래스와 추상 메소드의 역할은 **"클래스 생성시 꼭 작성해야 하는 작성 가이드의 역할"**을 하는 것입니다.

아래 예제는 **Phone** 클래스를 추상 클래스로 정의하고, 추상클래스를 상속해서 새로운 클래스를 정의하는 예제입니다.

```
1    package chapter08;
2
3    public abstract class Phone {
4
5      String phoneNumber;
6
7      public Phone(String phoneNumber) {
8        this.phoneNumber = phoneNumber;
9      }
10
11     void call(){
12       System.out.println(phoneNumber + "에서 전화를 걸어 통화를 합니다.
           ");
13     }
14
```

```
15    // 스마트폰 모델에 따라 전원을 키는 기능이 다르게 정의 하도록 추상메소드로 정의
16    abstract void turnOn();
17  }
18
```

Phone 클래스는 인스턴스의 생성을 목적으로 하지 않고, 새롭게 만들어질 클래스의 필수 기능을 정의하고, 새로운 클래스마다 전원을 켜는 기능을 정의 하도록 하기 위해 전원을 켜는 메소드를 추상 메소드로 정의했습니다.

```
1    package chapter08;
2
3    public class SmartPhone extends Phone {
4
5      String model;
6
7      public SmartPhone(String phoneNumber, String model) {
8        super(phoneNumber); // 상위 클래스의 생성자 호출
9        this.model = model;
10     }
11
12     void game(){
13       System.out.println(model + " 게임을 합니다.");
14     }
15
16     // 추상메소드를 재 구성(오버라이딩)
17     @Override
18     void turnOn() {
19       System.out.println(model + " 모델에 맞게 전원을 켰습니다.");
20     }
21   }
22
```

Phone 클래스를 상속해서 새롭게 정의 하는 **SmartPhone** 클래스입니다. 새롭게 정의하는 클래스는 추상메소드인 **turnOn()** 메소드를 완성 시켰습니다. **SmartPhone** 클래스는 완성된 클래스이므로 인스턴스 생성이 가능해졌습니다.

```java
1    package chapter08;
2
3    public class SmartPhoneMain {
4
5      public static void main(String[] args) {
6
7        // Phone phone = new Phone(); // 인스턴스 생성 불가
8
9        // SmartPhone smartPhone = new SmartPhone("010-0000-0000",
           "IOS");
10       Phone smartPhone = new SmartPhone("010-0000-0000", "IOS"); //
           다형성
11       smartPhone.turnOn();
12
13     }
14   }
15
```

☞ **결과(Console)**

IOS 모델에 맞게 전원을 켰습니다.

예제 7행을 보면 클래스를 이용해서 인스턴스를 생성하는 것은 불가합니다. 하지만 Phone 클래스를 상속해서 정의한 SmartPhone 클래스는 모델에 맞게 전원을 켜는 기능이 정의되어 있어 해당 모델에 맞게 전원을 켜는 기능을 호출해서 처리할 수 있습니다. 추상클래스도 클래스이고 클래스의 상속 관계이기 때문에 **10**행의 참조변수 선언과 인스턴스 생성 코드를 보면 다형성의 특징이 적용되는 것을 볼 수 있습니다.

8.2 인터페이스

JAVA에서는 추상클래스의 추상화 정도가 더한 것을 인터페이스라 하고 인터페이스를 클래스와 다른 방식으로 사용합니다. 인터페이스는 추상클래스의 일종이기 때문에 인터페이스 또한 클래스와 같은 특징을 가지고 있습니다. JAVA에서는 하나의 클래스만 상속하도록 하고 여러 클래스를 상속하는 다중상속을 지원하지 않습니다. 클래스를 상속해서 새로운 클래스를 정의할 때 여러 클래스를 상속 받는다면 여러 가지 장점을 가질 수 있습니다. 여러 클래스를 상속하는 것을 다중상속이라 하는데 인터페이스는 일반 클래스와 다른 방법으로 상속을 하기 때문에 일반 클래스를 상속하고 인터페이스도 상속할 수 있어 다중 상속을 하는 것처럼 사용이 가능합니다. 인터페이스를 쓰는 목적은 다른 클래스를 작성할 때 기본이 되는 표준 약속(규약)을 제공하면서, 다른 클래스 사이의 매개체 역할로 사용하기 위함입니다.

인터페이스의 특징은 아래와 같습니다.

- 인터페이스는 인스턴스 생성이 불가합니다.
- 인터페이스는 다형성의 사용이 가능합니다.
- 인터페이스의 멤버는 상수와 추상 메소드만을 정의할 수 있습니다.
- 인터페이스는 class 키워드 대신 interface 키워드를 사용합니다.
- JAVA의 단일 상속을 보완하여 다중상속을 하는 것처럼 사용이 가능합니다.
- 하위클래스에서 interface를 상속할 때는 implements 키워드를 사용합니다.

8.2.1 인터페이스 정의

추상 클래스는 추상 메소드 뿐만 아니라 생성자, 필드, 일반 메소드도 포함할 수 있지만 추상 클래스 중 멤버 메소드가 모두 추상 메소드이고 변수는 모두 상수인 추상 클래스를 인터페이스라고 합니다. 인터페이스를 정의할 때에는 class 키워드 대신 interface 키워드를 사용해서 정의합니다. 그리고 하위 클래스에서 상속하는 방법은 implements 키워드를 사용해서 상속합니다.

인터페이스를 정의할 때는 클래스를 정의할 때와 유사하게 작성합니다. 인터페이스를 정의할 때 특징은 인터페이스의 멤버는 추상 메소드와 상수만 가능하다는 것입니다. 그래서 모든 변수는 public static final로 정의되어야 하고, 모든 메소드는 public abstract로 정의해야 합니다.

```
public static final 자료형타입 상수이름 = 데이터;
public abstract 메소드이름(매개변수, 매개변수 …);
```

인터페이스에 정의된 메소드의 선언부 및 변수의 제어자는 interface의 모든 멤버가 공통적으로 적용되어야 하는 것이기 때문에 아래의 코드처럼 제어자들은 생략하고 사용이 가능합니다.

```
자료형타입 상수이름 = 데이터;        // public static final 생략 가능
메소드이름(매개변수, 매개변수 …); // public abstract 생략 가능
```

아래와 같이 인터페이스를 정의할 수 있습니다.

```
접근제어지시자 interface 인터페이스이름 {
    public static final 자료형타입 상수이름 = 데이터;
    ...
    public abstract 메소드이름(매개변수, 매개변수 …);
    ...
}
```

아래 예제는 Phone이 반드시 정의해야 하는 멤버들인 숫자 와 전원을 키고, 끄고 하는 메소드, 그리고 전화를 하는 추상 메소드를 정의하는 interface를 정의한 예제입니다.

```
1    package chapter08.phone;
2
3    public interface Phone {
```

```
 4
 5      int PHONE_NUM_1 = 1;    // 상수는 public static final 생략 가능
 6      int PHONE_NUM_2 = 2;
 7      int PHONE_NUM_3 = 3;
 8      int PHONE_NUM_4 = 4;
 9      int PHONE_NUM_5 = 5;
10      int PHONE_NUM_6 = 6;
11      int PHONE_NUM_7 = 7;
12      int PHONE_NUM_8 = 8;
13      int PHONE_NUM_9 = 9;
14      int PHONE_NUM_0 = 0;
15
16      void call();       // 추상메소드는 public abstract 생략 가능
17
18      void turnOn();     // 추상메소드는 public abstract 생략 가능
19      void turnOff();    // 추상메소드는 public abstract 생략 가능
20
21  }
22
```

인터페이스를 생성하는 것도 *.java 파일을 만드는 것과 같습니다. 따라서 아래 인터페이스도 Phone.java 파일로 생성이 됩니다. chapter08 패키지에는 Phone.java 파일이 존재하기 때문에 이 예제는 chapter08.phone 패키지에 인터페이스 파일을 만듭니다.

8.2.2 인터페이스의 구현

인터페이스는 추상클래스의 한 종류입니다. 따라서 인터페이스도 클래스와 마찬가지로 상속이 가능 합니다. 하지만 일반 클래스나 추상 클래스를 상속할 때 extends 키워드를 사용하는 것과 달리 implements 키워드를 사용해서 상속합니다. 이렇게 인터페이스를 상속하는 것을 상속이라 표현하지 않고 "구현"이라고 표현합니다. 클래스에서 인터페이스를 구현하는 클래스 선언부 정의 방법은 아래와 같습니다.

```
class 클래스이름 implements 인터페이스 이름 {
  ...
}
```

인터페이스를 구현하는 새로운 클래스는 인터페이스에 정의된 추상 메소드를 모두 구현해 주어야 합니다. 추상 메소드를 모두 구현하지 않으면 새로운 클래스는 추상클래스가 되기 때문에 abstract 키워드로 추상클래스로 정의해 주어야 합니다. 아래 예제를 통해 인터페이스를 구현해서 새로운 클래스를 정의하고 방법을 살펴보겠습니다.

```
1   package chapter08.phone;
2
3   public abstract class PhoneImpl implements Phone {
4
5   }
```

PhoneImpl 클래스는 Phone 인터페이스를 구현하는데 Phone 인터페이스가 정의하고 있는 추상 메소드를 멤버로 가지게 됩니다. 추상 메소드를 오버라딩 해서 구현하지 않으면 PhoneImpl 클래스는 추상 메소드를 멤버로 가지는 것으로 추상클래스가 되어야 하므로 class 키워드 앞에 abstract 키워드를 기술해서 추상클래스임을 정의해주어야 합니다.

아래 예제는 인터페이스의 추상 메소드를 모두 구현하여 새로운 클래스를 정의하는 예제입니다.

```
1   package chapter08.phone;
2
3   public class SmartPhone implements Phone {
4
5     boolean power;
6
7     // call() 메소드 오버라이딩
8     @Override
```

```java
 9      public void call() {
10        String number1 = String.valueOf(PHONE_NUM_1);   // 상속한 상수
             참조
11        String number2 = String.valueOf(PHONE_NUM_1);
12        String number3 = String.valueOf(PHONE_NUM_9);
13        System.out.println(number1+number2+number3+"에 전화합니다. ");
14      }
15
16      // turnOn() 메소드 오버라이딩
17      @Override
18      public void turnOn() {
19        if(!power) {
20            power = true;
21        }
22      }
23
24      // turnoff() 메소드 오버라이딩
25      @Override
26      public void turnOff() {
27        if(power) {
28            power = false;
29        }
30      }
31
32    }
33
```

```java
 1    package chapter08.phone;
 2
 3    public class SmartPhoneMain {
 4
 5      public static void main(String[] args) {
 6
 7        SmartPhone phone = new SmartPhone();
 8        phone.call();
```

```
 9       }
10     }
11
```

📀 **결과(Console)**

119에 전화합니다.

JAVA는 다중상속을 허용하지 않습니다. 하지만 여러 개의 인터페이스를 구현하는 것은 가능합니다. 클래스의 상속과 인터페이스의 구현을 함께 하면 다중 상속의 효과를 볼 수 있습니다. 다중상속의 구조로 정의하는 방법은 아래와 같이 정의합니다.

```
class 클래스이름 extends 상위클래스이름 implements 인터페이스이름 {
  ...
}
```

아래 예제는 하나의 클래스를 상속하고, 인터페이스 하나를 구현하는 형태로 다중 상속의 구조를 살펴보겠습니다.

```
 1    package chapter08.phone;
 2
 3    public class Computer {
 4
 5      void calculator() {
 6        System.out.println("컴퓨팅이 가능합니다.");
 7      }
 8
 9    }
10
```

```java
1    package chapter08.phone;
2
3        // 클래스의 상속과 인터페이스의 구현을 함께 하는 것은 다중상속의 효과
4    public class SmartPhoneImpl extends Computer implements Phone {
5
6      boolean power;
7
8      @Override
9      public void call() {
10         String number1 = String.valueOf(PHONE_NUM_1);
11         String number2 = String.valueOf(PHONE_NUM_1);
12         String number3 = String.valueOf(PHONE_NUM_9);
13         System.out.println(number1+number2+number3+"에 전화합니다. ");
14     }
15
16     @Override
17     public void turnOn() {
18         if(!power) {
19             power = true;
20         }
21     }
22
23     @Override
24     public void turnOff() {
25         if(power) {
26             power = false;
27         }
28     }
29 }
```

SmartPhoneImpl 클래스는 Computer 클래스를 구현하고 Phone 클래스를 구현하기 때문에 Computer 클래스의 멤버와 Phone 인터페이스의 멤버를 가지게 됩니다. 이것이 다중 상속의 효과입니다.

```
1   package chapter08.phone;
2
3   public class SmartPhoneMain2 {
4
5     public static void main(String[] args) {
6       SmartPhoneImpl phone = new SmartPhoneImpl();
7       phone.call();
8       phone.calculator();
9     }
10  }
```

👉 결과(Console)

119에 전화합니다.
컴퓨팅이 가능합니다.

인터페이스는 클래스의 상속과 달리 여러 개의 인터페이스를 구현 할 수 있습니다. 아래 예제 코드에서 보듯이 implements 키워드 뒤로 구현하고자 하는 인터페이스를 " , "로 구분해서 정의해주면 됩니다.

```
class 클래스이름 implements 인터페이스1, 인터페이스2, … {
  ...
}
```

아래 예제는 여러 개의 인터페이스를 구현하는 예제 입니다. 여러 개의 인터페이스를 구현 하도록 하기 위해 Application 인터페이스를 정의합니다.

```
1   package chapter08.phone;
2
3   public interface Application {
4     void appRun();
```

```java
5      void appStop();
6   }
```

```java
1   package chapter08.phone;
2
3   public class SmartPhoneImpl3 implements Phone, Application {
4
5       boolean power;
6
7       // Phone 인터페이스의 추상메소드 오버라이딩
8       @Override
9       public void call() {
10          System.out.println("전화 통화를 합니다.");
11      }
12
13      // Phone 인터페이스의 추상메소드 오버라이딩
14      @Override
15      public void turnOn() {
16          System.out.println("전원을 켭니다.");
17      }
18
19      // Phone 인터페이스의 추상메소드 오버라이딩
20      @Override
21      public void turnOff() {
22          System.out.println("전원을 끕니다.");
23      }
24
25      // Application 인터페이스의 추상메소드 오버라이딩
26      @Override
27      public void appRun() {
28          System.out.println("앱을 실행합니다.");
29      }
20
31      // Application 인터페이스의 추상메소드 오버라이딩
32      @Override
```

```
33    public void appStop() {
34      System.out.println("입을 종료합니다.");
35    }
36  }
```

SmartPhoneImpl3 클래스는 **Phone** 인터페이스와 **Application** 인터페이스를 구현하고 있기 때문에 두 인터페이스의 멤버를 모두 가지게 됩니다. 따라서 두 인터페이스가 가지는 추상 메소드 모두를 구현해주어야 합니다.

8.2.3 인터페이스 간의 상속

인터페이스간의 상속 관계는 클래스의 상속과 달리 여러 개의 인터페이스를 상속할 수 있습니다. 이렇게 여러 개의 인터페이스를 상속함으로써 다중상속의 기능을 확장할 수 있습니다.

인터페이스간의 상속에는 **extends** 키워드를 사용해서 상속합니다. 인터페이스간의 상속 방법은 아래와 같이 정의합니다. 아래 예제 코드의 인터페이스3은 인터페이스1과 인터페이스2의 멤버를 상속받아 새롭게 만든 인터페이스입니다.


```
interface 인터페이스1 { … }
interface 인터페이스2 { … }

interface 인터페이스3 extends 인터페이스1, 인터페이스2{ … }
```

아래 예제는 인터페이스간의 상속을 통해 하나의 인터페이스를 정의하는 예제입니다.


```
1   package chapter08.phone;
2
3   // 인터페이스 Phone과 인터페이스 Application를 상속해서 새로운 인터페이스 정의
4   public interface SmartDevice extends Phone, Application {
```

```
5
6   }
7
```

SmartDevice 인터페이스는 Phone 인터페이스와 Application 인터페이스의 멤버를
상속하기 때문에 두 인터페이스의 멤버를 모두 가지게 됩니다.

```
1    package chapter08.phone;
2
3    public class SmartPhoneImpl4 implements SmartDevice {
4
5      boolean power;
6
7
8      // Phone 인터페이스의 추상메소드 오버라이딩
9      @Override
10     public void call() {
11       System.out.println("전화 통화를 합니다.");
12     }
13
14     // Phone 인터페이스의 추상메소드 오버라이딩
15     @Override
16     public void turnOn() {
17       System.out.println("전원을 켭니다.");
18     }
19
20     // Phone 인터페이스의 추상메소드 오버라이딩
21     @Override
22     public void turnOff() {
23       System.out.println("전원을 끕니다.");
24     }
25
26     // Application 인터페이스의 추상메소드 오버라이딩
27     @Override
```

```
28    public void appRun() {
29      System.out.println("앱을 실행합니다.");
20    }
31
32    // Application 인터페이스의 추상메소드 오버라이딩
33    @Override
34    public void appStop() {
35      System.out.println("입을 종료합니다.");
36    }
37  }
```

SmartPhoneImpl3 클래스는 SmartDevice 인터페이스를 구현하고 있습니다. 이것은 Phone 인터페이스와 Application 인터페이스를 한 번에 구현하는 것과 같습니다. 각 인터페이스가 가지는 추상메소드들을 모두 구현해주어야 추상 클래스가 되지 않습니다.

8.2.4 인터페이스의 사용 목적

인터페이스를 사용하는 목적은 클래스의 표준화가 가능해집니다. 인터페이스 사용의 목적은 표준화와 표준화에 따른 개발 시간의 단축하는데 목적이 있습니다. 대규모의 프로젝트의 경우 일관된 형태를 유지하도록 클래스 구성에 대한 표준화가 필요합니다. 인터페이스를 매개체 역할로 클래스 간의 관계를 인터페이스로 연결하면 각 클래스마다 독립적인 작업과 동시작업이 가능하기 때문에 개발시간을 단축시킬 수 있습니다. 개발하는 프로젝트의 확장성과 유지보수에서 매우 효과적입니다.

8.2.5 인터페이스와 다형성

인터페이스의 구현도 클래스의 상속과 같은 특징을 가지고 있습니다. 클래스간의 상속에서 다형성을 이용할 수 있듯이 인터페이스를 구현하는 클래스도 구현하는 인터페이스가 상위 클래스처럼 사용되어 인터페이스 타입의 참조변수가 인터페이스를 구현하는 클래스의 인스턴스를 참조할 수 있습니다. 따라서 매개변수를 정의할 때나 인터페이스타입으로 배열도 정의할 수 있습니다.

클래스와 마찬가지로 다형성을 이용하는 방법은 아래와 같습니다.

- 변수와 다형성
- 자동 형 변환
- 매개변수의 다형성
- 인터페이스 타입의 배열 정의

다음의 예제는 인터페이스를 구현하는 클래스도 다형성의 특징을 가지고 있음을 보여주는 예제 입니다.

```java
1    package chapter08.phone;
2
3    public class SmartPhoneMain3 {
4
5      public static void main(String[] args) {
6
7        SmartPhoneImpl4 phone = new SmartPhoneImpl4();
8
9        SmartDevice s = phone;    // 상위 타입의 참조변수로 정의
10       s.turnOn();
11       Phone p = phone;    // 상위 타입의 참조변수로 정의
12       p.call();
13       Application a = phone;    // 상위 타입의 참조변수로 정의
14       a.appRun();
15     }
16   }
```

☞ 결과(Console)

전원을 켭니다.
전화 통화를 합니다.
앱을 실행합니다.

8.3 내부클래스

내부클래스(inner class)는 클래스 내부에 선언된 또 다른 클래스를 의미합니다. 내부클래스는 외부클래스(outer class)와 서로 관련한 처리를 할 때 선언하여 사용하고, 이때 선언되는 내부클래스는 외부클래스의 멤버들과 연관 되어 처리됩니다.

내부클래스를 사용 시 아래와 같은 장점을 가지게 됩니다.

- 내부클래스에서 외부클래스의 멤버에 손쉽게 접근할 수 있게 됩니다.
- 서로 관련 있는 클래스를 외부클래스와 내부클래스로 정의함으로써 코드의 캡슐화 처리가 가능합니다.

내부클래스는 인스턴스 변수 선언과 마찬가지로 선언된 위치에 따라 다음과 같이 구분됩니다.

- 인스턴스 클래스(이너 클래스)(instance class)
- 네이스트 클래스(정적 클래스)(static class)
- 지역 클래스(local class)
- 익명클래스(anonymous class)

8.3.1 Inner 클래스

inner 클래스는 클래스 내부에 클래스를 정의하는 구조로 정의합니다.

```
class OuterClass {

    class InnerClass {
        ...
    }

}
```

내부클래스(Inner Class)   외부클래스(Outer Class)

inner 클래스의 특징은 아래와 같습니다.

- 외부에 다른 클래스를 감싸는 클래스를 Outer 클래스라고 하고, 내부에 있는 클래스를 Inner클래스라고 합니다.
- Inner 클래스는 외부클래스(Outer class)의 인스턴스 변수나 인스턴스 메소드에 접근이 가능합니다.
- Inner 클래스의 인스턴스는 자신을 포함하고 있는 Outer 클래스의 인스턴스 기반으로 생성이 가능합니다.

아래 예제는 Inner 클래스를 구현하는 예제입니다.

```java
1    package chapter08;
2
3    public class OuterClass {
4
5      private String name;
6      private int num;
7
8      OuterClass(String name) {
9        this.name = name;
10       num = 0;
11     }
12
13     public void introduce() {
14       num++;
15       System.out.println(name + " OuterClass " + num);
16     }
17
18
19     class InnerClass {
20       InnerClass() {
21         introduce();  // 외부클래스의 메소드 호출
22       }
23     }
```

```
24
25      public static void main(String[] args) {
26          OuterClass out1 = new OuterClass("KING");
27          OuterClass out2 = new OuterClass("SCOTT");
28          out1. introduce();
29          out2. introduce();
30
31          //외부클래스의 인스턴스를 이용해서 내부클래스 인스턴스 생성
32          OuterClass.InnerClass inn1 = out1.new InnerClass();
33          OuterClass.InnerClass inn2 = out2.new InnerClass();
34          OuterClass.InnerClass inn3 = out1.new InnerClass();
35          OuterClass.InnerClass inn4 = out1.new InnerClass();
36          OuterClass.InnerClass inn5 = out2.new InnerClass();
37      }
38  }
39
```

결과(Console)

```
KING OuterClass 1
SCOTT OuterClass 1
KING OuterClass 2
SCOTT OuterClass 2
KING OuterClass 3
KING OuterClass 4
SCOTT OuterClass 3
```

21행의 메소드 호출 구문은 내부클래스의 멤버를 호출하는데 같은 클래스 내부의 멤버를 호출하듯이 바로 호출을 하고 있습니다. 앞서 설명한 것처럼 내부클래스는 외부클래스의 멤버를 자신의 멤버처럼 사용할 수 있습니다. 내부클래스의 인스턴스 생성은 외부클래스의 인스턴스를 이용해서만 인스턴스 생성이 가능합니다. 31행을 보면 외부클래스의 인스턴스의 참조변수인 inn1을 이용해서 내부클래스인 InnerClass의 인스턴스를 생성하고 있습니다.

8.3.2 Nested 클래스

inner 클래스 중 static 키워드를 가지는 내부클래스를 Nested 클래스(static class)라고 합니다. 이러한 Nested 클래스는 외부클래스(outer class)의 클래스 메소드에 사용될 목적으로 선언됩니다.

```java
class OuterClass {  // Outer Class 외부클래스

  static class NestedClass {   // static Inner Class 네스티드 클래스

  }

}
```

아래 예제는 네이스트 클래스를 사용하는 예제입니다.

```java
1    package chapter08;
2
3    public class OuterClass1 {
4
5      OuterClass1() {
6        NestedClass nst = new NestedClass();
7        nst.simpleMethod();
8      }
9
10     static class NestedClass {
11       public void simpleMethod() {
12         System.out.println("Nested Class Instance Method One");
13       }
14     }
15
16     public static void main(String[] args) {
17
18       OuterClass1 one = new OuterClass1();
```

```
19      OuterClass1.NestedClass nst1 = new
           OuterClass1.NestedClass();
20      nst1.simpleMethod();
21    }
22  }
```

📁 **결과(Console)**

```
Nested Class Instance Method One
Nested Class Instance Method One
```

Nested Class의 인스턴스 생성 클래스 멤버를 사용하듯이 내부클래스 앞에 외부클래스 이름을 기술하고 인스턴스를 생성하면 됩니다. 19행의 문장처럼 "외부클래스.내부클래스" 형식으로 인스턴스를 생성해주면 됩니다.

8.3.3 Local Class

외부클래스의 인스턴스 메소드 내에 정의가 된 내부클래스를 Local 클래스라고 합니다. Local 클래스는 메소드 내에서만 인스턴스의 생성 및 참조 변수의 선언이 가능하다는 특징이 있습니다. 메소드를 이용해야만 해당 객체의 참조변수를 얻을 수 있습니다.

Local 클래스를 정의하는 방법은 아래와 같습니다.

```
class OuterClass2 {
  public LocalClass createLocalClassInstance() {
    class LocalClass{
    }
    return new LocalClass();
  }
}
```

위의 코드를 보면 메소드 내부에 정의된 클래스가 있는데 이 클래스가 **Local** 클래스 입니다. 그런데 위 메소드의 선언에서 문제가 있습니다. 반환형 클래스타입이 외부에서 참조가 되지 않기에 문제가 발생합니다. 다음의 예제는 **Local** 클래스의 구조적인 문제를 해결해서 사용하는 예제입니다.

```java
1    package chapter08;
2
3    public class OuterClass2 {
4
5      private String name;
6
7      OuterClass2(String name) {
8        this.name = name;
9      }
10
11     public BasicClass createLocalClassInstance() {
12
13         // BasicClass 클래스를 상속하는 구조로 해서 반환 타입을 BasicClass
14            타입으로 처리
15       class LocalClass extends BasicClass {
16           // BasicClass 클래스의 tell() 메소드 오버라이딩
17         @Override
18         public void tell() {
19           System.out.println("안녕하세요. " + name + "입니다.");
20         }
21
22       }
23       return new LocalClass();
24     }
25
26     public static void main(String[] args) {
27
28       OuterClass2 out = new OuterClass2("KING");
29       BasicClass localInst1 = out.createLocalClassInstance();
30       localInst1.tell();
31
```

```
32      }
33    }
34
35    abstract class BasicClass {
36      public abstract void tell();
37    }
```

👁 **결과(Console)**

안녕하세요. KING입니다.

반환 타입의 문제를 해결하기 위해 메소드의 Local 클래스를 추상 클래스를 상속하는 형태로 해서 인스턴스를 반환하고 있습니다. Local 클래스는 또 다른 문제를 가지고 있는데 메소드의 매개변수의 생명주기가 문제가 됩니다. 매개변수는 지역변수이기 때문에 스택 영역 메모리에 저장 되지만 아래 반환하는 인스턴스는 메모리의 힙 영역에 저장 되고 인스턴스의 메소드가 실행하는 시점과 매개변수의 생명주기가 달라 문제가 생기게 됩니다. 따라서 매개변수 선언 시에는 final 처리를 해주어 처리해야 합니다. 정리하면 로컬 클래스에서 사용 가능한 매개변수를 쓰기 위해서는 매개변수에 final 키워드를 써 상수로 만들어야 합니다. JDK7까지는 반드시 final 키워드를 붙여야 되지만, JDK8 부터는 붙이지 않아도 final 특성을 가지고 있다. 아래 예제는 로컬 클래스가 정의되어 있는 메소드에 매개변수를 사용하는 예제입니다.

```
1    package chapter08;
2
3    public class OuterClass2 {
4
5      private String name;
6
7      OuterClass2(String name) {
8        this.name = name;
9      }
```

```
10
11      public BasicClass createLocalClassInstance(final int age) {
12
13        class LocalClass extends BasicClass {
14          @Override
15          public void tell() {
16            System.out.println("안녕하세요.  "+ age + "살 " + name +
                "입니다.");
17          }
18        }
19        return new LocalClass();
20      }
21
22      public static void main(String[] args) {
23
24        OuterClass2 out = new OuterClass2("KING");
25        BasicClass localInst1 = out.createLocalClassInstance();
26        localInst1.tell(12);
27
28      }
29    }
30
31    abstract class BasicClass {
32      public abstract void tell();
33    }
34
```

☞ 결과(Console)

안녕하세요. 12살 KING입니다.

8.3.4 익명클래스

참조변수의 선언 없이 클래스의 선언과 인스턴스의 생성을 동시에 하는 이름이 없는 클래스를 익명클래스라고 합니다. 필요시점에 인터페이스나 추상클래스의 추상 메소드를 구현해서 사용하는 형식의 클래스 형식입니다. 주로 **JAVA SWING**이나 안드로이드의 이벤트 처리 시에 주로 사용됩니다. 아래 예제는 익명클래스를 구현하는 예제입니다.

```java
package chapter08;

public class OuterClass3 {

  private String name;

  OuterClass3(String name) {
    this.name = name;
  }

  public BasicClass createLocalClassInstance() {
    return new BasicClass() {
      @Override
      public void tell() {
        System.out.println("안녕하세요. " + name + "입니다.");
      }
    };
  }

  public static void main(String[] args) {
    OuterClass3 out = new OuterClass3("SCOTT");
    BasicClass localInst1 = out.createLocalClassInstance();
    localInst1.tell();
  }
}
```

☞ **결과(Console)**

안녕하세요. SCOTT입니다.

8.4 요약

■ 추상메소드

미완성된 메소드 입니다. abstract 키워드를 메소드 선언부 앞에 기술해줍니다. 그리고 메소드의 처리부는 정의하지 않고 ;으로 문장을 종료 해줍니다.

■ 추상클래스

미완성된 클래스를 추상클래스라고 합니다. 추상 메소드를 하나라도 가지게 되면 추상 클래스가 됩니다. 따라서 클래스 선언부 앞에 abstract 키워드를 기술해 줍니다. 미완성된 클래스이기 때문에 인스턴스 생성은 불가합니다.

■ 추상클래스의 사용 목적

클래스 정의를 위한 규칙을 만들어 가이드로 사용하도록 하는데 사용됩니다.

■ 추상메소드의 오버라이딩

추상 클래스를 상속하는 클래스는 반드시 추상 메소드를 오버라이딩 해주어야 합니다. 추상 메소드를 오버라이딩 하지 않으면 상속하는 클래스도 추상클래스가 됩니다.

■ 인터페이스

추상클래스의 일종으로 멤버의 변수는 모두 상수이고, 멤버의 메소드는 모두 추상 메소드인 경우 인터페이스로 정의 할 수 있습니다. 인터페이스는 class 키워드를 쓰지 않고 interface 키워드를 사용해서 정의합니다.

■ 인터페이스의 구현

인터페이스를 상속하는 것을 구현이라고 표현합니다. 인터페이스의 구현은 클래스 선언부에 implements 키워드를 이용해서 인터페이스 구현에 대한 것을 기술해서 정의합니다.

■ 인터페이스 간의 상속

인터페이스간의 상속은 extends를 이용해서 새로운 인터페이스를 정의할 수 있습니다.

■ 인터페이스의 사용목적

추상 클래스와 같이 클래스를 만드는 가이드 또는 클래스 생성 규칙 등을 정의하기 위해 사용합니다.

■ 인터페이스의 다형성

인터페이스도 추상 클래스라 했습니다. 따라서 클래스가 가지는 다형성의 특징도 가지고 있습니다.

■ 중첩클래스

클래스 내부에 정의하는 클래스를 말합니다. 중첩 클래스를 사용하면 외부클래스와 내부의 클래스 멤버들간의 접근이 쉬워지고 외부에 클래스의 정보를 노출하지 않는 장점을 가질 수 있습니다.

■ Inner Class (내부클래스)

클래스의 멤버로 정의하는 클래스입니다. 이 멤버 클래스는 외부클래스의 인스턴스를 통해 인스턴스를 생성할 수 있습니다.

■ Nested Class (네이스트 클래스)

클래스의 멤버로 정의하는 클래스입니다. 이 멤버 클래스 앞에 static 키워드를 붙여주는 데 이 내부클래스의 생성은 외부클래스의 인스턴스 생성 없이 인스턴스를 생성할 수 있습니다.

■ Local Class (로컬 클래스)

메소드 내부에 정의된 클래스입니다. 특정 기능을 처리할 때만 생성하는 인스턴스라면 메소드 내부에서 정의하고 사용합니다.

■ 익명클래스

이름이 없는 클래스로 따로 클래스를 정의하지 않고 필요한 시점에 클래스를 정의하는 클래스입니다.

```
class OuterClass {

    상위 클래스 타입 변수 = new 상위클래스(생성자의 매개변수 인자 값, …) {
    };

    인터페이스 타입 변수 = new 인터페이스( ) {
        //추상 메소드 오버라이딩
    } ;

}
```

8.5 연습문제

01 다음 소스의 실행 결과는?

```
abstract class Parent{
  abstract  int  getNumber( );
}
public class Child extends Parent {
  private  int  number = 100;
  private  int getNumber() {   return  number;  }
  }
}
```

(1) 에러 없이 컴파일 된다.

(2) 2라인에서 에러가 발생한다.

(3) 4라인에서 에러가 발생한다.

(4) 6라인에서 에러가 발생한다.

02 다음 소스 중에서 상속 할 수 없는 클래스는?

(1) final abstract class Test {
     int i;
     void method() { }
     }

(2) private class Test {
     int i;
     void method() { }
     }

(3) abstract class Test {
     int i;
     void method() { }
     }

```
(4) class  Test {
    Final  int  i;
    final  void  method() { }
    }
```

```
(5)  final  class Test {
     int  i;
     void  method() { }
     }
```

03 다음 소스에서 잘못 된 부분을 찾아 수정하시오.

```
abstract class  Parent{
    public void method() { }
}
public class Child extends Parent {
  public void method() { }
  public static void main( String [] args ) {
    Parent  p = new Parent( );
    p.method();
    Child   c = new Child();
    c.method();
  }
}
```

04 내부클래스의 종류 3가지를 기술하시오.

05 내부클래스를 사용하는 목적이 무엇인지 설명하시오.

8.6 코딩 해보기

아래 코드는 계산기 클래스를 정의할 때 가이드 역할을 하도록 정의해놓은 인터페이스입니다.

```
interface Calulator {
    long add(long n1, long n2);
    long substract(long n1, long n2 );
    long multiply(longn1, long n2 );
    double divide(double n1, double n2 );
}
```

1. Calulator 인터페이스를 상속하는 추상 클래스를 정의해봅시다.

2. Calulator 인터페이스를 상속하는 인스턴스를 생성할 수 있는 클래스를 정의해봅시다.

3. 다형성의 특징으로 상위 타입인 인터페이스 타입의 참조변수에 인터페이스를 구현한 클래스 타입의 인스턴스를 참조하는 코드를 작성해 봅시다.

8.7 프로젝트-4

chapter7 에서 구현한 상속 구조를 기초로 Contact 클래스를 추상클래스로 만들어봅시다.

1. ShowData인터페이스에 추상 메소드 void showData() 정의되어 있는 구조

2. Contact클래스가 ShowData인터페이스를 상속하면서 추상 메소드를 보유하는 관계로 생성

3. Contact클래스는 추상 메소드를 가지고 있어 추상클래스가 되는 형태로 정의

4. SmartPhone클래스에 있는 배열의 타입이 추상클래스로 되어도 문제가 없는 것을 확인

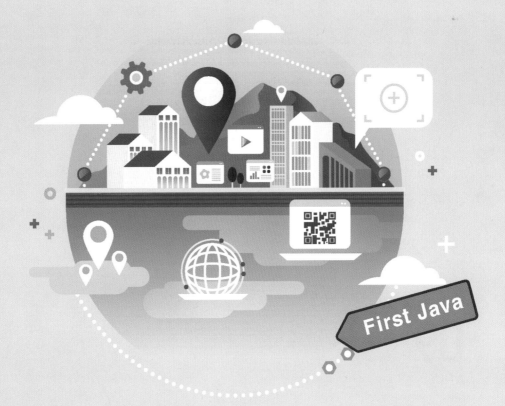

First Java

CHAPTER

09 API

09

API

First Java

First Java

9.1 JAVA API Document

Java API는 JAVA 기반으로 프로그래밍을 하는데 필요한 명령어들을 클래스로 정의한 것들을 묶어 제공하는 것을 의미합니다. JDK를 설치하면 JAVA API를 제공하는데 우리가 프로젝트를 만들면 JAVA API를 포함하여 프로그램을 만들게 되는 것입니다. 앞에서 우리가 사용하던 System.out.println()이나 문자열을 다루는 String 클래스도 JAVA 에서 제공하는 API중의 하나입니다.

Java API Document

JAVA 플랫폼에서 동작하는 JAVA Application을 개발하기 위해서는 JAVA에서 제공하는 API를 이용하여 개발해야 합니다. 그렇지만 모든 API를 숙지한 상태로 프로그래밍을 하기에는 어려움이 많습니다. JAVA는 API를 패키지, 클래스를 기준으로 목록과 각 클래스의 정의 사항을 정리한 문서를 제공하고 있습니다. 아래 URL을 브라우저를 통해 열어봅시다.

https://docs.oracle.com/javase/8/docs/api/index.html

우리가 공부하고 있는 JAVA의 버전은 JAVA8을 기준으로 하고 있으니 JAVA8 API페이지를 확인하고자 합니다. 다음과 같은 페이지를 확인할 수 있습니다.

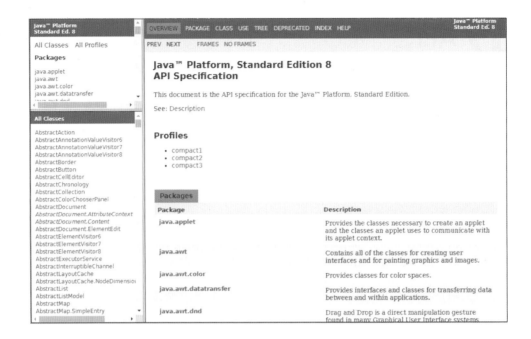

Java API Document 페이지를 살펴보면 크게 **3**개의 영역으로 나누어 **API**를 설명하고 있습니다. 좌측상단 영역은 패키지를 선택할 수 있는 페이지 입니다. 이 영역에서 패키지를 선택하면 좌측 하단 영역에 해당 패키지 안에 정의된 클래스 목록을 리스트 형태로 표현합니다. 그리고 이 영역에 표현된 리스트 중 확인하고자 하는 클래스를 클릭하면 우측 영역에 선택한 클래스에 대한 설명이 출력됩니다. 이 영역에는 해당 클래스의 변수, 생성자, 메소드 등의 해당 클래스에 정의된 내용들의 설명을 볼 수 있습니다.

Java API Document에서 `java.lang` 패키지의 **System** 클래스의 설명 페이지를 찾아봅시다.

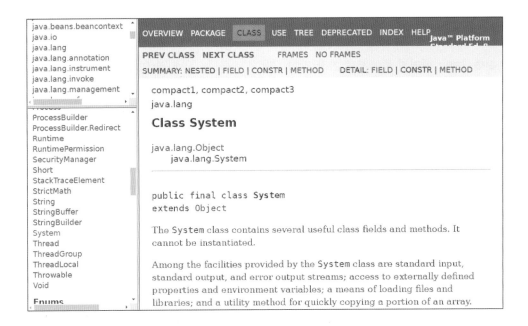

9.2 java.lang 패키지

Java.lang 패키지는 JAVA 기반 프로그램을 만드는데 필수적인 클래스들을 포함하고 있는 패키지입니다. Java.lang 패키지가 포함하고 있는 클래스들 중 대표적으로 아래와 같은 클래스를 포함하고 있습니다.

- Object
- System
- Class
- String
- StringBuilder
- StringBuffer
- Wrapper
- Math

9.2.1 Object

java.lang 패키지 중에서도 가장 많이 사용되는 클래스는 바로 Object 클래스입니다. JAVA에서 정의되는 모든 클래스는 Object 클래스 상속하고 있는데, Object 클래스는 모든 JAVA 클래스의 최고 조상 클래스 입니다. 상속 관계에 의해서 JAVA의 모든 클래스는 Object 클래스의 모든 메소드를 바로 사용할 수 있습니다. Object 클래스는 멤버 변수를 정의하고 있지 않고, 11개의 메소드만으로 구성되어 있습니다.

Object 클래스의 메소드

메소드	설명
protected **Object clone()**	객체를 복사해서 복사한 객체를 반환합니다.
boolean **equals(Object obj)**	객체와 객체를 비교해서 동일한 객체인지 여부를 확인하고 결과를 반환합니다.
protected void **finalize()**	객체가 어디에서도 참조되지 않아 가비지컬렉터가 이 객체를 정리할 때 호출됩니다.
Class<?> getClass()	현재 객체의 클래스 정보를 담은 class를 반환합니다.
int **hashCode()**	객체의 해시 코드 값을 반환해줍니다.
void **notify()**	스레드를 컨트롤하는 메소드로, 대기하고 있는 단일 스레드 하나를 실행 할 때 호출합니다.
void **notifyAll()**	스레드를 컨트롤하는 메소드로, 대기중인 모든 스레드를 실행할 때 호출합니다.
String toString()	객체의 문자열 표현을 반환합니다.
void **wait()**	스레드를 컨트롤하는 메소드로, 다른 스레드가 이 객체에 대해 notify () 메소드 또는 notifyAll () 메소드를 호출 할 때까지 현재 스레드가 대기하도록 합니다.

메소드	설명
void **wait**(long timeout)	스레드를 컨트롤하는 메소드로, 다른 스레드가 이 객체에 대해 **notify** () 메소드 또는 **notifyAll** () 메소드를 호출하거나 지정된 시간이 경과 할 때까지 현재 스레드가 대기하도록 합니다.
void **wait**(long timeout, int nanos)	스레드를 컨트롤하는 메소드로, 다른 스레드가 이 객체에 대해 **notify** () 메소드 또는 **notifyAll** () 메소드를 호출하거나 다른 스레드가 현재 스레드를 인터럽트하거나 일정량의 실시간이 경과 할 때까지 현재 스레드가 대기하도록 합니다.

toString() 메소드

Object 클래스에 정의되어 있는 toString() 메소드는 객체에 대한 정보를 문자열 (String)로 반환하는 기능을 가지고 있습니다. 최초 정의된 메소드의 반환하는 문자열의 데이터는 클래스의 이름과 바로 뒤에 "@"가 표기되고 바로 뒤에 16진수로 된 해시코드 (hash code)가 추가되어 문자열을 완성합니다. 이 문자열이 toString()메소드의 반환되는 데이터입니다.

아래 예제는 toString() 메소드를 이용한 인스턴스에 정의된 문자열을 반환하는 예제입니다.

```
1   package chapter09;
2
3   public class ObjectToString {
4
5     public static void main(String[] args) {
6
7       Car c1 = new Car();
8       Car c2 = new Car();
9
10      System.out.println(c1);   // 참조변수 c1의 인스턴스의
            toString()메소드를 호출
11      System.out.println(c2);   // 참조변수 c1의 인스턴스의
            toString()메소드를 호출
```

```
12        }
13    }
14    class Car{}
```

👁️ **결과(Console)**

```
chapter09.Car@15db9742
chapter09.Car@6d06d69c
```

---

toString() 메소드는 하위클래스에서 오버라이딩(메소드의 제정의)을 통해 표현해야 하는 문자열을 재정의합니다. 아래 예제는 상속 관계에서 toString() 메소드를 재정의 하여 다른 문자열로 표현하는 예제입니다.

```
1    package chapter09;
2
3    public class ObjectToString {
4
5      public static void main(String[] args) {
6
7        Car c1 = new Car();
8        Car c2 = new Car();
9
10       System.out.println(c1);
11       System.out.println(c2);
12     }
13   }
14
15   class Car{
16
17     // Object 클래스의 toString() 메소드를 오버라이딩
18     @Override
19     public String toString() {
20       return "Car Class 기반의 인스턴스 입니다.";
```

```
21        }
22
23    }
24
```

🖎 **결과(Console)**

Car Class 기반의 인스턴스 입니다.
Car Class 기반의 인스턴스 입니다.

JAVA API 에서 제공하는 클래스들은 모두 Object 클래스를 상속하고 있고, 각 클래스들은 클래스 성격에 맞게 각각 toString() 메소드를 재정의 하고 있습니다. String 클래스를 예를 들어보면 String 클래스는 toString() 메소드에서 반환하는 문자열을 인스턴스가 저장하고 있는 문자열을 반환하도록 재정의 하고 있습니다.

equals() 메소드

Object 클래스에 equals() 메소드는 매개 변수로 전달 받는 참조변수와 자기 자신의 참조변수의 동등 비교를 통해 결과값을 반환하도록 정의되어 있습니다. 따라서 다른 인스턴스와의 비교에서는 언제나 false 값만을 반환합니다. 아래 예제는 equals() 메소드를 이용하여 두 객체를 비교하는 예제입니다.

```
1    package chapter09;
2
3    public class ObjectEquals {
4
5      public static void main(String[] args) {
6
7        Car c1 = new Car();
8        Car c2 = new Car();
9
10       // Object 클래스에 정의되어 있는 equals()메소드는 참조 값 비교 결과를 반환
```

```
11      System.out.println("두 객체를 equals() 비교 : " +
            c1.equals(c2));
12
13      // 두 참조변수의 참조 값을 동일하게 변경
14      c1=c2;
15
16      System.out.println("두 참조변수의 참조 값을 동일하게 변경");
17      System.out.println("두 객체를 equals() 비교 : " +
            c1.equals(c2));
18    }
19  }
```

👉 **결과(Console)**

두 객체를 equals()비교 : false
두 참조변수의 참조값을 동일하게 변경
두 객체를 equals()비교 : true

새로운 객체가 생성이 된다면 이전의 객체와는 같다고 할 수 없습니다. 하지만 프로그램을 구성하는 중에는 논리적으로 "같다"라고 표현해야 하는 경우가 있습니다. 예를 들어 사람 (Person)을 객체로 정의 해본다면 모든 사람들은 주민등록 번호를 가지고 있고, 주민번호가 같다면 같은 사람이라고 판단해야 하는 경우가 있습니다. 이 경우에는 Person 클래스에서 equals() 메소드를 재정의해야 합니다. toString() 메소드와 마찬가지로 equals()메소드도 JAVA API의 클래스들은 재정의를 통해 "같다" 비교를 재정의 하고 있습니다. Person 클래스를 생성해보겠습니다. 그리고 equals() 메소드를 Person 객체의 주민등록 번호가 같은 경우 true가 반환되도록 오버라이딩 하는 예제를 보겠습니다.

```
1  package chapter09;
2
3  public class PersonEquals {
4
5      public static void main(String[] args) {
```

```
6
7      Person person1 = new Person("LEE", "20001010-1000000");
8      Person person2 = new Person("Lee", "20001010-1000000");
9
10     System.out.println("참조변수의 비교");
11     System.out.println("person1==person2 => "+
         (person1==person2));
12     System.out.println();
13     System.out.println("인스턴스의 equals() 메소드로 비교");
14     System.out.println("person1.equals(person2) =>
         "+person1.equals(person2));
15
16   }
17
18 }
19
20 class Person {
21
22   String name;
23   String juminNo;
24
25   public Person(String name, String juminNo) {
26     this.juminNo = juminNo;
27   }
28
29   @Override
30   public boolean equals(Object obj) {
31
32     Person p = null;
33
34     if (obj instanceof Person) {
35         p = (Person) obj;
36     }
37
38     if (p != null && this.juminNo.equals(p.juminNo)) {
39         return true;
```

```
40        }
41
42        return false;
43      }
44
45  }
```

👓 결과(Console)

```
참조변수의 비교
person1==person2 => false

인스턴스의 equals() 메소드로 비교
person1.equals(person2) => true
```

9.2.2 System

System 클래스에는 JAVA 기반의 application 개발 시에 필요한 유용한 클래스 변수와 메소드를 정의하고 있습니다. 이 클래스는 인스턴스화 할 수 없습니다. System 클래스가 제공하는 기능 중에는 표준 입력, 표준 출력 및 오류 출력 스트림을 포함하고, 외부 설정파일을 액세스 하고, 배열의 일부를 신속하게 복사하는 기능을 포함하고 있습니다.

🗂 System 클래스의 변수(Fields)

변수이름	설명
static **PrintStream** err	오류 메시지 또는 기타 정보를 표시하는데 사용됩니다.
static **InputStream** in	표준 입력 장치 객체를 가리키는 대표적인 입력 변수입니다. 일반적으로 이 스트림 객체는 키보드 입력 또는 호스트 환경이나 사용자가 지정한 다른 입력 소스를 정의하고 있습니다.
static **PrintStream** out	표준 출력 장치 객체를 가리키는 대표적인 출력 스트림의 변수입니다.

아래 예제는 System 클래스에서 제공하는 변수를 사용하는 예제입니다.

```java
1   package chapter09;
2
3   import java.util.Scanner;
4
5   public class SystemTest {
6
7       public static void main(String[] args) {
8
9           // JAVA 가상머신의 기본 입력 스트림을 인자로 전달
10          Scanner sc = new Scanner(System.in);
11
12          try{
13              // 표준 입력을 받는다.
14              while(true){
15                  System.out.println("숫자를 입력해주세요.");
16                  int num = sc.nextInt();
17                  System.out.println("입력한 숫자는 : " + num);
18              }
19
20          }catch(Exception e){
21              //에러 발생시 에러를 출력한다.
22              System.err.println(e);
23          }
24
25          System.out.println("프로그램을 종료 합니다. ");
26      }
27  }
28
```

👉 결과(Console)

숫자를 입력해주세요.
123

입력한 숫자는 : 123
숫자를 입력해주세요.
one
프로그램을 종료 합니다.
java.util.InputMismatchException

System 클래스의 메소드

System 클래스에도 많은 메소드를 정의하고 있는데 대표적인 메소드 몇 가지를 살펴보겠습니다.

- currentTimeMillis()
- exit()
- nanoTime()

currentTimeMillis() 메소드

currentTimeMillis() 메소드는 현재 시간을 long 타입의 밀리 초 단위로 반환하는데, 반환하는 데이터는 1970년 1월 1일 자정(UTC)에서 현재 시간까지의 차이(밀리 초) 값 입니다. 반환 값의 시간 단위는 밀리 초이지만 값의 운영 체제에 따라 다르게 반환될수 있습니다. 다음의 예제는 currentTimeMillis() 메소드를 이용하여 일부 코드를 실행하는데 걸리는 시간을 측정하는 예제입니다.

```java
package chapter09;

public class SystemCurrentTimMillis {

  public static void main(String[] args) {

    // 작업 시작 시간을 변수에 저장
    long startTime = System.currentTimeMillis();

    for(int i=0; i<1000000000; i++) {
```

```
11          int n1 = 1;
12          int n2 = 10;
13          int sum = n1+n2;
14      }
15
16      // 작업 종료 시간을 변수에 저장
17      long endTime = System.currentTimeMillis();
18
19      // 실행 시간은 종료 시간에서 시작시간을 빼준다
20      long estimatedTime = endTime - startTime;
21      System.out.println("해당 기능의 실행 시간 : " + estimatedTime);
22    }
23 }
```

🖙 **결과(Console)**

해당 기능의 실행 시간 : 2

🪨 exit() 메소드

exit() 메소드는 현재 실행중인 Java Virtual Machine을 종료할 때 사용하는 메소드입니다. 매개변수의 인수는 상태 코드 역할을 하는데, 일반적으로 0이 아닌 상태 코드는 비정상 종료를 나타냅니다. 이 메소드는 정상적으로 리턴 되지 않습니다. 아래 예제는 exit() 메소드를 이용한 예제입니다.

```
1  package chapter09;
2
3  import java.util.Scanner;
4
5  public class SystemExit {
6
7      public static void main(String[] args) {
8
```

```
9        Scanner sc = new Scanner(System.in);
10
11       while(true) {
12          int num = sc.nextInt();
13          if(num == 0) {
14             System.out.println("콘솔에 텍스트를 출력합니다.");
15          } else if(num==1) {
16             break;
17          } else if(num==2) {
18             System.out.println("프로그램을 종료합니다.");
19             System.exit(0);   // 현재 프로세스를 종료
20          }
21       }
22       System.out.println("반복문이 종료되었습니다.");
23    }
24 }
```

결과(Console)

```
0
콘솔에 텍스트를 출력합니다.
2
프로그램을 종료합니다.
```

---

nanoTime() 메소드

nanoTime() 메소드는 실행중인 Java Virtual Machine의 임의의 원점 시간 원본의 현재 값을 long 타입의 나노초(10억분의 1초)로 반환합니다. 이 메소드는 다른 시스템의 시간이나 우리가 이미 알고 있는 시계의 시간과는 관련이 없는 시간의 계산이기 때문에 경과 시간을 측정하는데만 사용하는 것이 좋습니다. 이 메소드는 나노초의 정밀도를 제공하기 때문에 currentTimeMillis() 메소드보다 보다 정밀한 측정이 가능합니다. 아래 예제는 일부 코드를 실행하는데 걸리는 시간을 측정하는 예제입니다.

```java
1   package chapter09;
2
3   public class SystemNanoTime {
4
5       public static void main(String[] args) {
6
7           // 작업 시작 시간을 변수에 저장
8           long startTime = System.nanoTime();
9
10          for(int i=0; i<100000000; i++) {
11              int n1 = 1;
12              int n2 = 10;
13              int sum = n1+n2;
14          }
15
16          // 작업 종료 시간을 변수에 저장
17          long endTime = System.nanoTime();
18
19          // 실행 시간은 종료 시간에서 시작시간을 빼준다
20          long estimatedTime = endTime - startTime;
21          System.out.println("해당 기능의 실행 시간 : " + estimatedTime);
22
23      }
24  }
```

☞ 결과(Console)

해당 기능의 실행 시간 : 1477400

9.2.3 Class

Class 클래스는 클래스의 구조 자체를 클래스로 정의한 클래스입니다. 클래스의 구조라면 여러분이 알고 있는 클래스이름, 변수, 메소드, 생성자 등이 있습니다. 이러한 클래스 구성 요소들을 클래스로 정의한 클래스가 Class 클래스 입니다. Class 클래스에는 생성자와 변수가 존재하지 않고, Field, Method, Package, Constructor 등의 정보들을 반환해주는 메소드만 존재합니다.

 Class 객체를 생성해주는 메소드

특정 클래스의 정보를 알아보기 위해 사용자 클래스를 Class 객체로 생성해야 합니다. 객체를 생성하기 위해서는 클래스 메소드인 forName() 메소드를 이용하여 생성합니다. 생성하는 방법은 아래와 같습니다.

Class.forName("클래스의 풀 네임");

클래스의 정보를 반환해주는 메소드

클래스의 정보를 반환해주는 메소드는 아래와 같습니다.

메소드	설명
getFields()	객체가 저장하고 있는 클래스 또는 인터페이스의 지정된 public 멤버 변수(필드)를 반영하는 Field객체를 반환합니다.
getConstructors()	Class 객체가 저장하고 있는 클래스의 모든 public으로 정의되어 있는 생성자를 반영하는 Constructor객체를 저장하는 배열을 반환합니다.
getMethods()	객체가 저장하고 있는 클래스 또는 인터페이스에 public으로 정의된 메소드를 저장하는 Method객체를 반환합니다.

아래 예제를 통해 Class 객체를 생성하고 클래스의 정보들을 출력해보는 내용을 살펴보겠습니다.

```java
1    package chapter09;
2
3    public class User {
4
5      int userIdx;
6      String userId;
7
8      public User() {
9      }
10
11     public User(int userIdx, String userId) {
12       this.userIdx = userIdx;
13       this.userId = userId;
14     }
15
16     public int getUserIdx() {
17       return userIdx;
18     }
19
20     public void setUserIdx(int userIdx) {
21       this.userIdx = userIdx;
22     }
23
24     public String getUserId() {
25       return userId;
26     }
27
28     public void setUserId(String userId) {
29       this.userId = userId;
30     }
31
32   }
```

```java
1    package chapter09;
2
3    import java.lang.reflect.Constructor;
```

```java
4    import java.lang.reflect.Field;
5    import java.lang.reflect.Method;
6
7    public class ClassTest {
8
9      public static void main(String[] args) throws
           ClassNotFoundException {
10
11         // User 클래스의 정보를 담은 Class 객체를 생성합니다.
12         Class userClass = Class.forName("chapter09.User");
13
14         System.out.println("====Field List====");
15         for (Field field : userClass.getFields()) { // 해당 클래스가
               정의하고 있는 변수들
16            System.out.println(field.getName()); // 변수의 이름을 반환
17         }
18
19
20
21         System.out.println("\n====Constructor List====");
22         for (Constructor constructor : userClass.getConstructors())
             {
23            System.out.print("개수"+constructor.
                getParameterCount()+"= ");
24
25            for (Class parameter : constructor.getParameterTypes()) {
26               System.out.print(parameter.getName() + " / ");
27            }
28            System.out.println();
29         }
30
31         System.out.println("\====Method List====");
32         for (Method method : userClass.getMethods()) {
33            System.out.println(method.getName());
34         }
35      }
36   }
```

결과(Console)

```
====Field List====
userIdx
userId

====Constructor List====
개수  2 = int / java.lang.String /
개수  0 =

====Method List====
setUserIdx
getUserIdx
getUserId
setUserId
wait
wait
wait
equals
toString
hashCode
getClass
notify
notifyAll
```

9.2.4 String

String 클래스는 문자열을 표현합니다. JAVA 프로그램은 "abc"와 같은 모든 문자열 리터럴은 이 **String** 클래스의 인스턴스로 구현됩니다. **String** 클래스로 생성한 문자열은 값을 만든 후에는 변경할 수 없습니다. 이는 문자열을 새롭게 만들기 보다는 재사용을 통해 메모리의 활용을 더 높이기 위함입니다.

문자열 객체를 생성하는 방법은 아래와 같습니다.

```
String  str = "String";
String str = new String("String");
```

String 클래스의 생성자

생성자	설명
String()	빈 문자 시퀀스를 나타내도록 새로운 객체를 생성합니다.
String (byte[] bytes).	지정된 바이트 배열을 디코딩하여 새로운 객체를 생성합니다.
String (byte[] bytes, **Charset** charset)	지정된 **charset**를 사용해, 지정된 바이트 배열을 디코딩 해 새로운 객체를 생성합니다.
String (byte[] bytes, int offset, int length)	지정된 바이트 배열을 사용해서 매개변수로 지정한 사이즈만큼 의 객체를 생성합니다.
String (byte[] bytes, int offset, int length, **Charset** charset)	지정된 **charset**을 사용해, 지정된 바이트의 부분 배열을 디 코딩해 새로운 객체를 생성합니다.
String (byte[] bytes, int offset, int length, **String** charsetName)	지정된 문자 세트를 이용해 바이트 배열을 디코딩해 새로운 객 체를 생성합니다.
String (byte[] bytes, **String** charsetName)	지정된 **charset**를 사용해, 지정된 바이트 배열을 디코딩해 새로운 객체를 생성합니다.
String (char[] value)	문자 배열을 이용해서 새로운 객체를 생성합니다.
String (char[] value, int offset, int count)	문자 배열을 이용해서 새로운 객체를 생성합니다.
String (int[] codePoints, int offset, int count)	유니코드를 요소로 가지는 배열을 이용해서 새로운 객체를 생성 합니다.

생성자	설명
String (**String** original)	문자열 객체를 전달 받아 복사된 새로운 객체를 생성합니다.
String (**StringBuffer** buffer)	StringBuffer 객체를 이용해 새로운 객체를 생성합니다.
String (**StringBuilder** builder)	StringBuilder 객체를 이용해 새로운 객체를 생성합니다.

아래 예제는 문자열 객체를 생성해서 출력하는 예제입니다.

```
1    package chapter09;
2
3    public class StringContructor {
4
5      public static void main(String[] args) {
6
7        // 배열 전체를 String 객체로 생성합니다.
8        // String str01 = new String(byte[] bytes)
9        byte[] bytes = {74, 97, 118, 97 };
10       String str01 = new String(bytes);
11       System.out.println(str01);
12
13       // 배열의 offset 인덱스 위치부터 length만큼 String 객체로 생성합니다.
14       // String str02 = new String(byte[] bytes, int offset, int
              length);
15       String str02 = new String(bytes, 2, 2);
16       System.out.println(str02);
17
18       // 배열 전체를 String 객체로 생성
19       // String str03 = new String(char[] value);
20       char[] chars = {'J', 'A', 'V', 'A', ' ', 'H', 'e', 'l', 'l', 'o' };
21       String str03 = new String(chars);
22       System.out.println(str03);
23
24       // 배열의 offset 인덱스 위치부터 length만큼 String 객체로 생성합니다.
```

```
25      // String str2 = new String(char[] value, int offset, int
            length);
26      String str04 = new String(chars, 4, 6);
27      System.out.println(str04);
28
29      // String 복사
30      // String str4 = new String(String original);
31      String str05 = "abc";
32      String str06 = new String(str05);
33      System.out.println(str06);
34
35    }
36  }
```

결과(Console)

```
Java
va
JAVA Hello
 Hello
abc
```

String 클래스의 메소드

String 클래스에 제공하는 메소드는 70여개로 많은 메소드를 정의하고 있습니다. 이중 자주 사용되는 메소드를 살펴보겠습니다.

메소드	설명
static String **copyValueOf**(char[] data)	문자 배열의 내용이 복사되어 새로운 문자열 객체가 생성됩니다.
static String **copyValueOf**(char[] data, int offset, int count)	char배열 인수의 특정 하위 배열에 대한 문자열을 복사해 새로운 문자열 객체를 반환합니다. offset인수는 배열의 첫 번째 문자의 인덱스이고, count 인수는 부분 배열의 길이를 지정합니다.

메소드	설명
static String **format**(Locale l, String format, Object... args)	지정된 로케일, 형식 문자열 및 인수를 사용하여 형식화된 문자열 객체를 반환합니다.
static String **format**(String format, Object... args)	지정된 형식 문자열과 인수를 사용하여 형식화된 문자열 객체를 반환합니다.
static String **join**(CharSequence delimiter, CharSequence... elements)	delimiter(구분자)와 뒤에 추가되는 CharSequence elements 문자열 들이 결합되어 구성된 새로운 문자열 객체를 반환 합니다 .
static String **join**(CharSequence delimiter, Iterable <? extends CharSequence> elements)	delimiter(구분자)와 뒤에 추가되는 CharSequence elements 문자열의 컬렉션이 결합되어 구성된 새로운 문자열 객체를 반환합니다.
static String **valueOf**(boolean b)	인자로 받은 Boolean 타입의 데이터를 문자열 객체로 변환하여 반환합니다.
static String **valueOf**(char c)	인자로 받은 char 타입의 데이터를 문자열 객체로 변환하여 반환합니다.
static String **valueOf**(char[] data)	인자로 받은 char배열 타입의 데이터를 문자열 객체로 변환하여 반환합니다.
static String **valueOf**(char[] data, int offset, int count)	인자로 받은 char배열의 특정 하위 배열에 데이터를 문자열 객체로 변환하여 반환합니다.
static String **valueOf**(double d)	배열 타입의 데이터를 문자열 객체로 변환하여 반환합니다.
static String **valueOf**(float f)	인자로 받은 float 배열 타입의 데이터를 문자열 객체로 변환하여 반환합니다.
static String **valueOf**(int i)	배열 타입의 데이터를 문자열 객체로 변환하여 반환합니다.
static String **valueOf**(long l)	인자로 받은 long 배열 타입의 데이터를 문자열 객체로 변환하여 반환합니다.
static String **valueOf**(Object obj)	인자로 받은 Object 배열 타입의 데이터를 문자열 객체로 변환하여 반환합니다.

아래 예제는 String 클래스의 클래스 메소드를 이용한 예제입니다.

```java
package chapter09;

import java.util.ArrayList;
import java.util.List;

public class StringStaticMethod {

  public static void main(String[] args) {
    // String.copyValueOf(char[] data)
    char[] chars = { 'J', 'A', 'V', 'A', ' ', 'H', 'e', 'l', 'l',
      'o' };
    String str01 = String.copyValueOf(chars);
    System.out.println(str01);

    // String.copyValueOf(char[] data, int offset, int count)
    String str02 = String.copyValueOf(chars, 4, 6);
    System.out.println(str02);

    // String.format(Locale l, String format, Object... args)
    // String.format(String format, Object... args)
    String str03 = String.format("%s %s", "Hello", "JAVA");
    System.out.println(str03);

    // String.join(CharSequence delimiter, CharSequence...
elements)
    String deli = "-";
    String s1 = "010";
    String s2 = "1234";
    String s3 = "5678";
    String str04 = String.join(deli, s1, s2, s3);
    System.out.println(str04);

    // String.join(CharSequence d, Iterable<? extends
      CharSequence> e)
    List<String> arrays = new ArrayList<String>();
    arrays.add(s1);
```

```
34      arrays.add(s2);
35      arrays.add(s3);
36      String str05 = String.join(deli, arrays);
37      System.out.println(str05);
38
39      // String.valueOf()
40      System.out.println(String.valueOf("JAVA"));
41      System.out.println(String.valueOf("A"));
42      System.out.println(String.valueOf(chars));
43      System.out.println(String.valueOf(chars, 4, 6));
44      System.out.println(String.valueOf(1.2d));
45      System.out.println(String.valueOf(1.2f));
46      System.out.println(String.valueOf(100));
47      System.out.println(String.valueOf(1000L));
48      System.out.println(String.valueOf(new User()));
49
50   }
51 }
```

🐭 결과(Console)

```
JAVA Hello
 Hello
Hello JAVA
010-1234-5678
010-1234-5678
JAVA
A
JAVA Hello
 Hello
1.2
1.2
100
1000
chapter09.User@4aa298b7
```

🧱 인스턴스 메소드

메소드	설명
char charAt(int index)	지정된 인덱스의 char 값을 반환합니다. 인덱스는 문자의 위치를 지정합니다. 인텍스의 시작 값은 0이고 인덱스의 종료 값은 문자열의 개수-1이 됩니다.
int compareTo(String anotherString)	현재 문자열과 매개변수로 전달 받은 문자열을 사전식으로 비교하고 원본 문자열-비교 문자열의 계산 결과를 반환 합니다. 비교하는 문자열이 같다면 0을 반환하게 됩니다.
String concat(String str)	원본 문자열에 매개변수의 인자로 전달받은 문자열을 원본 문자열의 끝에 붙여 연결한 문자열을 반환합니다. 문자열의 +연산은 내부적으로 concat() 메소드의 실행 결과를 반환합니다.
Boolean contains(CharSequence s)	원본 문자열에 매개변수로 전달받은 문자열이 포함하고 있다면 true를 반환하고 포함하지 않으면 false를 반환합니다.
Boolean endsWith(String suffix)	매소드의 매개변수로 전달받은 문자열이 원본 문자열의 접미어로 끝나는지 확인 후 해당 문자열로 끝나면 true를 반환하고 그렇지 않은 경우 false를 반환합니다.
Boolean equals(Object anObject)	원본 문자열과 매개변수로 전달받은 문자열을 비교하여 같은 문자열이면 true를 반환하고, 문자열이 서로 다르면 false값을 반환합니다. Object 클래스의 equals메소드를 오버라이딩(재구성)해서 객체의 주소 값을 비교하는 것이 아니라 저장된 문자열을 비교해서 반환하는 형식으로 재구성 되어있습니다.
int indexOf(int ch) int indexOf(String str)	메소드의 매개변수로 전달받은 문자 또는 문자열이 원본 문자열 안에서 어느 인덱스 위치에서 처음 나타나는 인덱스 값을 반환합니다.
Boolean isEmpty()	공백 문자열을 체크하는 메소드로 원본 문자열의 length() 메소드의 반환 값이 0일 때 true 값을 반환합니다.
int length()	원본 문자열의 문자의 개수를 반환합니다.
String replace(char oldChar, char newChar)	원본 문자열에서 oldChar 문자를 모두 찾아 newChar 문자로 바꾸고 새로운 문자열을 만들어 반환합니다.
String replace(CharSequence target, CharSequence replacement)	원본 문자열에서 target 문자열을 모두 찾아 replacement 문자열로 바꾸고 새로운 문자열을 만들어 반환합니다.

메소드	설명
Boolean startsWith(String prefix)	메소드의 매개변수로 전달된 문자열이 원본 문자열에서 접두어로 시작하는지를 확인 후 해당 문자열로 시작하면 true 값을 반환하고 반대인 경우 false 값을 반환합니다.
String substring (int beginIndex)String substring(int beginIndex, int endIndex)	원본 문자열에서 매개변수로 전달된 시작 인덱스 값의 위치부터 문자열의 끝까지의 문자열을 새로운 문자열로 만들어 반환합니다. 원본 문자열에서 매개변수로 전달된 시작 인덱스 값의 위치부터 문자열의 종료 인덱스까지의 문자열을 새로운 문자열로 만들어 반환합니다.
char[] toCharArray()	원본 문자열의 문자열을 새로운 char 배열 만들어 반환합니다.
String toString()	문자열 객체가 가지고 있는 문자열을 반환합니다. Object 클래스의 toString() 메소드를 오버라이딩 한 메소드입니다.
String trim()	원본 메소드의 앞, 뒤의 공백이 있다면 제거한 후 새로운 문자열을 반환합니다.

String 클래스의 메소드를 사용하는 예제입니다.

```
1   package chapter09;
2
3   public class StringInstanceMethod {
4
5     public static void main(String[] args) {
6
7       String str = "Hello~";
8
9       // char charAt(int index)
10      System.out.println(str.charAt(0));
11      System.out.println(str.charAt(5));
12
13      // 문자열의 위치 값을 반복문을 통해 문자 출력하기
14      for(int i=0; i<str.length();i++) {
15        System.out.print(str.charAt(i) + "  ");
16      }
```

```
17
18          System.out.println();
19
20          // int compareTo(String anotherString)
21          System.out.println(str.compareTo("Hello~"));
22          System.out.println(str.compareTo("Hello~ JAVA~!!"));
23          System.out.println(str.compareTo("Hello"));
24
25          // String concat(String str)
26          System.out.println(str.concat(" JAVA!"));
27
28          // Boolean  contains(CharSequence s)
29          System.out.println(str.contains("llo"));
30          System.out.println(str.contains("fine"));
31
32
33          // Boolean  endsWith(String suffix)
34          System.out.println(str.endsWith("o~"));
35          System.out.println(str.endsWith("JAVA"));
36
37          //  Boolean equals(Object anObject)
38          System.out.println(str.equals("Hello~"));
39          System.out.println(str.equals("java"));
40
41          // int indexOf(int ch)
42          System.out.println(str.indexOf('H'));
43          System.out.println(str.indexOf('~'));
44
45          //int indexOf(String str)
46          System.out.println(str.indexOf("lo"));
47
48          // Boolean  isEmpty()
49          System.out.println(str.isEmpty());
50          System.out.println("".isEmpty());
51
52          // int length()
```

```
53      System.out.println(str.length());
54      System.out.println("JAVA".length());
55
56      // String replace(char oldChar, char newChar)
57      System.out.println(str.replace('~', '!'));
58
59      // String replace(CharSequence target, CharSequence
            replacement)
60      System.out.println(str.replace("Hello", "JAVA"));
61
62      // Boolean  startsWith(String prefix)
63      System.out.println(str.startsWith("He"));
64      System.out.println(str.startsWith("JAVA"));
65
66      // String substring(int beginIndex)
67      System.out.println(str.substring(2));
68
69      // String substring(int beginIndex, int endIndex)
70      System.out.println(str.substring(2, 4));
71
72      // char[] toCharArray()
73      char[] chars = str.toCharArray();
74      System.out.println(chars[1]);
75
76      // String toString()
77      System.out.println(str.toString());
78
79      // String trim()
80      str = "  Hello   Java   ";
81      System.out.println(str);
82      System.out.println(str.trim());
83    }
84 }
```

결과(Console)

```
H
~
H e l l o ~
0
-8
1
Hello~ JAVA!
true
false
true
false
true
false
0
5
3
false
true
6
4
Hello!
JAVA~
true
false
llo~
ll
e
Hello~
   Hello  Java
Hello  Java
```

9.2.5 StringBuffer, StringBuilder

String 클래스는 문자를 저장하지만 변경이 불가능합니다. String 클래스의 메소드들도 반환되는 String 인스턴스는 새롭게 생성된 String 클래스의 인스턴스입니다. StringBuffer 클래스와 StringBuilder는 String과 비슷하지만 저장하고 있는 문자열을 수정할 수 있도록 정의되어 있습니다. StringBuffer 클래스는 스레드 이용시 발생할 수 있는 동기화 문제도 안전하게 구성되어 있습니다. 하지만 StringBuilder 클래스는 단일 클래스에 적합하도록 구성되어 스레드에 안전하지 않습니다. 이 클래스들은 필요할 때마다 지원 메소드를 통해 문자열의 길이와 내용을 변경할 수 있습니다. 두 클래스의 주요 메소드는 문자열 뒤에 추가하는 append 와 문자열 중간에 데이터를 추가하는 insert가 있습니다.

StringBuffer 클래스의 생성자

생성자	설명
StringBuffer()	저장되는 문자열은 없고, 문자 16개를 저장할 수 있는 문자열 버퍼를 가지는 객체를 생성합니다.
StringBuffer (CharSequence seq)	매개변수의 인자로 전달되는 문자열의 문자열 개수에 +16개를 더한 문자열 버퍼를 가지는 객체를 생성합니다.
StringBuffer (String str)	매개변수의 인자로 전달되는 문자열의 문자열 개수에 +16개를 더한 문자열 버퍼를 가지는 객체를 생성합니다.
StringBuffer (int capacity)	매개변수의 인자로 전달되는 정수 사이즈만큼의 문자열 버퍼를 가지는 객체를 생성합니다.

StringBuilder 클래스의 생성자

StringBuffer 클래스의 생성자와 같은 기능으로 정의되어 있습니다.

- StringBuilder()
- StringBuilder(CharSequence seq)
- StringBuilder(String str)
- StringBuilder(int capacity)

StringBuffer 클래스와 StringBuilder 클래스의 메소드

String 클래스의 메소드와 유사한 기능들을 가지고 있습니다. StringBuffer 클래스와 StringBuilder 클래스만 지원하는 기능의 메소드들을 살펴보겠습니다. StringBuffer 클래스와 StringBuilder 클래스의 메소드는 메소드의 이름과 기능이 동일하게 정의되어 있습니다.

메소드	설명
StringBuffer append(여러 가지 타입)	원본 문자열에 매개변수로 전달되는 인자를 추가합니다. 전달되는 매개변수의 타입은 여러가지 타입으로 오버로딩되어 있습니다. 전달되는 매개변수 타입은 boolean, char, char[], CharSequence, double, float, int, long, Object, String, StringBuffer 타입으로 구성되었습니다.
int capacity()	현재 저장 버퍼의 용량을 반환합니다.
StringBuffer delete(int start, int end)	매개변수의 인자로 전달되는 start 인덱스 위치부터 end-1 인덱스 위치까지의 문자를 삭제합니다.
StringBuffer deleteCharAt(int index)	매개변수의 인자로 전달되는 인텍스 위치의 문자를 삭제합니다.
StringBuffer insert(int offset, 여러 가지 타입)	insert 메소드도 append 메소드와 같이 여러 형태로 오버로딩되어 문자열의 특정 위치에 데이터를 추가합니다. 매개변수의 offset 위치부터 다음 매개변수인 전달 데이터를 추가합니다.
StringBuffer reverse()	문자열의 각 문자의 순서를 역순으로 바꿉니다.

아래 예제는 StringBuffer클래스를 이용한 예제입니다.

```
1    package chapter09;
2
3    public class StringBufferTest {
4
5      public static void main(String[] args) {
6
```

```
7        StringBuffer sb = new StringBuffer("Hello");
8        System.out.println(sb);
9        System.out.println(sb.capacity()); // 문자열 크기 5 + 16 => 21
10
11       // 문자열 뒤로 매개변의 인자를 붙입니다.
12       sb.append('~');      // Hello~
13       sb.append(" JAVA");// Hello~ JAVA
14       System.out.println(sb);
15
16       // StringBuffer    delete(int start, int end)
17       System.out.println(sb.delete(5, 7));        // HelloJAVA
18
19       // StringBuffer    insert(int offset, 여러가지 타입)
20       System.out.println(sb.insert(5, '~'));      // Hello~JAVA
21       System.out.println(sb.insert(6, "~! "));// Hello~~! JAVA
22       System.out.println(sb.insert(sb.length(), "!!"));//
           Hello~~! JAVA!!
23
24       // StringBuffer    reverse()
25       System.out.println(sb.reverse());
26
27    }
28 }
```

🖙 결과(Console)

```
Hello
21
Hello~ JAVA
HelloJAVA
Hello~JAVA
Hello~~! JAVA
Hello~~! JAVA!!
!!AVAJ !~~olleH
```

9.2.6 Math

Math 클래스는 지수, 로그, 제곱근, 삼각함수와 같은 연산을 수행하는 메소드를 정의하고 있는데 이 메소드들은 모두 클래스 멤버로 정의되어 있습니다. 자주 사용되는 메소드를 살펴보겠습니다.

 Math 클래스의 클래스 변수

변수	설명
static double E	오일러의 수라고 불리며, 자연로그(natural logarithms)의 밑(base) 값으로 약 2.718에 가까운 double 타입의 데이터를 상수로 저장하고 있습니다.
static double PI	원의 원주를 지름으로 나눈 비율(원주율) 값으로 약 3.14159의 숫자를 double 데이터 타입의 상수로 저장하고 있습니다.

 Math 클래스의 클래스 메소드

메소드	설명
double random()	0.0이상 1.0미만의 double 타입의 임의의 실수를 반환합니다.
double abs()	전달받은 값의 절대값을 반환합니다.
double floor()	전달받은 값의 소수점 이하의 수를 내림하여 반환합니다.
double ceil()	전달받은 값의 소수점 이하의 값을 올림하여 반환합니다.
int round()	전달받은 실수를 소수점 첫째 자리에서 반올림한 정수 값을 반환합니다.
max()	전달받은 두 값을 비교하여 그 중에서 큰 값을 반환합니다.
min()	전달받은 두 값을 비교하여 그 중에서 작은 값을 반환합니다.
pow()	전달받은 double타입의 두 값으로 제곱 연산 후 결과값을 반환합니다. . pow(x, y)는 x의 y승을 반환하게 됩니다.
sqrt()	전달받은 double타입의 데이터의 제곱근 값을 반환합니다.
sin()	전달받은 double형 값의 사인 값을 반환합니다.
cos()	전달받은 double형 값의 코사인 값을 반환합니다.
tan()	전달받은 double형 값의 탄젠트 값을 반환합니다.

아래 예제는 Math 클래스의 맴버들을 이용한 예제입니다.

```
1   package chapter09;
2
3   public class MathTest {
4
5       public static void main(String[] args) {
6
7           System.out.println(Math.PI);
8
9           System.out.println(Math.random());
10
11          int num = (int)(Math.random()*45)+1;     // 1~45 중 임의 수 반환
12          System.out.println(num);
13
14          System.out.println(Math.abs(10));
15          System.out.println(Math.abs(-10.0));
16
17          System.out.println(Math.floor(3.0002));
18          System.out.println(Math.ceil(3.0002));
19          System.out.println(Math.round(3.600004));
20
21          System.out.println(Math.max(100, 30));
22          System.out.println(Math.min(100, 30));
23
24          System.out.println(Math.pow(3,3));
25          System.out.println(Math.sqrt(9));
26
27          System.out.println(Math.sin(Math.PI/3));
28          System.out.println(Math.cos(Math.PI/3));
29          System.out.println(Math.tan(Math.PI/3));
30      }
31  }
32
```

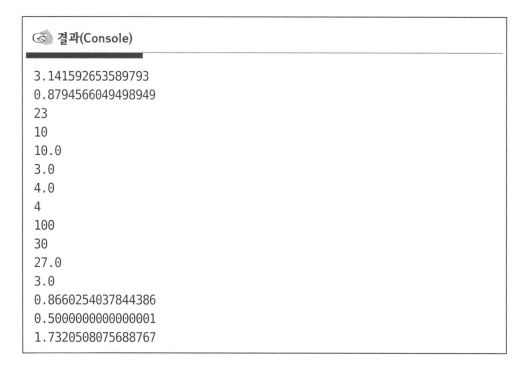

```
결과(Console)

3.141592653589793
0.8794566049498949
23
10
10.0
3.0
4.0
4
100
30
27.0
3.0
0.8660254037844386
0.5000000000000001
1.7320508075688767
```

9.3 java.util 패키지

java.util 패키지에는 컬렉션프레임워크, 이벤트 모델, 날짜 및 시간 기능, 국제화 및 기타 유틸리티 클래스들을 포함하고 있는 클래스입니다.

9.3.1 Date

Date 클래스는 특정 시간을 "년월일 시분초"를 밀리 초 단위로 저장하여 한 번에 다루는 클래스입니다. DateFormat 클래스를 이용해서 날짜를 포맷팅하여 출력할 수 있습니다.

date 클래스의 생성자

생성자	설명
Date()	인스턴스가 생성되는 시점의 시스템의 시간을 밀리 초 단위의 시간 데이터를 저장합니다.
Date(long date)	Date1970 년대 1 월 1 일 00:00:00 GMT라는 표준 기본 시간 이후로 매 개변수의 인자로 전달받은 시간(밀리 초)으로 인스턴스를 생성합니다.

Date 클래스의 메소드

메소드	설명
long getTime()	인스턴스가 가지고 있는 시간을 1970년 1월 1일 00:00:00 GMT 이후에서 부터 밀리 초로 계산해서 long 타입의 데이터로 반환합니다.
void setTime(long time)	전달받은 long 타입의 정수 데이터를 1970년 1월 1일 00:00:00 GMT 이후의 Date시간을 밀리 초로 나타내는 인스턴스를 생성합니다.
String toString()	Date 인스턴스를 String 타입의 다음 형식으로 변환합니다. dow mon dd hh : mm : ss zzz yyyy • dow는 요일을 표현합니다. (Sun, Mon, Tue, Wed, Thu, Fri, Sat). • mon은 월을 표현합니다. (1월, 2월, 3월, 4월, 5월, 6월, 7월, 8월, 9월, 10월, 11월, 12월). • DD는 일을 표현합니다. (01~31). • HH는 시간을 표현합니다. (00~23). • mm은 분을 표현합니다. (00~59). • SS는 초를 표현합니다. (00~61). • zzz는 시간대를 표현합니다. • yyyy는 연도를 표현합니다. (십진수 네 자리 숫자).

아래 예제는 Date 클래스를 사용한 예제입니다.

```
1   package chapter09;
2
3   import java.util.Date;
4
5   public class DateTest {
6
7     public static void main(String[] args) {
8
9       Date now = new Date();
10      System.out.println("현재 시간 : " + now );
11
12        // 밀리 초로 계산한 값을 long타입의 데이터로 반환
13      System.out.println(now.getTime());
14
15      // long 타입의 데이터로 Date 인스턴스 생성
16      Date date = new Date(1587317838379L);
```

```
17        System.out.println("date의 시간 : " + date );
18
19        System.out.println(now.toString());
20        System.out.println(date.toString());
21
22    }
23  }
```

👉 **결과(Console)**

```
현재 시간 : Mon Apr 20 02:41:37 KST 2020
1587318097119
date의 시간 : Mon Apr 20 02:37:18 KST 2020
Mon Apr 20 02:41:37 KST 2020
Mon Apr 20 02:37:18 KST 2020
```

9.3.2 Calendar

Calendar 클래스는 JAVA에서 날짜와 시간에 데이터를 저장하고 날짜와 시간 정보를 쉽게 다룰 수 있는 기능을 제공하는 클래스입니다. Calendar 클래스에는 날짜와 시간을 처리하기 위한 다양한 YEAR, MONTH, DAY_OF_MONTH, HOUR 등의 클래스 변수와 이 변수들을 조작하는 메소드가 포함되어 있습니다. Calendar 클래스는 싱글톤 패턴으로 정의되어 있어 객체의 생성은 불가하지만 인스턴스를 얻을 수 있는 메소드를 이용해서 인스턴스를 사용합니다. 클래스 메소드인 getInstance() 메소드를 이용해서 객체를 얻을 수 있습니다.

 Calendar 클래스의 메소드

메소드	설명
add()	add() 메소드는 전달된 Calendar의 클래스 변수에서 특정 시간만큼을 증가시키거나 감소 시키는 메소드입니다.

메소드	설명
before()	현재 Calendar 인스턴스가 전달받은 인스턴스가 가지는 시간보다 이전 시간인지를 판단합니다.
after()	현재 Calendar 인스턴스가 전달받은 인스턴스가 가지는 시간보다 이후 시간인지를 판단합니다.
get()	전달받은 Calendar 필드에 저장된 값을 반환합니다.
set()	전달받은 Calendar 변수를 특정 값으로 설정합니다.

아래 예제는 Calendar 클래스를 활용한 예제입니다.

```java
1    package chapter09;
2
3    import java.util.Calendar;
4
5    public class CalendarTest {
6
7      public static void main(String[] args) {
8
9        Calendar cal1 = Calendar.getInstance();    // Calendar
            클래스의 객체를 받음.
10       System.out.println(cal1.getTime());   // 날짜 시간정보 반환
11
12       cal1.add(Calendar.HOUR, 1);    // 현재 시간에서 1시간 증가 처리
13       System.out.println(cal1.getTime());
14
15       cal1.add(Calendar.DAY_OF_MONTH, 1); // 현재 시간에서 1일 증가 처리
16       System.out.println(cal1.getTime());
17
18       Calendar cal2 = Calendar.getInstance();
19       Calendar cal3 = Calendar.getInstance();
20       cal2.set(2000, 4, 19);   // 날짜와 시간정보 출력
21       cal3.set(2020, 6, 20);
22
23       System.out.println(cal1.before(cal2)); // cal1이 cal2 보다
```

```
              이전시간인지 체크
24     System.out.println(cal1.before(cal3));
25
26     System.out.println(cal1.after(cal2)); // cal1이 cal2 보다 이후
              시간인지 체크
27     System.out.println(cal1.after(cal3));
28
29     System.out.println(cal1.getTime());
30     System.out.println(cal1.get(Calendar.DAY_OF_WEEK));
31     System.out.println(cal1.get(Calendar.MONTH) + 1);
32     System.out.println(cal1.get(Calendar.DAY_OF_MONTH));
33     System.out.println(cal1.get(Calendar.HOUR_OF_DAY));
34     System.out.println(cal1.get(Calendar.MINUTE));
35     System.out.println(cal1.get(Calendar.SECOND));
36     System.out.println(cal1.get(Calendar.YEAR));
37
38     Calendar cal4 = Calendar.getInstance();
39     System.out.println(cal4.getTime());
40
41     cal4.set(Calendar.YEAR, 2040);
42     System.out.println(cal4.getTime());
43
44     cal4.set(2002, 4, 20); // 1은 2월을 나타냄.
45     System.out.println(cal4.getTime());
46
47     cal4.set(2002, 4, 20, 21, 30, 01);
48     System.out.println(cal4.getTime());
49   }
50 }
```

👉 결과(Console)

```
Mon Apr 20 03:19:00 KST 2020
Mon Apr 20 04:19:00 KST 2020
Tue Apr 21 04:19:00 KST 2020
```

```
false
true
true
false
Tue Apr 21 04:19:00 KST 2020
3
4
21
4
19
0
2020
Mon Apr 20 03:19:00 KST 2020
Fri Apr 20 03:19:00 KST 2040
Mon May 20 03:19:00 KST 2002
Mon May 20 21:30:01 KST 2002
```

9.4 java.math 패키지

JAVA에서의 연산은 자료형의 범위 안에서 결과를 표현합니다. 이 자료형의 범위를 벗어나는 경우 왜곡된 결과를 반환하거나 오류를 발생시킵니다. 이렇게 자료형의 범위를 벗어나거나 정밀한 연산의 결과를 얻기 위해 정밀한 정수 연산을 위한 BigInteger 클래스와 정밀한 실수 연산을 위한 BigDecimal 클래스를 제공합니다.

9.4.1 BigDecimal

double 타입의 실수 연산은 오차를 발생시킵니다. BigDecimal 클래스는 실수 데이터 타입과 달리 정수를 이용해서 실수를 표현하기 때문에 오차가 없는 실수 연산의 결과 값을 얻을 수 있습니다. 아래 예제는 BigDecimal 클래스를 이용한 연산 예제입니다.

```
1    package chapter09;
2
3    import java.math.BigDecimal;
4
5    public class BigDecimalTest {
6
7      public static void main(String[] args) {
8
9        BigDecimal bd1 = new BigDecimal("1.8");
10       BigDecimal bd2 = new BigDecimal("1.2");
11
12       System.out.println(bd1.add(bd2));
13       System.out.println(bd1.subtract(bd2));
14       System.out.println(bd1.multiply(bd2));
15       System.out.println(bd1.divide(bd2));
16     }
17   }
```

👉 결과(Console)

```
3.0
0.6
2.16
1.5
```

9.4.2 BigInteger

long 데이터 타입의 연산에서 결과 값이 long 타입을 넘어가는 경우 BigInteger 클래스를 이용하면 오류 없이 결과를 얻을 수 있습니다. 아래 예제는 BigInteger 클래스를 이용한 연산 예제입니다.

```
1    package chapter09;
2
3    import java.math.BigInteger;
4
5    public class BigIntegerTest {
6
7      public static void main(String[] args) {
8
9        BigInteger bi1 = new BigInteger("100000000000000000000");
10       BigInteger bi2 = new BigInteger("10000000000000000000");
11       System.out.println(bi1.add(bi2));
12       System.out.println(bi1.subtract(bi2));
13       System.out.println(bi1.multiply(bi2));
14       System.out.println(bi1.divide(bi2));
15       System.out.println(bi1.mod(bi2));
16     }
17   }
```

☞ 결과(Console)

```
110000000000000000000
90000000000000000000
1000000000000000000000000000000000000000
10
0
```

9.5 요약

■ java.lang 패키지

Java.lang 패키지는 JAVA 기반 프로그램을 만드는데 필수적인 클래스들을 포함하고 있는 패키지입니다.

클래스 이름	설명
Object	JAVA의 최상위 클래스입니다. toString(), equals()메소드 등이 정의되어 있습니다.
System	시스템 운영체제의 기능을 다루는 클래스입니다.
Class	클래스의 이름, 생성자, 변수, 메소드 등의 정보를 다루는 클래스입니다.
String	문자열을 다루는 클래스입니다.
Math	수학적 계산을 위한 기능을 제공하는 클래스입니다.

■ java.util 패키지

유틸리티 클래스들을 포함하고 있는 클래스입니다.

클래스 이름	설명
Date	현재 날짜를 표현하는데 사용하는 클래스입니다.
Calendar	달력을 표현하는데 사용하는 클래스입니다.

■ java.math 패키지

자료형의 범위를 벗어나거나 정밀한 연산의 결과를 얻기 위해 정밀한 정수 연산을 위한 클래스를 제공합니다.

클래스 이름	설명
BigDecimal	정수를 이용해서 실수를 표현하기 때문에 오차가 없는 실수 연산의 결과 값을 얻을 수 있는 기능을 제공하는 클래스입니다.
BigInteger	결과 값이 long 타입을 넘어가는 경우 오류 없이 결과를 얻을 수 있는 기능을 제공하는 클래스입니다.

9.6 연습문제

01 아래에 있는 API 문서에서 각 영역에 표현되는 내용이 무엇인지 쓰시오.

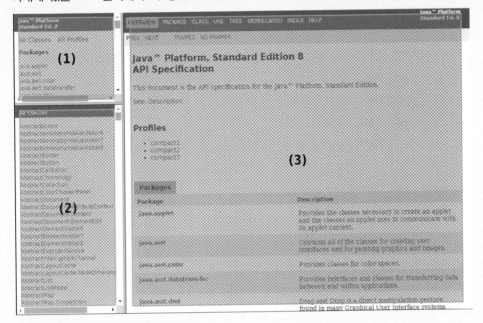

(1)

(2)

(3)

02 String 클래스에서 문자열의 길이를 반환하는 메소드의 이름을 쓰시오

03 String 클래스에서 equals() 메소드의 기능을 설명하시오.

04 String 클래스는 인스턴스를 한번 생성하면 수정하지 못하는 특징이 있습니다. 문자열의
연산은 매번 인스턴스를 재생성하는데 이러한 점을 보완하기 위한 클래스를 쓰시오.

05 JAVA의 패키지 중 별도로 import 하지 않아도 되는 패키지가 무엇인지 고르시오.

(1) java.util

(2) java.lang

(3) java.sql

(4) java.io

06 double형 변수 d의 값보다 크지 않은 가장 가까운 정수를 얻을 수 있는 메소드는?

(1) (int) Math.abs(d)

(2) (int) Math.ceil(d)

(3) (int) Math.floor(d)

(4) (int) Math.round(d)

07 다음 중에서 -4.0이 출력되는 것은?

(1) System.out.println(Math.floor(-4.6));

(2) System.out.println(Math.round(-4.5));

(3) System.out.println(Math.ceil(-4.5));

(4) System.out.println(Math.round(-4.6));

08 다음 문장의 결과는?

```
System.out.println( Math.floor(-5.8f ) );
```

(1) -5

(2) -5.0

(3) -6

(4) -6.0

09 다음 프로그램의 결과는?

```
class Test {
  public static void main ( String [] args ) {
    String  s = new String("true");
    Boolean b = new Boolean( true );
    if( s.equals( b ))
        System.out.println("equals");
  }
}
```

(1) 아무것도 출력되지 않는다.

(2) "equals"가 출력된다.

(3) 컴파일 에러가 발생한다.

(4) 예외가 발생한다.

10 다음 프로그램의 결과는?

```
class Test {
  public static void main ( String [] args ) {
      String  s = "JAVA에서";
      s.substring(0,2);
      s.concat("완성");
      s+="도전";
      System.out.println(s);
  }
}
```

(1) JAVA완성도전

(2) JAVA에서완성도전

(3) JAVA에서도전

(4) JAVA에서

11 다음 프로그램의 출력 결과는?

```
class Test  {
    public static void main ( String [] args ) {
        int result ;
        String s = "Java is excellent language";
        result = s.indexOf("e");
        System.out.println( result );
    }
}
```

(1) 아무것도 출력되지 않는다.
(2) 7
(3) 8
(4) 9

12 문자열의 앞뒤에 있는 공백을 제거하는 메소드는?

(1) append()
(2) indexOf()
(3) substring()
(4) trim()

9.7 코딩 해보기

```
class Person {
    String name;
    String personNumber;
}
```

1. 위 Person 클래스의 equals() 메소드를 오버라이딩해서 주민등록번호가 같으면 인스턴스로 판별하는 프로그램을 만들어봅시다.

2. 1~100,000,000까지 더하기하는 연산의 실행 시간을 측정하는 프로그램을 만들어봅시다.

3. 사용자에게 이름을 입력받아 입력받은 문자열을 정상적인 문자열의 이름으로 표현하는지 판별하고, 공백으로 입력되었는지도 판별하는 프로그램을 만들어봅시다.

4. 자신의 생일을 기준으로 오늘까지 몇 일을 살았는지 출력하는 프로그램을 만들어봅시다.

9.8 프로젝트-5

이번 Chapter에서는 메뉴를 두고 연락처의 입출력 및 관리가 프로그램이 종료되지 않고 유지가 되도록 하는 프로그램을 만들어봅시다.

1. 아래의 흐름이 유지가 되도록 메뉴를 무한반복 처리해 봅시다.

```
============================
연락처 관리프로그램
1. 연락처 입력
2. 연락처 검색
3. 연락처 수정
4. 연락처 삭제
5. 연락처 전체 리스트 보기
6. 종료
============================
```

2. 입력 또는 수정할 때 공백 문자열을 입력받으면 다시 입력받도록 흐름을 만들어봅시다.

3. 입력할 때 전화번호가 같은 데이터가 입력되면 입력이 되지 않도록 흐름을 만들어봅시다.

First Java

CHAPTER

10 예외처리

10
예외처리

First Java

10.1 예외처리

10.1.1 오류

오류란 프로그램이 구동 중에 어떤 원인으로 잘못된 동작을 하거나 비정상적으로 종료되는 경우를 말합니다. 오류의 첫 번째 형태는 작성된 코드의 문법적인 오류로 인해 java 소스 파일을 .class 파일로 컴파일 하는 과정에서 발생하는 오류이고, 두 번째 형태는 정상적으로 컴파일이 된 후 프로그램이 실행되는 과정에서 발생하는 오류입니다. 예를 들면 프로그램이 실행 중에 참조변수의 값이 null인데도 null 값으로 변수를 참조하거나 메소드를 호출할 때 발생하는 오류 입니다. 세 번째 형태는 논리적인 오류입니다. class 파일로 컴파일 하는 것도 정상적이고, 프로그램의 실행 과정에서도 문제가 없으나 프로그래머의 의도와는 다른 형태로 동작하는 경우입니다. 예를 들면 특정 데이터로 나이를 계산하는데 음수가 결과로 나온다면 문제가 되는 것입니다. 나이의 표현은 음수로 표현하지 않기 때문 입니다.

JAVA에서는 이러한 오류를 에러(error), 예외(Exception), 실행예외(RuntimeExceptoin) 세가지 형태로 나누어 관리합니다. 에러의 경우 컴퓨터의 하드웨어의 오작동이나 고장으로 인해 프로그램이 비정상적으로 종료하는 경우로 메모리 부족상태와 같이 발생하면 복구가 불가능한 심각한 오류입니다. 가상머신(JVM)의 실행에서 발생하는 문제이기 때문에 개발자가 대처 하지 못하는 상태입니다. 오류가 발생했지만 프로그램 내에서 대처가 가능한 조금은 덜 심각한 오류를 예외 또는 실행 예외라고 합니다. 예외가 발생하면 비정상적으로 종료된다는 것은 에러와 마찬가지로 동일 합니다. 하지만 예외는 보통 개발의 실수에 의해서 발생하기 때문에 예외처리를 통해 비정상적인 종료를 막고 정상적인 실행 상태를 유지할 수 있도록 할 수 있기 때문에 우리는 에러 보다는 예외 상황에 대한 처리가 필요합니다.

10.1.2 예외 처리

예외는 프로그래머가 예외 상황이 발생하지 않도록 코드를 수정해주면 비정상적인 종료를 막을 수 있습니다. 예외의 처리는 프로그램의 실행 상태에서 발생 가능한 예외 상황에서 대처할 수 있는 코드를 추가하여 비정상적인 종료를 막고 정상적인 상태를 유지할 수 있도록 하는 것입니다.

if를 이용한 예외 처리

아래 예제는 if 구문을 이용한 예외 처리하는 예제입니다.

```java
package chapter10;

import java.util.Scanner;

public class ExceptionIfUse {

  public static void main(String[] args) {

    Scanner sc = new Scanner(System.in);

    System.out.println("정수 두 개를 입력해주세요.");
    System.out.println("정수 1 >");
    int num1 = sc.nextInt();

    System.out.println("정수 1 >");
    int num2 = sc.nextInt();

    if(num2 == 0) { // 나누는 수 num2가 0이면 메소드 종료
        System.out.println("0으로 나누기는 불가능합니다.");
        System.out.println("프로그램을 종료합니다.");
        return;
    }
```

```
24        System.out.println("num1/num2=" + (num1 / num2));
25    }
26  }
```

👉 **결과(Console)**

정수 두 개를 입력해주세요.
정수 1 >
10
정수 1 >
0
0으로 나누기는 불가능합니다.
프로그램을 종료합니다.

🗒️ try catch 구문을 이용한 예외 처리

예외 상황은 앞의 예제처럼 if 구분을 통해서도 예외에 대한 처리를 할 수 있습니다. 하지만 if 구분의 경우 프로그램의 흐름 즉 사용자 요청 또는 이벤트에 따라 프로그램의 처리 흐름을 결정하게 됩니다. 이렇게 프로그램의 흐름의 제어와 예외처리를 하는 구문을 혼합해서 쓴다면 코드가 복잡해지고 관리가 어려워지게 됩니다. 그래서 JAVA에서는 예외처리를 위해서 try-catch 구문을 이용해서 예외처리를 할 수 있도록 지원합니다. if 구문을 사용하지 않고 try-catch 구문을 사용해서 예외처리를 하는 문법은 아래와 같습니다.

```
try {
    // try 영역
    // 예외가 발생이 예상되는 구문
} catch(예외클래스타입 변수 명) {
    // catch 영역
    // 예외가 발생했을 때 처리할 구문
}
```

try 블록은 예외 발생이 예상되는 구문을 감싸는 목적으로 사용됩니다. catch 블록은 예외상황이 발생했을 때 처리할 목적으로 사용됩니다. 이렇게 예외가 발생 예상되는 블록 (try)과 처리블록(catch)을 나눔으로써 구문이 간결해지고 처리가 쉬워집니다.

try~catch 구문의 흐름

try 블록에서 예외가 발생하면 예외가 발생된 구문 아래의 구문은 실행되지 않습니다. 그리고 예외 처리가 가능한 catch 블록으로 이동해서 예외 처리를 하게 됩니다. 일반적으로 많이 발생할 수 있는 예외상황을 통해 예외 처리의 흐름을 알아보겠습니다.

```
                예외타입의 참조 값 전달                              예외 발생
                                                            예외타입의 인스턴스 생성
try {
  System.out.println("나눗셈의 몫: "+( num1/num2 ) );
  System.out.println("나눗셈의 연산이 정상적으로 처리되었습니다.“);
}
catch( ArithmeticException e) {      전달된 예외타입을 받을 수 있으면 예외처리
  System.out.println("나눗셈 불가능");
  System.out.println(e.getMessage());
}
System.out.println("프로그램을 종료합니다.");
```

try 블록의 첫 번째 문장의 나누기 연산에서 num2의 값이 0일 경우 예외가 발생하게 됩니다. try 구문은 0으로 나누어지는 예외상황 발생을 감지하고, 가상머신(JVM)은 해당 예외의 인스턴스를 생성해서 예외 인스턴스의 참조 값을 catch 구문으로 전달합니다. catch 구문의 매개변수 정의 영역에서 해당 예외 타입의 매개변수가 있는 catch 구문에서 정의된 예외처리가 되고, try-catch 구문이 종료가 됩니다. 예외가 발생한 아래 연산 구문은 실행되지 않습니다.

실행의 단계를 정리하면 아래와 같습니다.

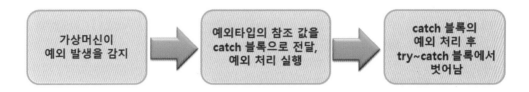

발생한 예외 인스턴스의 타입이 **catch** 구문에 정의되어 있지 않은 경우 프로그램은 비정 상적인 종료가 됩니다. 따라서 예외가 예상되는 예외 클래스의 타입으로 **catch** 구문이 정의 되어야 합니다. 예외 타입의 인스턴스에는 아래와 같은 메소드를 사용할 수 있습니다.

- getMessage( ) : 발생한 예외의 메시지 문자열을 반환합니다.
- printStackTrace( ) : 발생한 예외클래스이름과 메시지, 호출 메소드의 실행 순서 를 출력합니다.

아래 예제는 **If**를 사용해서 예외처리를 했던 앞의 예제를 **try~catch**구문을 이용해서 예외처리를 하는 예제입니다.

```java
1    package chapter10;
2
3    import java.util.Scanner;
4
5    public class ExceptionTryCatch {
6
7      public static void main(String[] args) {
8
9        Scanner sc = new Scanner(System.in);
10       System.out.println("정수 두 개를 입력해주세요.");
11       System.out.println("정수 1 >");
12       int num1 = sc.nextInt();
13
14       System.out.println("정수 1 >");
15       int num2 = sc.nextInt();
16
17       try {
18
```

```
19          System.out.println("num1/num2=" + (num1 / num2)); // 예외
               발생 예상 지점
20
21      } catch (ArithmeticException e) {
22          System.out.println("0으로 나누기는 불가능합니다.");
23          System.out.println("프로그램을 종료합니다.");
24
25          System.out.println(e.getMessage()); // 예외 인스턴스의 메소드
26          e.printStackTrace();
27      }
28    }
29 }
```

🔗 결과(Console)

```
정수 두 개를 입력해주세요.
정수 1 >
10
정수 1 >
0
0으로 나누기는 불가능합니다.
프로그램을 종료합니다.
/ by zero   getMessage() 출력
java.lang.ArithmeticException: / by zero   printStackTrace() 실행
   at chapter10.ExceptionTryCatch.main(ExceptionTryCatch.java:17)
```

---

try 구문에서 발생이 예상되는 예외가 여러 개 라면 아래와 같이 catch 구문을 추가해서 예외처리가 가능합니다.

```
try {
    예외가 발생이 예상되는 구문
} catch ( 예외클래스타입1 변수 명 ) {
    예외가 발생했을 때 처리할 구문
} catch ( 예외클래스타입2 변수 명 ) {
    예외가 발생했을 때 처리할 구문
} catch ( 예외클래스타입3 변수 명 ) {
    예외가 발생했을 때 처리할 구문
}
```

첫 번째 catch 구문부터 예외처리가
가능한지 확인 후 처리

예외처리를 해야 할 코드가 여러 개일 경우 try 블록 안에 예외 발생이 예측되는 코드를
try 블록 안에 정의해주고 예외 처리할 catch 블록을 차례로 정의해주면 됩니다. try
블록 안에서 예외가 발생하면 try~catch 블록으로 예외 인스턴스를 전달합니다. 이때
첫 번째 catch 블록부터 해당 인스턴스를 매개 변수로 받을 수 있는 예외 타입의 매개
변수를 순서대로 찾아 나갑니다. 이때 예외 인스턴스를 받아 처리할 수 있는 catch블록에
서 예외처리를 하고 try~catch 블록을 벗어납니다.

```
 1   package chapter10;
 2
 3   import java.util.InputMismatchException;
 4   import java.util.Scanner;
 5
 6   public class ExceptionTryMultiCatch {
 7
 8     public static void main(String[] args) {
 9       Scanner sc = new Scanner(System.in);
10
11       try {
12         System.out.println("정수 두 개를 입력해주세요.");
13         System.out.println("정수 1 >");
14         int num1 = sc.nextInt();
15
16         System.out.println("정수 1 >");
```

```
17              int num2 = sc.nextInt();
18
19              System.out.println("num1/num2=" + (num1 / num2));
20
21          } catch (ArithmeticException e) {  // 가장 위에 있는 catch 블록부터
                확인합니다.
22              System.out.println("0으로 나누기는 불가능합니다.");
23              System.out.println("프로그램을 종료합니다.");
24              System.out.println(e.getMessage());
25              e.printStackTrace();
26          } catch (InputMismatchException e) {
27              System.out.println("올바른 숫자를 입력하지 않았습니다.");
28          } catch (Exception e) {
29              System.out.println("오류가 발생했습니다.");
30          }
31      }
32  }
```

아래 결과는 sc.nextInt() 메소드에서 발생한 InputMismatchException 예외에 대한 예외처리가 되는 결과입니다.

결과(Console)

정수 두 개를 입력해주세요.
정수 1 >
a
올바른 숫자를 입력하지 않았습니다.

아래 결과는 sc.nextInt() 메소드에서 발생한 InputMismatchException 예외에 대한 예외처리가 되는 결과입니다.

🖐 **결과(Console)**

정수 두 개를 입력해주세요.
정수 1 >
10
정수 1 >
0
0으로 나누기는 불가능합니다.

아래 예제는 첫 번째 catch 구문의 매개변수 예외 타입이 Exception인 경우의 예제입니다.

```java
1   package chapter10;
2
3   import java.util.InputMismatchException;
4   import java.util.Scanner;
5
6   public class ExceptionTryMultiCatch2 {
7
8     public static void main(String[] args) {
9       Scanner sc = new Scanner(System.in);
10
11      try {
12
13        System.out.println("정수 두 개를 입력해주세요.");
14        System.out.println("정수 1 >");
15        int num1 = sc.nextInt();
16
17        System.out.println("정수 1 >");
18        int num2 = sc.nextInt();
19
20        System.out.println("num1/num2=" + (num1 / num2));
21
22      } catch (Exception e) { // 상위 타입이기 때문에 아래의 예외 처리는 불가
```

```
23            System.out.println("오류가 발생했습니다.");
24          } catch (ArithmeticException e) {
25            System.out.println("0으로 나누기는 불가능합니다.");
26            System.out.println("프로그램을 종료합니다.");
27            System.out.println(e.getMessage());
28            e.printStackTrace();
29          } catch (InputMismatchException e) {
30            System.out.println("올바른 숫자를 입력하지 않았습니다.");
31          }
32        }
33    }
```

💿 **결과(Console)**

```
Exception in thread "main" java.lang.Error: Unresolved compilation
    problems:
  Unreachable catch block for ArithmeticException. It is already
    handled by the catch block for Exception
  Unreachable catch block for InputMismatchException. It is already
    handled by the catch block for Exception

  at chapter10.ExceptionTryMultiCatch.main
    (ExceptionTryMultiCatch.java:20)
```

위 예제의 예외처리는 맨 앞에 **Exception** 타입의 예외처리가 되기 때문에 하위 타입의 예외가 발생하더라도 **Exception** 타입의 예외처리를 하는 **catch** 블록에서 모두 처리가 됩니다. 따라서 아래에 있는 예외처리 블록은 사용이 되지 않는 구문이 되는 것입니다. 여러 개의 예외 처리를 하는 경우에는 예외클래스의 상위 타입인 **Exception**클래스로 예외 처리하는 **catch**블록은 아래에 두어 처리를 하는 것이 좀 더 자세한 예외처리를 할 수 있습니다.

finally

try-catch 구분에서 finally 추가해서 사용할 수 있는 있습니다.

```
try {
    예외가 발생이 예상되는 구문
} catch(예외클래스타입 변수 명) {
    예외가 발생했을 때 처리할 구문
} finally {
    예외 발생 유무와 상관없이 try 구문에 진입하면 무조건 실행되는 구문
}
```

finally 구문은 try 블록의 구문이 실행되면 반드시 실행합니다. 중간에 예외가 발생하는 경우도 또는 발생하지 않는 경우도 이 finally 블록은 실행하게 됩니다. 또한 중간에 메소드를 종료시키는 return 문이 실행되더라도 finally 구문은 실행되고 난 다음 메소드를 종료하게 됩니다. finally 블록은 반드시 실행하는 특징으로 파일의 입출력 처리나 데이터베이스 처리에서 사용하게 됩니다. 아래 예제는 try~catch~finally 블록을 사용하는 예제입니다. 예외가 발생 할 때나 발생하지 않을 때에도 finally 블록의 출력문은 실행합니다.

```
1    package chapter10;
2
3    import java.util.Scanner;
4
5    public class ExceptionTryCatchFinally {
6
7      public static void main(String[] args) {
8
9        Scanner sc = new Scanner(System.in);
10       System.out.println("정수 두 개를 입력해주세요.");
11       System.out.println("정수 1 >");
12       int num1 = sc.nextInt();
13
```

```
14        System.out.println("정수 1 >");
15        int num2 = sc.nextInt();
16
17        try {
18
19            System.out.println("num1/num2="+(num1/num2));
20
21        } catch ( ArithmeticException e ) {
22            System.out.println("0으로 나누기는 불가능합니다.");
23            System.out.println(e.getMessage());
24        } finally {
25            System.out.println("프로그램을 종료합니다.");
26        }
27    }
28 }
```

아래 결과는 예외처리 없이 정상 처리되고 finally 구문이 실행되는 결과입니다.

👉 **결과(Console)**

정수 두 개를 입력해주세요.
정수 1 >
1
정수 1 >
2
num1/num2=0
프로그램을 종료합니다.

아래 결과는 예외처리 되고 finally 구문이 실행되는 결과입니다.

🔊 **결과(Console)**

정수 두 개를 입력해주세요.
정수 1 >
10
정수 1 >
0
0으로 나누기는 불가능합니다.
/ by zero
프로그램을 종료합니다.

---

try 구문을 사용할 때에는 catch 블록이나 finally 블록의 사용이 필수가 아닙니다.
그래서 아래와 같은 구조로도 try 문장을 구성 할 수 있습니다.

try {
} catch(Exception e) {
}
	예외 처리를 합니다.

try {
} finally {
}
	예외 처리 없이 반드시 처리해야 하는 코드가 있을 때 사용합니다.

try {
} catch(Exception e) {
} finally {
}
	예외처리와 반드시 처리할 코드가 있을 때 사용합니다.

try {
} catch(Exception1 e) {
} catch(Exception2 e) {
} ...
finally {
}
	try 블록에 여러 개의 예외 처리가 되어야 하고 반드시 처리해야 할 코드가 있을 때 사용합니다.

10.2 예외클래스

10.2.1 예외 클래스의 계층

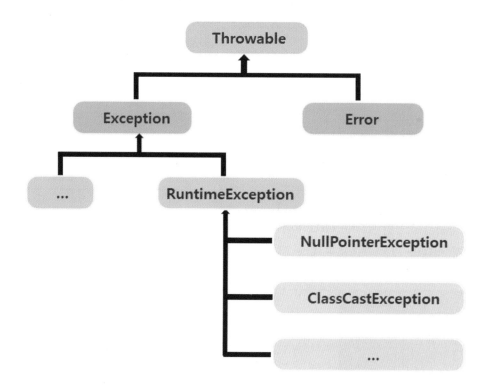

예외 클래스의 계층에서 모든 예외 클래스의 최상위 클래스는 Throwable 클래스입니다. 이 클래스의 파생클래스로 Error 클래스와 Exception 클래스가 있는데 우리가 예외처리 에서 다루는 클래스는 Exception 클래스를 상속하는 클래스들 입니다. Exception 클래스의 파생 클래스 중 RuntimeException 클래스를 상속하는 클래스들은 우리가 필수적으로 예외처리를 해주어야 합니다.

10.2.2 JAVA에서 제공하는 예외 클래스

Exception클래스를 상속하는 클래스에는 RuntimeException, IOException, SQLException 클래스 등의 파생 클래스들이 있습니다. 대표적인 파생 클래스 몇 가지를 살펴보겠습니다.

ClassNotFoundException

클래스를 찾지 못했을 때의 예외 클래스입니다.

```
1    package chapter10;
2
3    public class ExceptionClassTest1 {
4
5      public static void main(String[] args) {
6
7        try {
8
9          Class.forName("Example"); // 예외발생
10
11        } catch (ClassNotFoundException e) {
12          e.printStackTrace();
13        }
14      }
15    }
```

🖐 결과(Console)

```
java.lang.ClassNotFoundException: Example
    at java.net.URLClassLoader.findClass(Unknown Source)
    at java.lang.ClassLoader.loadClass(Unknown Source)
    at sun.misc.Launcher$AppClassLoader.loadClass(Unknown Source)
    at java.lang.ClassLoader.loadClass(Unknown Source)
    at java.lang.Class.forName0(Native Method)
    at java.lang.Class.forName(Unknown Source)
    at chapter10.ExceptionClassTest1.main(ExceptionClassTest1. java:9)
```

JAVA API 문서를 보면 Class 클래스에 정의되어 있는 forName 메소드는 ClassNot
FoundException을 예외처리 하도록 정의 되어 있습니다. 이처럼 우리가 사용하는 JAVA
API 라이브러리들은 API 문서를 확인 하고 적절한 예외처리를 해주어야 합니다.

```
forName

public static Class<?> forName(String className)
                    throws ClassNotFoundException

Returns the Class object associated with the class or interface with the given string name. Invoking this method is equivalent to:

    Class.forName(className, true, currentLoader)

where currentLoader denotes the defining class loader of the current class.

For example, the following code fragment returns the runtime Class descriptor for the class named java.lang.Thread:

    Class t = Class.forName("java.lang.Thread")

A call to forName("X") causes the class named X to be initialized.

Parameters:
className - the fully qualified name of the desired class.
Returns:
the Class object for the class with the specified name.
Throws:
LinkageError - if the linkage fails
ExceptionInInitializerError - if the initialization provoked by this method fails
ClassNotFoundException - if the class cannot be located
```

ArithmeticException

0으로 나누는 연산이 되었을 때의 예외클래스입니다.

```java
1    package chapter10;
2
3    import java.util.Scanner;
4
5    public class ArithmeticExceptionTest {
6
7      public static void main(String[] args) {
8
9        Scanner sc = new Scanner(System.in);
10
11       try {
12
13          System.out.println("나누는 수를 입력해주세요.");
14          int num = sc.nextInt();
15
16          int result = 10 / num; // 예외발생
```

```
17
18            System.out.println("10/"+num+" = " + result);
19
20        } catch (ArithmeticException e) {
21            System.out.println("0으로 나눌수 없습니다.");
22            e.printStackTrace();
23        }
24    }
25 }
```

👌 **결과(Console)**

```
나누는 수를 입력해주세요.
0
0으로 나눌 수 없습니다.
java.lang.ArithmeticException: / by zero
  at chapter10.ArithmeticExceptionTest.main
    (ArithmeticExceptionTest.java:14)
```

🐾 ArrayIndexOutOfBoundsException

배열이 가지는 index의 범위를 벗어난 index를 지정 했을 때 발생하는 예외클래스입니다.

```
1    package chapter10;
2
3    import java.util.Scanner;
4
5    public class ArrayIndexOutOfBoundsExceptionTest {
6
7        public static void main(String[] args) {
8
```

```
9          Scanner sc = new Scanner(System.in);
10
11         int[] numbers = {1,2,3,4,5};
12
13         try {
14            System.out.println("참조 하고자 하는 배열의 index 값을
                 입력하세요");
15            int index = sc.nextInt();
16            System.out.println("numbers[" + index + "] = " +
                 numbers[index]); // 예외발생
17
18         } catch (ArrayIndexOutOfBoundsException e) {
19            System.out.println("index의 범위를 벗어납니다.");
20            e.printStackTrace();
21         }
22
23      }
24
25   }
```

👉 **결과(Console)**

배열의 index 값을 입력하세요.
5
index의 범위를 벗어납니다.
java.lang.ArrayIndexOutOfBoundsException: 5
  at chapter10.ArrayIndexOutOfBoundsExceptionTest.main
     (ArrayIndexOutOfBoundsExceptionTest.java:16)

NegativeArraySizeException

음수의 크기로 배열 크기를 정의 했을 때 발생하는 예외클래스입니다.

```java
1    package chapter10;
2
3    import java.util.Scanner;
4
5    public class NegativeArraySizeExceptionExceptionTest {
6
7      public static void main(String[] args) {
8
9        Scanner sc = new Scanner(System.in);
10
11       int[] numbers = null;
12
13       try {
14         System.out.println("배열의 사이즈 값을 입력하세요");
15         int size = sc.nextInt();
16         numbers = new int[size]; // 예외발생
17       } catch (NegativeArraySizeException e) {
18         System.out.println("배열 생성 시에 배열의 사이즈를 음수로 지정할 수
                없습니다.");
19         e.printStackTrace();
20       }
21     }
22   }
```

결과(Console)

```
배열의 사이즈 값을 입력하세요.
-10
배열 생성 시에 배열의 사이즈를 음수로 지정할 수 없습니다.
java.lang.NegativeArraySizeException
  at chapter10.NegativeArraySizeExceptionExceptionTest.main
    (NegativeArraySizeExceptionExceptionTest.java:16)
```

🪨 NullPointerException

참조변수에 null 값이 있는 상태에서 변수를 참조하거나 메소드를 호출할 때 발생하는 예외클래스입니다.

```java
1   package chapter10;
2
3   import java.util.Scanner;
4
5   public class NullPointerExceptionExceptionTest {
6
7     public static void main(String[] args) {
8
9       Scanner sc = null;
10
11      try {
12
13        System.out.println("나누는 수를 입력해주세요.");
14        int num = sc.nextInt(); // 예외발생
15        int result = 10 / num;
16
17        System.out.println("10/"+num+" = " + result);
18
19      } catch (NullPointerException e) {
20        System.out.println("참조변수가 null을 참조하고 있습니다.");
21        e.printStackTrace();
22      }
23    }
24  }
```

🔎 결과(Console)

나누는 수를 입력해주세요.
참조변수가 null을 참조하고 있습니다.
java.lang.NullPointerException

```
at chapter10.NullPointerExceptionExceptionTest.
    main(NullPointerExceptionExceptionTest.java:13)
```

10.3 사용자정의 예외 클래스

프로그래밍 과정에서 기능과 흐름을 만들 때 앞서 살펴본 JAVA에서 제공하는 예외 클래스로 예외 처리뿐 아니라 논리적인 예외사항이 발생 했을 때에도 예외처리가 필요합니다. 이때 논리적인 예외사항을 예외 처리하기 위한 예외 클래스를 정의 할 수 있습니다.

10.3.1 명시적 예외 발생

예외의 발생을 가상머신(JVM)에서 발생 시키는 것이 아니라 프로그래머가 직접 발생 시킬 수 있습니다. 예외를 발생 시키는 방법은 아래와 같습니다.

```
// 예외클래스 타입의 인스턴스 생성
Exception e = new Exception("예외 발생!!");

// 예외 발생 알림
throw e;
```

아래 예제는 사용자가 예외를 발생시키는 예제입니다.

```
1   package chapter10;
2
3   import java.util.Scanner;
4
5   public class ThrowExceptionTest {
6
7     public static void main(String[] args) {
```

```
8
9        Scanner sc = new Scanner(System.in);
10
11       System.out.println("국어점수를 입력하세요.");
12       int score = sc.nextInt();
13
14       try {
15
16         if (!(score >= 0 && score < 100)) {
17           Exception e = new Exception(); // 예외 인스턴스 생성
18           throw e; // 강제로 예외 발생 : 가상머신에 예외 발생 알림
19         }
20
21       } catch (Exception e) {
22         e.printStackTrace();
23       }
24     }
25   }
```

🐾 결과(Console)

국어점수를 입력하세요.
110
java.lang.Exception
  at chapter10.ThrowExceptionTest.main(ThrowExceptionTest. java:17)

10.3.2 사용자 정의 예외 클래스

예외 클래스를 정의하는 방법은 아래와 같습니다.

```
class 새로운 클래스이름 extends Exception {
    // 생성자
    새로운 클래스이름(){
        super("오류가 발생했습니다.");
    }
}
```

새로운 예외 클래스를 정의할 때에는 Exception 클래스를 상속해서 정의 합니다. Exception 클래스의 생성자중 문자열을 받아 message 문자열을 초기화 해주면, getMessage() 메소드를 통해서 예외에 대한 메시지 문자열을 받을 수 있습니다.

새로운 예외 클래스를 만들어봅시다. 사용자 입력 시에 잘못된 데이터를 입력했을 때 사용할 예외 클래스입니다.

```
class BadInputException extends Exception {
    // 생성자
    BadInputException (){
        super("사용자의 입력 값이 올바르지 않습니다.");
    }
}
```

아래 예제는 위에서 새롭게 정의한 예외 클래스를 이용해서 예외 처리하는 예제입니다.

```
1   package chapter10;
2
3   public class BadInputException extends Exception {
4       // 사용자 정의 예외클래스는 Exception 클래스를 상속해서 정의합니다.
5       // 생성자
```

```
6      BadInputException() {
7        super("사용자의 입력 값이 올바르지 않습니다.");
8      }
9
10   }
```

```
1    package chapter10;
2
3    import java.util.Scanner;
4
5    public class ThrowExceptionTest2 {
6
7      public static void main(String[] args) {
8
9        Scanner sc = new Scanner(System.in);
10
11       System.out.println("국어점수를 입력하세요.");
12       int score = sc.nextInt();
13
14       try {
15
16         if (!(score >= 0 && score < 100)) {
17           BadInputException e = new BadInputException(); // 예외
                 인스턴스 생성
18           throw e; // 강제로 예외 발생 : 가상머신에 예외 발생 알림
19         }
20
21       } catch (BadInputException e) {
22         e.printStackTrace();
23       }
24
25     }
26
27   }
```

> ☞ **결과(Console)**

국어점수를 입력하세요.
150
chapter10.BadInputException: 사용자의 입력 값이 올바르지 않습니다.
  at chapter10.ThrowExceptionTest2.main(ThrowExceptionTest2.
    java:17)

10.4 요약

■ 오류 (Error)

오류는 프로그램이 구동 중 어떤 원인에 의해서 잘못된 동작을 하거나 비정상적으로 종료되는 경우를 오류라고 합니다.

■ 예외 (Exception)

프로그램 내에서 처리가 가능한 오류를 예외 상황이라고 합니다.

■ 예외처리 블록

```
try {
// 예외 발생 예상 코드
} catch(Exception e) {
// 예외처리
}
```

```
try {
} finally {
//반드시 처리해야 하는 코드
}
```

```
try {
// 예외 발생 예상 코드
} catch(Exception e) {
// 예외처리
} finally {
//반드시 처리해야 하는 코드
}
```

```
try {
// 예외 발생 예상 코드
} catch(Exception e) {
// 예외처리
} finally {
//반드시 처리해야 하는 코드
}
```

■ **예외처리의 흐름**

■ **JAVA에서 제공하는 예외 클래스**

JAVA에서는 예외 처리를 위한 클래스로서 java.lang.Exception 클래스 제공하고 있습니다. 예외가 발생되면 가상머신에서 해당 예외 상황을 나타내는 Exception 클래스 인스턴스를 생성해서 프로그램으로 던지고 예외처리가 진행됩니다.

■ **사용자 정의 예외 클래스**

때에는 Exception 클래스를 상속해서 새로운 예외 클래스를 정의할 수 있습니다.

10.5 연습문제

01 예외가 발생이 예상되는 코드를 감싸는 블록의 키워드가 무엇인지 쓰시오.

(1) if

(2) try

(3) new

(4) catch

(5) finally

02 예외 처리를 위한 블록을 정의할 때 사용하는 키워드를 고르시오.

(1) if

(2) try

(3) new

(4) catch

(5) finally

03 예외 처리 중 반드시 실행해야 하는 코드들의 블록을 정의할 때 사용하는 키워드를 고르시오.

(1) if

(2) try

(3) new

(4) catch

(5) finally

04 예외 클래스를 모두 고르시오.

(1) ClassNotFoundException

(2) NullException

(3) ArithmeticException

(4) FileFoundException

(5) NegativeArraySizeException

(6) NullPointerException

05 강제적으로 예외를 발생 시키는 키워드를 쓰시오.

06 사용자 정의 예외 클래스를 정의할 때 상속하는 클래스를 쓰시오.

07 아래 예제 코드에서 빈 칸에 알맞은 키워드를 작성하시오.

```
try {
  if (!(score >= 0 && score < 100)) {
    Exception e = new Exception(); // 예외 인스턴스 생성
          (1)          e; // 강제로 예외 발생:가상머신에 예외 발생 알림
  }
}      (2)      (      (3)      e) {
  e.printStackTrace();
}
```

(1)

(2)

(3)

08 다음 프로그램의 출력 결과는?

```
class Test{
  static void method() {
    throw new Exception();
  }
  public static void main( String [] args ) {
      try{
        method();
      } catch( Exception ex ) {
        System.out.println("예외처리");
      }
  }
}
```

(1) 컴파일 에러가 발생한다.

(2) "예외처리"가 출력된다.

(3) 실행은 성공하나 아무것도 출력되지 않는다.

(4) 실행 시 예외가 발생하여 프로그램이 비정상적으로 종료한다.

09 다음 프로그램의 출력 결과는?

```java
class Test{
  public static void main( String [] args ) {
      try{
            return;
      } finally {
            System.out.println("FINALLY");
      }
  }
}
```

(1) 컴파일 에러가 발생한다.

(2) 컴파일 에러는 없으나 실행 시 예외가 발생한다.

(3) 실행은 성공하나 아무것도 출력되지 않는다.

(4) "FINALLY"라는 문장이 출력된다.

10 다음 프로그램의 출력 결과는?

```java
class Test{
  public static void main( String [] args ) {
      try{
        System.exit(0);
      } finally {
        System.out.println("FINALLY");
      }
  }
}
```

(1) 컴파일 에러가 발생한다.

(2) 컴파일 에러는 없으나 실행 시 예외가 발생한다.

(3) 실행은 성공하나 아무것도 출력되지 않는다.

(4) "FINALLY"라는 문장이 출력된다.

11 다음 프로그램에서 출력 결과로 "try"라는 단어가 출력되는 횟수는?

```java
class Test{
  static void method( int i ) throws Exception {
    if ( i % 2 == 0 ) throw new Exception();
  }
  public static void main( String [] args ) {
    for( int i=0; i <= 4 ; i++ ) {
      try{
          method( i );
          System.out.println("try");
      }catch( Exception ex ) {
          System.out.println("catch");
      }
    }
  }
}
```

12 다음 프로그램의 출력 결과는?

```java
import java.io.IOException;

class Test{
  static void method() throws IOException {
    throw new IOException();
  }
  public static void main( String [] args ) {
      try{
        method();
        System.out.println("TRY");
      } catch( IOException ex ) {
        System.out.println("IOEXCEPTION");
      } catch( Exception ex ) {
        System.out.println("EXCEPTION");
```

```
        } finally {
            System.out.println("FINALLY");
        }
        System.out.println("END");
    }
}
```

(1) 컴파일 에러

(2) 실행 시 예외발생으로 프로그램 비정상 종료

(3) IOEXCEPTION – FINALLY – END

(4) EXCEPTION – FINALLY – END

(5) TRY – IOEXCEPTION – END

13 다음 프로그램의 출력 결과는?

```
import java.io.IOException;

class Test{
    static void method() throws IOException {
        throw new IOException();
    }
    public static void main( String [] args ) {
        try{
            method();
            System.out.println("TRY");
        } catch( Exception ex ) {
            System.out.println("EXCEPTION");
        } catch( IOException ex ) {
            System.out.println("IOEXCEPTION");
        } finally {
            System.out.println("FINALLY");
        }
        System.out.println("END");
    }
}
```

(1) 컴파일 에러

(2) 실행 시 예외발생으로 프로그램 비정상 종료

(3) IOEXCEPTION – FINALLY – END

(4) EXCEPTION – FINALLY – END

(5) TRY – IOEXCEPTION – END

14 다음 프로그램의 출력 결과는?

```java
class Test{
    static String str = "";
    static void method( int i ){
        try{
          if ( i == 10 ) throw new Exception();
          str += "A";
        } catch( Exception ex ) {
          str += "B";
          return;
        } finally {
          str += "C";
        }
          str += "D";
    }
    public static void main( String [] args ) {
        method( 5 );
        method( 10);
        System.out.println(str);
    }
}
```

10.6 코딩 해보기

1. 콘솔에서 사용자 아이디를 입력 받아 정상적인 영문자와 숫자로만 이루어진 값을 입력했는지 확인하는 프로그램을 만들어봅시다.

   ① 사용자 예외 클래스를 정의해서 예외를 발생 시켜 봅시다.

   ② 예외 클래스 이름은 BadIdInputException이라고 하고 정의합시다.

2. Scanner 클래스로 태어난 년도를 입력 받을 때 int 타입으로 받도록 합시다.

   ① 이때 nextInt() 메소드를 사용하게 되는데 이때 발생하는 예외처리를 하도록 합시다.

10.7 프로젝트-6

앞 Chapter에서 구현한 프로젝트 프로그램을 기반으로 합니다.

1. 메뉴 입력 시 발생할 수 있는 예외에 대하여 예외 처리합시다.

2. 연락처 이름 이력 시에 공백에 대한 예외처리와 영문자와 한글만 허용하는 예외 처리를 해 봅시다.

3. 전화번호 형식에 맞지 않을 때 예외처리를 하고 중복될 때 예외 상황이 발생하도록 하고 예외 처리를 합시다.

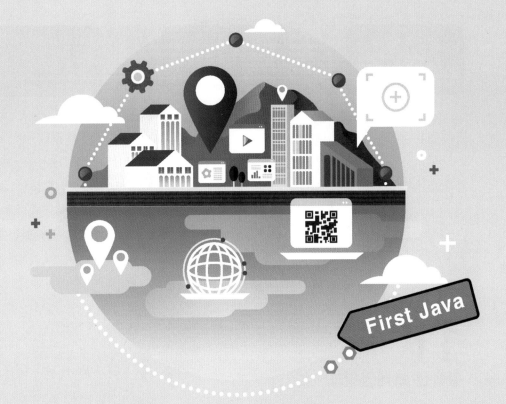

First Java

CHAPTER

11 컬렉션 프레임워크

11

컬렉션 프레임워크

First Java

11 컬렉션 프레임워크

First Java

11.1 제네릭

제네릭(generic)이란 다양한 타입의 자료형에 대하여 하나의 기능을 만들어 사용이 가능하도록 하는 프로그램 기법을 말합니다. 제네릭은 클래스를 정의하거나 메소드를 정의할 때 클래스 내부에서 사용할 객체의 자료형을 인스턴스를 생성 할 때 정의하도록 합니다. 이렇게 컴파일 시에 미리 자료형을 지정하면 클래스나 메소드를 정의 할 때 사용되는 객체의 자료형에 안정성을 높일 수 있습니다. JDK 1.5부터 도입된 제네릭을 사용하면 컴파일 시에 객체의 타입이 정해지므로, 타입 검사나 타입 변환과 같은 확인 작업을 생략할 수 있습니다. 제네릭의 구조는 JAVA의 Collection Framework에 적용되어 다양한 클래스를 제공합니다.

11.1.1 제네릭 클래스 정의

제네릭 타입의 사용방법은 클래스나 인터페이스를 < > 꺾쇠 괄호 안에 객체의 타입을 넣어 정의합니다. < > 안에는 객체의 타입을 삽입해서 사용하는데 일반적으로 한 문자를 사용해서 정의하고 변수처럼 사용하게 됩니다.

```
class MyClass<T>
interface MyInterface<T>
```

위의 예제 코드에서 사용된 <>안의 'T'를 타입 파라미터(type variable)라고 합니다. 타입 파라미터는 T라는 이름이 매개 변수화된 자료형임을 나타냅니다.

위 예제처럼 정의한 제네릭 클래스(generic class)를 생성할 때에는 타입 변수 자리에 사용할 실제 타입을 명시해야 합니다. T에 해당하는 자료형의 이름은 인스턴스를 생성하는 순간에 자료형이 정의가 되기 때문에 실행 시에 사용되는 자료형이 다른 타입을 사용하지 못하게 되므로 자료형의 사용이 안전한 상태로 실행이 되는 것입니다.

MyClass<String> myclass = new MyClass<String>();

MyClass<T> 대신에 MyClass<String>형식으로 인스턴스를 생성 했기 때문에 MyClass 에서 정의한 메소드들의 반환 타입과 매개변수 타입이 String으로 정의되어 실행됩니다.

타입 매개변수는 'T'만 있는 것이 아니라 다른 타입 파라미터가 있습니다.

- E - Element
- K - Key
- N - Number
- T - Type
- V - Value

아래 예제는 제네릭 구조의 클래스를 정의하고 T를 String 타입으로 정해 MyClass 인스턴스를 생성해서 사용하는 예제입니다. 파라미터 타입으로 인스턴스 변수, 생성자, 메소드의 매개변수 타입을 정의하고 있습니다.

```java
1   package chapter11;
2
3   public class MyClass<T> {
4     T val;
5     T getVal() {
6       return val;
7     }
8     void setVal(T val) {
9       this.val = val;
```

```
10      }
11
12      public static void main(String[] args) {
13        MyClass<String> myclass = new MyClass<String>();
14        myclass.setVal("KING");
15        System.out.println(myclass.getVal());
16      }
17    }
```

👉 **결과(Console)**

```
KING
```

타입 매개변수를 사용할 때 여러 개의 타입 매개변수를 사용할 수 있는데, 쉼표(,)로 구분하여 여러 타입 매개변수를 정의하여 사용합니다. 아래 예제 코드는 타입 매개변수 두 개를 이용해서 제네릭 타입의 인터페이스를 구성하고 하위 클래스를 정의하는 예제입니다. 제네릭 타입의 클래스나 인터페이스를 상속할 경우에는 확장 클래스에도 제네릭 타입으로 정의해주어야 합니다.

```
1    package chapter11;
2
3    public interface MyInterface<T1, T2> { // 클래스에 제네릭 타입변수를 지정
4
5      T1 method1(T1 t);
6      T2 method2(T2 t);
7
8    }
```

```
1    package chapter11;
2
3    public class MyInterfaceImpl<T1, T2> implements MyInterface<T1,
```

```
     T2> {
 4
 5     @Override
 6     public T1 method1(T1 t) {
 7       return t;
 8     }
 9
10     @Override
11     public T2 method2(T2 t) {
12       return t;
13     }
14   }
```

```
 1   package chapter11;
 2
 3   public class MyInterfaceImplMain {
 4
 5     public static void main(String[] args) {
 6       MyInterfaceImpl<String, Integer> my = null;  // 제네릭 타입 변수
           선언
 7       my = new MyInterfaceImpl<String, Integer>(); // 제네릭 타입
           인스턴스 생성
 8       System.out.println(my.method1("Ten"));
 9       System.out.println(my.method2(10));
10     }
11   }
```

🔗 결과(Console)

KING

11.1.2 제네릭 타입의 메소드

타입 파라미터는 클래스 선언에서뿐만 아니라 메소드에 매개변수나 반환 타입으로도 사용할 수 있습니다. 제네릭 타입의 메소드 선언은 반환 타입 앞에 타입 파라미터를 명시하고, 매개변수를 정의할 때에는 변수의 타입을 명시하는 위치에 타입 파라미터를 명시하면 됩니다. 매개변수의 데이터 타입에 따라 타입이 결정되기 때문에 메소드 호출 시에 타입 파라미터의 표현은 생략이 가능합니다.

```
public <타입 파라미터> 반환타입 메소드이름(<타입 파라미터> 변수이름, …) {…}
```

아래 예제는 제네릭 타입의 메소드를 구현하는 예제입니다.

```java
1   package chapter11;
2
3   public class ShowString {
4     String name;
5     public ShowString(String name) {
6       this.name = name;
7     }
8     @Override
9     public String toString() {
10      return name;
11    }
12  }
```

```java
1   package chapter11;
2
3   public class ShowInteger {
4     int number;
5     public ShowInteger(int number) {
6       this.number = number;
7     }
```

```
8      @Override
9      public String toString() {
10       return String.valueOf(number);
11     }
12   }
```

```
1    package chapter11;
2
3    public class GenericMethodByType {
4      public <T> void introduce(T t) {
5        System.out.println("안녕하세요. "+t.toString()+"입니다.");
6      }
7    }
```

```
1    package chapter11;
2
3    public class GenericMethodMain {
4
5      public static void main(String[] args) {
6
7        ShowInteger showInteger = new ShowInteger(100);
8        ShowString showString = new ShowString("손흥민");
9
10       GenericMethodByType byType = new GenericMethodByType();
11       byType.<ShowInteger>introduce(showInteger); // 제네릭타입의
            메소드 호출
12       byType.introduce(showString); // 제네릭타입을 생략한 메소드 호출
13     }
14   }
```

☞ 결과(Console)

```
안녕하세요. 100입니다.
안녕하세요. 손흥민입니다.
```

제네릭 메소드의 타입 파라미터의 제한

제네릭 메소드의 타입 파라미터를 정의할 때 타입의 상속관계를 이용해서 타입 파라미터를
제한할 수 있습니다.

<T extends 상위클래스이름>

제네릭 타입 T가 상위클래스를 상속하는 경우 또는 구현하는 타입임을 정의하고 있는 것입
니다. extrends 키워드로 정의를 해주면 제네릭 타입의 T는 메소드 호출 시에 상위클래
스를 상속하거나 구현하는 클래스 타입만을 매개변수의 데이터로 전달할 수 있습니다. 아
래 코드는 Phone 인터페이스를 상속하는 타입으로 제한하는 제네릭 코드입니다.

<T extends Phone>

아래 코드는 타입을 제한하는 메소드를 구현하는 예제입니다.

```
1   package chapter11;
2
3   import chapter10.phone.Phone;
4
5   public class GenericMethodByType2 {
6     // 제네릭 타입 t를 Phone클래스를 상속하는 클래스 타입으로 제한
7     public <T extends Phone> void introduce(T t) {
8       System.out.println("안녕하세요. "+t.toString()+"입니다.");
9     }
10  }
```

```
1   package chapter11;
2
3   public class GenericMethodMain2 {
```

```
4
5      public static void main(String[] args) {
6
7        ShowInteger showInteger = new ShowInteger(100);
8        ShowString showString = new ShowString("손흥민");
9
10       GenericMethodByType2 byType = new GenericMethodByType2();
11       byType.<ShowInteger>introduce(showInteger); // 잘못된 타입의
            정의로 오류 발생
12
13     }
14  }
```

👉 결과(Console)

```
Exception in thread "main" java.lang.Error: Unresolved compilation
  problem:
  Bound mismatch: The generic method introduce(T) of type
    GenericMethodByType2 is not applicable for the arguments
    (ShowInteger). The inferred type ShowInteger is not a valid
    substitute for the bounded parameter <T extends Phone>
  at chapter12.GenericMethodMain2.main(GenericMethodMain2. java:11)
```

11.1.3 와일드카드를 이용한 제네릭 타입의 변수 정의

제네릭 타입에서 사용하는 와일드카드란 **"?"**로 표현하며 이름에 제한을 두지 않음을 명시하는데 사용합니다. 아래 코드는 제네릭 타입 파라미터가 **Phone** 인터페이스를 상속하는 모든 클래스임을 정의하고 있습니다.

와일드 카드를 사용하는 방식에는 세 가지가 있습니다.

- **<?>** : 제한 없음

  모든 클래스나 인터페이스 타입이 올 수 있습니다.

- **<? extends 상위타입의 클래스>**

  제네릭에서 정의한 타입의 클래스를 상속하는 클래스타입으로 제한합니다.

- **<? super 하위타입의 클래스>**

  제네릭에서 정의한 타입의 클래스가 상속하고 있는 클래스 타입으로 제한합니다.

제네릭 타입의 변수를 선언하는 방법은 아래와 같습니다.

<? extends Phone> 변수이름

아래 예제는 제네릭 타입의 와일드카드를 이용한 예제입니다.

```
1    package chapter11;
2
3    import chapter10.phone.SmartPhoneImpl;
4
5    public class GenericMethodByType3 {
6        // 제네릭 타입을 SmartPhoneImpl 클래스의 상위 클래스 타입으로 제한
7      public  void introduce(MyClass<? super SmartPhoneImpl> t) {
8        System.out.println("안녕하세요. "+t.toString()+"입니다.");
9      }
10   }
```

```
1    package chapter11;
2
3    import chapter10.phone.Phone;
4    import chapter10.phone.SmartPhoneImpl;
5
6    public class GenericMethodMain3 {
```

```
7      public static void main(String[] args) {
8
9          ShowInteger showInteger = new ShowInteger(100);
10             // SmartPhoneImpl 클래스의 상위 클래스인 Phone타입으로 제네릭 타입
                 정의
11         MyClass<Phone> my = new MyClass<Phone>();
12         my.val = new SmartPhoneImpl();
13
14         GenericMethodByType3 byType = new GenericMethodByType3();
15         byType.introduce(my);
16     }
17  }
```

> 🔊 **결과(Console)**
>
> ---
>
> 안녕하세요. chapter12.MyClass@15db9742입니다.

11.2 Collection

컬렉션 프레임워크(collection framework)는 다양한 클래스타입의 인스턴스 데이터를 저장하는 목적으로 만들어진 프레임워크입니다. 컬렉션 프레임워크는 자료 구조와 데이터를 처리하는 알고리즘을 구조화하여 클래스로 구현해 놓아 JAVA 프로그래밍에서 쉽게 자료구조 타입의 저장을 구현할 수 있도록 컬렉션 클래스들을 제공하고 있습니다. 컬렉션 프레임워크를 사용함으로써 얻는 장점은 우리가 데이터 처리를 위한 새로운 클래스를 구현하는 것 보다 이미 구현되어 있는 클래스를 사용함으로써 개발의 시간을 감소시키며 프로그램의 유지보수가 편리해집니다.

컬렉션 프레임워크 구성요소

- 컬렉션 인터페이스
- 컬렉션 클래스
- 컬렉션 알고리즘

컬렉션 프레임워크는 제네릭 타입의 인터페이스(interface)를 사용하여 구현되는데 주요 인터페이스는 아래와 같은 인터페이스가 정의되어 있습니다.

- List<E>
- Set<E>
- Map<K, V>

11.2.1 주요 인터페이스 간의 상속 관계

컬렉션 프레임워크를 구성하고 있는 인터페이스 간의 상속 관계는 아래 그림과 같습니다. Collection<E> 인터페이스를 확장하는 인터페이스로 Set<E>, list<E>가 있고, Collection<E> 인터페이스와 다른 저장 구조를 가지는 Map<K,V> 인터페이스가 있습니다. <E>나 <K, V>라는 것은 컬렉션 프레임워크를 구성하는 모든 클래스가 제네릭으로 표현되어 있음을 확인할 수 있습니다.

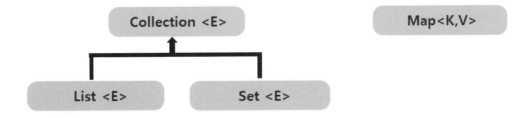

컬렉션 클래스 중 대표적인 컬렉션 클래스들은 아래와 같습니다.

인터페이스	구현클래스	설명
List<E>	ArrayList LinkedList Stack Vector등	순서가 있는 데이터의 집합입니다. 데이터의 중복을 허용합니다. 순차 처리와 일괄 처리가 가능합니다. ex.) 놀이 동산 놀이 기구의 대기 줄
Set<E>	HashSet TreeSet	순서를 유지하지 않는 데이터의 집합 입니다. 데이터의 중복을 허용하지 않습니다. 중복의 정의를 사용자가 할 수 있습니다. ex.) 양의 정수 집합, 소수의 집합
Map<K, V>	HashMap TreeMap Hashtable Properties 등	식별을 위한 키 값과 저장할 데이터로 이루어진 데이터의 집합입니다. 순서는 유지되지 않습니다. 키는 중복을 허용하지 않지만, 값은 중복을 허용합니다. ex.) 우편번호, 지역번호

11.2.2 Collection<E> 인터페이스

Collection 인터페이스는 자료구조를 다루는데 필요한 기능들을 정의하고, 그것을 메소드로 정의하고 있습니다. 그리고 컬렉션 클래스들은 이 인터페이스를 상속받아 구현하고 있습니다. Collection<E> 인터페이스에서는 아래와 같은 메소드를 정의하고 있습니다.

메소드	설명
boolean add(E e)	컬렉션에 요소를 추가합니다.
void clear()	컬렉션이 저장하고 있는 모든 요소를 제거합니다.
boolean contains(Object o)	컬렉션이 저장하고 있는 요소 중에 매개변수로 전달 받은 인스턴스를 포함하고 있는지를 확인합니다.
boolean equals(Object o)	컬렉션과 매개변수로 전달 받은 인스턴스가 같은지를 확인합니다.
boolean isEmpty()	컬렉션이 저장하고 있는 요소가 없는지를 확인합니다.
Iterator<E> iterator()	컬렉션의 Iterator<E>를 구현한 인스턴스를 반환합니다.
boolean remove(Object o)	컬렉션이 저장하는 요소 중 매개변수로 전달 받은 인스턴스를 제거합니다.
int size()	컬렉션이 저장하고 있는 요소의 총 개수를 반환합니다.
Object[] toArray()	컬렉션이 저장하고 있는 모든 요소를 Object 타입의 배열로 반환합니다.

11.2.3 컬렉션 클래스(collection class)

컬렉션 프레임워크에서 정의한 인터페이스(List<E>, Set<E>, Map<K, V>)를 구현하는 클래스들을 컬렉션 클래스(collection class)라고 합니다.

아래 이미지는 컬렉션 인터페이스를 구현하는 대표적인 클래스들의 상속관계입니다.

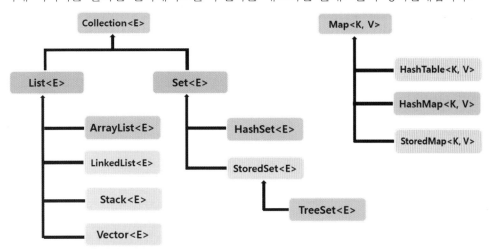

11.3 List⟨E⟩

List 인터페이스를 구현한 모든 List 컬렉션 클래스는 다음과 같은 특징을 가집니다.

- 요소의 저장 순서가 유지됩니다.
- 같은 요소의 중복 저장을 허용합니다.

대표적인 List 컬렉션 클래스에 속하는 클래스는 다음과 같습니다.

- ArrayList<E>
- LinkedList<E>
- Vector<E>
- Stack<E>

List 인터페이스는 Collection 인터페이스를 상속받으므로, Collection 인터페이스에서 정의한 메소드도 모두 사용할 수 있습니다.

List 인터페이스에서 제공하는 주요 메소드는 다음과 같습니다.

메소드	설명
boolean add(E e)	매개변수로 전달 받은 인스턴스를 리스트에 추가합니다.
void add(int index, E e)	리스트에 전달받은 인덱스 위치에 요소 인스턴스를 추가합니다.
void clear()	리스트가 저장하고 있는 모든 요소를 제거합니다.
boolean contains(Object o)	리스트가 저장하고 있는 요소 중 전달된 인스턴스를 포함하고 있는지를 확인합니다.
boolean equals(Object o)	리스트와 전달된 인스턴스와 같은지를 확인합니다.
E get(int index)	리스트의 특정 위치에 존재하는 요소를 반환합니다.
boolean isEmpty()	리스트가 저장하는 요소가 없음을 확인합니다.
Iterator<E> iterator()	리스트의 Iterator<E>를 구현한 인스턴스를 반환합니다.
boolean remove(Object o)	리스트가 저장하는 요소 중 매개변수로 전달 받은 인스턴스를 제거합니다.
boolean remove(int index)	리스트의 특정 위치에 존재하는 요소를 제거합니다.
E set(int index, E e)	특정 위치 값과 인스턴스를 매개변수로 전달 받아 리스트의 특정 위치의 요소를 전달받은 인스턴스로 대체합니다.
int size()	리스트가 저장하고 있는 요소의 총 개수를 반환합니다.
Object[] toArray()	리스트의 모든 요소를 Object 타입의 배열로 반환합니다.

11.3.1 ArrayList〈E〉 클래스

ArrayList 클래스는 가장 많이 사용되는 컬렉션 클래스 중 하나입니다. 내부적으로 배열을 이용하여 요소를 저장합니다. 저장의 순서를 가지기 때문에 인덱스를 이용해 배열 요소에 빠르게 접근할 수 있습니다. 리스트에 요소를 저장할 때는 마지막 인덱스에 저장하기 때문에 단순 저장은 빠르게 저장할 수 있습니다. 하지만 리스트의 저장 공간의 크기를 늘리기 위해서는 새로운 배열을 생성하고 기존의 요소들을 새로운 배열에 다시 저장해야 하는 과정을 거쳐야하기 때문에 처리시간이 오래 걸리게 됩니다. 리스트 내의 요소의 삭제는 각 요소의 인덱스가 변경되기 때문에 삭제 또한 시간이 오래 걸리는 단점이 있습니다. 다음 예제는 여러 ArrayList<E> 클래스를 이용하여 인스턴스를 저장할 수 있는 List<E> 인스턴스를 생성하고 요소 인스턴스를 저장하는 예제입니다. ArrayList<E> 클래스를 이용하는 방법을 살펴보겠습니다.

```java
1   package chapter11;
2
3   import java.util.ArrayList;
4
5   public class ArrayListTest    {
6
7     public static void main(String[] args) {
8
9       // ArrayList<E> 타입의 참조변수 선언
10      ArrayList<String> players = null;    // String 타입의 인스턴트를
           저장하는 List 참조변수
11      // ArrayList<E> 타입의 인스턴스 생성
12      players = new ArrayList<String>();        // String 타입의 인스턴트를
           저장하는 인스턴스 생성
13
14      // 요소 인스턴스 저장
15      players.add("손흥민");       //String 타입의 인스턴스 저장
16      players.add(new String("박지성"));
17      players.add(new String("차범근"));
18
19      // ArrayList의 요소의 참조
20      System.out.println("index-1 위치의 데이터 : "+players.get(0));
           // index 0 위치의 요소 참조
21      System.out.println("index-1 위치의 데이터 : "+players.get(1));
22
23      // 특정 index위치에 요소 저장
24      players.add( 1, new String("안정환") ); // index 1 위치에 인스턴스
           저장
25      System.out.println("index-1 위치에 새로운 데이터 입력 " );
```

```
26
27    // index가 1인 위치에는 박지성 이었으나 안정환 으로 변경
28    System.out.println("index-1 위치의 데이터 : "+players.get(1));
29    // index가 시프트 되어  박지성이 index 2 위치로 변경
30    System.out.println("index-2 위치의 데이터 : "+players.get(2));
31    // index가 시프트 되어  차범근이 index 3 위치로 변경
32    System.out.println("index-3 위치의 데이터 : "+players.get(3));
33
34    // List<E> 인스턴스가 저장하는 요소의 개수 반환
35    System.out.println("모든 플레이어는  "+players.size()+"명
36       입니다."); // players의 요소 개수 반환
37
38    // 마지막 index에 요소 저장
39    players.add(players.size(), "차두리");  // size() 메소드는 개수는
          마지막 index값에 +1 한 값이다
40
41    // 마지막 index는 : 요소의 개수-1
42    int lastIndex = players.size()-1;     // 마지막 index 값
43    // 마지막 index 위치의 요소 참조
44    String lastPlayer = players.get(lastIndex);
45
46    // 마지막 index위치의 요소 출력
47    System.out.println("last-index 위치의 데이터 : "+lastPlayer);
48
49    System.out.println("for 반복문을 이용해서 전체 요소를 출력합니다.");
50    // for반복문을 이용한 일괄처리
51    for(int i=0; i<players.size(); i++) {
52       System.out.println(players.get(i));
53    }
54  }
55 }
```

👉 결과(Console)

---

index-1 위치의 데이터 : 손흥민

index-1 위치의 데이터 : 박지성
index-1 위치에 새로운 데이터 입력
index-1 위치의 데이터 : 안정환
index-2 위치의 데이터 : 박지성
index-3 위치의 데이터 : 차범근
모든 플레이어는 4명입니다.
last-index 위치의 데이터 : 차두리
for 반복문을 이용해서 전체 요소를 출력합니다.
손흥민
안정환
박지성
차범근
차두리

다음 예제는 여러 **ArrayList\<E>** 클래스를 이용해서 요소 인스턴스를 수정, 삭제하는
예제입니다.

```java
package chapter11;

import java.awt.List;
import java.util.ArrayList;
import java.util.Iterator;

public class ArrayListTest2 {

  public static void main(String[] args) {

    ArrayList<String> players = null;
    players = new ArrayList<String>();

    // 요소 인스턴스 저장
    players.add("손흥민");
    players.add("박지성");
    players.add("안정환");
```

```java
18        players.add("차범근");
19        players.add(players.size(), "차두리");
20
21        // 요소의 수정
22        // index 2 위치의 요소를 새로운 인스턴스로 변경
23        players.set(2, "이강인");
24
25        // 안정환 -> 이강인
26        displayList(players);
27
28        // 요소삭제
29        // index 번호를 이용한 삭제
30        // 마지막 요소 삭제
31        players.remove(players.size() - 1);     // 차두리 삭제
32        System.out.println("마지막 요소 삭제");
33        displayList(players);
34        // 마지막 요소 삭제
35        players.remove(2);     // 이강인 삭제
36        System.out.println("index 2 요소 삭제");
37        System.out.println("현재 index 2 요소 : " + players.get(2));
38        System.out.println("-> 요소가 삭제되고 큰 index의 값이 지워진
             index로 시프트");
39
40        // 요소 데이터를 이용한 삭제
41        players.remove("차범근");
42        System.out.println("차범근 문자열로 삭제");
43
44        displayList(players);
45
46        players.clear();     // 모든 요소 삭제
47        System.out.println("모든 요소 삭제");
48        System.out.println("모든 요소의 개수는 : " + players.size());
49    }
50
51   // for반복문을 이용한 일괄처리 메소드
52   static <E> void displayList(ArrayList<E> list) {  //
```

ArrayList<E> 타입의 매개변수 선언

```
53    for (E player : list) {
54        System.out.println(player);
55    }
56  }
57 }
```

🔍 **결과(Console)**

```
손흥민
박지성
이강인
차범근
차두리
마지막 요소 삭제
손흥민
박지성
이강인
차범근
index 2 요소 삭제
현재 index 2 요소 : 차범근
 -> 요소가 삭제되고 큰 index의 값이 지워진 index로 시프트
차범근 문자열로 삭제
손흥민
박지성
모든 요소 삭제
모든 요소의 개수는 : 0
```

11.3.2 기본형 타입을 처리하는 Wrapper클래스

JAVA에서 제공하는 데이터 타입은 8개의 기본형 타입과 참조형 타입이 있습니다. 프로그래밍을 하다 보면 기본형 데이터를 인스턴스로 만들어서 사용하는 경우가 있습니다. 이때 기본형 데이터를 단순 저장하는 인스턴스를 사용한다면 별도로 클래스를 정의해서 처리할 수 있는데 JAVA에서는 단순 데이터를 저장하도록 하는 클래스를 제공하고 있어 쉽게 사용할 수 있습니다. 이렇게 기본형 타입의 데이터를 저장해서 인스턴스로 사용할 수 있도록 해주는 클래스를 래퍼 클래스(Wrapper Class)라고 합니다. 이 래퍼 클래스의 특징은 하나의 기본형 데이터를 저장하고 있고 이 데이터를 기반으로 인스턴스 생성, 조회, 변경할 수 있는 메소드들을 제공하고 있습니다.

아래 이미지를 보면 래퍼클래스의 클래스상속 관계를 볼 수 있습니다.

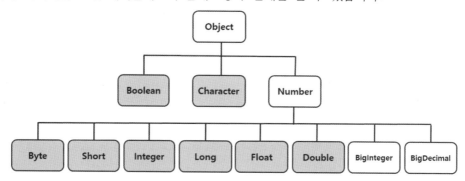

위 클래스 상속 관계를 보면 Object 클래스를 상속 받고 있고 숫자 타입의 래퍼 클래스들은 Number 클래스를 상속하는 구조로 되어 있습니다. Number클래스는 형 변환을 위한 추상 메소드들을 가지는 추상 클래스 입니다. 아래의 표는 대표적인 Number클래스의 메소드들입니다.

메소드 이름	설명
abstract byte **byteValue()**	byte형으로 변환하는 메소드
abstract short **shortValue()**	short형으로 변환하는 메소드
abstract int **intValue()**	int형으로 변환하는 메소드

메소드 이름	설명
abstract long **longValue()**	long형으로 변환하는 메소드
abstract float **floatValue()**	float형으로 변환하는 메소드
abstract double **doubleValue()**	double형으로 변환하는 메소드

아래 표는 래퍼클래스의 종류입니다.

기본타입	래퍼클래스	생성자
byte	**Byte**	new Byte(byte value), new Byte(String s)
char	**Character**	new Character(char value)
int	**Integer**	new Integer(int value), new Integer(String s)
float	**Float**	new Float(float value), new Float(String s)
double	**Double**	new Double(double value), new Double(String s)
boolean	**Boolean**	new Boolean(boolean value), new Boolean(String s)
long	**Long**	new Long(long value), new Long(String s)
short	**Short**	new Short(short value), new Short(String s)

생성자들의 특징을 보면 생성자의 매개변수들은 래퍼클래스가 저장하는 타입의 데이터들을 받아 인스턴스를 생성합니다. 그리고 Character클래스를 제외하고 다른 래퍼클래스들은 기본 데이터의 문자열 형태로 받아 인스턴스를 생성하고 있습니다.

아래의 표는 기본 데이터를 인스턴스로 생성하는 래퍼클래스의 클래스 메소드의 종류입니다.

래퍼클래스	인스턴스를 생성하는 클래스 메소드	저장 값을 반환하는 인스턴스 메소드
Boolean	valueOf(boolean value), valueOf(String s)	booleanValue()
Character	valueOf(char value)	charValue()

래퍼클래스	인스턴스를 생성하는 클래스 메소드	저장 값을 반환하는 인스턴스 메소드
Byte	valueOf(byte value), valueOf(String s)	floatValue() intValue() longValue() shortValue() doubleValue() byteValue()
Integer	valueOf(int value), valueOf(String s)	
Float	valueOf(float value), valueOf(String s)	
Double	valueOf(double value), valueOf(String s)	
Long	valueOf(long value), valueOf(String s)	
Short	valueOf(short value), valueOf(String s)	

또 다른 특징들은 각 래퍼클래스의 **toString()**메소드는 래퍼클래스의 인스턴스가 저장하는 **value** 값을 문자열로 반환하도록 오버라이딩 되어있습니다. 또 문자열을 기본형 타입의 데이터로 변경하는 래퍼클래스의 클래스 메소드들도 있습니다.

래퍼클래스	문자열을 기본형 타입으로 변경해주는 클래스 메소드
Boolean	parseBoolean(String s)
Byte	parseByte(String s)
Integer	parseInteger(String s)
Float	parseFloat(String s)
Double	parseDouble(String s)
Long	parseLong(String s)
Short	parseShort(String s)

래퍼클래스의 BOXING, UNBOXING

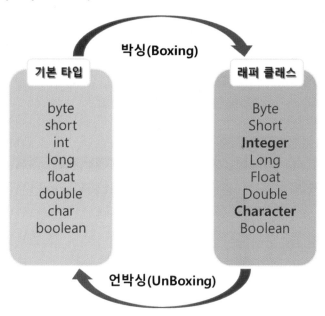

기본형 타입의 데이터를 래퍼클래스의 인스턴스로 만드는 과정을 "BOXING"이라고 하고, 래퍼클래스의 인스턴스에서 기본형 타입의 값을 얻어오는 과정을 "UNBOXING"이라고 합니다. 그런데 JAVA에서는 이런 BOXING과 UNBOXING 의 과정을 직접 하지 않더라도 자동으로 처리되도록 하고 있습니다. 이렇게 자동으로 BOXING과 UNBOXING이 되는 것을 래퍼클래스의 "AUTO BOXING, AUTO UNBOXING"이라고 합니다. 래퍼클래스의 인스턴스가 필요한 경우 기본형 데이터를 쓰는 경우 자동으로 BOXING 되어 정상 처리가 됩니다. 반대로 기본형 타입의 데이터가 필요한데 래퍼클래스의 인스턴스가 쓰여진 경우 자동으로 UNBOXING 되어 처리가 됩니다. 따라서 인스턴스를 저장하는 컬렉션프레임워크의 경우도 기본형타입의 데이터를 그대로 쓰더라도 문제없이 처리가 되는 것입니다.

아래 예제는 AUTO BOXING, AUTO UNBOXING이 발생하는 예제입니다.

```
1   package chapter11;
2
3   import java.util.ArrayList;
4
```

```
5   public class WrapperArrayList {
6
7     public static void main(String[] args) {
8
9       ArrayList<Integer> numbers = null;
10      numbers = new ArrayList<Integer>();
11
12      // 요소 인스턴스 저장
13      numbers.add(10); // 기본형 타입 int 데이터인 10을 써도 오류가 발생하지
                            않음
14      numbers.add(30);
15      numbers.add(40);
16      numbers.add(20);
17      numbers.add(50);
18
19      displayList(numbers);
20
21    }
22
23    // for반복문을 이용한 일괄처리 메소드: 제네릭 메소드
24    static <E> void displayList(ArrayList<E> list) {
25      for (E player : list) {
26        System.out.println(player);
27      }
28    }
29  }
```

🖐 결과(Console)

```
10
30
40
20
50
```

11.3.3 LinkedList〈E〉 클래스

LinkedList<E> 클래스는 ArrayList<E> 클래스가 가지는 저장 사이즈 증가 또는 요소 삭제 시 시간이 오래 걸리는 단점을 보완하기 위해 만들어졌습니다. 내부적으로 연결 리스트(linked list)를 이용하여 요소를 저장하기 때문에 연결 리스트는 저장된 요소가 저장 순서를 가지지 않습니다. 저장되는 요소는 비순차적으로 저장하고 이러한 요소들 사이를 링크(link)로 연결하여 구성합니다. LinkedList<E> 클래스도 List<E> 인터페이스를 구현하기 때문에 ArrayList<E> 클래스와 사용할 수 있는 메소드가 같습니다.

다음 예제는 LinkedList<E> 클래스를 이용하여 리스트를 생성하고 조작하는 예제입니다.

```
1   package chapter11;
2
3   import java.util.LinkedList;
4
5   public class LinkedListTest {
6
7     public static void main(String[] args) {
8
9       LinkedList<Integer> numbers = null; // LinkedList<E> 타입의
            참조변수 선언
10      numbers = new LinkedList<Integer>(); // LinkedList<E> 타입의
            인스턴스 생성
11
12      // 요소 인스턴스 저장
13      numbers.add(10);
14      numbers.add(30);
15      numbers.add(40);
16      numbers.add(20);
17      numbers.add(50);
18
19      displayList(numbers);
20
21    }
```

```
22
23    // for반복문을 이용한 일괄처리 메소드 : 제네릭 메소드
24    static <E> void displayList(LinkedList<E> list) {
25      for (E player : list) {
26        System.out.println(player);
27      }
28    }
29  }
```

👉 결과(Console)

```
10
30
40
20
50
```

위의 예제를 살펴보면 ArrayList를 이용한 예제와 비교해보면 LiskedList 인스턴스를
생성하는 한 줄의 코드만이 다른 것을 확인할 수 있습니다. 이렇게 같은 기능의 메소드를
사용할 수 있는 이유는 ArrayList<E>와 LinkedList<E>클래스는 List<E> 인터페이
스를 상속하는 클래스이고 인스턴스 내부적으로 저장 객체 요소를 저장하는 방법이 다르기
때문입니다.

11.3.4 반복자 Iterator〈E〉

Collection<E>인터페이스를 구현하는 컬렉션 클래스들은 Iterator<E>인터페이스를
구현하는 인스턴스를 이용해서 요소들을 참조할 수 있도록 하고 있습니다. Iterator<E>
인터페이스를 구현하는 인스턴스를 얻을 수 있는 메소드는 Collection<E>인터페이스가
상속하는 Iterator<E>인터페이스에 iterator()메소드를 이용해서 얻을 수 있습니다.
따라서 Collection<E>인터페이스를 구현하는 모든 컬렉션 클래스들은 iterator() 메소
드를 이용해서 Iterator<E>인터페이스를 구현하는 인스턴스를 구할 수 있습니다.

Iterator<E> 인터페이스의 메소드는 아래의 표와 같습니다.

메소드	설명
hasNext()	참조할 수 있는 다음 요소가 있다면 true, 없다면 false 값을 반환합니다.
next()	다음 요소위치로 이동하고 요소의 데이터를 반환합니다.
remove()	현재 위치의 요소 데이터를 삭제합니다.

아래 이미지를 보고 Iterator가 실행되는 순서를 살펴보겠습니다.

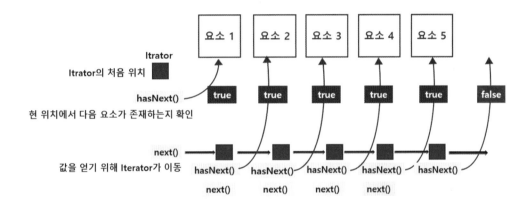

Iterator가 실행되면 Iterator는 첫 번째 요소 앞에 위치하고, hasNext()를 이용해서 참조할 수 있는 요소가 있는지 확인 합니다. 다음 요소가 있다면 next() 메소드를 이용해서 Iterator를 다음 요소 위치로 이동하고 데이터를 반환합니다. 그리고 다음 요소가 존재하는지 hasNext() 메소드로 확인 하고 값을 참조하는 순서로 이루어집니다. 따라서 while 반복문을 이용해서 순차 접근이 가능해집니다.

아래 예제는 Iterator를 이용해서 Collection 인스턴스에 저장된 요소들을 참조하는 예제입니다.

```
1    package chapter11;
2
3    import java.util.Iterator;
4    import java.util.LinkedList;
```

```
5
6    public class IteratorLinkedList {
7
8      public static void main(String[] args) {
9
10       LinkedList<Integer> numbers = null;
11       numbers = new LinkedList<Integer>();
12
13       // 요소 인스턴스 저장
14       numbers.add(10);
15       numbers.add(30);
16       numbers.add(40);
17       numbers.add(20);
18       numbers.add(50);
19
20       Iterator<Integer> itr = numbers.iterator(); // Iterator<E>
            타입의 인스턴스는 iterator()메소드를 통해 얻습니다.
21       while ( itr.hasNext() ) { // 다음 요소가 있는지 확인
22          Integer integer = (Integer) itr.next(); // 해당 위치의 요소 값을
               반환
23          System.out.println(integer);
24       }
25     }
26   }
```

☞ 결과(Console)

```
10
30
40
20
50
```

11.4 Set⟨E⟩

Set 인터페이스를 구현한 모든 Set 컬렉션 클래스는 다음과 같은 특징을 가집니다.

· 요소의 저장 순서를 유지하지 않습니다.
· 같은 요소의 중복 저장을 허용하지 않습니다.

대표적인 Set 컬렉션 클래스에 속하는 클래스는 다음과 같습니다.

· HashSet<E>
· TreeSet<E>

Set<E> 인터페이스도 Collection<E>인터페이스를 상속하고 있기 때문에 Collection<E>에서 정의하는 메소드를 사용할 수 있습니다. 대표적인 구현 클래스는 HashSet<E>, TreeSet<E>등이 있습니다. set<E> 인터페이스는 List<E>와 달리 중복된 데이터를 저장하지 않습니다. 이때 데이터의 중복 여부의 판단은 프로그래머가 정의 할 수 있습니다. 이때 중복의 정의는 Object 클래스를 통해 상속받는 equals() 메소드와 hashCode() 메소드를 오버라이딩 해서 정의합니다.

11.4.1 HashSet⟨E⟩ 클래스

HashSet<E> 클래스는 Set 컬렉션 클래스에서 가장 많이 사용되는 클래스 중 하나이며 HashSet<E> 클래스는 해시 알고리즘(hash algorithm)을 이용하여 구현된 클래스이기 때문에 검색 속도가 매우 빠릅니다. 내부적으로 HashMap<K,V> 인스턴스를 이용하여 요소를 저장합니다. Set<E> 인터페이스를 구현하므로 Set<E> 인터페이스의 특징을 모두 가지고 있습니다. 해시 알고리즘을 이용해서 데이터의 중복 체크를 하는데 이때 데이터의 중복을 판단하는 조건을 프로그래머가 정의할 수 있습니다.

HashSet\<E>클래스의 중복 체크

HashSet\<E>은 인스턴스 요소를 저장하기 전에 저장하고자 하는 인스턴스의 hashCode() 메소드로 해시 코드를 얻어내고, 저장되어 있는 인스턴스들의 해시 코드와 비교한 뒤 같은 해시 코드가 있다면 두 인스턴스를 동등 비교할 수 있는 equals() 메소드로 결과를 받습니다. 이때 결과 값이 true가 나오면 동일한 인스턴스이므로 중복 저장을 하지 않습니다.

중복체크의 단계를 정리하면 아래와 같습니다.

1. 새롭게 저장할 인스턴스의 hashCode() 메소드의 반환
2. 반환된 값을 해시 값으로 이용해서 검색의 범위를 지정
3. 범위 내의 인스턴스들과 새롭게 저장할 인스턴스를 equals()메소드를 이용해서 비교
4. 결과 값이 true 라면 인스턴스가 같다고 판단

다음 예제는 여러 HashSet\<E>을 이용해서 String 타입의 인스턴스를 저장하는 예제입니다.

```java
1    package chapter11;
2
3    import java.util.HashSet;
4
5    public class HashSetTest {
6
7      public static void main(String[] args) {
8
9        // HashSet<E> 인스턴스 생성
10       HashSet<String> set = new HashSet<String>();
11
12       // 요소 저장
13       set.add("손흥민");
14       set.add("이강인");
15       set.add("박지성");
16       set.add("손흥민"); // 같은 문자열은 저장 되지 않음
17       set.add("이강인");
```

```
18
19     System.out.println("Set<String> 요소의 개수는 : "+set.size());
20
21     for (String str : set) {
22         System.out.println(str);
23     }
24   }
25 }
```

결과(Console)

```
Set<String> 요소의 개수는 : 3
이강인
손흥민
박지성
```

String 타입을 HashSet<E>에 저장할 경우, 같은 문자열을 갖는 String 인스턴스는 동일한 인스턴스로 판단하는데 이는 String 클래스가 hashCode()와 equals() 메소드를 오버라이딩 해서 같은 문자열일 경우 hashCode()의 반환 값을 같은 값을 반환하게하고 equals()의 반환 값은 true가 나오도록 오버라이딩 했기 때문입니다. 아래 예제는 프로그래머가 직접 hashCode() 메소드와 equals()메소드를 오버라이딩 해서 HashSet <E>을 이용하는 예제입니다.

```
1    package chapter11;
2
3    public class SmartPhone {
4
5      private String name;
6      private String phoneNumber;
7
8      public SmartPhone(String name, String phoneNumber) {
9        this.name = name;
```

```java
10        this.phoneNumber = phoneNumber;
11    }
12
13    public String getName() {
14      return name;
15    }
16
17    public String getPhoneNumber() {
18      return phoneNumber;
19    }
20
21    @Override
22    public int hashCode() { // 해시 코드 계산
23      return phoneNumber.charAt(phoneNumber.length() - 1); //
            전화번호의 마지막 숫자 반환
24    }
25
26    @Override
27    public boolean equals(Object obj) { // 동등 비교 정의 : 전화번호 비교
28      boolean result = false;
29      if (obj != null && obj instanceof SmartPhone) {
30        SmartPhone s = (SmartPhone) obj;
31        result = phoneNumber.equals(s.getPhoneNumber());
32      }
33      return result;
34    }
35
36    @Override
37    public String toString() {
38      return "SmartPhone [name=" + name + ", phoneNumber=" +
            phoneNumber + "]";
39    }
40  }
```

```
1   package chapter11;
2
3   import java.util.HashSet;
4
5   public class SmartPhoneMain {
6     public static void main(String[] args) {
7       // SmartPhone 타입의 인스턴스를 저장하는 Set 인스턴스 생성
8       HashSet<SmartPhone> phones = new HashSet<SmartPhone>();
9
10      // 요소 추가
11      phones.add(new SmartPhone("King", "010-0000-0000"));
12      phones.add(new SmartPhone("Adam", "010-1111-1111"));
13      phones.add(new SmartPhone("Scott", "010-0000-0000")); // 저장
           안됨
14      phones.add(new SmartPhone("Smith", "010-0000-0000")); // 저장
           안됨
15      phones.add(new SmartPhone("Spring", "010-9999-9999"));
16
17      System.out.println("Set<String> 요소의 개수는 :
           "+phones.size());
18
19      for (SmartPhone phone : phones) {
20          System.out.println(phone);
21      }
22    }
23  }
```

결과(Console)

```
Set<String> 요소의 개수는 : 3
SmartPhone [name=King, phoneNumber=010-0000-0000]
SmartPhone [name=Adam, phoneNumber=010-1111-1111]
SmartPhone [name=Spring, phoneNumber=010-9999-9999]
```

11.4.2 TreeSet⟨E⟩

TreeSet<E> 클래스는 자료구조의 **Tree** 구조를 이용해서 데이터를 저장합니다. 따라서 저장되는 데이터는 정렬된 상태로 저장됩니다. 이때 정렬의 기준은 프로그래머가 정해서 오름차순과 내림차순으로 정렬할 수가 있습니다. Set<E>인터페이스를 구현하기 때문에 저장하는 데이터는 중복저장 되지 않습니다.

다음 예제는 TreeSet<E>을 이용해서 정렬된 형태로 출력하는 예제입니다.

```java
package chapter11;

import java.util.TreeSet;

public class TreeSetTest {

  public static void main(String[] args) {

    TreeSet<Integer> treeSet = new TreeSet<Integer>();

    treeSet.add(10); // Integer 클래스는 Comparable<E>를 구현하고 있음
    treeSet.add(90);
    treeSet.add(30);
    treeSet.add(60);
    treeSet.add(50);

    for (Integer integer : treeSet) {
      System.out.println(integer);
    }
  }
}
```

🔊 **결과(Console)**

```
10
30
50
60
90
```

🔲 프로그래머가 정의하는 정렬의 기준

위 예제에서 저장하고 있는 Integer 클래스는 이미 정렬의 기준을 정의하고 있습니다. 그래서 오름차순의 형태로 결과가 출력되는 것입니다. 이렇게 클래스 내부에서 정렬의 기준을 정의하기 위해서는 저장하고자 하는 클래스에 Comparable<T> 인터페이스를 구현하는 것입니다.

Comparable<T> 인터페이스는 int compareTo(T obj) 메소드 하나만을 가지고 있는 클래스 입니다. 이 메소드가 정렬의 기준을 정의하는 기능을 정의하는 메소드입니다.

compareTo(T obj) 메소드를 구현할 때 오름차순으로 만들기 위한 기준은 아래와 같습니다.

> • 현재 인스턴스가 매개변수를 통해 전달되는 인스턴스 **obj**보다 크다면 양의 정수를 반환
> • 현재 인스턴스가 매개변수를 통해 전달되는 인스턴스 **obj**보다 작다면 음의 정수를 반환
> • 현재 인스턴스가 매개변수를 통해 전달되는 인스턴스 **obj**와 같다면 **0**을 반환

반환하는 값을 반대로 한다면 내림차순으로 저장이 됩니다. 따라서 "크다", "작다", "같다"의 기준은 프로그래머가 프로그램의 목적에 맞게 정의하면 됩니다.

다음 예제는 Comparable<T> 인터페이스를 구현해서 정렬의 기준을 정하고 TreeSet <E>을 이용해서 데이터를 저장하는 예제입니다.

```java
1    package chapter11;
2
3    public class SmartPhone implements Comparable<SmartPhone> {
4
5      private String name;
6      private String phoneNumber;
7
8      public SmartPhone(String name, String phoneNumber) {
9        this.name = name;
10       this.phoneNumber = phoneNumber;
11     }
12
13     public String getName() {
14       return name;
15     }
16
17     public String getPhoneNumber() {
18       return phoneNumber;
19     }
20
21     @Override
22     public int hashCode() {
23       return phoneNumber.charAt(phoneNumber.length() - 1);
24     }
25
26     @Override
27     public boolean equals(Object obj) {
28       boolean result = false;
29       if (obj != null && obj instanceof SmartPhone) {
30         SmartPhone s = (SmartPhone) obj;
31         result = phoneNumber.equals(s.getPhoneNumber());
32       }
33       return result;
34     }
35
36     @Override
```

```java
    public int compareTo(SmartPhone o) { // 정렬의 조건을 정의
      return name.compareTo(o.getName());
    }

    @Override
    public String toString() {
      return "SmartPhone [name=" + name + ", phoneNumber=" +
        phoneNumber + "]";
    }
}
```

```java
package chapter11;

import java.util.TreeSet;

public class SmartPhoneTreeSet {

  public static void main(String[] args) {

    TreeSet<SmartPhone> phones = new TreeSet<SmartPhone>();

    // 요소 추가
    phones.add(new SmartPhone("Spring", "010-9999-9999"));
    phones.add(new SmartPhone("King", "010-0000-0000"));
    phones.add(new SmartPhone("Adam", "010-1111-1111"));
    phones.add(new SmartPhone("Scott", "010-3333-3333"));
    phones.add(new SmartPhone("Smith", "010-7777-7777"));


    for (SmartPhone phone : phones) {
      System.out.println(phone);
    }
  }
}
```

> 📖 **결과(Console)**
>
> ```
> SmartPhone [name=Adam, phoneNumber=010-1111-1111]
> SmartPhone [name=King, phoneNumber=010-0000-0000]
> SmartPhone [name=Scott, phoneNumber=010-3333-3333]
> SmartPhone [name=Smith, phoneNumber=010-7777-7777]
> SmartPhone [name=Spring, phoneNumber=010-9999-9999]
> ```

11.5 Map⟨K, V⟩

Map<K, V> 인터페이스는 Collection<E> 인터페이스와는 다른 저장 방식으로 데이터를 저장합니다. 키(Key)와 값(Value)을 하나의 쌍으로 저장합니다. 키(key)는 저장하고자 하는 값(value)를 찾기 위한 이름의 역할을 합니다.

Map<K, V> 인터페이스를 구현한 모든 Map<K, V> 컬렉션 클래스는 다음과 같은 특징을 가집니다.

• 데이터의 저장 순서를 유지하지 않습니다.
• 실질적인 저장 값은 중복이 가능하지만 식별하기 위한 키는 중복을 허용하지 않습니다.

대표적인 Map 컬렉션 클래스에 속하는 클래스는 다음과 같습니다.

• HashMap<K, V>
• Hashtable<K, V>
• TreeMap<K, V>

11.5.1 HashMap〈K, V〉 클래스

HashMap<K, V> 클래스는 Map<K, V> 인터페이스를 상속하는 컬렉션 클래스 중 가장 많이 사용되는 클래스 중 하나입니다. 해시 알고리즘을 이용하기 때문에 검색 속도가 빠릅니다. HashMap<K, V> 클래스는 Map 인터페이스를 구현하므로, 중복된 키로는 값을 저장할 수 없습니다.

다음 예제는 여러 HashMap<K, V> 클래스를 이용해서 인스턴스를 저장하는 예제입니다.

```java
package chapter11;

import java.util.HashMap;

public class SmartPhoneHashMap {
  public static void main(String[] args) {

    // HashMap 인스턴스 생성
    HashMap<String, SmartPhone> hashMap = new HashMap<String,
      SmartPhone>();

    SmartPhone phone1 = new SmartPhone("Spring",
      "010-9999-9999");
    // HashMap에 저장
    hashMap.put(phone1.getPhoneNumber(), phone1);


    SmartPhone phone2 = new SmartPhone("King", "010-0000-0000");
    // HashMap에 저장
    hashMap.put(phone2.getPhoneNumber(), phone2);

    SmartPhone phone3 = new SmartPhone("Adam", "010-1111-1111");
    // HashMap에 저장
    hashMap.put(phone3.getPhoneNumber(), phone3);

    // 요소 참조
```

```
25    System.out.println(hashMap.get("010-0000-0000"));
      System.out.println(hashMap.get("010-1111-1111"));
26    System.out.println(hashMap.get("010-7777-7777"));
27
28  }
29 }
```

📡 **결과(Console)**

```
SmartPhone [name=King, phoneNumber=010-0000-0000]
SmartPhone [name=Adam, phoneNumber=010-1111-1111]
null
```

11.5.2 HashMap⟨K, V⟩의 일괄 처리

Map<K, V> 인터페이스는 keySet() 메소드를 가지고 있습니다. 이 메소드는 Map<K, V> 컬렉션 클래스의 Key 값을 Set<E> 인스턴스로 저장해서 반환합니다. key 값을 저장하는 Set<E> 컬렉션 인스턴스를 사용할 수 있기 때문에 Iterator<E> 인스턴스를 이용해 순차처리가 가능합니다.

아래 예제는 HashMap<K, V>인스턴스를 이용해서 데이터를 저장하고 일괄 처리하는 예제입니다.

```
1   package chapter11;
2
3   import java.util.HashMap;
4   import java.util.Iterator;
5   import java.util.Set;
6
7   public class SmartPhoneHashMap2 {
8     public static void main(String[] args) {
```

```
 9
10        HashMap<String, SmartPhone> hashMap = new HashMap<String,
          SmartPhone>();
11
12        SmartPhone phone1 = new SmartPhone("Spring",
            "010-9999-9999");
13        // HashMap에 저장
14        hashMap.put(phone1.getPhoneNumber(), phone1);
15
16        SmartPhone phone2 = new SmartPhone("King", "010-0000-0000");
17        // HashMap에 저장
18        hashMap.put(phone2.getPhoneNumber(), phone2);
19
20        SmartPhone phone3 = new SmartPhone("Adam", "010-1111-1111");
21        // HashMap에 저장
22        hashMap.put(phone3.getPhoneNumber(), phone3);
23
24        Set<String> keySet = hashMap.keySet(); // key 값을 Set 컬렉션으로
            생성
25
26        Iterator<String> itr = keySet.iterator();
27
28        while (itr.hasNext()) {
29            String keyStr = (String) itr.next();
30            System.out.println(hashMap.get(keyStr));
31        }
32    }
33 }
```

📎 **결과(Console)**

```
SmartPhone [name=Adam, phoneNumber=010-1111-1111]
SmartPhone [name=King, phoneNumber=010-0000-0000]
SmartPhone [name=Spring, phoneNumber=010-9999-9999]
```

11.6 Collections 클래스

Collections 클래스는 컬렉션을 다루는 유용한 기능을 제공합니다. 대표적인 메소드는 아래의 표에서 볼 수 있습니다.

메소드	설명
max()	컬렉션에서 최대 요소를 반환합니다. (인덱스 아님)
min()	컬렉션에서 최소 요소를 반환합니다. (인덱스 아님)
sort()	컬렉션을 내림차순으로 정렬시킵니다.
shuffle()	컬렉션의 요소들을 무작위로 섞어 순서를 랜덤 하게 만듭니다.
synchronizedCollection()	컬렉션에 의해 지원되는 동기화 된 컬렉션을 재생성해 반환합니다.
copy()	컬렉션의 모든 요소를 새로운 컬렉션으로 복사해 반환합니다.
reverse()	컬렉션에 있는 순서를 역으로 변경합니다.

다음 예제는 Collections 클래스의 메소드들을 사용하는 예제입니다.

```
1    package chapter11;
2
3    import java.util.ArrayList;
4    import java.util.Collections;
5    import java.util.List;
6    import java.util.Random;
7
8    public class CollectionsTest {
9
10     public static void main(String[] args) {
11
12       List<Integer> lottoNumber = new ArrayList<Integer>(); //
                상위타입 List 타입의 참조변수
13
         for(int i=0; i<6; i++) {
14           lottoNumber.add(new
```

```
15            Random(System.nanoTime()).nextInt(45)+1;
       }
16
17        System.out.println("원본 리스트");
18        displayList(lottoNumber);
19        System.out.println();
20
21        System.out.println("최대값 : " + Collections.max(lottoNumber));
              // 최대값 반환
22        System.out.println("최소값 : " + Collections.min(lottoNumber));
              // 최소값 반환
23
24        Collections.sort(lottoNumber); // 내림차순으로 정렬
25        System.out.println("내림차순 정렬 :::::::::::::::::");
26        displayList(lottoNumber);
27        System.out.println();
28
29        Collections.reverse(lottoNumber); // 요소의 순서를 역순으로 변경
30        System.out.println("역순 정렬 :::::::::::::::::");
31        displayList(lottoNumber);
32        System.out.println();
33
34        Collections.shuffle(lottoNumber); // 배열의 요소 섞기
35        System.out.println("다시 섞기 :::::::::::::::::");
36        displayList(lottoNumber);
37        System.out.println();
38
39        List<Integer> list1 = Collections.emptyList(); // 요소가 없는
              컬렉션 인스턴스 생성
40        List<Integer> list2 = Collections.emptyList();
41    }
42
43    static <E> void displayList(List<E> list) {
44        for (E num : list) {
45            System.out.print(num+"   ");
46        }
```

```
47        }
48    }
```

결과(Console)

원본 리스트
18   14   45   6   15   8
최대값 : 45
최소값 : 6
내림차순 정렬 : : : : : : : : : : : : : : :
6   8   14   15   18   45
역순 정렬 : : : : : : : : : : : : : :
45   18   15   14   8   6
다시 섞기 : : : : : : : : : : : : : :
18   14   15   45   8   6

11.7 요약

■ 제네릭 클래스

제네릭(generic)이란 다양한 타입의 자료형에 대하여 하나의 기능을 만들어 사용이 가능하도록 하는 프로그램 기법을 말합니다. 데이터의 자료형을 인스턴스를 생성할 때 정의하는 것으로 클래스나 메소드를 정의할 때 사용되는 객체의 자료형에 안정성을 높일 수 있습니다. 인스턴스 생성시에 전달되는 타입 매개변수에 의해 자료형 타입이 결정되기 때문에 클래스 내부에서 사용되는 자료형 타입의 사용 시에 안전하게 사용할 수 있는 장점을 가지는 클래스 타입입니다.

■ 제네릭 메소드

제네릭 타입의 메소드 선언은 반환 타입 앞에 타입 파라미터를 명시하고, 매개변수를 정의할 때에는 변수의 타입을 명시하는 위치에 타입 파라미터를 명시하면 됩니다.

■ 컬렉션 프레임워크

자료구조를 기반으로 인스턴스를 저장하는 구조를 제공하고, 관련 기능을 제공하는 인터페이스와 구현 클래스들의 집합입니다.

■ List<E>

배열과 유사한 저장 구조를 가지고 있으며, 저장 가능한 사이즈를 정의할 수 있고 저장 시에 자동으로 인텍스를 정의해 줍니다. 저장하는 순서를 가지고 있고, 데이터의 중복 저장을 허용합니다. 추가, 삭제, 검색 등의 기능을 제공합니다. 구현 클래스로는 ArrayList<E>, LinkedList<E> 클래스 등이 있습니다.

■ Set<E>

저장 순서를 가지지 않고 데이터의 중복 저장을 허용하지 않습니다. 중복의 비교는 프로그래머가 정의하는데 hashCOde(), equals() 메소드를 오버라딩 해서 동등 비교를 정의합니다.

■ MAP<K,V>

식별을 위한 key와 저장을 위한 value 값을 하나로 저장합니다. 여기서 식별자의 역할을 하는 key 값은 중복이 불가하고 저장하고자 하는 값인 value는 중복이 가능합니다.

■ Collections 클래스

Collections 클래스는 컬렉션을 다루는 유용한 기능을 제공합니다.

11.8 연습문제

01 제네릭 클래스나 제네릭 메소드 타입을 사용하는 이유를 쓰시오.

02 키와 값을 쌍으로 객체를 저장 관리하는 컬렉션 클래스나 인터페이스는?

    (1) Map

    (2) Set

    (3) List

    (4) LinkedList

03 저장되는 데이터의 중복을 허용하지 않으며, 순서를 정렬하거나 하지 않는 컬렉션은?

    (1) Map

    (2) Set

    (3) List

    (4) LinkedList

04 중복이 가능하고 데이터 간에 순서가 있는 컬렉션은?

    (1) Map

    (2) Set

    (3) List

    (4) Enumeration

05 데이터 간의 중복이 없고 정렬 기능을 갖는 인터페이스는?

    (1) SortedMap

    (2) SortedSet

    (3) List

    (4) SortedList

06 다음 프로그램의 출력 결과는?

```java
import java.util.*;
class Test  {
  public static void main ( String [] args ) {
      ArrayList   list  = new ArrayList();
      list.add( new Integer( 4 ) );
    list.add( new Integer( 1 ) );
      list.add( new Integer( 3 ) );
      list.add( new Integer( 2 ) );
      System.out.println( list );

      TreeSet  tree  = new  TreeSet(list);
      System.out.println( tree );
  }
}
```

(1) [4, 1, 3, 2]
    [4, 1, 3, 2]

(2) [4, 1, 3, 2]
    [1, 2, 3, 4]

(3) [1, 2, 3, 4]
    [4, 1, 3, 2]

(4) [1, 2, 3, 4]
    [1, 2, 3, 4]

11.9 코딩 해보기

축구선수 클래스를 만들어 봅시다.

```
class FooballPlayer {
    String name;
    int number;
    String team;
    int age
}
```

1. 축구선수 인스턴스를 저장할 수 있는 List<E> 컬렉션 인스턴스를 생성해서 인스턴스를 저장하고 출력하는 프로그램을 만들어 봅시다.

2. 축구선수의 인스턴스가 팀과 이름 그리고 나이가 같으면 같은 선수라 판단하고 입력이 되지 않도록 Set<E> 컬렉션을 이용해서 축구선수 인스턴스를 저장하고 출력하는 프로그램을 만들어 봅시다.

3. TreeSet<E>을 이용해서 팀 이름순으로 정렬하고, 같은 팀의 선수들은 이름 순으로 정렬하고, 같은 이름의 선수는 번호 순으로 저장하는 프로그램을 만들어 봅시다.

4. 축구선수의 번호를 key로 하고 축구선수 인스턴스를 저장하는 Map<K,V> 인스턴스를 이용해서 프로그램을 만들어봅시다.

11.10 프로젝트-7

앞에서 만든 프로그램은 배열을 이용해서 연락처를 저장했습니다.

컬렉션 프레임워크를 이용해서 연락처 인스턴스를 저장하도록 프로그램을 만들어 봅시다.

1. List<E>를 이용해서 저장 및 관리하는 프로그램을 만들어 봅시다.

2. HashSet<E>을 이용해서 저장 및 관리하는 프로그램을 만들어 봅시다.

3. HashMap<K,V>를 이용해서 저장 및 관리하는 프로그램을 만들어 봅시다.

First Java

12

JAVA I/O

First Java

12 JAVA I/O

First Java

12.1 JAVA의 입출력

우리는 컴퓨터를 사용하면서 아래와 같은 일반적인 입출력이 있는 것을 알고 있습니다.

> • 키보드 입력과 모니터 출력
> • 하드디스크에 저장되어 있는 파일의 읽기와 저장
> • USB와 같은 외부 메모리 장치의 읽기와 저장
> • 네트워크로 연결되어 있는 컴퓨터에 있는 자원의 읽기와 저장

JAVA에서는 위의 예시와 같은 입출력을 다루기 위해 스트림(stream)이라는 흐름의 개념을 통해 다룹니다. 스트림(stream)의 단어적 의미는 "흐르다"란 뜻을 가집니다. JAVA에서는 이 흐름의 의미를 "데이터의 흐름"의 의미로 사용해서 입출력을 처리합니다. 스트림은 JAVA 프로그램과 파일 사이에서 데이터의 전송을 도와주는 일을 하는 것입니다. 또 다른 스트림의 특징은 단 방향이라는 것입니다. JAVA 프로그램에서 파일의 데이터를 읽어올 때와 JAVA 프로그램에서 데이터를 파일로 내보낼 때 각 각의 스트림을 사용해서 처리가 됩니다. 아래 그림은 파일을 대상으로 입력, 출력을 할 때 처리되는 스트림을 표현한 것입니다.

위의 그램에서 보면 JAVA 프로그램과 외부 자원 사이에서 서로 데이터가 이동하는 흐름을 볼 수 있습니다. JAVA에서는 JAVA 프로그램 기준으로 데이터를 읽어오는 스트림을 입력 (Input) 스트림, 출력하는(Output) 스트림으로 구분해서 사용합니다. 그래서 우리는 입력과 출력을 줄여서 I/O라고 표현합니다.

JAVA Stream의 특징

- 스트림은 FIFO(First In First Out : 먼저 들어간 것이 먼저 나옴) 구조로 되어 있어 데이터의 순서가 바뀌지 않습니다. 순차적인 접근만 허용합니다.
- 읽기와 쓰기를 동시에 할 수 없어 InputStream과 Outputstream을 필요에 따라 각각 하나씩 생성해서 사용해야 합니다.
- 지연상태가 발생 할 수 있습니다. 즉 사용자의 입력을 기다린다거나 할 때 스레드가 일시 정지 되어 프로그램의 흐름이 지연됩니다.

Stream의 활용

- 파일의 입력과 출력
- 네트워크 소켓 통신 (서버와 클라이언트간의 통신)
- 콘솔

JAVA의 입출력 스트림 클래스의 종류

바이트 스트림	바이트 스트림은 1바이트를 입·출력 할 수 있는 스트림으로 일반적으로 바이트로 구성된 이미지 파일이나 동영상 파일의 입출력 처리에 적합합니다.
문자 스트림	유니코드로 된 문자를 입·출력 하는 스트림으로 2바이트를 입·출력 합니다. 유니코드 단위의 데이터를 사용하기 때문에 세계 모든 언어로 구성된 파일을 입·출력 하기에 적합 합니다.

12.2 바이트 기반 스트림

JAVA에서는 java.io 패키지를 통해 InputStream과 OutputStream 클래스를 제공하고 있습니다. 즉, JAVA에서의 I/O 처리하는 것은 스트림 클래스 타입의 인스턴스를 생성해서 사용해야 하는 것입니다.

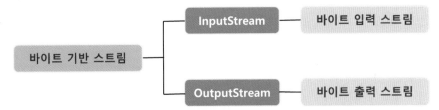

InputStream 클래스에는 추상 메소드인 read() 메소드가, OutputStream 클래스에는 추상 메소드인 write() 메소드가 정의되어 있고, JAVA에서는 입출력 상황에 맞는 파생 클래스가 정의되어 있습니다. 아래의 표를 보면 InputStream 클래스와 OutputStream 클래스에 정의된 메소드들을 볼 수 있습니다.

클래스	메소드	설명
InputStream	abstract int read()	스트림으로 부터 바이트를 읽어 들입니다.
	int read(byte[] b)	스트림으로 부터 특정 바이트를 읽어 들이고 배열 b에 저장합니다.
	int read(byte[] b, int off, int len)	스트림으로 부터 바이트 배열 b를 읽어 들이고 배열 b[off]부터 len개의 데이터를 저장합니다.

클래스	메소드	설명
OutputStream	abstract void write(int b)	스트림에 매개변수의 인자로 받은 바이트 데이터를 저장합니다.
	void write(byte[] b)	스트림에 배열 b에 저장된 바이트 데이터들을 저장합니다.
	void write(byte[] b, int off, int len)	스트림에 바이트 배열 b에 저장된 바이트 데이터들 중 b[off]부터 len개의 바이트를 저장합니다.

그리고 스트림클래스의 메소드들을 사용할 때 주의할 점은 예외처리를 반드시 하도록 되어 있기 때문에 **API**를 잘 확인 한 후 적절한 예외처리가 되어야 합니다.

---

read

```
public int read(byte[] b)
        throws IOException
```

Reads some number of bytes from the input stream and stores them into the buffer array b. The number of bytes actually read is returned as an integer. This method blocks until input data is available, end of file is detected, or an exception is thrown.

If the length of b is zero, then no bytes are read and 0 is returned; otherwise, there is an attempt to read at least one byte. If no byte is available because the stream is at the end of the file, the value -1 is returned; otherwise, at least one byte is read and stored into b.

The first byte read is stored into element b[0], the next one into b[1], and so on. The number of bytes read is, at most, equal to the length of b. Let k be the number of bytes actually read; these bytes will be stored in elements b[0] through b[k-1], leaving elements b[k] through b[b.length-1] unaffected.

The read(b) method for class InputStream has the same effect as:

```
  read(b, 0, b.length)
```

Parameters:
b - the buffer into which the data is read.

Returns:
the total number of bytes read into the buffer, or -1 if there is no more data because the end of the stream has been reached.

Throws:
IOException - If the first byte cannot be read for any reason other than the end of the file, if the input stream has been closed, or if some other I/O error occurs.

NullPointerException - if b is null.

See Also:
read(byte[], int, int)

12.2.1 바이트 기반 스트림 클래스

JAVA에서 스트림은 기본적으로 바이트 단위로 데이터를 전송합니다. 바이트 스트림 클래스는 입/출력의 대상에 따라 여러 클래스로 파생되어 다양한 스트림 클레스를 제공하고 있습니다.

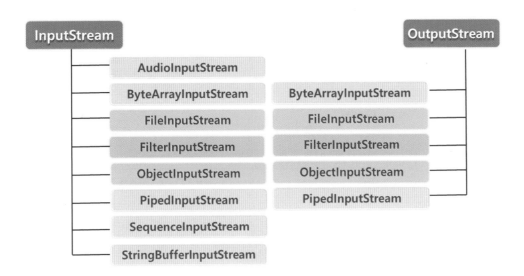

12.2.2 FileInputStream / FileOutputStream

FileInputStream과 FileOutputStream은 파일을 대상으로 입/출력을 다루는 바이트 타입의 스트림 클래스입니다.

```
public class FileOutputStream extends OutputStream
public class FileInputStream extends InputStream
```

기본 스트림 클래스를 상속하고 있고, 상속하는 파일의 바이트 데이터들의 입출력이 가능하도록 스트림 클래스들이 오버라이딩 되어 있습니다.

스트림 구분	Method	설명
FileOutputStream	void **write**(byte[] b)	바이트 배열의 **b.length** 크기의 바이트 데이터를 해당 파일에 파일 출력 스트림을 통해 씁니다.
	void **write**(byte[] b, int off, int len)	바이트 배열의 **index off** 에서 시작하는 바이트 배열의 **len** 사이즈 크기의 바이트 데이터를 해당 파일에 파일 출력 스트림을 통해 씁니다.
	void **write**(int b)	매개변수의 인자로 전달된 바이트를 해당 파일에 파일 출력 스트림을 통해 씁니다.
	void **close**()	파일 출력 스트림을 닫습니다.
FileInputStream	int **available**()	파일 입력 스트림을 통해서 해당 파일에서 읽을 수 있는 예상 바이트 수를 반환합니다.
	int **read**()	파일 입력 스트림에서 데이터 바이트를 읽는데 사용됩니다.
	Int **read**(byte[] b)	파일 입력 스트림에서 최대 **b.length** 바이트의 데이터를 읽는데 사용됩니다.
	int **read**(byte[] b, int off, int len)	파일 입력 스트림에서 **index off**에서 시작해서 **len** 사이즈의 바이트의 데이터를 읽는데 사용됩니다.

아래 예제는 FileOutputStream을 이용해서 파일을 생성하고 데이터를 쓰는 예제입니다.

```java
1   package chapter12;
2
3   import java.io.FileOutputStream;
4   import java.io.IOException;
5
6   public class FileOutputStreamTest1 {
7
8     public static void main(String[] args) {
9
10      try {
11        FileOutputStream out = new
```

```
         FileOutputStream("D:\\testFile.txt"); // 생성자에 파일
         경로를 이용해서 스트림 생성
12       out.write(65); // 파일 스트림을 통해 유티코드 65를 쓰기(출력)
13       out.close(); // 스트림을 사용 후에는 닫아주어야 합니다.
14       System.out.println("파일에 데이터 쓰기 성공!");
15    } catch (IOException e) {
16       System.out.println(e);
17    }
18  }
19 }
```

👓 **결과(Console)**

파일에 데이터 쓰기 성공 !

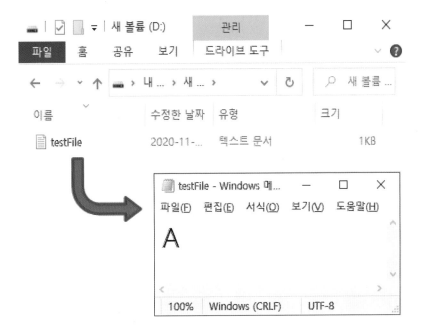

아래 예제는 byte타입의 배열을 이용해서 파일에 출력하는 예제입니다.

```java
1   package chapter12;
2
3   import java.io.FileOutputStream;
4   import java.io.IOException;
5
6   public class FileOutputStreamTest2 {
7
8     public static void main(String[] args) {
9
10      try {
11        FileOutputStream out = new
            FileOutputStream("D:\\testFile1.txt");
12
13        String s = "HI~!!";
14        byte b[] = s.getBytes(); // 문자열을 byte타입의 배열로 변환
15        out.write(b); // 배열을 이용해서 출력
16
17        System.out.println("파일에 데이터 쓰기 성공!");
18
19      } catch (IOException e) {
20        System.out.println(e);
21      }
22    }
23  }
```

☞ 결과(Console)

파일에 데이터 쓰기 성공 !

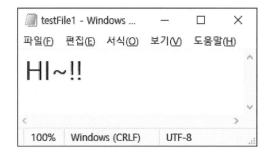
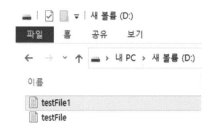

아래 예제는 FileInputStream을 이용해서 파일의 데이터를 읽어오는 예제입니다.

```java
1   package chapter12;
2
3   import java.io.FileInputStream;
4   import java.io.IOException;
5
6   public class FileInputStreamTest1 {
7
8     public static void main(String[] args) {
9
10      try {
11        FileInputStream in = new
              FileInputStream("D:\\testFile.txt"); // 생성자에 파일
              경로를 이용해서 스트림 생성
12        int i = in.read(); // read() 메소드를 이용해서 바이트 단위의
              데이터를 읽어옵니다.
13
14        System.out.println(i);
15        System.out.println((char) i);
16
17        in.close();
18        System.out.println("파일 데이터를 모두 읽었습니다.");
19
20      } catch (IOException e) {
21        System.out.println(e);
22      }
```

```
23
24      }
25
26  }
```

결과(Console)

```
65
A
파일 데이터를 모두 읽었습니다.
```

아래 예제는 **FileInputStream**을 이용해서 파일의 모든 데이터를 읽어오는 예제입니다.

```java
1    package chapter12;
2
3    import java.io.FileInputStream;
4    import java.io.IOException;
5
6    public class FileInputStreamTest2 {
7
8      public static void main(String[] args) {
9
10       try {
11
12         FileInputStream in = new
             FileInputStream("D:\\testFile1.txt");
13
14         int i = 0;
15
16         while (true) {
17           i = in.read(); // 읽어올 데이터가 없으면 -1을 반환합니다.
18           if( i==-1 ) { // 읽어올 데이터가 없으면 반복문을 종료 시킵니다.
19             break;
```

```
20            }
21          System.out.print((char) i);
22        }
23
24      System.out.println();
25      in.close();
26      System.out.println("파일 데이터를 모두 읽었습니다.");
27
28    } catch ( IOException e ) {
29      System.out.println(e);
30    }
31  }
32 }
```

결과(Console)

```
HI~!!
파일 데이터를 모두 읽었습니다.
```

이번에는 특정 파일을 다른 폴더에 복사하는 프로그램을 만들어봅시다. 처리 방식은 원본 파일을 프로그램이 읽고 저장하고자 하는 위치의 파일에 쓰는 순서로 처리하면 됩니다. 예제를 통해 살펴보겠습니다.

```
1   package chapter12;
2
3   import java.io.FileInputStream;
4   import java.io.FileOutputStream;
5   import java.io.IOException;
6   import java.io.InputStream;
7   import java.io.OutputStream;
8
9   public class FileTransferTest1 {
10
```

```java
11    public static void main(String[] args) {
12      try {
13
14        InputStream in = new
              FileInputStream("D:\\testFile1.txt"); // 복사할 원본 데이터
15        OutputStream out = new
              FileOutputStream("D:\\testFile1copy.txt"); // 복사해서
              옮길 위치의 스트림 객체 생성
16
17        int byteData = 0; // 읽어올 데이터를 저장 할 변수
18        while (true) {
19          byteData = in.read();
20          if (byteData == -1) {
21              break;
22          }
23          out.write(byteData);
24        }
25        in.close();
26        out.close();
27        System.out.println("파일 복사가 완료되었습니다!");
28      } catch (IOException e) {
29        System.out.println(e);
30      }
31    }
32  }
```

👆 결과(Console)

파일 복사가 완료되었습니다!

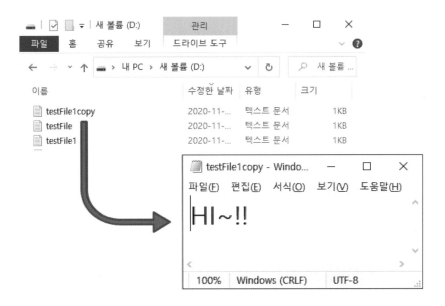

그럼 복사의 성능(속도)을 높이기 위해 바이트 데이터를 배열에 담아 전송을 해보도록 하겠습니다. 아래 예제에서 배열을 통해 전송하는 read메소드와 write메소드를 잘 살펴 보시기 바랍니다.

```java
package chapter12;

import java.io.FileInputStream;
import java.io.FileOutputStream;
import java.io.IOException;
import java.io.InputStream;
import java.io.OutputStream;

public class FileTransferTest2 {

  public static void main(String[] args) {
    try {
      InputStream in = new FileInputStream("D:\\test.zip");
      OutputStream out = new
        FileOutputStream("D:\\testcopy.zip");

```

```
16        int copyByte = 0;
          int byteDataSize = 0; // 복사한 파일의 사이즈
17
18        byte[] bufData = new byte[1024*2]; // 2kb사이즈의 배열 생성,
          배열에 2kb 데이터를 저장해서 복사
19
10        while (true) {
11          byteDataSize = in.read(bufData);
12          if (byteDataSize == -1) {
13              break;
14          }
15          out.write(bufData, 0, byteDataSize);
16          copyByte += byteDataSize; // 복사한 바이트 사이즈 증가 연산
17        }
18        in.close();
19        out.close();
20        System.out.println(copyByte + " byte 파일 복사가
          완료되었습니다!");
21      } catch (IOException e) {
22        System.out.println(e);
23      }
24    }
25 }
```

👉 **결과(Console)**

1006319469 byte 파일 복사가 완료되었습니다!

12.2.3 BufferedInputStream / BufferedOutputStream 필터 스트림

JAVA에서 제공하는 필터 스트림은 실제로 데이터를 주고받을 수는 없지만, 다른 스트림의 기능을 향상시키거나 새로운 기능을 추가해 주는 스트림입니다. 직접 데이터를 읽거나 출력을 하지 못하지만 기본 스트림에 보조적인 기능을 추가하는 스트림이기 때문에 보조 스트림이라고도 합니다. 그래서 필터 스트림은 기본 스트림의 인스턴스를 생성자의 매개변수 인자로 받아 인스턴스를 생성해야 하는 특징을 가지고 있습니다.

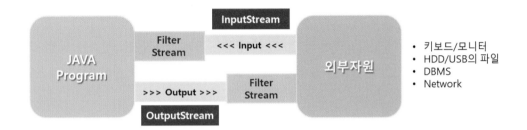

바이트기반 스트림의 필터 스트림을 아래와 같이 제공하고 있습니다.

입력 스트림	출력 스트림	설명
FilterInputStream	FilterOutputStream	필터를 이용한 입출력
BufferedInputStream	**BufferedOutputStream**	버퍼를 이용한 입출력
DataInputStream	DataOutputStream	입출력 스트림으로부터 JAVA의 기본 타입으로 데이터를 읽어올 수 있게 함.
ObjectInputStream	**ObjectOutputStream**	데이터를 객체 단위로 읽거나, 읽어 들인 객체를 역 직렬화시킴.
SequenceInputStream	X	두 개의 입력 스트림을 논리적으로 연결함.
PushbackInputStream	X	다른 입력 스트림에 버퍼를 이용하여 push back이나 unread와 같은 기능을 추가함.
X	**PrintStream**	다른 출력 스트림에 버퍼를 이용하여 다양한 데이터를 출력하기 위한 기능을 추가함.

BufferedInputStream / BufferedOutputStream 클래스

BufferedInputStream / BufferedOutputStream은 파일 입/출력의 성능을 향상시키기 위한 필터 스트림입니다. 이 필터 스트림은 FilterInputStream과 FilterOutputStream을 상속해서 파생한 스트림 클래스입니다.

```
public class BufferedOutputStream extends FilterOutputStream
public class BufferedInputStream extends FilterInputStream
```

앞서 설명한 바와 같이 필터 스트림의 인스턴스 생성은 기본 스트림 인스턴스를 생성자의 매개변수의 인자로 받아 생성합니다. 또 다른 생성자는 버퍼의 크기를 지정하는 매개변수를 포함하는 생성자입니다.

스트림 클래스	생성자
BufferedOutputStream	BufferedOutputStream(OutputStream os)
	BufferedOutputStream(OutputStream os, int size)
BufferedInputStream	BufferedInputStream(InputStream IS)
	BufferedInputStream(InputStream IS, int size)

BufferedInputStream / BufferedOutputStream 클래스에는 아래와 같은 메소드가 있습니다.

스트림 클래스	메소드	설명
BufferedOutputStream	void **write**(int b)	전달된 바이트 데이터를 지정된 파일에 출력 스트림을 이용해 씁니다.
	void **write**(byte[] b, int off, int len)	바이트 배열의 index off에서 시작 하여 len 사이즈의 바이트 데이터를 지정된 파일에 출력 스트림을 이용해 씁니다.
	void **flush**()	스트림의 버퍼에 버퍼링된 데이터를 비웁니다.

스트림 클래스	메소드	설명
BufferedInputStream	Int **available**()	입력 스트림에서 읽을 수 있는 데이터의 예상 바이트 수를 반환합니다.
	int **read**()	입력 스트림에서 데이터의 다음 바이트 데이터를 읽습니다.
	int **read**(byte[] b, int off, int ln)	입력 스트림으로 부터 바이트 배열 b를 읽어 들이고 배열 b[off]부터 len개의 데이터를 저장합니다.
	void **close**()	입력 스트림을 닫습니다.

아래 예제는 앞에서 다루었던 파일을 복사하는 예제를 필터 스트립을 이용해서 복사의 성능을 개선하는 예제입니다.

```java
1    package chapter12;
2
3    import java.io.BufferedInputStream;
4    import java.io.BufferedOutputStream;
5    import java.io.FileInputStream;
6    import java.io.FileOutputStream;
7    import java.io.IOException;
8    import java.io.InputStream;
9    import java.io.OutputStream;
10
11   public class FileTransferBufferedFilterTest {
12
13     public static void main(String[] args) {
14       try {
15         InputStream in = new FileInputStream("D:\\test.zip");
16         BufferedInputStream bin = new BufferedInputStream(in); //
             기본 스트림으로 필터스트림을 생성
17
18         OutputStream out = new
             FileOutputStream("D:\\testcopy2.zip");
19         BufferedOutputStream bout = new
```

```
                BufferedOutputStream(out); // 기본 스트림으로 필터스트림을 생성
20
21          int byteData = 0;
22
23          while (true) {
24            byteData = bin.read();
25            if (byteData == -1) {
26                break;
27            }
28            bout.write(byteData);
29          }
30
31          in.close();
32          out.close();
33          System.out.println("파일 복사가 완료되었습니다!");
34        } catch (IOException e) {
35          System.out.println(e);
36        }
37      }
38 }
```

👉 결과(Console)

파일 복사가 완료되었습니다!

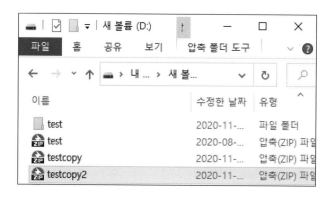

12.3 문자기반 기반스트림

JAVA에서 스트림은 기본적으로 바이트 단위로 데이터를 전송 합니다. 이 바이트 스트림을 이용해서 문자를 파일에 쓰고 저장하는 처리도 가능하지만 다른 프로그램을 이용하거나 다른 운영체제에서 처리할 때에는 문제가 발생할 수 있습니다. 운영체제마다 문자를 표현 하는 방식이 다르기 때문에 다른 운영체제에서 만든 파일인 경우 처리가 안 될 수 있습니 다. JAVA에서는 이러한 문제를 해결할 수 있도록 유니코드로 된 2바이트 문자 데이터를 입출력할 수 있는 문자 기반의 스트림도 제공합니다. 이 문자 스트림은 이미지, 동영상과 같은 바이너리 데이터의 입출력은 되지 않고 문자타입만 입출력이 가능합니다. 이미지나 동영상 파일의 입출력을 해야 한다면 바이트 타입의 입출력 스트림을 이용해야 합니다. 문자를 다루는 스트림에는 **Reader**와 **Writer**의 입출력 스트림 클래스가 있습니다.

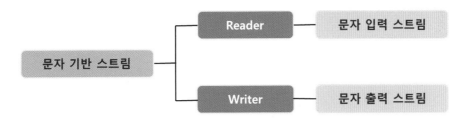

문자스트림도 바이트스트림과 마찬가지로 입출력 대상에 맞는 다양한 문자 기반의 스트림 클래스를 제공하고 있습니다.

Reader와 **Writer**의 입출력 스트림 클래스는 아래와 같은 메소드를 가지고 있습니다.

클래스	메소드	설명
Reader	abstract int **read**()	스트림으로 부터 데이터를 읽어 들이도록 메소드를 오버라이딩 할 추상 메소드입니다.
	int **read**()	스트림으로 부터 2바이트 데이터를 읽어 들입니다.
	int **read**(char[] cbuf)	스트림으로 부터 char타입의 배열에 담아 읽어옵니다.
	int **read**(char[] cbuf, int off, int len)	스트림으로 부터 char타입의 배열 cbuf를 읽어 들이고 배열 cbuf[off]부터 len개의 데이터를 읽어옵니다.
	int **read**(CharBuffer target)	CharBuffer 타입의 인스턴스에 담아 읽어옵니다.
	abstract void **close**()	스트림을 종료합니다.
Writer	Writer **append**(char c)	문자 데이터 c를 추가하여 작성합니다.
	Writer **append**(CharSequence csq)	문자열 데이터 csq를 추가하여 작성합니다.
	Writer **append**(CharSequence csq, int start, int end)	문자열 csq의 start index 에서 end index 까지의 문자열을 잘라 추가하여 작성합니다.
	abstract void **close**()	스트림을 종료합니다.
	abstract void **flush**()	스트림이 가지고 있는 버퍼들을 모두 플러시 합니다.
	void **write**(char[] cbuf)	char타입의 배열에 출력 데이터를 저장하고 저장된 데이터를 대상 파일에 출력합니다.
	abstract void **write**(char[] cbuf, int off, int len)	char타입의 배열에 출력 데이터를 저장하고 저장된 배열 cbuf[off] 부터 len 개의 데이터를 대상 파일에 출력합니다.
	void **write**(int c)	대상 파일에 2바이트 데이터를 출력합니다.
	void **write**(String str)	대상 파일에 문자열을 출력합니다.
	void **write**(String str, int off, int len)	문자열 str의 off 인텍스부터 len개의 문자열을 잘라을 대상 파일에 출력합니다.

12.3.1 FileReader / FileWriter

FileReader / FileWriter 클래스는 파일에 문자열을 입출력 하는데 사용되는 스트림 클래스입니다. FileReader는 InputStreamReader를 상속하고 있고, FileWriter 클래스는 OutputStreamWriter를 상속하고 있습니다.

```
public class FileReader extends InputStreamReader
public class FileWriter extends OutputStreamWriter
```

FileReader / FileWriter 클래스의 생성자는 아래와 같이 정의되어 있습니다.

스트림 클래스	생성자
FileReader	FileReader(String file)
	FileReader(File file)
FileWriter	FileWriter(String file)
	FileWriter(File file)

생성자를 통해 대상 파일의 경로를 문자열 또는 **File**타입의 인스턴스로 받아 스트림 인스턴스를 생성합니다. 아래 예제는 **FileWriter**를 이용해서 문자 기반으로 출력하는 예제입니다. **File** 클래스는 뒤에서 다루고 있으니 경로를 문자열로 표현해서 인스턴스를 생성해서 처리합니다.

```java
1   package chapter12;
2
3   import java.io.FileWriter;
4   import java.io.IOException;
5   import java.io.Writer;
6
7   public class FileWriterStreamTest {
8
9       public static void main(String[] args) {
10
```

```java
11        String str = "String\n";
12        char ch = 'A';
13        char[] charArr = { 'B', 'C' };
14
15        Writer out = null;
16
17        try {
18            out = new FileWriter("d:\\testText1.txt");
19
20            out.write(str); // 문자 열을 쓸 수 있습니다.
21            out.write(ch); // 문자를 쓸 수 있습니다.
22            out.write(charArr); // char 타입의 배열을 쓸 수 있습니다.
23
24            out.close();
25            System.out.println("파일에 문자들을 출력했습니다.");
26
27        } catch (IOException e) {
28            e.printStackTrace();
29        }
30    }
31 }
```

👉 **결과(Console)**

파일에 문자들을 출력했습니다.

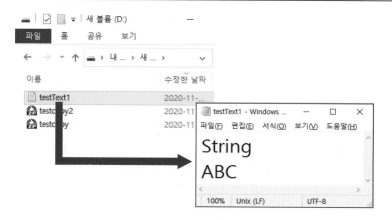

다음 예제는 **FileReader**를 이용해서 앞의 예제에서 생성한 파일을 읽어오는 예제입니다.

```java
1   package chapter12;
2
3   import java.io.FileNotFoundException;
4   import java.io.FileReader;
5   import java.io.IOException;
6   import java.io.Reader;
7
8   public class FileReaderStreamTest {
9
10    public static void main(String[] args) {
11
12      char[] cbuf = new char[10]; // 최대 10개의 문자 읽어 저장
13      int readCnt=0;
14      Reader reader;
15
16      try {
17        reader = new FileReader("d:\\testText1.txt");
18
19        readCnt = reader.read(cbuf, 0, cbuf.length); // 배열을
           이용해서 파일의 데이터를 읽어옴
20        for (int i = 0; i < readCnt; i++)
21          System.out.print(cbuf[i]);
22        reader.close();
23
24      } catch (FileNotFoundException e) {
25        e.printStackTrace();
26      } catch (IOException e) {
27        e.printStackTrace();
28      }
29    }
30  }
```

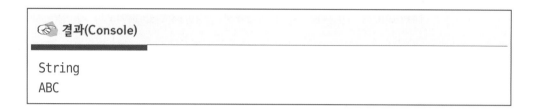

결과(Console)

```
String
ABC
```

12.3.2 BufferedReader / BufferedWriter

BufferedReader / BufferedWriter 입출력 효율을 높이기 위해 버퍼(char[])를 사용하는 문자 스트림입니다. 라인(line)단위의 입출력이 편리합니다. BufferedReader 는 Reader 클래스를 상속하고, BufferedWriter는 Writer 클래스를 상속합니다.

```
public class BufferedReader extends Reader
public class BufferedWriter extends Writer
```

BufferedReader / BufferedWriter 클래스의 생성자는 아래와 같이 정의되어 있습니다.

스트림 클래스	생성자
BufferedReader	BufferedReader(Reader in)
	BufferedReader(Reader in, int sz)
BufferedWriter	BufferedWriter(Writer out)
	BufferedWriter(Writer out, int sz)

BufferedReader / BufferedWriter 클래스에는 라인단위로 입/출력하는 기능의 메소드들이 정의 되어 있습니다.

스트림 클래스	메소드	설명
BufferedWriter	void **newLine**()	줄 바꿈, 즉 개 행을 합니다.
	void **write**(int c)	문자를 씁니다.
	void **write**(char[] cbuf, int off, int len)	문자 타입의 배열에서 **off** 인텍스 위치에서 **len** 만큼의 문자를 씁니다.
	void **write**(String s, int off, int len)	문자열에서 **off** 인텍스 위치에서 **len** 만큼 의 문자를 씁니다.
	void **flush**()	문자를 저장하는 버퍼를 비웁니다.
	void **close**()	스트림을 닫습니다.
BufferedReader	int **read**()	파일에 있는 문자 하나를 읽어옵니다.
	int **read**(char[] cbuf, int off, int len)	문자 타입의 배열에서 **off** 인텍스 위치에서 **len** 만큼의 문자를 읽어옵니다.
	String **readLine**()	한 줄의 문자열을 읽어옵니다.
	void **close**()	스트림을 닫습니다.

아래 예제는 BufferedWriter를 이용해서 문자 기반으로 출력하는 예제입니다. 파일에
저장하는 것이기 때문에 BufferedWriter 인스턴스를 생성할 때 FileWriter 인스턴스
를 전달받아 생성합니다.

```
1    package chapter12;
2
3    import java.io.BufferedWriter;
4    import java.io.FileWriter;
5    import java.io.IOException;
6
```

```java
7   public class BufferedWriterTest {
8
9     public static void main(String[] args) {
10
11      BufferedWriter out = null;
12      try {
13        out = new BufferedWriter(new
          FileWriter("d:\\testText2.txt")); // 기본 스트림을 통해
          객체를 생성
14        out.write("홍차(紅,茶)는 차잎 내부의 성분이 자체에 들어있는 효소에");
15        out.write(" 산화되어 붉은 빛을 띠는 차를 뜻한다.");
16        out.newLine();
17        out.write("녹차나 보이차와 같이 효소의 작용을 중지시키는 ");
18        out.write(" 쇄청(曬靑, 햇볕에 쬐어 말림)");
19        out.write(" 과정을 거치지 않기 때문에 잎 자체의 효소로 산화가 된
          것이다.");
20        out.newLine();
21        out.write("동양에서는 우려난 차의 빛깔(붉은색)을 보고 홍차라고 하지만,
          ");
22        out.write("서양에서는 찻잎의 색깔(검은색)을 보고 Black Tea라고
          부른다.");
23        out.newLine();
24        out.newLine();
25        out.write("wiki 참조");
26        out.close();
27        System.out.println("문자열 입력 완료.");
28      } catch (IOException e) {
29        e.printStackTrace();
30      }
31    }
32  }
```

결과(Console)

문자열 입력 완료.

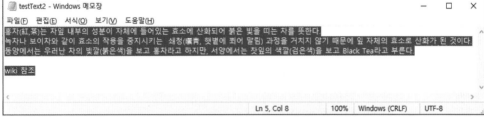

이제 앞에서 저장한 파일을 프로그램에서 **BufferedReader**를 이용해서 문자열 단위로 읽을 수 있습니다. **BufferedReader** 인스턴스는 **FileReader** 인스턴스를 전달받아 생성합니다.

```java
1   package chapter12;
2
3   import java.io.BufferedReader;
4   import java.io.FileNotFoundException;
5   import java.io.FileReader;
6   import java.io.IOException;
7
8   public class BufferedReaderTest {
9
10      public static void main(String[] args) {
11
12          BufferedReader in = null;
13          String str = null;
14
15          try {
16
17              in = new BufferedReader(new
```

```
             FileReader("d:\\testText2.txt")); // 기본 스트림을 통해
             객체를 생성
18
19       while ( true ) { // 무한반복
20         str = in.readLine();
21         if ( str == null ) // 가져올 데이터가 없으면 반복문 탈출
22             break;
23         System.out.println(str);
24       }
25       in.close();
26     } catch (FileNotFoundException e) {
27         e.printStackTrace();
28     } catch (IOException e) {
29         e.printStackTrace();
30     }
31   }
32 }
```

결과(Console)

홍차(紅,茶)는 차잎 내부의 성분이 자체에 들어있는 효소에 산화되어 붉은 빛을 띠는 차를 뜻한다.
녹차나 보이차와 같이 효소의 작용을 중지시키는 쇄청(曬靑, 햇볕에 쬐어 말림) 과정을 거치지
    않기 때문에 잎 자체의 효소로 산화가 된 것이다.
동양에서는 우러난 차의 빛깔(붉은색)을 보고 홍차라고 하지만, 서양에서는 찻잎의 색깔(검은색)을
    보고 Black Tea라고 부른다.

wiki 참조

12.4 File 클래스

File 클래스는 파일의 데이터를 다루는 것이 아니라 파일의 경로명을 다루는 클래스입니다. File 클래스를 이용하면 파일의 이름 변경, 파일 삭제, 디렉터리 생성과 같은 디렉터리와 파일을 다룰 수 있습니다. 즉 파일이 가지고 있는 데이터가 아닌 파일 자체가 가지는 경로가 처리의 대상입니다. 앞서 살펴본 파일을 대상으로 하는 입출력 스트림들은 경로 정보를 가지는 File 클래스타입의 인스턴스를 이용해서 스트림을 생성하기도 합니다.

File 클래스에는 아래와 같은 생성자가 정의되어 있습니다.

생성자	설명
File(File parent, String child)	디렉터리 경로를 가지는 File 인스턴스와 이 경로 이후의 경로를 문자열로 받아 연결하여 새로운 경로를 가지는 File 인스턴스를 생성합니다.
File(String pathname)	경로를 문자열로 받아 File 인스턴스를 생성합니다.
File(String parent, String child)	디렉터리 경로를 가지는 문자열과 이 경로 이후의 경로를 문자열로 받아 붙여 새로운 경로를 가지는 File 인스턴스를 생성합니다.
File(URI uri)	URI 인스턴스가 가지는 경로로 File 인스턴스를 생성합니다.

File 클래스에는 경로 설정에 필요한 클래스 변수들이 정의되어 있습니다.

변수	설명
static String **pathSeparator**	경로 구분자 문자를 저장하는 변수입니다.
static char **pathSeparatorChar**	윈도우: "\", 리눅스/유니스 계열 : "/"
static String **separator**	파일간의 구분자 문자를 저장하는 변수입니다.
static char **separatorChar**	윈도우: ";", 리눅스 : ":"

File 클래스에는 다양한 메소드가 정의되어 있습니다. 아래와 같이 대표적인 메소드들이 있습니다.

메소드	설명
static File **createTempFile**(String prefix, String suffix)	default temporary-file 폴더에 File 인스턴스가 가지는 파일 이름에 prefix와 suffix를 붙여 임시파일을 생성합니다.
boolean **createNewFile**()	File 인스턴스가 가지는 파일 이름을 가진 파일이 존재하지 않으면 인스턴스가 저장하고 있는 이름으로 새로운 파일을 생성합니다.
boolean **isAbsolute**()	File 인스턴스가 가지는 파일 경로 이름이 절대 경로인지 테스트합니다.
boolean **isDirectory**()	File 인스턴스가 가지는 경로가 폴더인지 여부를 테스트합니다.
boolean **isFile**()	File 인스턴스가 가지는 경로가 일반 파일인지 여부를 테스트합니다.
String **getName**()	File 인스턴스가 가지는 경로의 파일 또는 폴더의 이름을 반환합니다.
String **getParent**()	File 인스턴스가 가지는 경로의 부모의 경로명 문자열을 반환합니다.
Path **toPath**()	File 인스턴스가 가지는 경로의 생성 된 Path 객체를 반환합니다.
URI **toURI**()	File 인스턴스가 가지는 경로의 이름을 나타내는 URI 파일을 반환합니다.
File[] **listFiles**()	File 인스턴스가 가지는 경로의 디렉토리의 파일 또는 폴더를 나타내는 이름의 배열을 반환합니다.
boolean **mkdir**()	File 인스턴스가 가지는 경로의 이름으로 폴더를 생성합니다.

아래 예제는 파일 클래스를 이용하는 예제입니다.

```
1    package chapter12;
2
3    import java.io.File;
4
5    public class FileTest {
6
7        public static void main(String[] args) {
```

```
8
9        File originFile = new File("d:\\test.zip");
10
11       if (!originFile.exists()) {
12         System.out.println("원본파일이 존재하지 않아 프로그램을
              종료합니다.");
13         return;
14       }
15
16       File newDir = new File("d:\\backup");
17       if (!newDir.exists()) {
18         System.out.println("새로운 디렉터리를 생성합니다.");
19         newDir.mkdir();
20       }
21
22       System.out.println("d:// 폴더안의 파일 리스트
              ======================");
23       File myDir = new File("d:\\");
24       File[] list = myDir.listFiles();
25       for (int i = 0; i < list.length; i++) {
26         if (list[i].isDirectory()) {
27           System.out.print("[DIR] ");
28         } else if (list[i].isFile()) {
29           System.out.print("[FILE] ");
30         }
31         System.out.println(list[i].getName());
32       }
33
34       System.out.println("====================================
              =====");
35       System.out.println("파일을 backup 디렉터리로 이동시킵니다.");
36       for (int i = 0; i < list.length; i++) {
37         if (list[i].isFile()) {
38           File newFile = new File(newDir, list[i].getName());
39           list[i].renameTo(newFile);
40           System.out.println("> "+list[i].getName()+"이
```

```
                동했습니다.");
41          }
42      }
43
44      System.out.println(">>>>> 모든파일이 backup 디렉터리로
            이동했습니다.");
45      System.out.println("d:\\backup\\ 폴더안의 파일 리스트
            =============");
46      System.out.println("backup 디렉터리를 확인합니다.");
47      File[] newList = newDir.listFiles();
48      for (int i = 0; i < newList.length; i++) {
49          if (newList[i].isDirectory()) {
50              System.out.print("[DIR] ");
51          } else if (newList[i].isFile()) {
52              System.out.print("[FILE] ");
53          }
54          System.out.println(newList[i].getName());
55      }
56  }
57 }
```

👉 결과(Console)

```
새로운 디렉터리를 생성합니다.
d:// 폴더안의 파일 리스트 ========================================
[DIR] $RECYCLE.BIN
[DIR] backup
[DIR] System Volume Information
[DIR] test
[FILE] test.zip
[FILE] testcopy.zip
[FILE] testcopy2.zip
[FILE] testFile.txt
[FILE] testFile1.txt
[FILE] testFile1copy.txt
```

[FILE] testFile1copy2.txt
[FILE] testText1.txt
[FILE] testText2.txt
==
파일을 backup 디렉터리로 이동시킵니다.
> test.zip이 동했습니다.
> testcopy.zip이 동했습니다.
> testcopy2.zip이 동했습니다.
> testFile.txt이 동했습니다.
> testFile1.txt이 동했습니다.
> testFile1copy.txt이 동했습니다.
> testFile1copy2.txt이 동했습니다.
> testText1.txt이 동했습니다.
> testText2.txt이 동했습니다.
>>>>> 모든파일이 backup 디렉터리로 이동했습니다.
d:\backup\ 폴더안의 파일 리스트 ===
backup 디렉터리를 확인합니다.
[FILE] test.zip
[FILE] testcopy.zip
[FILE] testcopy2.zip
[FILE] testFile.txt
[FILE] testFile1.txt
[FILE] testFile1copy.txt
[FILE] testFile1copy2.txt
[FILE] testText1.txt
[FILE] testText2.txt

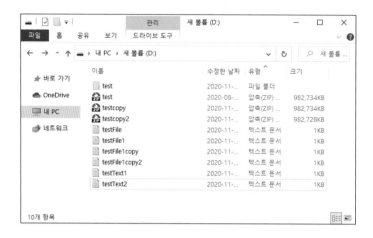

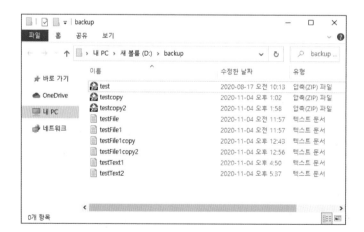

12.5 인스턴스의 직렬화

JAVA에서의 직렬화는 바이트기반 스트림으로 인스턴스를 파일로 저장하는 것을 의미합니다. 파일에서 데이터를 읽어 인스턴스로 만드는 직렬화 처리의 반대 처리를 역 직렬화라고 합니다. 직렬화의 특징은 플랫폼이 독립적이라는 것입니다. 현재 플랫폼에서 직렬화하고 다른 플랫폼에서 역 직렬화가 가능합니다. 따라서 네트워크에서 인스턴스 데이터를 전달하는데 사용됩니다. 직렬화를 하기 위해서는 저장하려는 클래스는 Serializable 인터페이스를 구현해야 합니다. 직렬화를 위해서는 ObjectOutputStream 클래스를 writeObject() 메소드 이용하여 파일로 저장하고 역 직렬화는 ObjectInputStream 클래스의 readObject() 메소드를 이용해서 인스턴스로 반환 받습니다.

12.5.1 java.io.Serializable 인터페이스

Serializable은 구현의 목적이 아닌 마킹의 기능이 있는 인터페이스입니다. 이 인터페이스를 구현하는 클래스가 직렬화가 가능하도록 하는데 사용됩니다. 인스턴스의 저장이 필요한 클래스에 구현해 주어야 합니다. String 클래스, 래퍼 클래스 등은 Serializable 인터페이스를 구현하고 있어 직렬화가 가능합니다. 배열과 Collection의 경우 저장되어 있는 요소 중 직렬화할 수 없는 요소를 포함하고 있으면 직렬화가 되지 않습니다.

12.5.2 ObjectOutputStream 클래스

ObjectOutputStream 클래스는 인스턴스를 OutputStream에 쓰는데 사용됩니다. Serializable 인터페이스를 구현하는 인스턴스에만 스트림에 쓸 수 있습니다.

```
public ObjectOutputStream(OutputStream out) throws IOException {}
public final void writeObject(Object obj) throws IOException {}
```

12.5.3 ObjectInputStream 클래스

ObjectInputStream은 ObjectOutputStream을 사용하여 작성된 객체 및 기본 데이터를 역 직렬화합니다.

```
public ObjectInputStream(InputStream in) throws IOException {}
public final Object readObject() throws IOException,
  ClassNotFoundException{}
```

아래 예제는 직렬화와 역 직렬화의 예제입니다.

```java
1    package chapter12;
2
3    import java.io.FileInputStream;
4    import java.io.FileOutputStream;
5    import java.io.IOException;
6    import java.io.ObjectInputStream;
7    import java.io.ObjectOutputStream;
8    import java.io.Serializable;
9
10   public class SerializableTest {
11
12     public static void main(String[] args) {
13
14
15       Person person = new Person("King", 10);
16       String msg = "안녕하세요~!!";
17
18       try {
19         ObjectOutputStream outputStream = null;
20         FileOutputStream fos = new
           FileOutputStream("instanceData.ser");
21         outputStream = new ObjectOutputStream(fos);
22         outputStream.writeObject(person); // Person 인스턴스의 저장
```

```
23        outputStream.writeObject(msg); // String 인스턴스 저장
24
25        ObjectInputStream inputStream = null;
26        FileInputStream fis = new
            FileInputStream("instanceData.ser");
27        inputStream = new ObjectInputStream(fis);
28        Person newPerson = (Person) inputStream.readObject(); //
            저장 데이터 복원
29        String newStr = (String) inputStream.readObject(); // 저장
            데이터 복원
30
31        newPerson.tell(); // 정상적으로 복원 되어 메소드 실행
32        System.out.println(newStr);
33
34      } catch (IOException e) {
35        e.printStackTrace();
36      } catch (ClassNotFoundException e) {
37        e.printStackTrace();
38      }
39
40    }
41
42  }
43  class Person implements Serializable {
44    // 직렬화의 대상은 Serializable을 구현해야 합니다.
45    private String name;
46    private int age;
47
48    public Person(String name, int age) {
49      this.name = name;
50      this.age = age;
51    }
52
53    public void tell() {
54      System.out.println("안녕하세요. " + age + "살 " + name +
          "입니다.");
```

```
55        }
56    }
```

👉 결과(Console)

안녕하세요. 10살 King입니다.
안녕하세요~!!

12.6 요약

■ JAVA 의 입출력(I/O)

JAVA에서는 입출력을 다루기 위해 스트림(stream)이라는 흐름을 통해 다룹니다. 프로그램 내부로 데이터를 읽어 오는 것을 입력 스트림 클래스, 프로그램 밖으로 데이터를 내보내는 것을 출력 스트림 클래스로 정의해서 제공하고 있습니다. JAVA에서의 I/O 처리를 위해 입/출력 스트림 클래스 타입의 인스턴스를 생성해서 사용합니다.

■ 바이트 기반 입력/출력 스트림

바이트 기반으로 데이터를 입/출력을 하는 것을 스트림 개념으로 만들어진 클래스를 입출력 클래스라고 합니다. JAVA에서는 java.io 패키지를 통해 InputStream과 OutputStream 클래스를 제공하고 있습니다.

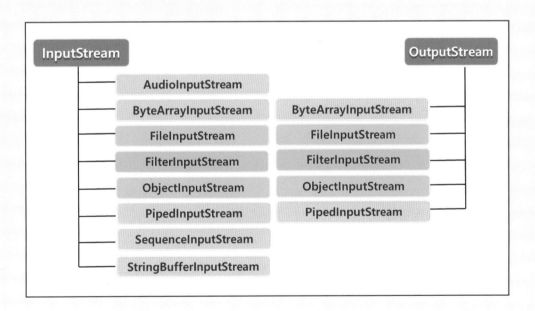

■ 문자기반 입력/ 출력 스트림

유니코드로 된 2바이트 문자 데이터를 입출력 할 수 있는 문자 기반의 스트림 입니다. 이 문자 스트림은 이미지, 동영상과 같은 바이너리 데이터의 입출력은 되지 않고 문자타입만 입출력이 가능합니다. Reader, Writer 클래스가 대표적인 클래스입니다.

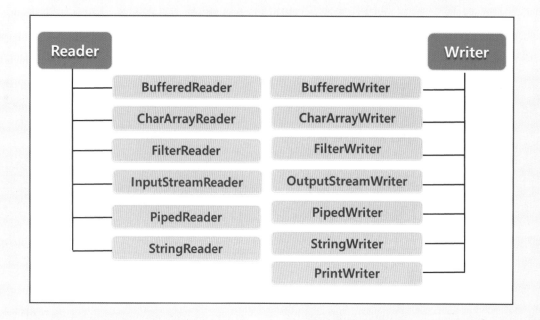

■ File 클래스

File 클래스는 파일의 경로명을 다루는 클래스입니다. File 클래스를 이용해서 파일의 이름 변경, 파일 삭제, 디렉터리 생성과 같은 디렉터리와 파일을 관리할 수 있습니다.

■ 인스턴스의 직렬화

JAVA에서의 직렬화는 바이트기반 스트림으로 인스턴스를 파일로 저장하는 것을 의미합니다. 직렬화를 위해서는 저장의 대상인 클래스는 반드시 Serializable 인터페이스를 구현하도록 해야 합니다.

12.7 연습문제

01 DataInputStream 객체를 생성하는 방법으로 맞은 것은?

(1) new DataInputStream("data.txt");

(2) new DataInputStream(new File("data.txt"));

(3) new DataInputStream(new FileReader("data.txt"));

(4) new DataInputStream(new InputStream("data.txt"));

(5) new DataInputStream(new FileInputStream("data.txt"));

02 다음 중 맞는 코드는?

(1) OutputStream out = new FileInputStream("data.txt"));

(2) OutputStream out = new DataOutputStream(new
FileOutputStream ("data.txt")));

(3) OutputStream out = new FileOutputStream("data.txt", "rw");

(4) OutputStream out=new ObjectOutputStream(new
FileOutputStream(new File("data.txt"))));

03 현재 작업 경로가 c:\work 인 경우 다음 프로그램을 실행한 출력 결과는?

```java
import java.io.*;
class Test{
   public static void main( String a[] args ) throws Exception {
      File f  =  new File ("data.txt" );
      System.out.println( f.getAbsolutePath() );
   }
}
```

(1) data.txt

(2) work\data.txt

(3) c:\work\data.txt

(4) c:\work

04 문자기반 입출력 기본 스트림 클래스를 고르시오.

    (1) InputStream / OutputStream

    (2) FIleInputStream / FileOutputStream

    (3) FileReader / FileWriter

    (4) ObjectInputStream / ObjectOutputStream

05 인스턴스의 데이터를 저장하는 직렬화를 위해 저장하고자 하는 클래스타입에 어떤 인터페이스를 구현해야 하는지 인터페이스 이름을 쓰시오.

06 JAVA에서 파일이나 디렉토리를 관리할 수 있는 클래스는?

    (1) File

    (2) Directory

    (3) FileWriter

    (4) FileChooser

12.8 코딩 해보기

1. 콘솔기반으로 메모장 기능을 만들어 봅시다.

   ① File 클래스를 이용해서 저장 폴더 생성

   ② 문자기반 스트림을 이용해서 날짜와 제목, 메모를 파일에 저장

   ③ 파일의 이름은 날짜와 메모의 제목을 이용해서 생성

   ④ 메모리스트와 파일 읽기 기능을 구현해봅시다.

2. 앞 Chapter에서 만들어본 축구선수 정보 파일로 저장하는 프로그램을 만들어 봅시다.

   ① 축구선수 정보 인스턴스를 List<E>에 저장하는 프로그램을 만들어 봅시다.

   ② 이 인스턴스 들을 파일로 저장하는 기능을 만들어 봅시다.

   ③ 저장된 파일을 객체로 만드는 기능을 만들어봅시다.

12.9 프로젝트-8

앞 Chapter에서 List<E>에 저장된 인스턴스들을 직렬화 하고 역 직렬화 하는 프로그램을 만들어 봅시다.

1. 파일 저장 메뉴와 파일 읽어오기 기능을 추가합시다.

```
===========================
연락처 관리프로그램
   1. 연락처 입력
   2. 연락처 검색
   3. 연락처 수정
   4. 연락처 삭제
   5. 연락처 전체 리스트 보기
   6. 파일 저장
   7. 파일 로드
   8. 종료
===========================
```

2. 프로그램이 시작할 때 파일 읽어오기.

First Java

13

스레드

First Java

13 스레드

First Java

13.1 스레드

보통 프로그램은 하나의 일을 처리할 수 있도록 하나의 흐름을 가지고 프로그램이 실행됩니다. 이런 흐름을 스레드(Thread)라고 합니다. 스레드를 여러 개 두어 프로그램을 실행하는 것을 멀티 스레드라고 합니다. JAVA에서는 멀티스레드를 지원하고 있습니다. 이번 챕터에서는 JAVA에서 지원하는 멀티스레드에 대해 알아봅니다. 스레드를 설명하기 위해서는 프로그램이 실행되는 처리 과정을 살펴볼 필요가 있습니다. 프로그램을 실행하면 운영체제는 이 프로그램이 구동 되도록 메모리와 컴퓨터의 입출력 장치, 네트워크 장치 등의 자원을 할당해서 프로그램을 실행합니다. 이때 실행되는 이 프로그램을 프로세스(Process)라고 합니다.

프로세스 (Process)
CPU
메모리
디스크
네트워크
기타 자원

프로세스 (Process)
CPU
메모리
디스크
네트워크
기타 자원

프로세스 (Process)
CPU
메모리
디스크
네트워크
기타 자원

메모장

CROME

포토샵

일반적으로 프로그램은 단일 흐름을 가지는 싱글 스레드 방식으로 프로그램을 개발합니다. 하지만 최근 다양한 플랫폼에서 동작 프로그램들은 성능을 높이기 위해 멀티 스레드로 프로그램을 개발하고 있습니다.

멀티 프로세스(multi process)는 여러 개의 CPU를 사용하여 여러 프로세스를 동시에 수행하는 것을 의미합니다. 멀티 스레드와 멀티 프로세스 모두 여러 흐름을 동시에 수행한다는 공통점을 가지고 있습니다. 멀티 프로세스는 각 프로세스가 독립적인 메모리를 가지고 별도로 실행되지만, 멀티 스레드는 각 스레드가 자신이 속한 프로세스의 메모리를 공유한다는 점이 다릅니다.

13.1.1 프로세스

프로세스(process)는 컴퓨터의 메모리와 같은 자원들을 할당 받아 실행 중인 프로그램을 말합니다. 이러한 프로세스는 프로그램에 사용되는 데이터와 메모리 등의 자원 그리고 스레드로 구성됩니다. 보통 프로세스는 프로그램의 흐름으로 프로그램을 실행시킵니다. 즉 프로그래밍 된 흐름에 따라 순서대로 실행을 합니다.

13.1.2 스레드

스레드(thread)란 프로세스(process) 내에서 실제로 작업을 실행하는 흐름을 의미합니다. 모든 프로세스에는 한 개 이상의 스레드가 존재하며, 이 스레드에 의해 프로그램이 실행됩니다.

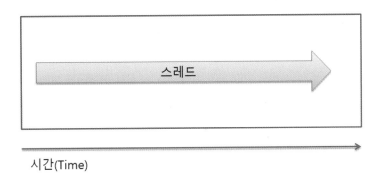

13.1.3 멀티 스레드

프로그램에서 여러 가지 작업을 동시에 할 수 있으면 어떨까요? JAVA에서는 여러 작업이 동시에 진행이 되도록 여러 개의 작업 흐름을 만들어 사용할 수 있도록 지원합니다. 즉 하나의 프로세스 내에서 두 개 이상의 작업 흐름을 가질 수 있는 것을 멀티 스레드(multi thread)를 지원하고 있습니다.

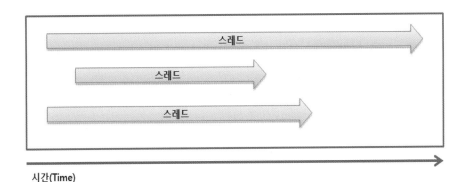

최근의 **CPU**는 여러 개의 코어를 가지고 있는데 멀티 스레드는 여러 개의 코어를 동시에 사용함으로써 처리 속도를 높이는 것입니다. 그리고 스레드는 독립적인 프로그램 코드의 흐름을 가지기 때문에 다른 프로세스에서 예외가 발생하더라도 프로그램이 종료되지 않고 다른 스레드들은 정상적인 흐름을 유지합니다. 또 멀티 스레드는 하나의 프로세스 안에서 실행되는 것이기 때문에 각 스레드는 프로세스의 메모리를 공유하여 시스템 자원의 낭비가 적습니다. 예를 들어 어떤 프로그램을 사용할 때 프로그램은 사용자의 입력을 받고, 사용자가 요청한 파일을 다운로드를 처리하고, 카메라로 동영상을 촬영해야 하는 프로그램을 만들어야 한다고 가정해 봅시다. 스레드 하나로 구성하는 프로그램이라면 사용자의 다운로드 요청 후 일정 시간 동안 파일을 다운로드하고, 그 이후에 카메라로 일정 시간을 촬영을 한 후에야 사용자의 정보를 입력받을 수 있습니다. 이 일련의 과정을 순서대로 실행된다면 모든 작업이 완료되기까지 각 단계에서 소요되는 시간들이 모두 지나야 완료가 됩니다. 그런데 동영상 촬영과 파일 다운로드, 그리고 사용자의 데이터 입력 처리 작업을 동시에 처리할 수 있다면 처리되는 시간을 줄일 수 있을 것입니다.

멀티 스레드는 프로그램의 성능을 높이거나 사용자와의 인터랙션을 향상시키는 등 자원을 효율적으로 운영하기 위해 사용합니다. 하지만 멀티 스레드의 사용이 모든 처리의 성능을 향상시키는 것은 아닙니다. 만약 **CPU**의 코어 수보다 더 많은 스레드가 실행되면, **CPU**의 각 코어가 정해진 시간 동안 여러 작업을 번갈아 가며 실행할 때 현재까지의 작업 내용이나 다음 작업에 필요한 데이터들을 저장하고 읽어오는 작업을 하게 되는데 이때 발생하는 시간이 커지게 됩니다. 이럴 경우 멀티 스레드로 기대하던 성능 향상이 되지 않을 수 있습니다. 여러 개의 멀티 스레드를 실행하는 것이 언제나 성능 향상이 되는 것은 아닙니다.

멀티테스킹을 위한 멀티 프로세싱과 멀티 스레드의 비교

멀티프로세싱	멀티스레딩
각 프로세스는 프로세스 별 별도의 메모리 영역을 할당 받아 사용됩니다.	스레드는 동일한 메모리 공간을 공유합니다. 실은 가볍습니다.
한 프로세스에서 다른 프로세스로 전환하려면 레지스터, 메모리, 업데이트 목록 등을 저장 하고 로드 하는 처리 시간이 필요합니다.	스레드 간의 통신 시 처리되는 시간이 짧습니다.

13.1.4 스레드의 생명주기

스레드는 5가지의 상태를 가지고 있고 매 순간 이 상태 중 하나의 상태로 유지됩니다. 스레드의 수명주기는 JVM에 의해 제어됩니다. JAVA 스레드 상태는 다음과 같습니다.

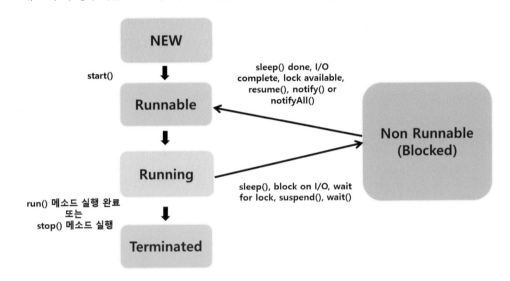

상태	설명
New	Thread클래스로 인스턴스가 생성된 상태로, 아직 start()메소드를 호출 하지 않아 새로운 작업의 흐름이 생성되기 전의 상태 입니다.
Runnable	스레드 인스턴스의 start()메소드가 호출된 후 실행 가능한 상태입니다. 인스턴스를 JVM의 스케줄러가 스레드를 실행 가능한 리스트에 올려놓은 상태라고 할 수 있습니다. 실행 가능 상태이지 실행 중인 상태는 아닙니다.
Running	JVM의 스레드 스케줄러가 스레드 인스턴스를 선택하고, 스레드가 실행 중인 상태입니다.
Non-Runnable (Blocked)	스레드 인스턴스가 소멸된 상태는 아니지만 실행이 가능하지 않은 상태를 의미합니다. 보통은 이 상태에서 실행 가능 상태로 변경하여 처리합니다. 아래 메소드가 실행되었을 때 Non-Runnable (Blocked) 상태가 됩니다. • sleep() • suspend() • wait() Non-Runnable (Blocked) 상태에서 다시 Runnable상태로 변경 할 때는 아래 메소드를 사용합니다. • sleep() 메소드의 실행 완료 • resume() • notify() or notifyAll()
Terminated	스레드 인스턴스를 사용하지 못하는 상태입니다. 보통은 스레드 인스턴스의 run() 메소드의 처리 명령이 모두 정상적으로 실행되어 종료되는 상태입니다. 사용자에 의해 스레드가 강제 종료되는 경우도 이 상태 입니다.

13.1.5 스레드의 실행 시점

어떤 스레드를 실행 할 것인가의 결정은 프로그래머가 아닌 JVM이 제어합니다. 또 한 번에 하나의 스레드의 처리만 가능하기 때문에 특정 스레드가 특정 시점에 실행하는 것을 완벽하게 보장할 수 없습니다. JVM에서 스레드를 선택하는 방식은 Runnable 상태의 스레드들 중에 우선순위가 높은 작업을 먼저 선택해서 실행합니다. 그렇다고 JVM이 스레드들 중 선택할 때 참고하는 것일 뿐 우선순위가 높은 스레드가 먼저 완료되는 것이 아닙니다.

13.2 Thread 클래스

스레드의 생성을 위해서는 Thread 클래스를 이용합니다. Thread 클래스는 생성자와 메소드를 제공합니다. Thread 클래스를 정의하는 방법은 두 가지 방식을 제공합니다.

• Thread 클래스를 상속해서 정의
• Object 클래스를 확장 하고 Runnable 인터페이스를 구현

13.2.1 스레드의 생성자

생성자	설명
Thread()	기본적인 스레드를 생성합니다.
Thread(String name)	전달 된 문자열의 이름으로 스레드를 생성합니다.
Thread(Runnable r)	Runnable 인터페이스를 구현한 인스턴스로 스레드를 생성합니다.
Thread(Runnable r,String name)	전달된 문자열과 Runnable 인터페이스를 구현한 인스턴스로 스레드를 생성합니다.

13.2.2 스레드의 메소드

메소드	설명
start()	스레드 실행(실행 흐름)을 시작하는데 사용됩니다.
run()	스레드에 대한 처리 부분을 수행하는데 사용됩니다.
sleep()	매개변수로 전달되는 시간 동안 스레드를 휴면 상태로 만듭니다.
currentThread()	현재 실행중인 스레드 인스턴스의 참조값을 반환합니다.
join()	스레드가 모든 처리 후 종료 될 때 까지 대기합니다.
getPriority()	스레드의 우선 순위를 반환합니다.
setPriority()	스레드의 우선 순위를 설정합니다.
getName()	스레드 이름을 반환합니다.
setName()	스레드 이름을 설정합니다.
getId()	스레드의 id를 반환합니다.
isAlive()	스레드가 살아 있는지 확인 후 논리값을 반환합니다.
yield()	현재 실행중인 스레드 객체가 일시 중지시킵니다.
suspend()	스레드를 일시 중지 시키는데 사용됩니다.
resume()	일시 중단 된 스레드를 재개하는데 사용됩니다.
stop()	스레드를 중지 시킵니다.
destroy()	스레드 그룹과 그 그룹의 모든 하위 그룹을 파괴하는데 사용됩니다.
isDaemon()	스레드가 데몬 스레드인지 확인합니다.
setDaemon()	스레드를 데몬 또는 사용자 스레드로 설정합니다.
interrupt()	스레드를 중단합니다.
isinterrupted()	스레드가 중단되었는지 확인합니다.
interrupted()	현재 스레드가 중단되었는지 확인합니다.
activeCount()	현재 스레드의 스레드 그룹에 있는 활성 스레드 수를 반환합니다.
getState()	스레드 상태를 반환하는데 사용됩니다.
getThreadGroup()	이 스레드가 속한 스레드 그룹을 반환하는데 사용됩니다.
toString()	스레드 이름, 우선 순위 및 스레드 그룹을 포함하여 이 스레드의 문자열 표현을 반환하는데 사용됩니다.
notify()	특정 객체를 기다리는 하나의 스레드에 대해서만 알림을 제공하는데 사용됩니다.
notifyAll()	특정 객체의 모든 대기 스레드에 알림을 제공하는데 사용됩니다.

13.2.3 스레드의 생성과 실행

🖥️ Thread 클래스를 이용한 스레드 생성

Thread 클래스를 이용해서 스레드를 실행시키는 방법은 아래와 같습니다.

```java
public class MyThread extends Thread {

    @Override
    public void run() {  // run() 메소드 오버라이딩
        // 새로운 스레드에 처리할 코드를 작성합니다.
    }

    public static void main(String[] args) {
        MyThread t = new MyThread();
        t.start();    // 새로운 스레드를 생성
    }
}
```

스레드를 생성하는 순서는 먼저 스레드 클래스를 정의합니다. 스레드 클래스의 정의는 Thread 클래스를 상속하고, run()메소드를 구현하면 됩니다. run() 메소드에는 스레드 흐름에서 처리할 기능들의 코드를 작성하고, 새롭게 정의한 Thread 클래스로 인스턴스를 생성하고, Thread 클래스의 start() 메소드로 새로운 스레드를 실행합니다. 스레드의 실행은 새로운 스레드가 메모리에 생성되고, 새로운 처리의 흐름이 실행되는 것을 말합니다. 여기서 주의할 점은 Thread 인스턴스의 start() 메소드를 반드시 실행해 주어야 새로운 흐름이 생성된다는 점입니다. run() 메소드를 호출하는 경우는 단순한 메소드의 호출로 되기 때문에 새로운 실행 흐름이 만들어지지 않습니다. 아래 예제는 Thread 클래스를 이용해서 스레드를 생성하고 실행하는 예제입니다.

```java
1   package chapter13;
2
3   public class MyThread extends Thread {
4
```

```
5      @Override
6      public void run() {
7        System.out.println("새로운 스레드가 실행됩니다.");
8      }
9
10     public static void main(String[] args) {
11       MyThread t = new MyThread();    // 스레드 인스턴스 생성
12       t.start();      // 스레드의 실행
13     }
14   }
```

👌 **결과(Console)**

새로운 스레드가 실행됩니다.

Runnable 인터페이스를 이용한 실행

Runnable 인터페이스는 스레드 인스턴스 생성시에 필요한 타입입니다. 따라서 스레드 인스턴스 생성을 위해서는 Runnable 클래스를 반드시 구현하는 인스턴스가 필요합니다. Runable 인터페이스는 추상메소드인 run() 메소드 하나만을 정의하고 있습니다. Runable 인터페이스를 이용해서 스레드를 실행시키는 방법은 아래와 같습니다.

```
public class MyThread2 implements Runnable { // Runnable 인터페이스를 구현
  @Override
  public void run() {
    // 새로운 스레드에 처리할 코드를 작성합니다.
  }

  public static void main(String[] args) {
    Thread t = new Thread( new MyThread2() );
    t.start();
  }
}
```

아래 예제는 Runable 인터페이스를 이용해서 스레드를 생성하고 실행하는 예제입니다.

```
1   package chapter13;
2
3   public class MyThread2 implements Runnable {
4
5       @Override
6       public void run() {
7           System.out.println("Runnable 을 이용한 새로운 스레드가
                실행됩니다.");
8
9       }
10
11      public static void main(String[] args) {
12
13          Thread t = new Thread( new MyThread2() );
14          t.start();
15      }
16  }
```

> 📖 **결과(Console)**
>
> Runnable 을 이용한 새로운 스레드가 실행됩니다.

스레드 인스턴스를 두 번 start()할 경우에는 IllegalThreadStateException이 발생합니다. 즉 스레드 인스턴스는 하나의 실행 흐름이 생성되면 같은 스레드 인스턴스의 실행 흐름을 만들지 않습니다.

```
1   package chapter13;
2
3   public class MyThread extends Thread {
4
5       @Override
```

```
6      public void run() {
7          System.out.println("새로운 스레드가 실행됩니다.");
8      }
9
10     public static void main(String[] args) {
11         MyThread t = new MyThread();
12         t.start();
13         t.start();  // 오류 발생
14     }
15 }
```

> 📀 **결과(Console)**
>
> Exception in thread "main" 새로운 스레드가 실행됩니다.
> java.lang.IllegalThreadStateException
>   at java.lang.Thread.start(Unknown Source)
>   at chapter13.MyThread.main(MyThread.java:13)

13.3 스레드의 특징

13.3.1 sleep() 메소드

Thread 클래스의 sleep() 메소드는 지정된 시간(ms)동안 스레드를 대기상태 Non-Runnable (Blocked) 상태로 만들 때 사용합니다. 이 메소드를 사용할 때는 Interrup tedException의 예외처리를 해주어야 합니다.

메소드는 오버로딩 되어 두 가지 메소드로 정의 되어 있습니다.

- public static void sleep(long miliseconds)throws InterruptedException
- public static void sleep(long miliseconds, int nanos)throws
  InterruptedException

아래 예제는 sleep( ) 메소드를 이용한 예제입니다.

```java
1    package chapter13;
2
3    public class SleepMethodTestMain {
4
5      public static void main(String[] args) {
6
7        SleepTestThread thread1 = new SleepTestThread("A");
8        SleepTestThread thread2 = new SleepTestThread("    B");
9
10       thread1.start();
11       thread2.start();
12
13     }
14
15   }
16
17   class SleepTestThread extends Thread {
18
19     public SleepTestThread(String name) {
20       super(name);
21     }
22
23     @Override
24     public void run() {
25
26       for (int i=1; i<5; i++) {
27         try {
28           Thread.sleep(500);    // 현재 스레드가 500/1000초 동안 blocked
                                      상태가 됨
29         } catch (InterruptedException e) {
30           System.out.println(e);
31         }
32         System.out.println(getName() + "스레드 실행 "+ i);
33       }
```

```
34
35
36    }
37
38  }
39
```

결과(Console)

```
    B스레드 실행 1
A스레드 실행 1
A스레드 실행 2
    B스레드 실행 2
A스레드 실행 3
    B스레드 실행 3
A스레드 실행 4
    B스레드 실행 4
```

13.3.2 join() 메소드

join() 메소드는 스레드가 종료되기를 기다립니다. 즉 현재 수행중인 스레드가 작업을 완료할 때까지 현재 실행중인 다른 스레드의 실행이 중지됩니다. join() 메소드가 실행되는 스레드를 제외한 나머지 스레드의 상태가 blocked 상태로 되는 것입니다.

Join() 메소드는 오버로딩 되어 두 가지 메소드로 정의 되어 있습니다.

메소드	설명
public void join() throws InterruptedException	해당 스레드가 종료될 때 까지 다른 스레드는 대기합니다.
public void join(long milliseconds) throws InterruptedException	해당 스레드가 메소드의 매개변수 인자로 전달받은 밀리 초 동안 다른 스레드는 대기합니다.

아래 예제는 join() 메소드를 사용한 예제입니다.

```java
package chapter13;

public class JoinMethodTestMain {

  public static void main(String[] args) {

    JoinTestThread thread1 = new JoinTestThread("A");
    JoinTestThread thread2 = new JoinTestThread("      B");
    JoinTestThread thread3 = new JoinTestThread("          c");

    thread1.start();
    thread2.start();
    thread3.start();

    try {
      // thread1이 실행 완료 될 때까지 나머지 다른 스레드는 blocked 상태가
         됨.
      // main thread, thread2, thread3 가 blocked 상태가 됨
      thread1.join();

      // thread2이 실행 완료 될 때까지 나머지 다른 스레드는 blocked 상태가
         됨.
      // main thread,  thread3 가 blocked 상태가 됨
      thread2.join();
      // thread3이 실행 완료 될 때까지 나머지 다른 스레드는 blocked 상태가
         됨.
      // main thread 가 blocked 상태가 됨
      thread3.join();
    } catch (InterruptedException e) {

      e.printStackTrace();
    }
  }
}
```

```
32
33    class JoinTestThread extends Thread {
34
35        public JoinTestThread(String name) {
36            super(name);
37        }
38
39        @Override
40        public void run() {
41
42            for (int i=1; i<5; i++) {
43                System.out.println(getName() + "스레드 실행 ");
44            }
45        }
46    }
```

☞ 결과(Console)

```
A스레드 실행
A스레드 실행
A스레드 실행
A스레드 실행
        c스레드 실행
        c스레드 실행
    B스레드 실행
    B스레드 실행
    B스레드 실행
    B스레드 실행
        c스레드 실행
        c스레드 실행
```

13.3.3 getName(), setName(String), getId ()

메소드	설명
public String getName()	스레드의 이름을 반환합니다.
public void setName(String name)	스레드의 이름을 설정합니다.
public long getId()	스레드의 아이디를 반환합니다.

예제를 통해 메소드의 사용법을 살펴보겠습니다.

```java
package chapter13;

public class MyThread3 extends Thread {

  @Override
  public void run() {
    System.out.println("새로운 스레드가 실행됩니다.");
  }

  public static void main(String[] args) {

    MyThread3 t1 = new MyThread3();
    MyThread3 t2 = new MyThread3();

    System.out.println("스레드의 이름과 ID 확인");

    System.out.println("t1 스레드 이름 :" + t1.getName()); // 스레드
       이름 반환
    System.out.println("t2 스레드 이름 :" + t2.getName());
    System.out.println("t1 ID: " + t1.getId());   // 스레드 ID 반환
    System.out.println("t2 ID: " + t2.getId());

    System.out.println();
    System.out.println("스레드 strat()");
    t1.start();
```

```
25        t2.start();
26
27        System.out.println();
28        System.out.println("스레드의 이름 변경 후  확인");
29        t1.setName("첫 번째 스레드");   // 스레드의 이름 설정
30        t2.setName("두 번째 스레드");
31
32        System.out.println("t1 스레드 이름 :" + t1.getName()); // 변경된
              이름이 반환됨
33        System.out.println("t2 스레드 이름 :" + t2.getName());
34
35    }
36
37 }
38
```

☞ 결과(Console)

스레드의 이름과 ID 확인
t1 스레드 이름 :Thread-0
t2 스레드 이름 :Thread-1
t1 ID: 11
t2 ID: 12

스레드 strat()
스레드의 이름 변경 후 확인
t1 스레드 이름 :첫 번째 스레드
새로운 스레드가 실행됩니다.
새로운 스레드가 실행됩니다.
t2 스레드 이름 :두 번째 스레드

13.3.4 스레드의 우선순위(Thread Priority)

각 스레드는 우선순위를 가지고 있습니다. 우선순위는 1과 10 사이의 정수 값을 가지고 있습니다. 대부분의 경우 JVM의 스레드 스케줄은 우선순위에 따라 스레드의 실행 스케줄을 결정합니다. 그러나 우선순위가 높다고 해서 무조건 우선 실행되지는 않습니다. JVM이 실행시킬 스레드를 선택할 때 선택될 확률이 높아지는 것입니다.

Thread 클래스에 정의된 3 개의 상수

- public static int MIN_PRIORITY → 1
- public static int NORM_PRIORITY → 5
- public static int MAX_PRIORITY → 10

스레드의 우선순위의 적용방법을 예제를 통해 살펴보겠습니다.

```java
package chapter13;

public class MyThread4 extends Thread {

    @Override
    public void run() {

        // currentThread()는 현재 실행되는 스레드 인스턴스를 반환
        System.out.println("현재 실행 스레드의 이름 :" +
          Thread.currentThread().getName());

        // 우선순위의 기본값은 5
        System.out.println("현재 실행 스레드의 priority
            :"+Thread.currentThread().getPriority());
    }

    public static void main(String[] args) {
```

```
18    MyThread4 m1 = new MyThread4();
19    MyThread4 m2 = new MyThread4();
20    MyThread4 m3 = new MyThread4();
21    m1.setPriority(Thread.MIN_PRIORITY);    // 최소값 1로 우선 순위설정
22    m2.setPriority(Thread.MAX_PRIORITY);    // 최대값 10로 우선
      순위설정

23
24    try {
25        m1.start();
26        m1.join();
27        m2.start();
28        m2.join();
29        m3.start();
30    } catch (InterruptedException e) {
31        e.printStackTrace();
32    }
33  }
34 }
```

👉 결과(Console)

```
현재 실행 스레드의 이름 :Thread-0
현재 실행 스레드의 priority :1
현재 실행 스레드의 이름 :Thread-1
현재 실행 스레드의 priority :10
현재 실행 스레드의 이름 :Thread-2
현재 실행 스레드의 priority :5
```

13.4 스레드의 동기화 처리

JAVA의 동기화는 멀티 스레드의 처리중에 자원(메모리)의 공유시에 스레드의 자원에 대한 액세스를 제어하는 기능입니다. 자원에 하나의 스레드만 엑세스할 수 있도록 하기 위해서는 동기화 처리를 해주어야 합니다. 동기화 처리를 하지 않는다면 자원의 일관성을 유지할 수가 없습니다. 동기화를 해야 하는 이유도 여기에 있습니다. 메모리에 저장된 데이터의 일관성을 유지하기 위해 동기화처리를 하는 것입니다.

13.4.1 Lock

기본적으로 특정 인스턴스의 변수에 액세스해야하는 스레드는 인스턴스에 액세스하기 전에 인스턴스의 Lock을 획득한 다음 Lock을 해제한 다음 변수에 엑세스하게 됩니다. 아래 예제는 스레드에서 인스턴스의 변수에 참조하면서 동기화 되지 않았을 때 문제가 발생하는 예제입니다.

```java
1    package chapter13;
2
3    public class SumThread extends Thread {
4
5      Sum s;
6      long num1, num2;
7
8      public SumThread(Sum s, long num1, long num2) {
9        this.s = s;
10       this.num1 = num1;
11       this.num2 = num2;
12     }
13
14     @Override
15     public void run() { // 새로운 스레드의 시작 메소드
16
17       for(long i=num1; i<=num2; i++) {
```

```
18        //System.out.print(s.sum
            +"\n"+Thread.currentThread().getName()+ " = "+ s.sum + "
            += "+i + " sum: ");
19        s.sum(i);
20
21    }
22
23  }
24
25  public static void main(String[] args) {
26
27    Sum s = new Sum();
28
29    SumThread t1 = new SumThread(s, 1, 500000);
30    SumThread t2 = new SumThread(s, 500001, 1000000);
31
32    t1.start(); // 스레드를 생성하고 실행함.
33    t2.start();
34
35    try {
36      t1.join(); // t1 스레드가 완료 될 때까지 다른 스레드는 대기상태
37      t2.join(); // t2 스레드가 완료 될 때까지 다른 스레드는 대기상태
38    } catch (InterruptedException e) {
39      e.printStackTrace();
40    }
41    System.out.println("\n합의 결과는 : "+ s.sum);
42
43  }
44
45 }
46
47 class Sum {
48
49   long sum;
50
51   void sum(long n) {
```

```
52        sum += n;
53    }
54
55    }
```

> **👁 결과(Console)**
>
> 합의 결과는 : 383239817226
>
> 합의 결과는 : 206222391420
>
> 합의 결과는 : 155566159928

여기서 발생하는 문제는 변수에 동시에 접근하면서 발생하는 문제입니다.

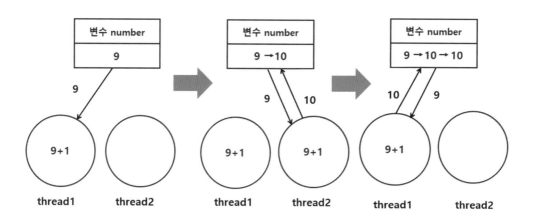

스레드1이 number 값을 참조 하고 스레드 1에서 연산의 결과를 변수 number에 저장하기 전에 스레드2에서 변수의 값을 참조할 경우입니다. 이러한 경우 최종 결과에 스레드1에서 처리한 결과나 스레드2에서 처리한 결과가 변수 number 정상적으로 반영되지 않게 됩니다. 이런 문제가 스레드에서 발생하는 동기화의 문제입니다. 이런 동기화 문제를 해결하기 위해 동기화 처리를 해주어야 합니다. 스레드의 동기화 방법은 메소드에 Lock을 걸어주는 동기화 메소드 정의 방법과 동기화가 필요한 해당 부분만을 Lock 처리해주는 동기화 블록 처리방법이 있습니다.

13.4.2 동기화 메소드

동기화 메소드 방식은 동기화가 필요한 변수를 가지는 메소드 앞에 synchronized 키워드를 붙여주면 됩니다. 아래 예제는 동기화 메소드를 사용해서 동기화 처리를 한 예제입니다.

```java
1   package chapter13;
2
3   public class SumThreadSynchronized extends Thread {
4
5     Sum1 s;
6     long num1, num2;
7
8     public SumThreadSynchronized(Sum1 s, long num1, long num2) {
9       this.s = s;
10      this.num1 = num1;
11      this.num2 = num2;
12    }
13
14    @Override
15    public void run() {
16
17      for(long i=num1; i<=num2; i++) {
18        //System.out.print(s.sum
19          +"\n"+Thread.currentThread().getName()+ " = "+ s.sum + "
             += "+i + " sum: ");
20        s.sum(i);
21
22      }
23    }
24
25    public static void main(String[] args) {
26
27      Sum1 s = new Sum1();
28
29      SumThreadSynchronized t1 = new SumThreadSynchronized(s, 1,
            500000);
```

```
30      SumThreadSynchronized t2 = new SumThreadSynchronized(s,
           500001, 1000000);
31
32      t1.start();
33      t2.start();
34
35      try {
36         t1.join();
37         t2.join();
38      } catch (InterruptedException e) {
39         e.printStackTrace();
40      }
41      System.out.println("\n합의 결과는 : "+ s.sum);
42    }
43  }
44
45  class Sum1 {
46    long sum;
47      // 메소드 앞에 synchronized 키워드를 사용해 동기화 처리
48    synchronized void sum(long n) {
49      sum += n;
50    }
51  }
52
```

☞ **결과(Console)**

합의 결과는 : 500000500000

동기화 처리를 해주어서 실행할 때마다 유요한 결과값을 얻을 수 있습니다.

13.4.3 동기화 블록

동기화 처리하는 다른 방법은 동기화 블록을 이용하는 방법이 있습니다. 동기화 블록 처리 방식은 인스턴스에 Lock 처리를 해서 동기화 처리하는 방식입니다. 동기화된 블록은 메소드 전체를 동기화하는 것이 아니라 꼭 필요한 부분의 코드에서만 동기화를 수행하도록 하는 것입니다.

메소드의 모든 코드를 동기화된 블록에 넣으면 동기화된 메소드와 동일하게 작동합니다. 동기화된 블록은 공유하는 변수에 대해 인스턴스 단위로 Lock 하는 방법으로 처리합니다. 동기화 블록을 사용하는 방법은 아래와 같습니다.

```
synchronized (object 참조변수) {
  //code block
}
```

탈의실이 하나 있다고 가정해보겠습니다. 옷을 갈아입을 사람은 탈의실을 열쇠를 가지고 들어가 문을 열고 들어갑니다. 들어간 후 문을 잠근 후 옷을 갈아입습니다. 그 이후에 옷을 갈아입을 사람이 또 있다면 탈의실 앞에서 기다리게 될 것입니다. 옷을 다 갈아입은 사람은 열쇠를 가지고 나와 열쇠를 반납합니다. 대기하는 사람이 있었다면 그 열쇠를 기다리던 사람에 주고 그 열쇠로 다시 탈의실로 들어가 옷을 갈아입게 됩니다.

누군가 탈의실을 사용 중이라면 기다렸다가 탈의실을 사용하게 되는 방식과 같이 나중에 접근한 인스턴스는 Lock 상태가 풀리길 기다리는 것입니다. Lock 상태가 풀리면 기다리던 스레드는 동기화 블록으로 진입 하고 코드 실행을 하게 됩니다. 작업이 진행되는 동안 동기화 블록은 Lock 상태가 되고 또 다른 스레드가 접근했을 때는 앞의 스레드와 마찬가지로 모든 작업이 마무리될 때까지 대기 후 Lock이 해제되면 동기화 블록 작업을 합니다.

즉 동기화 블록 뒤에 매개변수로 정의하는 참조 변수는 이 동기화 블록을 잠그는 방법이기도 하고, 이 블록을 특정 스레드가 사용하고 있을 때 새롭게 접근한 스레드는 대기 상태에서 앞의 스레드가 모든 작업이 끝나길 기다리게 됩니다.

아래 예제는 동기화 블록을 이용해 동기화 처리를 한 예제입니다.

```java
1    package chapter13;
2
3    public class SumThreadSynchronizedBlock extends Thread {
4
5        Sum2 s;
6        long num1, num2;
7
8        public SumThreadSynchronizedBlock(Sum2 s, long num1,
             long num2) {
9            this.s = s;
10           this.num1 = num1;
11           this.num2 = num2;
12       }
13
14       @Override
15       public void run() {
16
17           for(long i=num1; i<=num2; i++) {
18               //System.out.print(s.sum
19                 +"\n"+Thread.currentThread().getName()+ " = "+ s.sum + "
                 += "+i + " sum: ");
20               s.sum(i);
21
22           }
23
24       }
25
26       public static void main(String[] args) {
27
28           Sum2 s = new Sum2();
29
30           SumThreadSynchronizedBlock t1 = null;
31           t1 = new SumThreadSynchronizedBlock(s, 1, 500000);
```

```
32      SumThreadSynchronizedBlock t2 = null;
33      t2 = new SumThreadSynchronizedBlock(s, 500001, 1000000);
34
35      t1.start();
36      t2.start();
37
38      try {
39         t1.join();
40         t2.join();
41      } catch (InterruptedException e) {
42         // TODO Auto-generated catch block
43         e.printStackTrace();
44      }
45      System.out.println("\n합의 결과는 : "+ s.sum);
46
47   }
48
49 }
50
51 class Sum2 {
52
53   long sum;
54
55   void sum(long n) {
56        // 동기화 블록으로 동기화 처리
57      synchronized (this) {
58         sum += n;
59      }
60   }
61
62 }
```

👉 **결과(Console)**

합의 결과는 : 500000500000

13.5 스레드의 제어

스레드의 제어는 wait() 메소드, notify() 메소드, notifyAll() 메소드를 이용해서
스레드 간의 통신과 데이터 처리를 효율적으로 관리할 수 있습니다.

🪧 wait () 메소드

다른 스레드가 이 스레드 인스턴스에 대해 notify() 메소드 또는 notifyAll() 메소드
를 호출하거나 지정된 시간이 경과 할 때까지 기다리는 메소드입니다.

- public final void wait()throws InterruptedException
- public final void wait(long timeout)throws InterruptedException

🪧 notify () 메소드

대기중인 단일 스레드를 깨워줍니다. 즉 스레드가 실행 가능 상태로 변경합니다.

- public final void notify()

🪧 notifyAll () 메소드

대기중인 모든 스레드를 깨워줍니다.

- public final void notifyAll()

아래 예제는 스레드 제어 메소드를 이용한 예제입니다.

```
1    package chapter13;
2
3    public class CustomerTest {
4
```

```
5    public static void main(String[] args) {
6
7        Product p = new Product();
8        Customer c1 = new Customer(p);
9        Customer c2 = new Customer(p);
10       Seller seller = new Seller(p);
11
12       try {
13           c1.start();
14           c2.start();
15           Thread.sleep(3000);
16           seller.start();
17           c1.join();
18           c2.join();
19           seller.join();
20       } catch (InterruptedException e) {
21           e.printStackTrace();
22       }
23
24   }
25
26 }
27
28 class Customer extends Thread {
29     Product product;
30
31     public Customer(Product product) {
32         this.product = product;
33     }
34
35     @Override
36     public void run() {
37         System.out.println("오늘 구매한 특가 상품은 " +
38             product.saleProduct() + "입니다.");
38     }
39
```

```
40   }
41
42   class Seller extends Thread {
43     Product product;
44
45     public Seller(Product product) {
46       this.product = product;
47     }
48
49     @Override
50     public void run() {
51       product.setProduct("i Phone SE");
52       System.out.println("오늘의 특가 상품은 " + product.product +
         "입니다.");
53     }
54
55   }
56
57   class Product {
58
59     String product;
60
61     public void setProduct(String product) {
62       this.product = product;
63
64       synchronized (this) {
65         notifyAll();
66       }
67     }
68
69     String saleProduct() {
70       if (product == null) {
71         try {
72           synchronized (this) {
73             wait();
74             System.out.println("오픈 전입니다. 오픈까지 기다립니다.");
```

```
         }
75     } catch (InterruptedException e) {
76        e.printStackTrace();
77     }
78   }
79   return product;
80   }
81 }
```

👉 결과(Console)

오늘의 특가 상품은 i Phone SE입니다.
오픈 전입니다. 오픈까지 기다립니다.
오픈 전입니다. 오픈까지 기다립니다.
오늘 구매한 특가 상품은 i Phone SE입니다.
오늘 구매한 특가 상품은 i Phone SE입니다.

13.6 요약

■ 프로세스

프로세스(process)는 컴퓨터의 메모리와 같은 자원들을 할당 받아 실행 중인 프로그램을 말합니다.

■ 스레드

스레드란 하나의 프로세스를 여러 작업 단위로 나눈 것을 말합니다.

■ 멀티 스레드

하나의 프로세스 처리 시 스레드가 동시에 여러 개를 실행하게 하는 것을 멀티 스레드라고 합니다. 이 멀티 스레드의 구현은 프로그래머가 스레드를 생성하고 관리합니다.

■ 스레드의 생명주기

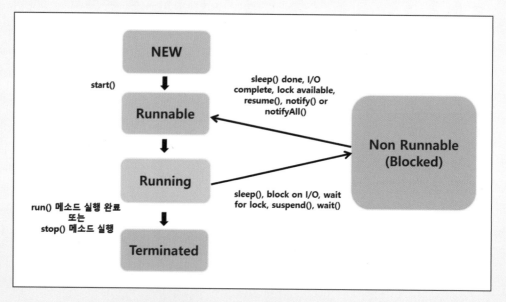

■ 스레드의 생성 방법

스레드를 생성하는 방법은 스레드 클래스를 상속받아 정의한 클래스로 인스턴스를 생성하는 방법과 Runnable 인터페이스를 구현하는 클래스의 인스턴스를 스레드의 생성자의 매개변수 인자로 받아 스레드 인스턴스를 생성하는 방법이 있습니다.

■ sleep()

Thread 클래스의 sleep() 메소드는, 지정된 시간(ms)동안 스레드를 대기상태 Non-unnable (Blocked) 상태로 만들 때 사용합니다.

■ join()

현재 수행중인 스레드가 작업을 완료 할 때까지, 현재 실행중인 다른 스레드의 실행이 중지됩니다.

■ 스레드의 동기화 처리

java의 동기화는 멀티 스레드의 처리 중에 자원(메모리)의 공유 시에 스레드의 자원에 대한 액세스를 제어 하는 기능입니다. 자원의 일관성을 유지하기 위해 하나의 스레드만 엑세스할 수 있도록 하기 위해서는 동기화 처리를 해주어야 합니다.

■ 스레드의 제어

- wait() : 다른 스레드가 이 스레드 인스턴스에 대해 notify() 메소드 또는 notifyAll() 메소드를 호출하거나 지정된 시간이 경과 할 때까지 기다리는 메소드입니다.
- notify() : 대기중인 단일 스레드를 깨워줍니다. 즉 스레드가 실행 가능 상태로 변경 합니다.
- notifyAll() : 대기중인 모든 스레드를 깨워줍니다.

13.7 연습문제

01 다음 메소드들 중에서 스레드의 실행을 멈추게 하는 것은?

(1) sleep()

(2) stop()

(3) wait()

(4) notify()

(5) notifyAll()

02 스레드를 실행할 수 있는 클래스를 만들기 위해 사용되는 인터페이스는?

(1) Run

(2) Runnable

(3) Thread

(4) Threadable

(5) Exception

03 스레드를 실행할 수 있는 클래스를 선언하였을 때 정의해야 하는 메소드는?

(1) start()

(2) wait()

(3) run()

(4) init()

(5) stop()

04 스레드에는 우선순위를 부여할 수 있는데, 이 경우 setPriority() 메소드를 안에 어떤 상수를 지정할 수 있는가?

(1) MAX_PRIORITY

(2) PRIORITY_MAX

(3) Thread. MAX_PRIORITY

(4) Thread. PRIORITY_MAX

05 다음 소스 중 main( ) 메소드 안에 "여기" 부분에서 스레드를 생성하고 실행하는 코드로 적당한 것은?

```
class Test implements Runnable {
    public static void main( String [] args ) {
        /*  여기  */
    }

    public void run ( ) {

    }
}
```

(1) Test t = new Test ( );
    t.run( );

(2) Test t = new Test ( );
    new Thread().run( );

(3) Test t = new Test ( );
    new Thread(t).run( );

(4) Test t = new Test ( );
    new Thread(t).start( );

06 아래 프로그램에서 스레드를 생성하고 시작하기 위한 코드로 맞는 것은?

```
class MyThread implements Runnable {
  public void run( ) {
    try{
      for( int i=0; i <10 ; i++ ) {
          System.out.println("Thread is running");
          Thread.sleep( 1000 );
      }
    } catch ( InterruptedException ex ) { }
  }
}
```

(1) new Thread(MyThread).start();

(2) new Thread(new MyThread()).run();

(3) new MyThread().start();

(4) new Thread(new MyThread()).start();

13.8 코딩 해보기

1. 10초 안에 맞추는 하이로우 게임을 만들어 봅시다.

   - 1~100 사이의 랜덤 한 숫자를 추출합니다.
   - 사용자에게 숫자를 입력 받고, 랜덤 숫자와 비교하고, 높은 숫자인지 낮은 숫자인지 출력
   - 10초 카운팅은 스레드를 이용해서 처리해봅시다.
   - 10초 이전에 맞추면 미션 성공, 10초가 지나면 프로그램 종료하는 흐름으로 만들어봅시다.

2. 복사하고자 하는 파일 경로와 복사할 파일의 디렉토리 주소를 받아 파일을 복사하는 프로그램을 만들어봅시다.

   - 복사할 대상 파일의 경로와 복사해올 위치 경로를 받는 메인 스레드는 멈춤 없이 실행하고
   - 데이터의 복사는 스레드로 처리하는 프로그램을 만들어 봅시다.
   - 파일이 복사가 완료되면 완료 메시지를 콘솔에 출력합시다.

13.9 프로젝트-9

파일 저장과 파일 로드 기능 구현 부분을 스레드로 구현해 봅시다.

1. 파일 저장 메뉴와 파일 읽어오기 기능 구현 부분을 스레드로 처리해봅시다.

```
===========================
연락처 관리프로그램
    1. 연락처 입력
    2. 연락처 검색
    3. 연락처 수정
    4. 연락처 삭제
    5. 연락처 전체 리스트 보기
    6. 파일 저장
    7. 파일 로드
    8. 종료
===========================
```

2. 스레드 처리 부분은 동기화도 처리합시다.

First Java

14

GUI

14.1 JAVA의 GUI

JFC (Java Foundation Classes)는 데스크탑 응용 프로그램 개발을 단순화하는 GUI 구성 요소로 AWT, Java2D, Swing을 가지고 있습니다. Swing은 window 기반 응용 프로그램을 만드는데 사용되는 JFC의 일부입니다. AWT (Abstract Windowing Toolkit) API를 보완하기 위해 구축되었으며 완전히 Java로만 작성되었습니다. AWT의 단점을 보완한 버전이 Swing 입니다. AWT와 달리 Java Swing은 운영체제에 영향을 받지 않고 플랫폼이 독립적이며 가벼운 구성 요소를 제공합니다. Swing은 JAVA 모델-뷰-컨트롤러 GUI 프레임워크입니다. 그리고 단일 스레드 형식으로 구현하는 특징을 가지고 있습니다.

AWT와 스윙의 차이점

java AWT와 Swing 사이에는 많은 차이점이 있습니다.

구분	설명
AWT	AWT구성 요소는 플랫폼에 따라 달라집니다.
	AWT구성 요소는 무겁습니다.
	AWT는 look and Feel을 지원하지 않습니다.
	AWT는 Swing에 비해 제공하는 구성요가 적습니다.
	AWT는 MVC(Model View Controller)를 따르지 않습니다.
Swing	Swing의 구성 요소는 플랫폼 독립적 입니다.
	스윙 컴포넌트는 가볍습니다.
	스윙은 look and Feel을 지원합니다.
	Swing은 테이블, 리스트 목록, 스크롤 창, 컬러 피커, 탭 창 등과 같은 다양한 구성요소를 제공 합니다.
	Swing은 MVC 모델을 따릅니다.

14.2 JAVA의 GUI 클래스 : Swing

Swing은 javax.swing패키지를 통해 클래스들을 제공합니다. javax.swing패키지는 JButton, JTextField, JTextArea, JRadioButton, JCheckbox, JMenu, JColorChooser 등과 같은 JAVA 스윙 API를 위한 클래스를 제공합니다.

Java Swing 클래스의 계층

JAVA 스윙 API의 계층 구조는 다음과 같습니다.

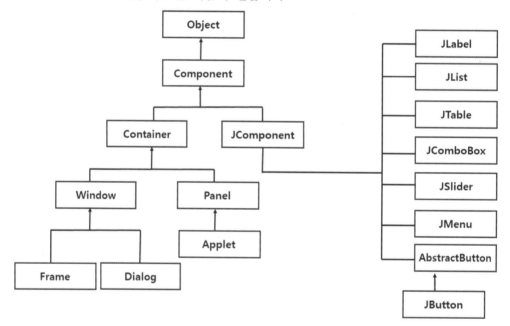

Component 클래스의 일반적으로 사용되는 메소드

아래 표는 Component 클래스에서 제공한 메소드들 중 자주 사용되는 메소드 리스트입니다.

Method	기능
public void add(Component c)	다른 구성 요소에 구성 요소를 추가합니다.
public void setSize(int width,int height)	구성 요소의 크기를 설정합니다.
public void setLayout(LayoutManager m)	컴포넌트의 레이아웃 관리자를 설정합니다.
public void setVisible(boolean b)	구성 요소의 가시성을 설정합니다. 기본값은 false 입니다.

14.3 Swing을 이용한 프로그램

Swing을 이용해서 윈도우 프로그램을 만들려면 frame을 생성하고 만들어야 합니다. 이 프레임이 다양한 컴퍼넌트를 포함해서 화면에 표현해주는 역할을 하게 됩니다.

프레임을 만드는 방법에는 두 가지가 있습니다.

- Frame 클래스의 인스턴스를 만들어서 생성
- 프레임 클래스를 상속해서 생성

아래 예제는 JFrame 객체를 생성하고, 하나의 버튼을 만들고 버튼을 추가하는 예제입니다.

```
1    package chapter14;
2
3    import javax.swing.JButton;
4    import javax.swing.JFrame;
5
6    public class SwingEx1 {
7
8      public static void main(String[] args) {
9
10         JFrame f = new JFrame(); // JFrame의 인스턴스 생성
11
12         JButton b = new JButton("버튼"); // JButton 인스턴스 생성
13         b.setBounds(50, 50, 100, 20); // 만들어진 위도우 상에서 x 축, y 축,
               너비, 높이
14
15         f.add(b); // JFrame에 버튼 추가
16
17         f.setSize(200, 150); // 윈도우의 사이즈 : 폭 200과 높이 150
18         f.setLayout(null); // 레이아웃 관리자를 설정(사용)하지 않음
19         f.setVisible(true); // 프레임을 화면에 표시
20
21     }
```

```
22    }
23
```

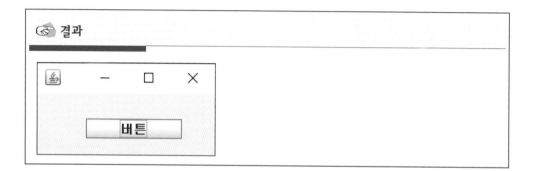

setBounds(int xaxis, int yaxis, int width, int height) 메소드는 위의 예에 서 버튼의 위치를 설정하는데 사용됩니다. 아래의 예제는 상속을 이용해서 윈도우를 구성 하는 예제입니다.

```java
1    package chapter14;
2
3    import javax.swing.JButton;
4    import javax.swing.JFrame;
5
6    public class SwingEx2 extends JFrame {
7
8      JFrame f;
9
10     SwingEx2() {
11
12       JFrame f = new JFrame(); // JFrame의 인스턴스 생성
13
14       JButton b = new JButton("버튼"); // JButton 인스턴스 생성
15       b.setBounds(50, 20, 100, 20); // 만들어진 윈도우 상에서 x 축, y 축,
                                        // 너비, 높이
16
17       f.add(b); // JFrame에 버튼 추가
```

```
18
19        f.setSize(200, 100); // 윈도우의 사이즈 : 폭 200과 높이 100
20        f.setLayout(null); // 레이아웃 관리자를 설정(사용)하지 않음
21        f.setVisible(true); // 프레임을 화면에 표시
22    }
23
24    public static void main(String[] args) {
25        new SwingEx2();
26    }
27 }
```

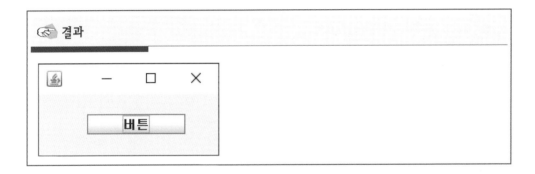

14.3.1 컨테이너와 배치

컨테이너는 다른 컴포넌트를 포함할 수 있는 **GUI** 컴포넌트입니다. 즉 컴퍼넌트들을 하나로 묶어 제어하는데 컴포넌트를 사용할 때 컴포넌트들의 배치를 위한 배치 관리자와 함께 컴포넌트들을 컨트롤할 수 있습니다. **AWT**에서 제공되는 컨테이너는 **Panel**, **Frame**, **Applet**, **Dialog**, **Window** 등이 있고, **SWING**에서 제공되는 컨테이너는 **Jpanel**, **JFrame**, **JApplet**, **JDialog**, **JWindow** 등이 있습니다. 이 컨테이너들 중 **JFrame**, **JApplet**, **JDialog**는 다른 컨테이너에 포함되지 않고도 독립적으로 컨테이너가 출력이 가능합니다.

14.3.2 배치관리자

LayoutManager는 특정 방식으로 구성 요소를 정렬하는데 사용됩니다.
LayoutManager는 모든 레이아웃 관리자 클래스에 의해 구현되는 인터페이스입니다. 배치 관리에 사용되는 클래스는 아래와 같습니다.

- java.awt.BorderLayout
- java.awt.FlowLayout
- java.awt.GridLayout
- java.awt.CardLayout
- java.awt.GridBagLayout
- javax.swing.BoxLayout
- javax.swing.GroupLayout
- javax.swing.ScrollPaneLayout
- javax.swing.SpringLayout

❶ FlowLayout

FlowLayout은 구성 요소를 한쪽 방향으로 하나씩 배치하는데 사용됩니다.
FlowLayout 클래스의 정렬 구분을 위한 클래스 변수를 제공합니다.

- public static final int LEFT
- public static final int RIGHT
- public static final int CENTER
- public static final int LEADING
- public static final int TRAILING

FlowLayout 클래스의 생성자

생성자	설명
FlowLayout()	중앙 정렬 및 세로 간격으로 흐름 레이아웃을 만듭니다.
FlowLayout(int align)	전달 받은 정렬 방식의 정렬 및 세로 간격으로 흐름 레이아웃을 만듭니다.
FlowLayout(int align, int hgap, int vgap)	전달 받은 정렬 방식과 주어진 수평 및 수직 간격으로 흐름 레이아웃을 만듭니다.

아래 예제는 FlowLayout을 이용한 예제입니다.

```java
package chapter14;

import java.awt.FlowLayout;

import javax.swing.JButton;
import javax.swing.JFrame;

public class SwingFlowLayout {

  public static void main(String[] args) {

    JFrame f = new JFrame("FlowLayout 예제");

    JButton b1 = new JButton("1");
    JButton b2 = new JButton("2");
    JButton b3 = new JButton("3");
    JButton b4 = new JButton("4");
    JButton b5 = new JButton("5");

    f.add(b1);
    f.add(b2);
    f.add(b3);
    f.add(b4);
    f.add(b5);
```

```
25
26          // setLayout() 메소드로 배치관리자 설정
27          f.setLayout( new FlowLayout(FlowLayout.RIGHT) ); // 오른쪽 정렬
              설정

28
29          f.setSize(300, 100);
30          f.setVisible(true);
31       }
32    }
```

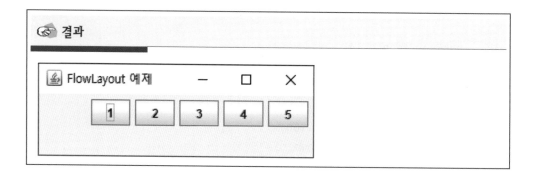

❷ BorderLayout

BorderLayout은 구성요소를 북쪽, 남쪽, 동쪽, 서쪽, 중앙 영역에 배치하는데 사용됩니다. 각 영역(지역)에는 하나의 구성 요소만 포함될 수 있습니다. 프레임 또는 창의 기본 레이아웃입니다.

BorderLayout은 각 지역에 5개의 상수를 제공합니다.

- public static final int NORTH
- public static final int SOUTH
- public static final int EAST
- public static final int WEST
- public static final int CENTER

BorderLayout 클래스의 생성자

생성자	설명
BorderLayout()	구성 요소 사이에 간격이 없는 테두리 레이아웃을 만듭니다.
JBorderLayout(int hgap, int vgap)	컴포넌트 사이에 주어진 수평 및 수직 간격으로 경계 레이아웃을 작성합니다.

아래 예제는 BorderLayoutdmf 이용한 예제입니다.

```java
1    package chapter14;
2
3    import java.awt.BorderLayout;
4
5    import javax.swing.JButton;
6    import javax.swing.JFrame;
7
8    public class SwingBorderLayout {
9
10     public static void main(String[] args) {
11
12        JFrame f = new JFrame("BorderLayout 예제");
13
14        JButton b1 = new JButton("북");
15        JButton b2 = new JButton("남");
16        JButton b3 = new JButton("동");
17        JButton b4 = new JButton("서");
18        JButton b5 = new JButton("중앙");
19
20        f.add(b1, BorderLayout.NORTH );     //버튼 b1을 북쪽 위치에 배치
21        f.add(b2, BorderLayout.SOUTH );     //버튼 b2을 남쪽 위치에 배치
22        f.add(b3, BorderLayout.EAST );      //버튼 b3을 동쪽 위치에 배치
23        f.add(b4, BorderLayout.WEST );      //버튼 b4을 서쪽 위치에 배치
24        f.add(b5, BorderLayout.CENTER );    //버튼 b5을 중앙 위치에 배치
25
26        f.setSize(300, 150);
```

```
27       f.setVisible(true);
28
29    }
30 }
```

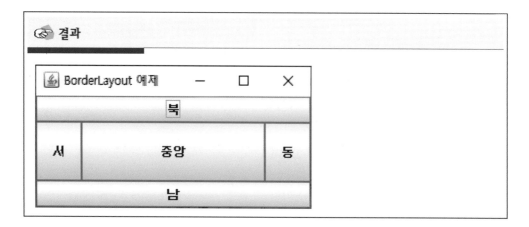

❸ BoxLayout

BoxLayout은 구성 요소를 세로 또는 가로로 배열하는데 사용됩니다.

이를 위해 BoxLayout은 4개의 상수를 제공합니다.

- public static final int X_AXIS
- public static final int Y_AXIS
- public static final int LINE_AXIS
- public static final int PAGE_AXIS

BoxLayout 클래스의 생성자

생성자	설명
BoxLayout(Container c, int axis)	주어진 축으로 구성 요소를 배열하는 상자 레이아웃을 만 듭니다.

아래 예제는 BoxLayout을 이용한 예제입니다.

```java
1    package chapter14;
2
3    import java.awt.Button;
4
5    import javax.swing.BoxLayout;
6    import javax.swing.JFrame;
7
8    public class SwingBoxLayout {
9
10     public static void main(String[] args) {
11
12       JFrame f = new JFrame("BoxLayout 예제");
13
14       Button buttons[];
15       buttons = new Button[5];
16
17       for (int i = 0; i < 5; i++) {
18         buttons[i] = new Button("Button " + (i + 1));
19         f.add(buttons[i]);
20       }
21
22       // 프레임에 추가되는 컴퍼넌트들을 y축방향으로 하나씩 나열해서 배치
23       f.setLayout( new BoxLayout(f.getContentPane(),
              BoxLayout.Y_AXIS) );
24       f.setSize(350, 150);
25       f.setVisible(true);
26
27     }
28
29   }
```

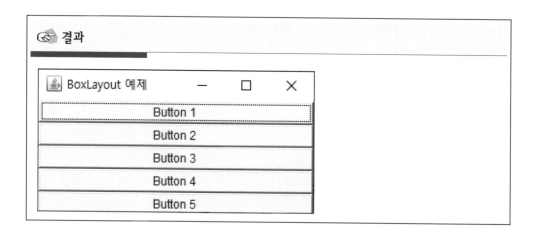

정렬방향을 변경한 형태입니다.

```
1    ackage chapter14;
2
3    import java.awt.Button;
4
5    import javax.swing.BoxLayout;
6    import javax.swing.JFrame;
7
8    public class SwingBoxLayout {
9
10     public static void main(String[] args) {
11
12       JFrame f = new JFrame("BoxLayout 예제");
13
14       Button buttons[];
15       buttons = new Button[5];
16
17       for (int i = 0; i < 5; i++) {
18         buttons[i] = new Button("Button " + (i + 1));
19         f.add(buttons[i]);
20       }
21
22       // 프레임에 추가되는 컴퍼넌트들을 x축 방향으로 하나씩 나열해서 배치
```

```
23        f.setLayout( new BoxLayout(f.getContentPane(),
            BoxLayout.X_AXIS) );
24        f.setSize(350, 150);
25        f.setVisible(true);
26
27    }
28
29 }
```

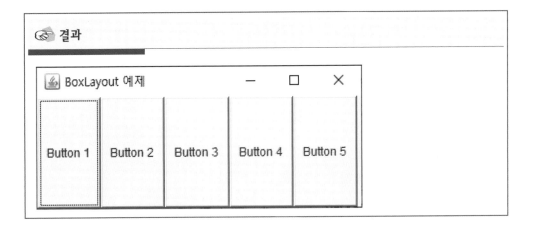

❹ CardLayout

CardLayout 클래스는 한 번에 하나의 요소만 표시되도록 구성 요소를 관리합니다. 카드
레이아웃에 추가된 첫 번째 구성 요소는 컨테이너가 처음 표시될 때 보이는 구성 요소입니
다. next()메소드를 이용해 다음 화면을 출력합니다.

CardLayout 클래스의 생성자

생성자	설명
CardLayout():	가로 및 세로 간격이 0인 카드 레이아웃을 만듭니다.
CardLayout(int hgap, int vgap)	전달 받은 가로 및 세로 간격으로 카드 레이아웃을 만듭니다.

CarLayout 메소드

메소드	설명
public void next(Container parent)	전달 받은 컨테이너의 다음 카드로 넘길 때 사용됩니다.
public void previous(Container parent)	전달 받은 컨테이너의 이전 카드로 넘기는데 사용됩니다.
public void first(Container parent)	전달 받은 컨테이너의 첫 번째 카드로 넘기는데 사용됩니다.
public void last(Container parent)	전달 받은 컨테이너의 마지막 카드로 넘기는데 사용됩니다.
public void show(Container parent, String name)	전달 받은 이름으로 지정된 카드로 넘기는데 사용됩니다.

다음 예제는 CardLayout을 이용한 예제입니다.

```java
1    package chapter14;
2
3    import java.awt.CardLayout;
4    import java.awt.event.ActionEvent;
5    import java.awt.event.ActionListener;
6
7    import javax.swing.JButton;
8    import javax.swing.JFrame;
9
10   public class SwingCardLayout {
11
12     public static void main(String[] args) {
13
14       JFrame f = new JFrame("CardLayout 예제");
15
16       CardLayout card = new CardLayout(40, 30); // CardLayout 인스턴스
           생성
17       f.setLayout(card);
```

```
18
19     JButton b1, b2, b3;
20     b1 = new JButton("손흥민");
21     b2 = new JButton("메시");
22     b3 = new JButton("호날두");
23
24     // 익명클래스 형태로 이벤트 리스너 정의
25     ActionListener listener = new ActionListener() {
26        @Override
27        public void actionPerformed(ActionEvent e) {
28           card.next(f.getContentPane()); // next() 메소드로 다음
                 컨테이너로 넘김.
29        }
30     };
31
32     b1.addActionListener(listener); // 버튼에 이벤트 등록
33     b2.addActionListener(listener);
34     b3.addActionListener(listener);
35
36     f.add("a", b1);
37     f.add("b", b2);
38     f.add("c", b3);
39
40     f.setSize(200, 200);
41     f.setVisible(true);
42
43   }
44
45 }
```

 클릭 →  클릭 →

❺ GridLayout

Java GridBagLayout 클래스는 컴포넌트를 수직, 수평 또는 기준선을 따라 정렬하는데 사용됩니다. 각 구성 요소는 내용을 표현할 수 있는 영역으로 이 부분을 하나의 셀로 표현 하는데 크기가 같지 않은 구성 요소들도 배치할 수 있고 각 요소들은 동적 사각형을 구성하고 격자를 유지합니다. 그리고 각 구성 요소는 GridBagConstraints 인스턴스에 의해 컴포넌트의 표시 영역을 그리드에 정렬합니다. GridBagLayout은 구성 요소의 크기를 결정하기 위해 각 구성 요소의 최소 및 기본 크기를 설정해 줍니다.

GridBagLayout 클래스의 멤버 변수

변수	설명
double[] columnWeights	열 가중치에 대한 데이터를 가지는 변수입니다.
int[] columnWidths	열 너비 데이터를 가지는 데이터입니다.
Hashtable<Component, GridBagConstraints> comptable	구성 요소와 그리드 백 제한 조건 사이의 연관성을 유지하는데 사용됩니다.
GridBagConstraints defaultConstraints	기본값을 포함하는 그리드 백 제한 조건 인스턴스를 보유하는데 사용됩니다.
protected GridBagLayoutInfo layoutInfo	그리드 백에 대한 레이아웃 정보를 보유하는데 사용됩니다.
int MAXGRIDSIZE	이전 버전과의 호환성을 위해 더 이상 사용하지 않음
int MINSIZE	그리드 백 레이아웃으로 배치 할 수 있는 가장 작은 그리드입니다.
int PREFERREDSIZE	그리드 백 레이아웃으로 배치 할 수 있는 그리드 크기가 선호됩니다.
int[] rowHeights	재정의를 행 최소 높이로 유지하는데 사용됩니다.
double[] rowWeights	행 가중치에 대한 대체를 보유하는데 사용됩니다.

GridBagLayout 클래스의 메소드

메소드	설명
void addLayoutComponent(Component comp, Object constraints)	지정된 구속 조건 객체를 사용하여 지정된 구성 요소를 배치에 추가합니다.
void addLayoutComponent(String name, Component comp)	이 레이아웃 관리자는 구성 요소 별 문자열을 사용하지 않으므로 효과가 없습니다.
protected void adjustForGravity(GridBagConstraints constraints, Rectangle r)	구속 조건 지오메트리 및 패드에 따라 x, y, 너비 및 높이 필드를 올바른 값으로 조정합니다.
protected void AdjustForGravity(GridBagConstraints constraints, Rectangle r)	이 방법은 이전 버전과의 호환성을 위해서만 사용됩니다.
protected void arrangeGrid(Container parent)	그리드를 배치합니다.
protected void ArrangeGrid(Container parent)	이 방법은 더 이상 사용되지 않으며 이전 버전과의 호환성을 위해 제공됩니다.
GridBagConstraints getConstraints(Component comp)	지정된 구성 요소에 대한 제한 조건을 가져 오기 위한 것입니다.
float getLayoutAlignmentX(Container parent)	x 축을 따라 정렬됩니다.
float getLayoutAlignmentY(Container parent)	y 축을 따라 정렬합니다.
int[][] getLayoutDimensions()	레이아웃 그리드의 열 너비와 행 높이를 결정합니다.
protected GridBagLayoutInfo getLayoutInfo(Container parent, int sizeflag)	이 방법은 더 이상 사용되지 않으며 이전 버전과의 호환성을 위해 제공됩니다.
protected GridBagLayoutInfo GetLayoutInfo(Container parent, int sizeflag)	이 방법은 더 이상 사용되지 않으며 이전 버전과의 호환성을 위해 제공됩니다.
Point getLayoutOrigin()	대상 컨테이너의 그래픽 좌표 공간에서 레이아웃 영역의 원점을 결정합니다.

메소드	설명
double[][] getLayoutWeights()	레이아웃 그리드의 열과 행의 가중치를 결정합니다.
protected Dimension getMinSize(Container parent, GridBagLayoutInfo info)	getLayoutInfo의 정보를 기반으로 마스터의 최소 크기를 계산합니다.
protected Dimension GetMinSize(Container parent, GridBagLayoutInfo info)	이 방법은 더 이상 사용되지 않으며 이전 버전과의 호환성을 위해서만 제공됩니다.

아래 예제는 GridBagLayout을 이용한 예제입니다.

```java
package chapter14;

import java.awt.GridLayout;

import javax.swing.JButton;
import javax.swing.JFrame;

public class SwingGridLayout {

  public static void main(String[] args) {

    JFrame f = new JFrame("GridLayout 예제");

    f.setBounds(100, 100, 300, 150);
    f.setLayout(new GridLayout(3, 2));

    f.add(new JButton("1"));
    f.add(new JButton("2"));
    f.add(new JButton("3"));
    f.add(new JButton("4"));
    f.add(new JButton("5"));
    f.add(new JButton("6"));

```

```
24      f.setVisible(true);
25    }
26  }
```

14.4 이벤트 처리

객체의 상태를 변경하는 것을 이벤트라고 합니다. 예를 들어, 마우스 버튼을 클릭하거나 키보드의 키를 누르는 것들이 이벤트입니다. `java.awt.event` 패키지는 이벤트 처리를 위한 많은 이벤트 클래스 및 리스너 인터페이스를 제공합니다. 이벤트 처리를 수행하려면 컴포넌트에 이벤트 리스너에 등록이 필요합니다. 컴포넌트에 이벤트 리스너를 등록하기 위해 많은 클래스가 등록 메소드를 제공합니다.

Component	메소드
Button	public void addActionListener(ActionListener a){}
MenuItem	public void addActionListener(ActionListener a){}
TextField	public void addActionListener(ActionListener a){} public void addTextListener(TextListener a){}
TextArea	public void addTextListener(TextListener a){}
Checkbox	public void addItemListener(ItemListener a){}
Choice	public void addItemListener(ItemListener a){}
List	public void addActionListener(ActionListener a){} public void addItemListener(ItemListener a){}

이벤트 처리 코드를 다음 위치 중 하나에 넣을 수 있습니다.

- 현재 정의하고 있는 클래스 내부
- 다른 클래스
- 익명클래스

아래 예제는 이벤트 리스너 인터페이스를 구현하는 예제입니다.

```java
package chapter14;

import java.awt.Button;
import java.awt.event.ActionEvent;
import java.awt.event.ActionListener;

import javax.swing.JFrame;
import javax.swing.JLabel;

public class EventEx1 extends JFrame implements ActionListener {

  JLabel label;

  EventEx1() {

    // component 생성
    label = new JLabel();
    label.setBounds(10, 10, 170, 20);
    Button btn = new Button("click me");
    btn.setBounds(50, 50, 80, 30);

    // 현재 인스턴스가 ActionListener 인터페이스를 구현하고 있기 때문에
    // this 참조변수를 매개변수의 인자로 전달해야 함
    btn.addActionListener(this);

    add(btn);
    add(label);
```

```
28      setSize(200, 150);
29      setLayout(null);
30      setVisible(true);
31    }
32
33    // 이벤트 메소드를 제정의
34    public void actionPerformed(ActionEvent e) { // 이벤트 메소드
      오버라이딩
35      label.setText("안녕하세요");
36    }
37
38    public static void main(String[] args) {
39      new EventEx1();
40    }
41  }
```

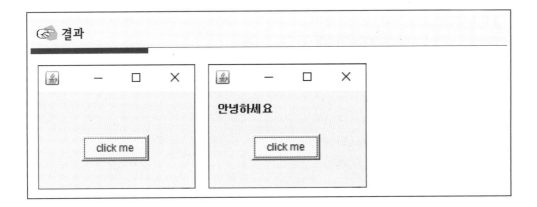

☞ 결과

아래 예제는 다른 클래스에서 인벤트 리스너를 구현해서 적용하는 예제입니다.

```
1    package chapter14;
2
3    import java.awt.Button;
4    import java.awt.event.ActionEvent;
5    import java.awt.event.ActionListener;
6
```

```java
import javax.swing.JFrame;
import javax.swing.JLabel;

public class EventEx2 extends JFrame {

  JLabel label;

  EventEx2() {

    // component 생성
    label = new JLabel();
    label.setBounds(10, 20, 100, 20);
    Button btn = new Button("click me");
    btn.setBounds(50, 50, 80, 30);

    MyListener listener = new MyListener(this); // 이벤트 인스턴스
      생성

    btn.addActionListener(listener);

    add(btn);
    add(label);
    setSize(200, 150);
    setLayout(null);
    setVisible(true);
  }

  public static void main(String[] args) {

    new EventEx2();
  }
}

class MyListener implements ActionListener {

  EventEx2 frame;
```

```
42
43      public MyListener(EventEx2 frame) {
44        this.frame = frame;
45      }
46
47      public void actionPerformed(ActionEvent e) {
48        frame.label.setText("반갑습니다.");
49      }
50
51   }
```

☞ 결과

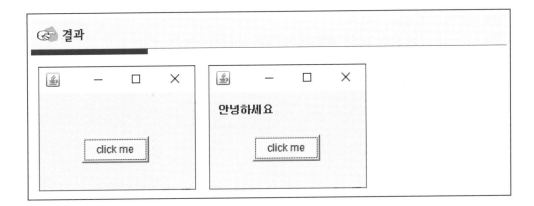

다음 예제는 익명클래스 형식으로 구현하는 예제입니다.

```
1    package chapter14;
2
3    import java.awt.Button;
4    import java.awt.event.ActionEvent;
5    import java.awt.event.ActionListener;
6
7    import javax.swing.JFrame;
8    import javax.swing.JLabel;
9
10   public class EventEx3 extends JFrame {
11     JLabel label;
```

```
12
13      EventEx3() {
14
15        // component 생성
16        label = new JLabel();
17        label.setBounds(10, 10, 170, 20);
18        Button btn = new Button("click me");
19        btn.setBounds(50, 50, 80, 30);
20
21        btn.addActionListener( new ActionListener() {  // 익명클래스로
            이벤트 정의
22
23          @Override
24          public void actionPerformed(ActionEvent e) {
25            label.setText("다른 방법입니다.");
26          }
27
28        });
29
30        add(btn);
31        add(label);
32        setSize(200, 150);
33        setLayout(null);
34        setVisible(true);
35      }
36
37      public static void main(String[] args) {
38        new EventEx3();
39      }
40    }
```

14.4.1 이벤트 클래스

이벤트 클래스 및 리스너 인터페이스

이벤트 클래스	리스너 인터페이스
ActionEvent	ActionListener
MouseEvent	MouseListener and MouseMotionListener
MouseWheelEvent	MouseWheelListener
KeyEvent	KeyListener
ItemEvent	ItemListener
TextEvent	TextListener
AdjustmentEvent	AdjustmentListener
WindowEvent	WindowListener
ComponentEvent	ComponentListener
ContainerEvent	ContainerListener
FocusEvent	FocusListener

14.4.2 Mouse 이벤트 리스너

컴퓨터의 입력 장치 중 가장 많이 사용하게 되는 것이 마우스입니다. 프로그램은 사용자와의 상호작용이 많아 마우스의 이벤트를 처리해야 할 상황이 매우 많습니다. 마우스의 상태 따른 이벤트 처리는 마우스 상태를 변경할 때마다 MouseListener에 알리고 MouseEvent 내용을 통지하는 형태로 처리됩니다.

Mouse 이벤트는 다섯 가지 이벤트 메소드를 가지고 있습니다.

메소드	설명
public abstract void **mouseClicked**(MouseEvent e)	마우스의 왼쪽 버튼이 클릭되었을 때 이벤트가 발생하고 메소드가 실행됩니다.
public abstract void **mouseEntered**(MouseEvent e)	마우스의 커서가 특정 컴퍼넌트의 영역으로 들어갔을 때 이벤트가 발생하고 메소드가 실행됩니다.

메소드	설명
public abstract void **mouseExited**(MouseEvent e)	마우스의 커서가 특정 컴퍼넌트의 영역에서 벗어났을 때 이벤트가 발생하고 메소드가 실행됩니다.
public abstract void **mousePressed**(MouseEvent e)	마우스의 왼쪽 버튼을 누르고 있을 때 이벤트가 발생하고 메소드가 실행됩니다.
public abstract void **mouseReleased**(MouseEvent e)	마우스의 왼쪽 버튼이 눌려있다가 풀릴 때 이벤트가 발생하고 메소드가 실행됩니다.

아래 예제는 마우스이벤트 처리를 위한 리스너를 사용한 예제입니다.

```java
1   package chapter14;
2
3   import java.awt.Frame;
4   import java.awt.event.MouseEvent;
5   import java.awt.event.MouseListener;
6
7   public class EventMouseListenerClassEx1 {
8
9     public static void main(String[] args) {
10
11      Frame f = new Frame("EventMouseListener 예제");
12
13      f.addMouseListener(new MyMouseListener());
14      f.setSize(200, 200);
15      f.setLayout(null);
16      f.setVisible(true);
17
```

```
18        }
19    }
20
21    class MyMouseListener implements MouseListener{
22
23        @Override
24        public void mouseClicked(MouseEvent e) {
25            System.out.println("mouseClicked");
26
27        }
28
29        @Override
30        public void mouseEntered(MouseEvent e) {
31            System.out.println("mouseEntered");
32
33        }
34
35        @Override
36        public void mouseExited(MouseEvent e) {
37            System.out.println("mouseExited");
38
39        }
40
41        @Override
42        public void mousePressed(MouseEvent e) {
43            System.out.println("mousePressed");
44
45        }
46
47        @Override
48        public void mouseReleased(MouseEvent e) {
49            System.out.println("mouseReleased");
50
51        }
52    }
```

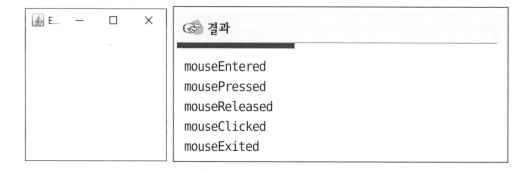

14.4.3 Key 이벤트 리스너

키를 눌렀을 때마다 상태를 Java KeyListener에 알립니다. 세 개의 이벤트 처리 메소드가 있습니다.

메소드	설명
public abstract void **keyPressed**(KeyEvent e)	키보드의 키가 눌렸을 때 이벤트가 발생하고 메소드를 실행합니다.
public abstract void **keyReleased**(KeyEvent e)	키보드의 키가 눌렸다가 떨어질 때 이벤트가 발생하고 메소드를 실행합니다.
public abstract void **keyTyped**(KeyEvent e)	키보드 자판의 특정키가 눌렸을 때 이벤트가 발생하고 메소드를 실행합니다. keyPressed 메소드와 유사합니다.

아래 예제는 key 이벤트 처리하는 예제입니다.

```
1   package chapter14;
2
3   import java.awt.Frame;
4   import java.awt.TextArea;
5   import java.awt.event.KeyEvent;
6
7   import javax.swing.JLabel;
8
9   public class EventKeyListenerClassEx2 {
```

```
10
11      public static void main(String[] args) {
12
13        Frame f = new Frame("MyKeyListener 예제");
14
15        JLabel label = new JLabel();
16        label.setBounds(20, 30, 300, 40);
17        TextArea area = new TextArea(); // TextArea 생성
18        area.setBounds(20, 70, 300, 60);
19        area.addKeyListener( new MyKeyListener() { // 익명클래스 형태로
            정의
20          @Override
21          public void keyReleased(KeyEvent arg0) { // 키 이벤트 메소드 재
              정의
22            String text = area.getText(); // TextArea 안의 문자를 받아옴
23            String words[] = text.split("\\s"); // 단어들을 잘라 문자열로
                반환
24            label.setText(text + "\n Words: " + words.length + "
                Characters:" + text.length());
25          }
26        });
27        f.add(label);
28        f.add(area);
          f.setSize(350, 170);
29        f.setLayout(null);
30        f.setVisible(true);
31      }
32    }
```

아래 클래스는 키보드의 이벤트를 정의하는 클래스입니다.

```
1     package chapter14;
2
3     import java.awt.event.KeyEvent;
```

```
4   import java.awt.event.KeyListener;
5
6   public class MyKeyListener implements KeyListener {
7
8       @Override
9       public void keyPressed(KeyEvent arg0) {
10          System.out.println("keyPressed");
11      }
12
13      @Override
14      public void keyReleased(KeyEvent arg0) {
15          System.out.println("keyReleased");
16      }
17
18      @Override
19      public void keyTyped(KeyEvent arg0) {
20          System.out.println("keyTyped");
21      }
22  }
```

☞ 결과

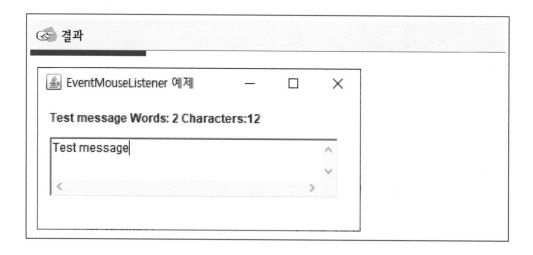

14.4.4 Item 이벤트 리스너

ItemListener는 체크박스나 라디오 버튼을 클릭할 때 이벤트를 처리해주는 리스너입니다. itemState Changed() 메소드는 하나만 있습니다.

● public abstract void itemStateChanged(ItemEvent e);

아래 예제는 ItemListener를 이용한 예제입니다.

```java
1    package chapter14;
2
3    import java.awt.Container;
4    import java.awt.event.ItemEvent;
5    import java.awt.event.ItemListener;
6
7    import javax.swing.JCheckBox;
8    import javax.swing.JFrame;
9    import javax.swing.JLabel;
10   import javax.swing.JOptionPane;
11
12   public class EventItemListenerClassEx {
13
14     public static void main(String[] args) {
15
16       JFrame f = new JFrame("ItemListener 예제");
17
18       JCheckBox checkBox1, checkBox2;
19       checkBox1 = new JCheckBox("자장면");
20       checkBox1.setBounds(20, 50, 150, 50);
21       checkBox2 = new JCheckBox("짬뽕");
22       checkBox2.setBounds(20, 100, 150, 50);
23
24       checkBox1.addItemListener(new MyItemListener(f));
25       checkBox2.addItemListener(new MyItemListener(f));
26
```

```
27    f.add(checkBox1);
28    f.add(checkBox2);
29
30    f.setSize(240, 220);
31    f.setLayout(null);
32    f.setVisible(true);
33
34    }
35
36 }
37
38 class MyItemListener implements ItemListener {
39
40   Container c;
41
42   public MyItemListener(Container c) {
43     this.c = c;
44   }
45
46   @Override
47   public void itemStateChanged(ItemEvent e) {
48
49 //    System.out.println(e.getID());
50 //    System.out.println(e.getItem());
51 //    System.out.println(e.getSource());
52 //    System.out.println(e.getStateChange());
53 //    System.out.println(e.getItemSelectable());
54
55     JOptionPane.showMessageDialog
56       (c,((JCheckBox)e.getItem()).getText());
57   }
58 }
```

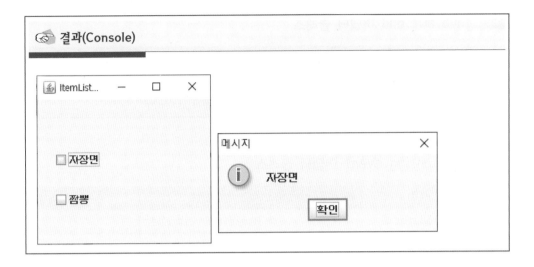

14.4.5 어댑터 클래스

어댑터 클래스는 이벤트 리스너 인터페이스의 구현체를 제공합니다. 어댑터 클래스는 리스너 인터페이스의 메소드들을 구현하지만 내용은 정의하지 않고 비워둡니다. 어댑터 클래스를 상속하면 리스너 인터페이스의 모든 메소드를 구현하지 않아도 됩니다. 어댑터 클래스는 `java.awt.event`, `java.awt.dnd` 및 `javax.swing.event` 패키지에 포함되어 있습니다. 리스너 인터페이스를 구현하는 어댑터 클래스는 아래와 같습니다.

java.awt.event 어댑터 클래스

Adapter class	Listener interface
WindowAdapter	WindowListener
KeyAdapter	KeyListener
MouseAdapter	MouseListener
MouseMotionAdapter	MouseMotionListener
FocusAdapter	FocusListener
ComponentAdapter	ComponentListener
ContainerAdapter	ContainerListener
HierarchyBoundsAdapter	HierarchyBoundsListener

java.awt.dnd 어댑터 클래스

Adapter class	Listener interface
DragSourceAdapter	DragSourceListener
DragTargetAdapter	DragTargetListener

javax.swing.event 어댑터 클래스

Adapter class	Listener interface
MouseInputAdapter	MouseInputListener
InternalFrameAdapter	InternalFrameListener

아래 예제는 마우스 모션 어댑터를 이용한 예제입니다.

```java
1    package chapter14;
2
3    import java.awt.Color;
4    import java.awt.Frame;
5    import java.awt.Graphics;
6    import java.awt.event.MouseEvent;
7    import java.awt.event.MouseMotionAdapter;
8
9    public class EventAdapterClassEx1 {
10
11     public static void main(String[] args) {
12
13       Frame f = new Frame("Mouse Motion Adapter 예제");
14
15       f.addMouseMotionListener( new MouseMotionAdapter() { // 마우스
              모션 어댑터 클래스를 익명클래스로 정의
16
17         @Override
18         public void mouseDragged(MouseEvent e) { // 마우스 드래그
              이벤트 메소드 오버라이딩
```

```
19          Graphics g = f.getGraphics();
20          g.setColor(Color.RED);
21          g.fillOval(e.getX(), e.getY(), 20, 20);
22        }
23
24      });
25
26      f.setSize(400, 200);
27      f.setLayout(null);
28      f.setVisible(true);
29
30    }
31
32  }
```

☞ 결과

아래 예제는 마우스 이벤트 어댑터 클래스를 이용한 예제입니다.

```
1   package chapter14;
2
3   import java.awt.Color;
4   import java.awt.Frame;
```

```
5    import java.awt.Graphics;
6    import java.awt.event.MouseAdapter;
7    import java.awt.event.MouseEvent;
8
9    public class EventAdapterClassEx2 {
10
11     public static void main(String[] args) {
12
13       Frame f = new Frame("Mouse Adapter");
14
15       f.addMouseListener(new MouseAdapter() {
16         @Override
17         public void mouseClicked(MouseEvent e) {
18           // TODO Auto-generated method stub
19           Graphics g = f.getGraphics();
20           g.setColor(Color.BLUE);
21           g.fillOval(e.getX(), e.getY(), 30, 30);
22         }
23       });
24       f.setSize(200, 200);
25       f.setLayout(null);
26       f.setVisible(true);
27     }
28   }
```

🔖 결과

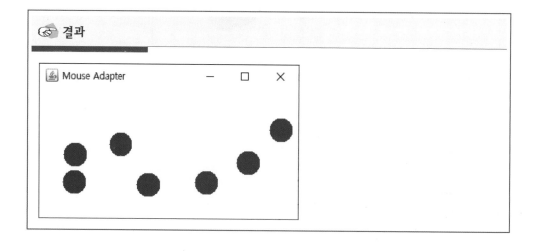

14.5 Swing Component

14.5.1 - JLabel로 문자열과 이미지 출력

JLabel 클래스는 컨테이너에 텍스트를 배치하기 위한 구성 요소입니다. 한 줄의 읽기 전용 텍스트를 표시하는데 사용됩니다. JLabel에 표현한 텍스트는 프로그램 내부에서는 변경할 수 있지만 프로그램 사용자가 직접 텍스트의 편집할 수 없습니다. 라벨 클래스를 사용하는 방법은 프레임을 생성하는 방법과 같습니다.

- JLabel 클래스를 이용해서 인스턴스 생성해서 사용하는 방법
- JLabel 클래스를 상속해서 사용하는 방법

JLabel 클래스 생성자

생성자	설명
JLabel()	이미지, 문자열 모두 없는 빈 문자열이 있는 JLabel 인스턴스를 생성합니다.
JLabel(String s)	전달받은 텍스트로 JLabel 인스턴스를 생성합니다.
JLabel(Icon i)	전달된 이미지로 JLabel 인스턴스를 작성합니다.
JLabel(String s, Icon I, int horizontalAlignment)	텍스트, 이미지를 전달 받고 가로 정렬을 사용하여 JLabel 인스턴스를 생성합니다.

JLabel 클래스에서 자주 사용되는 메소드

메소드	설명
String getText()	레이블이 표시하는 텍스트 문자열을 반환합니다.
void setText(String text)	레이블에 표시 할 텍스트를 설정합니다.
void setHorizontalAlignment (int alignment)	X 축을 따라 레이블 내용의 정렬을 설정합니다.
Icon getIcon()	레이블이 표시하는 그래픽 이미지를 반환합니다.
int getHorizontalAlignment()	X 축을 따라 레이블 내용의 정렬을 반환합니다.

아래 예제는 **JLabel** 클래스를 이용해서 이미지와 텍스트를 동시에 출력하면서 수평방향
으로 정렬하는 예제입니다.

```java
1   package chapter14;
2
3   import javax.swing.ImageIcon;
4   import javax.swing.JFrame;
5   import javax.swing.JLabel;
6   import javax.swing.SwingConstants;
7
8   public class SwingJLebelEx1 {
9
10    public static void main(String[] args) {
11
12      JFrame f = new JFrame();
13
14      JLabel l;
15      // 텍스트 이미지 동시 출력
16      l = new JLabel("이미지 출력", new ImageIcon("java.png"),
           SwingConstants.RIGHT);
17      l.setBounds(0, 10, 150, 64);
18
19      f.add(l);
20      f.setSize(200, 150);
21      f.setLayout(null);
22      f.setVisible(true);
23    }
24  }
```

😊 **결과**

아래 예제는 **JLabel** 클래스를 이용해서 문자열과 이미지를 출력하는 예제입니다.

```java
package chapter14;

import javax.swing.ImageIcon;
import javax.swing.JFrame;
import javax.swing.JLabel;

public class SwingJLebelEx2 {

  public static void main(String[] args) {

    JFrame f = new JFrame();

    JLabel l1, l2;

    l1 = new JLabel("Text 출력 Label.");
    l1.setBounds(10, 10, 100, 20);

    l2 = new JLabel(new ImageIcon("java.png")); // 이미지만 출력
    l2.setBounds(10, 30, 64, 64);

    f.add(l1);
    f.add(l2);
    f.setSize(200, 150);
    f.setLayout(null);
    f.setVisible(true);

  }

}
```

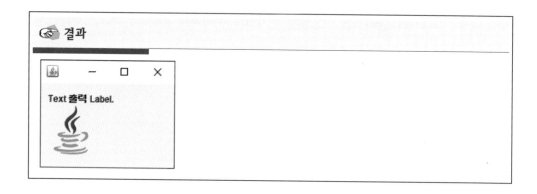
결과

14.5.2 – JButton으로 버튼 만들기

JButton 클래스를 이용해서 버튼을 윈도우 안에 만들 수 있습니다. 버튼의 레이블(텍스트)를 정의할 수 있고 버튼을 누를 때 사용자가 원하는 이벤트 처리가 가능합니다. 필요에 따라 AbstractButton 클래스를 상속해서 사용자가 원하는 형태의 버튼을 확장해서 만들 수 있습니다.

 JButton 클래스 생성자

생성자	설명
JButton()	텍스트와 아이콘이없는 버튼을 만듭니다.
JButton(String s)	지정된 텍스트로 레이블을 표시하는 버튼을 만듭니다.
JButton(Icon i)	지정된 아이콘 객체로 버튼을 만듭니다.

 JButton 클래스에서 자주 사용되는 메소드

메소드	설명
void setText(String s)	버튼에 표시할 텍스트를 설정하는데 사용됩니다.
String getText()	버튼의 표시된 텍스트를 반환하는데 사용됩니다.
void setEnabled(boolean b)	버튼의 클릭을 활성화 또는 비활성화하는데 사용됩니다.
void setIcon(Icon b)	버튼에 표시할 아이콘을 설정하는데 사용됩니다.

메소드	설명
Icon getIcon()	버튼의 아이콘을 얻는데 사용됩니다.
void setMnemonic(int a)	버튼에서 니모닉을 설정하는데 사용됩니다.
void addActionListener (ActionListener a)	이 객체에 이벤트 액션 리스너를 추가하는데 사용됩니다.

아래 예제는 간단한 버튼을 생성해서 윈도우에 표시하는 예제입니다.

```
1   package chapter14;
2
3   import javax.swing.JButton;
4   import javax.swing.JFrame;
5
6   public class SwingJBottonEx1 {
7
8     public static void main(String[] args) {
9
10      JFrame f = new JFrame("JBotton을 이용한 버튼 생성"); // JFrame의
          인스턴스 생성
11
12      JButton b = new JButton("버튼 Click"); // JButton 인스턴스 생성
13      b.setBounds(50, 50, 100, 20); // 만들어진 위도우 상에서 x 축, y 축,
          너비, 높이
14
15      f.add(b); // JFrame에 버튼 추가
16
17      f.setSize(200, 150); // 윈도우의 사이즈 : 폭 200과 높이 150
18      f.setLayout(null); // 레이아웃 관리자를 설정(사용)하지 않음
19      f.setVisible(true); // 프레임을 화면에 표시
20
21    }
22
23  }
```

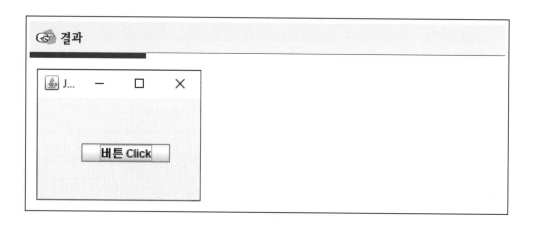

아래 예제는 버튼에 이벤트 처리를 할 수 있도록 이벤트 리스너를 적용한 예제입니다.

```java
package chapter14;

import java.awt.event.ActionEvent;
import java.awt.event.ActionListener;

import javax.swing.JButton;
import javax.swing.JFrame;
import javax.swing.JTextField;

public class SwingJBottonEx2 {

  public static void main(String[] args) {

    JFrame f = new JFrame("JBotton을 이용한 버튼 생성");
    final JTextField tf=new JTextField();  // JTextField 생성
    tf.setBounds(10,20, 150,20);
    JButton b = new JButton("버튼 Click"); // JButton 인스턴스 생성
    b.setBounds(50, 50, 100, 20);
    // 버튼 인스턴스에 이벤트  객체 적용
    b.addActionListener(new ActionListener(){
        public void actionPerformed(ActionEvent e) {
                tf.setText("버튼을 클릭했습니다.");
```

```
23                  }
24              });
25      f.add(b);   // JFrame에 버튼 추가
26      f.add(tf);  // JFrame에 텍스트 필드 추가
27      f.setSize(200, 250);
28      f.setLayout(null);
29      f.setVisible(true);
30
31    }
32  }
```

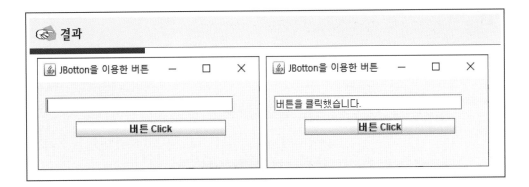

아래 예제는 버튼에 버튼 이미지를 적용한 예제입니다.

```
1   package chapter14;
2
3   import javax.swing.ImageIcon;
4   import javax.swing.JButton;
5   import javax.swing.JFrame;
6
7   public class SwingJBottonEx3 {
8
9     public static void main(String[] args) {
10
11      JFrame f = new JFrame("JBotton을 이용한 버튼 생성");
12
```

```
13      // JButton 인스턴스 생성
14      JButton b = new JButton(new ImageIcon("btnClick.jpg"));
15      b.setBounds(40, 20, 320, 50);
16
17      f.setDefaultCloseOperation(JFrame.EXIT_ON_CLOSE);
18
19      f.add(b);
20      f.setSize(400, 150);
21      f.setLayout(null);
22      f.setVisible(true);
23    }
24  }
25
```

👉 결과

14.5.3 - JTextField로 한 줄 입력 창 만들기

JTextField 클래스는 한 줄 텍스트를 편집할 수 있는 텍스트 구성 요소입니다.

TextComponent 클래스를 상속합니다.

JTextField 클래스 생성자

생성자	설명
JTextField()	새로운 TextField 인스턴스를 생성합니다.
JTextField(String text)	전달된 텍스트로 초기화 된 TextField 인스턴스를 생성합니다.
JTextField(String text, int columns)	전달된 텍스트와 열의 개수로 TextField 인스턴스를 생성합니다.
JTextField(int columns)	전달된 정수 사이즈의 열로 TextField 인스턴스를 생성합니다.

 JTextField 클래스에서 자주 사용되는 메소드

메소드	설명
void **addActionListener** (ActionListener l)	텍스트 필드에서 이벤트 처리를 위해 이벤트 리스너를 추가하는 데 사용됩니다.
Action **getAction**()	텍스트 필드에 적용된 이벤트에 대해 현재 설정된 Action을 반환 하거나 Action이 설정되지 않은 경우 널을 반환합니다.
void **setFont**(Font f)	JTextField의 글꼴을 설정하는데 사용됩니다.
void **removeActionListener** (ActionListener l)	JTextField에서 이벤트를 이벤트 리스너를 제거하는데 사용됩니다.

아래 예제는 텍스트 필드를 사용한 예제입니다.

```
1   package chapter14;
2
3   import javax.swing.JFrame;
4   import javax.swing.JTextField;
5
6   public class SwingJTextFieldEx1 {
7
8       public static void main(String[] args) {
9
10          JFrame f = new JFrame("Swing JTextField 예제");
11
```

```
12      JTextField t1, t2;
13
14    t1 = new JTextField("Swing Component를 사용합니다."); // 텍스트
         필드 생성
15    t1.setBounds(20, 10, 200, 30);
16
17    t2 = new JTextField("Swing JTextField ");
18    t2.setBounds(20, 50, 200, 30);
19
20    f.add(t1); //컴퍼넌트 추가
21    f.add(t2);
22
23    f.setSize(300, 150);
24    f.setLayout(null);
25    f.setVisible(true);
26   }
27 }
```

👉 결과

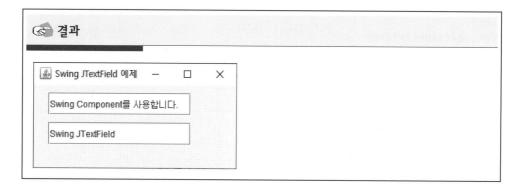

아래 예제는 버튼의 이벤트 처리를 통해 숫자 두 개를 받고 사칙연산을 하는 프로그램의
예제입니다.

```
1   package chapter14;
2
3   import java.awt.event.ActionEvent;
4   import java.awt.event.ActionListener;
```

```
5
6    import javax.swing.JButton;
7    import javax.swing.JFrame;
8    import javax.swing.JLabel;
9    import javax.swing.JTextField;
10
11   public class SwingJTextFieldEx2 implements ActionListener { //
     이벤트 리스너 구현
12
13       JLabel l1, l2, l3;
14       JTextField tf1, tf2, tf3;
15       JButton b1, b2, b3, b4;
16
17       SwingJTextFieldEx2() {
18           JFrame f = new JFrame();
19
20           l1 = new JLabel("숫자를 입력해주세요.");
21           l1.setBounds(30, 30, 150, 20);
22
23           l2 = new JLabel("숫자를 입력해주세요.");
24           l2.setBounds(30, 80, 150, 20);
25
26           l3 = new JLabel("계산 결과 입니다.");
27           l3.setBounds(30, 130, 150, 20);
28
29           tf1 = new JTextField();
30           tf1.setBounds(30, 50, 200, 20);
31
32           tf2 = new JTextField();
33           tf2.setBounds(30, 100, 200, 20);
34
35           tf3 = new JTextField();
36           tf3.setBounds(30, 150, 200, 20);
37
38           tf3.setEditable(false);
39
```

```
40        b1 = new JButton("+");
41        b1.setBounds(30, 200, 45, 30);
42        b2 = new JButton("-");
43        b2.setBounds(80, 200, 45, 30);
44        b3 = new JButton("*");
45        b3.setBounds(130, 200, 45, 30);
46        b4 = new JButton("/");
47        b4.setBounds(180, 200, 45, 30);
48
49        b1.addActionListener(this); // 리스너를 구현하고 있기 때문에
              this 참조변수를 이벤트로 등록
50        b2.addActionListener(this);
51        b3.addActionListener(this);
52        b4.addActionListener(this);
53
54        f.add(l1);
55        f.add(l2);
56        f.add(l3);
57        f.add(tf1);
58        f.add(tf2);
59        f.add(tf3);
60        f.add(b1);
61        f.add(b2);
62        f.add(b3);
63        f.add(b4);
64        f.setSize(300, 300);
65        f.setLayout(null);
66        f.setVisible(true);
67      }
68
69    public void actionPerformed(ActionEvent e) { // 이벤트 처리 메소드
        오버라이딩
70      String s1 = tf1.getText();
71      String s2 = tf2.getText();
72      int a = Integer.parseInt(s1);
73      int b = Integer.parseInt(s2);
```

```
74      int c = 0;
75      if (e.getSource() == b1) {
76          c = a + b;
77      } else if (e.getSource() == b2) {
78          c = a - b;
79      } else if (e.getSource() == b3) {
80          c = a * b;
81      } else if (e.getSource() == b4) {
82          c = a / b;
83      }
84      String result = String.valueOf(c);
85      tf3.setText(result);
86  }

88  public static void main(String[] args) {

90      new SwingJTextFieldEx2();

92      }

94  }
```

🖐 결과

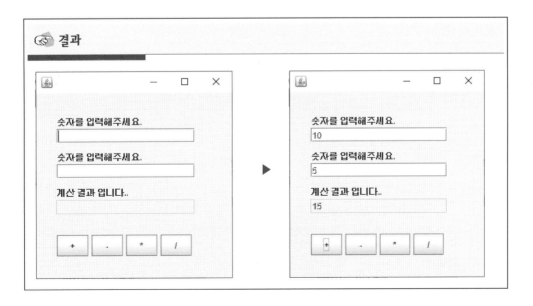

14.5.4 — JTextArea로 여러 줄의 입력 창 만들기

JTextArea 클래스는 여러 줄의 텍스트를 표시하는 영역을 만들어줍니다. 여러 줄의 텍스트를 편집할 수 있습니다. JTextComponent 클래스를 상속합니다.

 JTextArea 클래스 생성자

생성자	설명
JTextArea()	비어있는 JTextArea 인스턴스를 생성합니다.
JTextArea(String s)	전달된 텍스트를 포함한 JTextArea 인스턴스를 생성합니다.
JTextArea(int row, int column)	전달된 정수 사이즈의 행과 열로 JTextArea 인스턴스를 생성합니다.
JTextArea(String s, int row, int column)	전달된 텍스트를 포함하고, 전달된 정수 사이즈의 행과 열로 JTextArea 인스턴스를 생성합니다.

 JTextArea 클래스에서 자주 사용되는 메소드

메소드	설명
void setRows(int rows)	지정된 수의 행을 설정하는데 사용됩니다.
void setColumns(int cols)	지정된 수의 열을 설정하는데 사용됩니다.
void setFont(Font f)	지정된 글꼴을 설정하는데 사용됩니다.
void insert(String s, int position)	지정된 위치에 지정된 텍스트를 삽입하는데 사용됩니다.
void append(String s)	주어진 텍스트를 문서의 끝에 추가하는데 사용됩니다.

아래 예제는 JTextArea 를 사용한 예제입니다.

```
1  package chapter14;
2
3  import javax.swing.JFrame;
4  import javax.swing.JTextArea;
```

```
5
6    public class SwingJTextAreaEx1 {
7
8      public static void main(String[] args) {
9
10       JFrame f = new JFrame();
11
12       JTextArea area = new JTextArea("이 영역안에 텍스트를 편집 할 수
           있습니다.");
13
14       area.setBounds(10, 30, 260, 70);
15
16       f.add(area);
17       f.setSize(300, 150);
18       f.setLayout(null);
19       f.setVisible(true);
20
21     }
22
23   }
```

🔅 결과

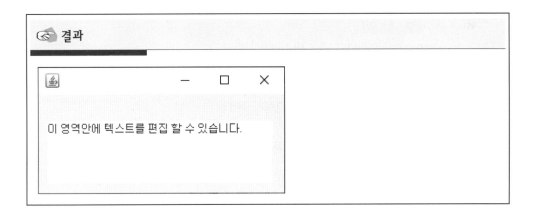

아래 예제는 텍스트 영역에 작성된 텍스트들의 문자의 개수와 단어의 개수를 출력하는 예제
입니다.

```java
1    package chapter14;
2
3    import java.awt.event.ActionEvent;
4    import java.awt.event.ActionListener;
5
6    import javax.swing.JButton;
7    import javax.swing.JFrame;
8    import javax.swing.JLabel;
9    import javax.swing.JTextArea;
10
11   public class SwingJTextAreaEx2 {
12
13     public static void main(String[] args) {
14
15       JFrame f = new JFrame();
16
17       JLabel l1 = new JLabel("단어 개수 :");
18       l1.setBounds(10, 5, 100, 20);
19       JLabel l2 = new JLabel("문자 개수 :");
20       l2.setBounds(130, 5, 100, 20);
21
22       JTextArea area = new JTextArea("이 영역안에 텍스트를 편집 할 수
             있습니다.");
23       area.setBounds(10, 30, 260, 80);
24
25       JButton btn = new JButton("계산하기");
26       btn.setBounds(10, 120, 100, 30);
27
28       btn.addActionListener( new ActionListener() { // 익명클래스로
           이벤트 정의
29         @Override
30         public void actionPerformed(ActionEvent e) {
31           String text = area.getText();
32           String words[] = text.split("\\s");
33           l1.setText("Words: " + words.length);
34           l2.setText("Characters: " + text.length());
```

```
35          }
36      });
37
38      f.add(l1);
39      f.add(l2);
40      f.add(area);
41      f.add(btn);
42      f.setSize(300, 200);
43      f.setLayout(null);
44      f.setVisible(true);
45
46    }
47
48  }
```

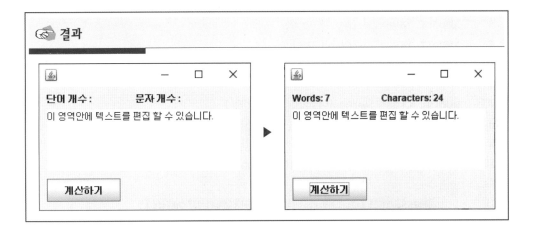

14.5.5 - JPasswordField로 비밀번호 입력 창 만들기

JPasswordField 클래스는 비밀번호 입력을 할 수 있는 인스턴스를 생성합니다. 우리가 흔히 사용하고 있는 비밀번호 입력할 때 다른 문자(*)로 치환되어 보이도록 하는 입력 도구입니다. 비밀번호와 같이 한 줄의 텍스트를 편집할 수 있습니다. JPasswordField 클래스가 가지는 변수와 메소드들을 살펴보겠습니다.

JPasswordField 클래스 생성자

생성자	설명
JPasswordField()	새로운 JPasswordField 인스턴스를 생성합니다.
JPasswordField (int columns)	전달된 열의 개수로 JPasswordField 인스턴스를 생성합니다.
JPasswordField (String text)	전달된 텍스트로 JPasswordField 인스턴스를 생성합니다.
JPasswordField (String text, int columns)	전달된 텍스트와 열의 개수로 JPasswordField 인스턴스를 생성합니다.

아래 예제는 페스워드를 입력 받는 창을 만드는 예제입니다.

```java
package chapter14;

import javax.swing.JFrame;
import javax.swing.JLabel;
import javax.swing.JPasswordField;

public class SwingJPasswordFeildEx1 {
  public static void main(String[] args) {

    JFrame f = new JFrame("Password Field 예제");

    JPasswordField value = new JPasswordField();

    JLabel l1 = new JLabel("Password:");
    l1.setBounds(20, 10, 80, 30);

    value.setBounds(20, 50, 100, 30);

    f.add(value);
    f.add(l1);
    f.setSize(300, 150);
    f.setLayout(null);
```

```
23        f.setVisible(true);
24
25    }
26  }
27
```

결과

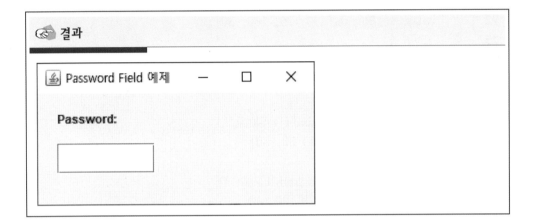

아래 예제는 아이디와 비밀번호를 받아 출력하는 예제입니다.

```
1   package chapter14;
2
3   import java.awt.event.ActionEvent;
4   import java.awt.event.ActionListener;
5
6   import javax.swing.JButton;
7   import javax.swing.JFrame;
8   import javax.swing.JLabel;
9   import javax.swing.JPasswordField;
10  import javax.swing.JTextField;
11
12  public class SwingJPasswordFeildEx2 {
13
14      public static void main(String[] args) {
15
```

```
16      JFrame f = new JFrame("회원 인증 창");
17
18      final JLabel label = new JLabel();
19      label.setBounds(20, 150, 200, 50);
20
21      final JPasswordField value = new JPasswordField(); // 비밀번호
            입력 폼 생성
22      value.setBounds(100, 75, 100, 30);
23
24      JLabel l1 = new JLabel("사용자 ID:");
25      l1.setBounds(20, 20, 80, 30);
26
27      JLabel l2 = new JLabel("비밀번호:");
28      l2.setBounds(20, 75, 80, 30);
29
30      JButton b = new JButton("Login");
31      b.setBounds(100, 120, 80, 30);
32
33      final JTextField text = new JTextField(); // 텍스트 입력 폼 생성
34      text.setBounds(100, 20, 100, 30);
35
36      f.add(value);
37      f.add(l1);
38      f.add(label);
39      f.add(l2);
40      f.add(b);
41      f.add(text);
42      f.setSize(300, 220);
43      f.setLayout(null);
44      f.setVisible(true);
45
46      b.addActionListener( new ActionListener() {
47
48          @Override
49          public void actionPerformed(ActionEvent e) { // 사용자 이름과
                비밀번호를 출력하도록 이벤트 정의
```

```
50          String data = "Username " + text.getText();
51          data += ", Password: " + new String(value.getPassword());
52          label.setText(data);
53        }
54      });
55
56    }
57
58 }
```

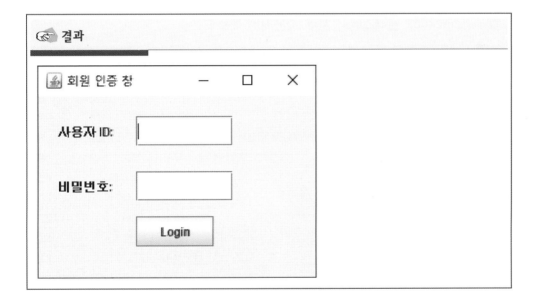

14.5.6 — JCheckBox로 체크박스 만들기

JCheckBox 클래스는 여러 항목 리스트에서 확인란을 만드는데 사용됩니다. 옵션을 켜거나 (true) 끄는데 (false) 사용하거나 체크박스의 여러 항목 중 사용자가 선택한 항목을 확인할 수 있습니다. CheckBox를 클릭하면 상태가 "on"에서 "off"로 또는 "off"에서 "on"으로 변경됩니다.

JCheckBox 클래스 생성자

생성자	설명
JJCheckBox ()	텍스트 출력이 없는 **JCheckBox** 인스턴스를 생성합니다.
JChechBox(String s)	전달 받은 텍스트가 출력되는 **JCheckBox** 인스턴스를 생성합니다.
JCheckBox(String text, boolean selected)	전달 받은 텍스트가 출력되는 **JCheckBox** 인스턴스를 생성합니다. 위에 전달 받는 논리값에 따라 기본적으로 선택이 되어 표현됩니다.
JCheckBox(Action a)	전달 받은 이벤트에 따라 선택란이 표현됩니다.

 JCheckBox 클래스에서 자주 사용되는 메소드

메소드	설명
AccessibleContext getAccessibleContext()	JCheckBox에 관련한 AccessibleContext를 반환합니다.
protected String paramString()	JCheckBox 의 문자열을 반환합니다.

아래 예제는 **JCheckBox**를 이용한 예제입니다.

```
1   package chapter14;
2
3   import javax.swing.JCheckBox;
4   import javax.swing.JFrame;
5
6   public class SwingJcheckBoxEx1 {
7
8     public static void main(String[] args) {
9
10      JFrame f = new JFrame("CheckBox 예제");
11
12      JCheckBox checkBox1 = new JCheckBox("자장면"); // 체크박스 생성
13      checkBox1.setBounds(10, 10, 250, 20);
14
```

```
15    JCheckBox checkBox2 = new JCheckBox("쩜뽕", true); // 체크박스
         생성, 기본적으로 체크된 상태로 설정
16    checkBox2.setBounds(10, 40, 250, 20);
17
18    f.add(checkBox1);
19    f.add(checkBox2);
20    f.setSize(270, 120);
21    f.setLayout(null);
22    f.setVisible(true);
23
24
25    }
26
27  }
```

👉 결과

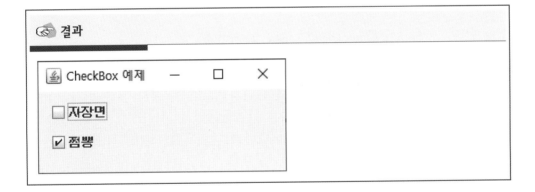

아래 예제는 체크박스에 이벤트 처리가 적용된 예제입니다.

```
1    package chapter14;
2
3    import java.awt.event.ItemEvent;
4    import java.awt.event.ItemListener;
5
6    import javax.swing.JCheckBox;
7    import javax.swing.JFrame;
```

```java
 8    import javax.swing.JLabel;
 9
10    public class SwingJcheckBoxEx2 {
11
12      public static void main(String[] args) {
13
14        JFrame f = new JFrame("CheckBox 음식 주문 예제");
15
16        final JLabel label = new JLabel();
17
18        label.setHorizontalAlignment(JLabel.CENTER); // 라벨의 위치
              설정
19        label.setSize(300, 100);
20
21        JCheckBox checkbox1 = new JCheckBox("자장면");
22        checkbox1.setBounds(20, 80, 100, 20);
23
24        JCheckBox checkbox2 = new JCheckBox("짬뽕");
25        checkbox2.setBounds(120, 80, 100, 20);
26
27        f.add(checkbox1);
28        f.add(checkbox2);
29        f.add(label);
30
31        checkbox1.addItemListener( new ItemListener() { // 체크박스의
              선택 이벤트 처리
32          public void itemStateChanged(ItemEvent e) {
33            label.setText("자장면 : " + (e.getStateChange() == 1 ?
                "checked" : "unchecked"));
34          }
35        });
36
37        checkbox2.addItemListener(new ItemListener() {
38          public void itemStateChanged(ItemEvent e) {
39            label.setText("짬뽕 : " + (e.getStateChange() == 1 ?
                "checked" : "unchecked"));
```

```
40            }
41        });
42
43        f.setSize(300, 160);
44        f.setLayout(null);
45        f.setVisible(true);
46
47    }
48
49  }
```

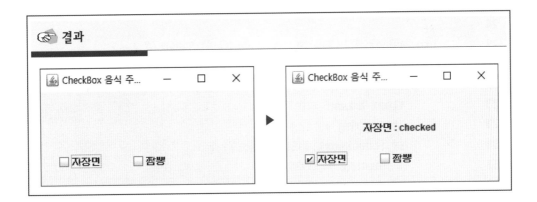

아래 예제는 음식을 주문하는 창을 만들고 주문의 내용을 출력하는 예제입니다.

```
1    package chapter14;
2
3    import java.awt.event.ActionEvent;
4    import java.awt.event.ActionListener;
5
6    import javax.swing.JButton;
7    import javax.swing.JCheckBox;
8    import javax.swing.JFrame;
9    import javax.swing.JOptionPane;
10
11   public class SwingJcheckBoxEx3 {
```

```
12
13    public static void main(String[] args) {
14
15      JFrame f = new JFrame("CheckBox 음식 주문 예제");
16      JCheckBox checkbox1 = new JCheckBox("자장면 : 5000원");
17      checkbox1.setBounds(50, 10, 150, 50);
18      JCheckBox checkbox2 = new JCheckBox("짬뽕 : 6000원");
19      checkbox2.setBounds(50, 50, 150, 50);
20      JCheckBox checkbox3 = new JCheckBox("탕수육 : 12000원");
21      checkbox3.setBounds(50, 90, 150, 50);
22      JButton btn = new JButton("주문하기");
23      btn.setBounds(50, 150, 100, 30);
24
25      btn.addActionListener( new ActionListener() {
26        @Override
27        public void actionPerformed(ActionEvent e) {
28          float amount = 0;
29          String msg = "";
30          if (checkbox1.isSelected()) {
31              amount += 5000;
32              msg = "자장면 : 5000원\n";
33          }
34          if (checkbox2.isSelected()) {
35              amount += 6000;
36              msg += "짬뽕 : 6000원\n";
37          }
38          if (checkbox3.isSelected()) {
39              amount += 12000;
40              msg += "탕수육 : 12000원\n";
41          }
42          msg += "----------------\n";
43          JOptionPane.showMessageDialog(f, msg + "Total: " +
                amount + "원");
44        }
45      });
46
```

```
47      f.add(checkbox1);
48      f.add(checkbox2);
49      f.add(checkbox3);
50      f.add(btn);
51      f.setSize(300, 240);
52      f.setLayout(null);
53      f.setVisible(true);
54    }
55  }
```

👉 **결과**

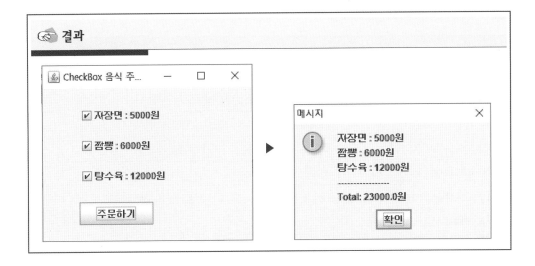

14.5.7 - JRadioButton으로 라디오버튼 만들기

JRadioButton 클래스는 라디오 버튼을 만드는데 사용됩니다. 여러 옵션 중에서 하나의 옵션을 선택하는데 사용됩니다. 시험 시스템이나 설문에 널리 사용됩니다. 라디오 버튼 여러 개중 하나를 선택하는 라디오 버튼을 만들려면 ButtonGroup에 추가해야 합니다.

JRadioButton 클래스 생성자

생성자	설명
JRadioButton()	텍스트가 없는 JRadioButton 인스턴스가 생성됩니다.
JRadioButton(String s)	전달 받은 텍스트를 출력하고 JRadioButton 인스턴스가 생성됩니다.
JRadioButton(String s, boolean selected)	전달 받은 텍스트를 출력하고, 선택된 상태의 JRadioButton 인스턴스가 생성됩니다.

JRadioButton 클래스에서 자주 사용되는 메소드

메소드	설명
void setText(String s)	라디오 버튼에 전달된 텍스트를 설정하는데 사용됩니다.
String getText()	라디오 버튼의 설정된 텍스트를 반환하는데 사용됩니다.
void setEnabled(boolean b)	라디오 버튼을 활성화 또는 비활성화하는데 사용됩니다.
void setIcon(Icon b)	라디오 버튼에 전달된 이미지를 설정하는데 사용됩니다.
Icon getIcon()	라디오 버튼의 이미지를 반환하는데 사용됩니다.
void setMnemonic(int a)	라디오 버튼에서 니모닉을 설정하는데 사용됩니다.
void addActionListener (ActionListener a)	인스턴스에 액션 리스너를 적용하는데 사용됩니다.

아래 예제는 라디오 버튼을 적용한 예제입니다.

```
1   package chapter14;
2
3   import javax.swing.ButtonGroup;
4   import javax.swing.JFrame;
5   import javax.swing.JRadioButton;
6
7   public class SwingJRadioButtonEx1 {
8
9     public static void main(String[] args) {
```

```
10
11        JFrame f = new JFrame("JRadioButton 예제"); // JFrame의 인스턴스
          생성
12
13        JRadioButton r1 = new JRadioButton("A) 남자"); // 라디오 버튼 생성
14        JRadioButton r2 = new JRadioButton("B) 여자");
15        r1.setBounds(50, 20, 100, 30);
16        r2.setBounds(50, 70, 100, 30);
17
18        ButtonGroup bg = new ButtonGroup(); // 여러 개 라디오 버튼 중 하나만
          선택이 가능하도록 라디오 그룹으로 생성
19        bg.add(r1);
20        bg.add(r2);
21
22        f.add(r1);
23        f.add(r2);
24
25        f.setSize(200, 150);
26        f.setLayout(null);
27        f.setVisible(true);
28
29      }
30
31    }
```

☞ 결과

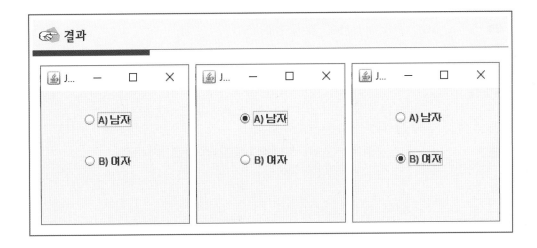

아래 예제는 라디오 버튼의 선택 후 선택 결과를 메시지로 출력하는 예제입니다.

```
1   package chapter14;
2
3   import java.awt.event.ActionEvent;
4   import java.awt.event.ActionListener;
5
6   import javax.swing.ButtonGroup;
7   import javax.swing.JButton;
8   import javax.swing.JFrame;
9   import javax.swing.JOptionPane;
10  import javax.swing.JRadioButton;
11
12  public class SwingJRadioButtonEx2 {
13
14    public static void main(String[] args) {
15
16      JFrame f = new JFrame("JRadioButton 예제"); // JFrame의 인스턴스
                생성
17
18      JRadioButton r1 = new JRadioButton("A) 남자");
19      JRadioButton r2 = new JRadioButton("B) 여자");
20      r1.setBounds(50, 20, 100, 30);
21      r2.setBounds(50, 70, 100, 30);
22
23      JButton btn = new JButton("선택");
24      btn.setBounds(50, 120, 100, 30);
25
26      btn.addActionListener(new ActionListener() {
27        @Override
28        public void actionPerformed(ActionEvent e) {
29          if (r1.isSelected()) {
30            JOptionPane.showMessageDialog(f, "남자를
                  선택했습니다.");
31          }
32          if (r2.isSelected()) {
```

```
33              JOptionPane.showMessageDialog(f, "여자를
                선택했습니다.");
34          }
35        }
36    });
37
38    ButtonGroup bg = new ButtonGroup();
39    bg.add(r1);
40    bg.add(r2);
41
42    f.add(r1);
43    f.add(r2);
44    f.add(btn);
45
46    f.setSize(200, 220);
47    f.setLayout(null);
48    f.setVisible(true);
49
50    }
51 }
```

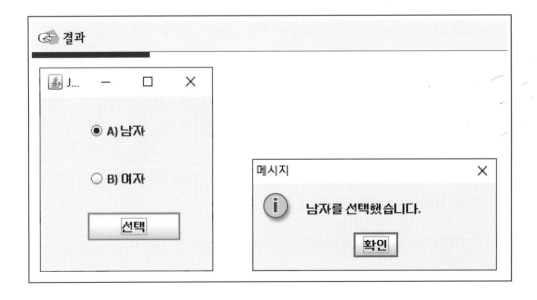

14.5.8 – JComboBox로 콤보박스 만들기

JComboBox 클래스의 객체는 리스트 형태의 선택 메뉴를 생성하는데 사용합니다. 사용자가 선택한 항목을 메뉴 상단에 표시됩니다. **JComponent** 클래스를 상속합니다.

JComboBox 클래스 생성자

생성자	설명
JComboBox()	기본 데이터 모델을 사용하여 **JComboBox**를 만듭니다.
JComboBox(Object[] items)	전달된 배열의 요소를 사용하여 **JComboBox**를 작성합니다.
JComboBox(Vector<?> items)	전달된 **Vector** 요소를 사용하여 **JComboBox**를 만듭니다.

JComboBox 클래스에서 자주 사용되는 메소드

메소드	설명
void addItem (Object anObject)	항목 목록에 항목을 추가하는데 사용됩니다.
void removeItem (Object anObject)	항목 목록에서 항목을 삭제하는데 사용됩니다.
void removeAllItems()	목록에서 모든 항목을 제거하는데 사용됩니다.
void setEditable(boolean b)	JComboBox의 편집 가능 여부를 판별하는데 사용됩니다.
void addActionListener (ActionListener a)	**ActionListener**를 추가하는데 사용됩니다.
void addItemListener (ItemListener i)	**ItemListener**를 추가하는데 사용됩니다.

아래 예제는 **JComboBox**를 이용한 예제입니다.

```
1    package chapter14;
2
3    import java.awt.FlowLayout;
4
5    import javax.swing.JButton;
6    import javax.swing.JFrame;
```

```
7
8    public class SwingFlowLayout {
9
10     public static void main(String[] args) {
11
12        JFrame f = new JFrame("FlowLayout 예제");
13
14        JButton b1 = new JButton("1");
15        JButton b2 = new JButton("2");
16        JButton b3 = new JButton("3");
17        JButton b4 = new JButton("4");
18        JButton b5 = new JButton("5");
19
20        f.add(b1);
21        f.add(b2);
22        f.add(b3);
23        f.add(b4);
24        f.add(b5);
25
26        // setLayout() 메소드로 배치관리자 설정
27        f.setLayout( new FlowLayout(FlowLayout.RIGHT) ); // 오른쪽 정렬
28          설정
29
30        f.setSize(300, 100);
31        f.setVisible(true);
32      }
33    }
```

☞ 결과

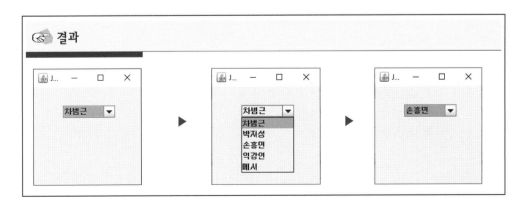

아래 예제는 이벤트를 포함하는 예제입니다.

```java
package chapter14;

import java.awt.event.ActionEvent;
import java.awt.event.ActionListener;

import javax.swing.JComboBox;
import javax.swing.JFrame;
import javax.swing.JOptionPane;

public class SwingJComboBoxEx2 {

  public static void main(String[] args) {

    JFrame f = new JFrame("JComboBox 예제");

    String[] country = { "차범근", "박지성", "손흥민", "이강인", "메시"
      };

    JComboBox cb = new JComboBox(country);
    cb.setBounds(50, 30, 90, 20);
    cb.addActionListener(new ActionListener() { // 콤보 선택 이벤트
      정의
      @Override
      public void actionPerformed(ActionEvent e) {
      JOptionPane.showMessageDialog(f,
        cb.getItemAt(cb.getSelectedIndex()))); // 선택한 항목의
        문자열을 메시지 창에 출력
      }
    });
    f.add(cb);
    f.setLayout(null);
    f.setSize(200, 200);
    f.setVisible(true);
  }
}
```

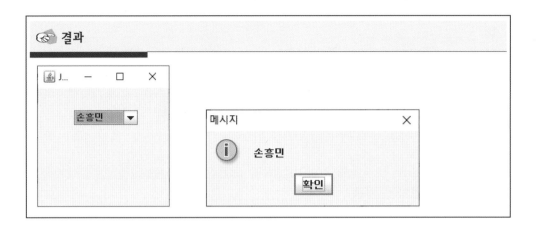

14.5.9 – JTable로 리스트 만들기

JTable 클래스는 데이터를 행과 열로 구성하는 테이블 형식으로 표시하는데 사용됩니다.

JTable 클래스 생성자

생성자	설명
JTable()	빈 셀이 있는 테이블을 만듭니다.
JTable(Object[][] rows, Object[] columns)	지정된 데이터로 테이블을 만듭니다.

아래 예제는 JTable 이용한 예제입니다.

```
1    package chapter14;
2
3    import javax.swing.JFrame;
4    import javax.swing.JScrollPane;
5    import javax.swing.JTable;
6
7    public class SwingJTableEx1 {
8
9       public static void main(String[] args) {
```

```
10
11        JFrame f = new JFrame(); // JFrame의 인스턴스 생성
12
13        String[][] data = { { "cool", "시원해", "1700" }, { "hot",
          "뜨거워", "100" }, { "king", "나야나", "500" } };
14        String[] column = { "ID", "이름", "POINT" };
15
16        JTable jt = new JTable(data, column); // 배열을 이용해서 테이블
          인스턴스 생성
17        jt.setBounds(30, 40, 200, 300);
18
19        JScrollPane sp = new JScrollPane(jt); // 지정된 사이즈보다 클 때
          스크롤을 생성
20
21        f.add(sp);
22        f.setSize(300, 150);
23        f.setVisible(true);
24
25      }
26
27  }
```

결과(Console)

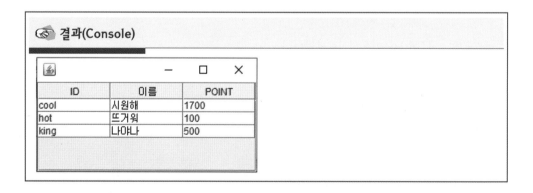

14.5.10 – JList로 리스트 만들기

JList 클래스는 텍스트 항목의 목록을 나타냅니다. 사용자가 하나의 항목 또는 여러 항목을 선택할 수 있도록 텍스트 항목 목록을 설정할 수 있습니다. JComponent 클래스를 상속합니다.

JList 클래스 생성자

생성자	설명
JList()	비어있는 읽기 전용 모델로 JList를 작성합니다.
JList(ary[] listData)	지정된 배열의 요소를 표시하는 JList를 작성합니다.
JList(ListModel<ary> dataModel)	null이 아닌 지정된 모델의 요소를 표시하는 JList를 만듭니다.

JList 클래스에서 자주 사용되는 메소드

메소드	설명
Void addListSelectionListener (ListSelectionListener listener)	선택 사항이 변경 될 때마다 통지되도록 목록에 리스너를 추가하는데 사용됩니다.
int getSelectedIndex()	가장 작은 선택된 셀 인덱스를 반환하는데 사용됩니다.
ListModel getModel()	JList 구성 요소에 의해 표시되는 항목 목록을 보유한 데이터 모델을 리턴 하는데 사용됩니다.
void setListData (Object[] listData)	객체 배열에서 읽기 전용 ListModel을 만드는데 사용됩니다.

아래 예제는 JList를 이용한 예제입니다.

```
1   package chapter14;
2
3   import javax.swing.DefaultListModel;
4   import javax.swing.JFrame;
```

```
5    import javax.swing.JList;
6
7    public class SwingJListEx1 {
8
9      public static void main(String[] args) {
10
11       JFrame f = new JFrame("JList 예제"); // JFrame의 인스턴스 생성
12
13       DefaultListModel<String> l1 = new DefaultListModel<>();
14       l1.addElement("항목1");
15       l1.addElement("항목2");
16       l1.addElement("항목3");
17       l1.addElement("항목4");
18
19       JList<String> list = new JList<String>(l1);
20       list.setBounds(20, 20, 100, 100);
21
22       f.add(list);
23       f.setSize(200, 200);
24       f.setLayout(null);
25       f.setVisible(true);
26
27     }
28   }
```

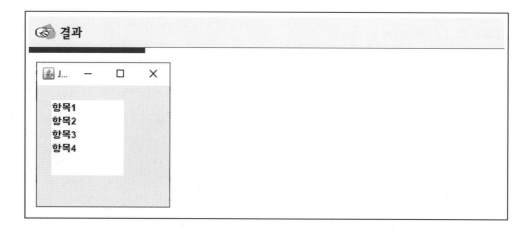

아래 예제는 이벤트 처리를 포함한 예제입니다.

```java
1    package chapter14;
2
3    import javax.swing.DefaultListModel;
4    import javax.swing.JFrame;
5    import javax.swing.JList;
6    import javax.swing.JOptionPane;
7    import javax.swing.event.ListSelectionEvent;
8    import javax.swing.event.ListSelectionListener;
9
10   public class SwingJListEx2 {
11
12     public static void main(String[] args) {
13
14       JFrame f = new JFrame("JList 예제"); // JFrame의 인스턴스 생성
15
16       DefaultListModel<String> l1 = new DefaultListModel<>();
17       l1.addElement("항목1");
18       l1.addElement("항목2");
19       l1.addElement("항목3");
20       l1.addElement("항목4");
21
22       JList<String> list = new JList<>(l1); // 리스트 인스턴스 생성
23       list.setBounds(20, 20, 100, 100);
24
25       list.addListSelectionListener( new ListSelectionListener()
            { // 리스트 항목 선택 이벤트 정의
26         @Override
27         public void valueChanged(ListSelectionEvent e) {
28           System.out.println(list.getSelectedValue()); // 선택된
              리스트의 항목 데이터 출력
29           JOptionPane.showMessageDialog(f,
                list.getSelectedValue());
30         }
31       });
```

```
32
33        f.add(list);
34        f.setSize(200, 200);
35        f.setLayout(null);
36        f.setVisible(true);
37    }
39  }
```

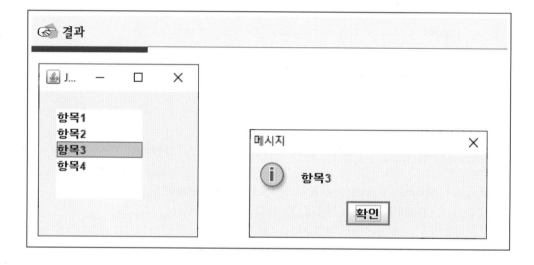

14.6 요약

■ AWT

AWT는 JAVA에서 GUI 프로그래밍을 위해 제공하는 API입니다. 프레임, 버튼, 리스트 등의 컴포넌트를 포함하고 있는 라이브러리입니다.

■ JAVA의 GUI 클래스 : Swing

Swing은 javax.swing 패키지를 통해 클래스들을 제공합니다. javax.swing패키지는 JButton, JTextField, JTextArea, JRadioButton, JCheckbox, JMenu, JColor Chooser 등과 같은 클래스를 제공합니다.

■ Swing을 이용한 GUI 프로그래밍

Swing을 이용해서 윈도우 프로그램을 만들려면 frame을 생성하고 만들어야 합니다. 이 프레임이 다양한 컨퍼넌트를 포함해서 화면에 표현해주는 역할을 하게 됩니다. Frame 클래스로 인스턴스를 만들어서 생성하거나 프레임 클래스를 상속해서 만든 클래스로 인스턴스를 생성해서 사용합니다.

■ 배치관리자

LayoutManager는 특정 방식으로 구성 요소를 정렬하는데 사용됩니다. LayoutManager는 모든 레이아웃 관리자 클래스에 의해 구현되는 인터페이스입니다. Swing 에서 제공하는 레이아웃 관리자 클래스는 BorderLayout, FlowLayout, GridLayout, CardLayout, GridBagLayout, BoxLayout, GroupLayout, ScrollPaneLayout, SpringLayout가 있습니다.

■ 이벤트 처리

버튼을 클릭하고 마우스 등을 드래그하는 것을 이벤트라고 합니다. java.awt.event 패키지는 이벤트 처리를 위한 많은 이벤트 클래스 및 리스너 인터페이스를 제공합니다. 이벤트 처리는 컴포넌트에 이벤트 리스너에 등록이 필요한데 컴포넌트에 이벤트 리스너를 등록하기 위해 많은 클래스가 등록 메소드를 제공합니다.

■ Mouse 이벤트 리스너

컴퓨터의 입력장치 중 가장 많이 사용하게 되는 것이 마우스입니다. JAVA 프로그램에서 마우스상태를 변경할 때마다 Java MouseListener에 알리고 MouseEvent 내용을 프로그램 내부로 통지됩니다. 다섯 가지 이벤트 메소드를 가지고 있습니다.

① public abstract void mouseClicked(MouseEvent e)

　: 클릭 이벤트

② public abstract void mouseEntered(MouseEvent e)

　: 커서가 객체 안쪽으로 이동 이벤트

③ public abstract void mouseExited(MouseEvent e)

　: 커서가 객체 밖으로 이동 이벤트

④ public abstract void mousePressed(MouseEvent e)

　: 버튼이 눌려지고 있는 상태 이벤트

⑤ public abstract void mouseReleased(MouseEvent e)

　: 버튼이 눌렸다가 떨어지는 상태 이벤트

■ Key 이벤트 리스너

키를 눌렀을 때마다 상태를 Java KeyListener에 알립니다. 세 개의 이벤트 처리 메소드가 있습니다.

① public abstract void keyPressed(KeyEvent e)

　: 키보드 키가 눌렸을 때 이벤트

② public abstract void keyReleased(KeyEvent e)

　: 키보드 키를 땠을 때 이벤트

③ public abstract void keyTyped(KeyEvent e)

　: 문자 키를 눌렀을 때 호출

■ Swing Component

Swing 컴포넌트는 컴포넌트와 컨테이너, 두 개로 나눌 수 있습니다. 컴포넌트를 포함하고 있는 컴포넌트를 컨테이너라고 합니다. 컴퍼넌트에는 문자를 다루는 컴퍼넌트와 버튼, 이미지, 테이블, 리스트 등을 다루는 컴퍼넌트들이 있습니다.

14.7 연습문제

01 컨테이너(Container)에 붙을 수 없는 것들은?

    (1) Panel   (2) Menu   (3) Button   (4) Label   (5) MenuItem

02 Frame의 크기가 변경되더라도 컴포넌트 크기가 변경되지 않는 레이아웃의 종류는?

03 Frame에 BorderLayout이 적용된 경우, Frame의 크기가 크게 한 경우 높이에만 영향을 미치는 부분은?

    (1) Center   (2) North   (3) South   (4) West   (5) East

04 다중선택이 가능하고 화면에 5개의 요소만 보여지도록 List 객체를 생성하려면?

```
List  list = (                    )
```

05 10줄의 문장이 보이고 대략적으로 20글자 정도의 글자가 보일 수 있는 TextArea를 생성하려면?

```
TextArea  ta = (                    )
```

06 Panel의 기본 레이아웃은?

07 TextField에서 사용 가능하지 않은 이벤트 리스너는?

    (1) ActionListener   (2) FocusListener

    (3) WindowListener   (4) KeyListener

    (5) MouseListener

08 초기 문자열로 "안녕"이 출력되면서 대략적인 글자(영문자) 20개 정도 보일 크기로 출력되는 TextField 객체를 생성하려면?

```
            TextField  tf = new  (                    )
```

09 ActionListener 인터페이스에 있는 메소드의 인자는?

10 화면을 출력한다면 선택된 체크박스는?

```
Panel  p = new Panel();
CheckboxGroup  cbg  = new CheckboxGroup();
Checkbox  cb1 = new Checkbox( "A", true, cbg );
Checkbox  cb2 = new Checkbox( "B", true, cbg );
Checkbox  cb3 = new Checkbox( "C", true, cbg );
p.add( cb1 );
p.add( cb2 );
p.add( cb3 );
```

(1) cb1

(2) cb2

(3) cb3

(4) 아무것도 체크되지 않는다.

(5) 세 개 모두 체크된다.

14.8 코딩 해보기

1. 간단한 계산기를 만들어봅시다.

   ① 사칙연산과 나머지를 구하는 기능을 구현

   ② 각 기능은 버튼으로 기능을 실행 하도록 구현해 봅시다.

2. 로또 번호 추출 하는 프로그램을 만들어 봅시다.

   ① 랜덤하게 번호를 추출하고, 배열이나 컬렉션에 저장하는 프로그램을 만들어봅시다.

   ② 저장된 번호는 윈도우 화면에 출력시키는 프로그램을 만들어 봅시다.

14.9 프로젝트-10

1. 지금까지 구현한 기능들을 윈도우 안의 UI 컴퍼넌트들을 이용해서 구현해봅시다.

	X

연락처 관리프로그램	
연락처 입력	
연락처 검색	
연락처 수정	**컨텐츠 출력 화면**
연락처 삭제	
전체 리스트	
파일저장	
파일로드	
프로그램 종료	

First Java

CHAPTER

15 네트워크 프로그래밍

15

네트워크 프로그래밍

CHAPTER 15 네트워크 프로그래밍

First Java

15.1 네트워크 기초

우리는 일상생활에서 컴퓨터를 통해서 웹 페이지에 접속을 하고 스마트폰을 통해서 친구들과 데이터를 주고받으며 소통하고 있습니다. 이렇게 다양한 단말기들을 통해서 서로 데이터를 주고받는 작업을 네트워킹이라고 합니다. 네트워크 프로그램은 둘 이상의 단말기(컴퓨터)를 서로 연결해서 데이터의 전송과 수신할 수 있도록 하는 프로그램입니다. 우리가자주 사용하는 채팅 프로그램이 대표적인 예입니다.

15.1.1 JAVA의 네트워크

JAVA 네트워킹은 리소스를 공유 할 수 있도록 두개 이상의 컴퓨팅장치를 함께 연결하는개념으로 설계되어 있습니다. JAVA에서는 소켓을 이용해서 다른 컴퓨팅장치 간에 데이터를 공유하는 기능을 제공합니다. JAVA에서 TCP 통신은 JAVA API를 이용하면 되는데전송계층의 처리는 JAVA 내부에서 처리되기 때문에 애플리케이션 계층에서 제공하는 프로토콜을 이용하는 프로그래밍을 하면 됩니다. JAVA API는 네트워크 통신에 필요한 다양한라이브러리들을 제공합니다. 그 중 JAVA의 소켓 프로그래밍은 서로 다른 단말기(컴퓨터)간에 데이터를 공유하는 기능을 제공합니다. java.net 패키지는 JAVA의 네트워크 응용프로그램을 개발하기 위한 많은 클래스를 제공합니다.

15.1.2 TCP/IP 4계층

네트워크 통신은 TCP/IP 4계층을 통해 전송됩니다.

애플리케이션 계층

전송 계층 : TCP, UDP

인터넷 계층

네트워크 인터페이스

네트워크 인터페이스 계층

네트워크 인터페이스가 물리적인 연결을 통해 로컬 네트워크 및 외부 IP 데이터그램을 전송하는 방법을 제공합니다. TCP/IP 패킷을 네트워크 매체로 전달하는 것과 네트워크 매체에서 TCP/IP 패킷을 받아들이는 과정을 담당합니다. 이더넷(Ethernet), 토큰링 (Token Ring)과 같은 LAN기술과 WAN기술을 포함하고 있습니다.

인터넷 계층(Internet)

어드레싱(addressing), 패키징(packaging), 라우팅(routing) 기능을 제공합니다. 논리적 주소인 IP를 이용한 노드간 전송과 라우팅 기능을 처리합니다. 네트워크상 최종 목적지까지 정확하게 연결되도록 연결성을 제공합니다.

전송계층(Transport)

데이터의 송수신을 담당합니다. 애플리케이션 계층의 세션과 데이터그램(datagram) 통신서비스 제공합니다. 핵심 프로토콜로 TCP/UDP가 있습니다.

- TCP1:1 연결 지향, 신뢰할 수 있는 통신 서비스 제공합니다. TCP 연결 확립과 보내진 패킷의 확인, 순서화, 전달 중 손상된 패킷을 복구하는 역할을 합니다.

- UDP1:1, 1:N의 비연결 지향, 신뢰할 수 없는 통신서비스 제공합니다. 주로 전달해야 할 데이터의 크기(하나의 패킷으로 보낼 수 있는 데이터와 같은 경우)가 작을 때 사용합니다. TCP 연결 확립에 의한 부하를 피하려고 할 때 사용합니다.

응용프로그램 계층(Application)

다른 계층의 서비스에 접근할 수 있게 하는 애플리케이션을 제공하는 계층입니다. 애플리케이션들이 데이터를 교환하기 위해 사용하는 프로토콜들을 정의하고 있는데 아래와 같은 프로토콜이 정의되어 있습니다.

- HTTP(HyperText transfer Protocol)
  WWW의 Web 페이지 파일을 전송하는데 사용되는 프로토콜입니다.

- FTP(File transfer Protocol)
  상호 파일 전송을 위해 사용되는데 사용되는 프로토콜입니다.

- SMTP(Simple Mail transfer Protocol)
  메일 메시지와 그에 추가된 첨부 파일을 전송하기 위해 사용되는 프로토콜입니다.

- Telnet(Terminal emulation protocol)
  네트워크 호스트에 원격 접속하기 위해 사용되는 프로토콜입니다.

- DNS(Domain Name System)
  호스트 이름을 IP 주소를 변환하기 위해 사용되는 프로토콜입니다.

네트워크 용어 정리

● IP Address
IP Addresss는 단말기(컴퓨터)를 식별할 수 있는 논리적인 주소 값을 의미합니다. 통신을 위해서는 양 끝에 단말기들이 존재해야 하고, 각 단말기들은 서로의 위치로 찾아가야 합니다. 이때 이 주소 값을 이용해서 단말기의 위치로 찾아가 단말기를 확인 합니다. 인터넷 상에 존재하는 호스트들을 구분하기 위한 32비트 주소 체계를 가지고 있습니다.

● Protocol
Protocol은 통신하는데 필요한 약속과 규칙을 의미합니다. 프로토콜은 컴퓨터 네트워크에서 데이터를 교환하거나 전송하기 위한 방법들의 세트입니다. 앞서 언급한 응용프로그램 계층에서 제공하는 대표적인 프로토콜은 http, ftp, smtp, telnet, ssh 등이 있습니다.

● Port Number
포트 번호는 원격지의 컴퓨터에서 실행되고 있는 응용 프로그램을 고유하게 식별하는데 사용됩니다. 응용 프로그램 간의 통신 끝점 역할을 합니다. 포트 번호는 두 응용 프로그램 간의 통신을 위한 IP 주소 함께 사용됩니다.

● MAC Address
MAC (Media Access Control) 주소는 NIC (Network Interface Controller)의 고유 식별자 입니다. 네트워크 노드에는 여러 개의 NIC가있을 수 있지만 네트워크 인터페이스에는 고유한 MAC 주소를 가집니다.

15.2 InetAddress 클래스

java.net.InetAddress 클래스는 IP 주소를 나타냅니다. 이 클래스는 호스트 이름으로 IP 주소를 얻을 수 있는 기능을 제공합니다. InetAddress의 인스턴스는 해당 호스트 이름을 가진 IP주소를 나타냅니다. InetAddress 클래스에 정의되어 있는 메소드들 중 일반적으로 사용되는 메소드는 아래와 같이 정의되어 있습니다.

메소드	설명
public static InetAddress **getByName**(String host) throws UnknownHostException	전달받은 호스트 주소의 문자열로 IP와 이름을 포함하는 InetAddress의 인스턴스를 반환합니다.
public static InetAddress **getLocalHost**() throws UnknownHostException	로컬 호스트 이름과 주소가 포함 된 InetAdddress 인스턴스를 반환합니다. 만약 방화벽으로 가려진 경우 127.0.0.1을 반환합니다.
public String **getHostName**()	IP 주소의 호스트 이름을 반환합니다.
public String **getHostAddress**()	IP 주소를 문자열 형식으로 반환합니다.

아래 예제는 InetAddress를 이용한 예제입니다.

```java
package chapter15;

import java.net.InetAddress;

public class InetAddressTest {

  public static void main(String[] args) {

    String urlStr = //www.yundu.co.kr

    try {
      InetAddress ip = InetAddress.getByName(urlStr);
```

```
13
14        System.out.println("Host Name: " + ip.getHostName());
15        System.out.println("IP Address: " + ip.getHostAddress());
16
17      } catch (Exception e) {
18        System.out.println(e);
19      }
20
21    }
22
23  }
24
```

☞ 결과(Console)

```
Host Name: www.naver.com
IP Address: 125.209.222.142
```

15.3 URL

15.3.1 URL

URL(Uniform Resource Locator)은 인터넷 상의 자원에 대한 주소를 말합니다. URL 에는 프로토콜의 종류, 도메인 이름, 포트, 경로명, 파일이름, 쿼리 스트링과 같은 정보를 가지고 있습니다. 아래 URL에 어떤 정보를 가지고 있는지 살펴보겠습니다.

http://www.yundu.co.kr:80/sub.html?page=book_list#new

     프로토콜   도메인이름   경로/파일   파라미터   anchor

                             port

http

http는 프로토콜(규약)입니다. 브라우저가 어떤 통신 규약(약속)을 사용해야 하는지를 나타냅니다. 보통 웹사이트들을 HTTP 프로토콜이나 HTTPS 프로토콜을 사용합니다. 경우에 따라 메일 전송을 위한 mailto: 또는 파일을 전송하기 위해 ftp: 와 같은 다른 프로토콜들 사용하기도 합니다.

도메인이름

www.yundu.co.kr은 도메인이름입니다. 웹 서버의 주소를 가리킵니다. 직접 IP address 를 사용하는 것도 가능하지만 일반적으로 도메인이름을 사용해서 웹 서버에 접속합니다.

port

:80은 포트입니다. 웹 서버의 자원에 접근하기 위해 사용하는 "관문(gate)"역할을 합니다. 웹 서버의 자원의 접근하기 위해 표준 HTTP 포트(80) 또는 HTTPS를 사용한다면 포트(443) 포트번호는 보통 생략합니다. 다른 포트의 경우에는 필수적으로 작성해주어야합니다.

경로/파일

/sub.html은 웹 서버의 자원에 대한 경로입니다. 초창기에는 html 문서의 물리적인 위치를 나타냈지만, 최근에는 동적 페이지의 주소를 가리킵니다.

파라미터

page=book_list 는 웹 서버에 요청하는 추가 파라미터 데이터입니다. 이 파라미터들은 & 기호로 구분된 키/값으로 짝을 이룬 리스트입니다. 웹 서버는 동적으로 자원을 반환하기 전에 이런 파라미터들을 받아 응답처리를 합니다.

anchor

#new 는 html 문서 내의 특정 위치에 대한 anchor(닻)입니다. An anchor는 웹 페이지 안에서 "bookmark"의 역할을 합니다. "bookmarked" 지점에 위치된 내용을 보여주기 위해 브라우저에게 해당위치로 이동하도록 위치를 알려줍니다.

15.3.2 URL 클래스

JAVA의 URL클래스는 URL정보를 저장하고 표현하는데 사용됩니다. URL은 Uniform Resource Locator의 약어입니다. 월드 와이드 웹의 리소스를 가리킵니다.

URL의 예를 들어 보겠습니다.

http://www.yundu.co.kr/index.html

URL은 아래와 같은 정보를 포함 하고 있습니다.

- **프로토콜** : 위의 URL에서는 http가 프로토콜입니다.
- **서버 이름 또는 IP 주소** : www.yundu.co.kr가 서버의 도메인이름입니다.
- **포트 번호** : 웹 서버의 경우 기본 포트는 80을 사용합니다. 생략이 가능합니다.
- **파일 이름 또는 디렉토리 이름** : 위의 URL에서는 index.html 이 파일 이름입니다.

URL 클래스의 생성자

생성자	설명
URL(String protocol, String host, int port, String file)	매개변수의 프로토콜, 호스트, 포트 번호 및 파일 정보를 기반으로 URL 인스턴스를 생성합니다.
URL(String protocol, String host, int port, String file, URLStreamHandler handler)	매개변수의 프로토콜, 호스트, 포트 번호, 파일 및 URLStreamHandler 인스턴스를 기반으로 URL 인스턴스를 생성합니다.
URL(String protocol, String host, String file)	매개변수의 프로토콜 이름, 호스트 이름 및 파일 이름으로 URL 인스턴스를 생성합니다.

생성자	설명
URL(URL context, String spec)	매개변수의 컨텍스트 내에서 지정된 스펙을 구문 분석하여 **URL** 인스턴스를 생성합니다.
URL(URL context, String spec, URLStreamHandler handler)	매개변수의 컨텍스트 내에서 지정된 스펙을 구문 분석하고, 지정된 핸들러를 사용하여 **URL** 인스턴스를 생성합니다.

URL 클래스의 메소드

메소드	설명
public String **getProtocol**()	URL의 프로토콜을 반환합니다.
public String **getHost**()	URL의 호스트 이름을 반환합니다.
public String **getPort**()	URL의 포트 번호를 반환합니다.
public String **getFile**()	URL의 파일 이름을 반환합니다.
public String **getAuthority**()	URL의 권한을 반환합니다.
public String **toString**()	URL의 문자열 표현을 반환합니다.
public String **getQuery**()	URL의 쿼리 문자열을 반환합니다.
public String **getDefaultPort**()	URL의 기본 포트를 반환합니다.
public URLConnection **openConnection**()	URLConnection의 인스턴스를 반환합니다.
public boolean **equals**(Object obj)	주어진 객체와 **URL**을 비교합니다.
public Object **getContent**()	URL의 내용을 반환합니다.
public String **getRef**()	URL의 앵커 또는 참조를 반환합니다.
public URI **toURI**()	URL의 URI를 반환합니다.

아래 예제는 URL 클래스를 사용한 예제입니다.

```
1   package chapter15;
2
3   import java.net.URL;
4
5   public class URLTest {
6
7     public static void main(String[] args) {
8
9       String urlStr =
          "https://news.naver.com/main/read.nhn";https://news.nave
          r.com/main/read.nhn?mode=LS2D&mid=sec&sid1=105&sid2=228&
          oid=584&aid=0000008620
10
11      try {
12        URL url = new URL(urlStr);
13
14        System.out.println("Protocol: " + url.getProtocol());
15        System.out.println("Host Name: " + url.getHost());
16        System.out.println("Port Number: " + url.getPort());
17        System.out.println("Default Port Number: " +
            url.getDefaultPort());
18        System.out.println("Query String: " + url.getQuery());
19        System.out.println("Path: " + url.getPath());
20        System.out.println("File: " + url.getFile());
21
22      } catch (Exception e) {
23        System.out.println(e);
24      }
25    }
26
27  }
28
```

```
🔎 결과(Console)

Protocol: https
Host Name: news.naver.com
Port Number: -1
Default Port Number: 443
Query String: mode=LS2D&mid=sec&sid1=105&sid2=228&oid=584&aid
   =0000008620
Path: /main/read.nhn
File: /main/read.nhn?mode=LS2D&mid=sec&sid1=105&sid2=228&oid=
   584&aid=0000008620
```

15.3.3 URLConnection 클래스

URLConnection 클래스는 URL과 응용 프로그램 사이의 통신 링크를 나타냅니다. URLConnection 클래스는 URL이 참조하는 리소스에서 데이터를 읽고 쓰는데 사용할 수 있습니다. URL 클래스의 openConnection() 메소드는 URLConnection 클래스의 객체를 반환합니다.

```
public URLConnection openConnection() throws IOException { }
```

URLConnection 클래스는 많은 메소드를 제공하며 getInputStream() 메소드를 사용하여 서버에서 응답의 결과로 반환하는 웹 페이지의 모든 데이터를 표시할 수 있습니다. getInputStream() 메소드는 읽고 표시할 수 있는 스트림에 지정된 URL의 모든 데이터를 반환합니다.

아래 예제는 URLConnection을 이용한 예제입니다.

```
1    package chapter15;
2
```

```
3    import java.io.InputStream;
4    import java.net.URL;
5    import java.net.URLConnection;
6
7    public class URLTest {
8      public static void main(String[] args) {
9
10       String urlStr = "https://www.google.com" ;
11
12       try {
13         URL url = new URL(urlStr);
14
15         URLConnection urlcon = url.openConnection();
16         InputStream stream = urlcon.getInputStream();
17         int i;
18         while ((i = stream.read()) != -1) {
19           System.out.print((char) i);
20         }
21
22       } catch (Exception e) {
23         System.out.println(e);
24       }
25     }
26   }
```

> URLConnection 인스턴스는 URL 인스턴스의 openConnection() 메소드를 이용해서 얻을 수 있음

☞ 결과(Console)

```
<!doctype html><html itemscope=""
  itemtype="http://schema.org/WebPage" lang="ko"><head><meta
  content="text/html; charset=UTF-8" http-equiv="Content-Type">
... 이하 생략
```

15.3.4 HttpURLConnection 클래스

HttpURLConnection 클래스는 HTTP 프로토콜에서만 처리되는 URLConnection입니다. HttpURLConnection 클래스를 사용하면 헤더 정보, 상태 코드, 응답 코드 등과 같은 모든 HTTP URL 정보를 얻을 수 있습니다. HttpURLConnection 클래스는 URLConnection 클래스를 상속해서 구현한 서브 클래스이기 때문에 HttpURLConnection 클래스의 인스턴스를 얻기 위해서는 URL클래스의 openConnection() 메소드를 호출하면 URLConnection 클래스의 인스턴스를 받아 사용할 수 있습니다.

```
public URLConnection openConnection()throws IOException{}
```

아래와 같이 HttpURLConnection 타입으로 형 변환을 통해 사용할 수 있습니다.

```
URL url = new URL("https://news.naver.com/main/read.nhn" );
HttpURLConnection huc = (HttpURLConnection) url.openConnection ();
```

아래 예제는 HttpURLConnection을 이용한 예제입니다.

```java
1    package chapter15;
2
3    import java.net.HttpURLConnection;
4    import java.net.URL;
5
6    public class URLTest {
7      public static void main(String[] args) {
8
9        String urlStr = "https://news.naver.com/main/read.nhn";
10
11       try {
12
13         URL url = new URL(urlStr);
```

> HttpURLConnection 인스턴스도
> URL 인스턴스의 openConnection()
> 메소드로 얻을 수 있음

```
14
15         HttpURLConnection huc = (HttpURLConnection)
             url.openConnection();
16
17         for (int i = 1; i <= 8; i++) {
18           System.out.println(huc.getHeaderFieldKey(i) + " = " +
               huc.getHeaderField(i));
19         }
20
21         huc.disconnect();
22
23     } catch (Exception e) {
24         System.out.println(e);
25     }
26
27   }
28
29 }
30
```

☞ 결과(Console)

```
date = Sat, 02 May 2020 21:39:04 GMT
cache-control = no-cache
expires = Thu, 01 Jan 1970 00:00:00 GMT
set-cookie = JSESSIONID=376D3F75FA551E51B0E8D4C66941804C; Path=/main;
  HttpOnly
content-language = ko-KR
vary = Accept-Encoding
transfer-encoding = chunked
content-type = text/html;charset=EUC-KR
```

15.4 Socket Programming

JAVA 소켓 프로그래밍은 다른 JRE에서 실행되는 응용 프로그램 간의 통신에 사용됩니다. JAVA 소켓 프로그래밍은 연결 지향적이거나 비 연결적일 수 있습니다. Socket 클래스 및 ServerSocket 클래스는 연결 지향 소켓 프로그래밍에 사용됩니다. 소켓 프로그래밍 의 클라이언트는 서버의 IP 주소, 포트 번호 두 가지 정보를 알아야 통신을 할 수 있습니다. 여기서는 단 방향 클라이언트와 서버 통신을 할 것입니다. 이 응용 프로그램에서 클라 이언트는 서버에 메시지를 보내고 서버는 메시지를 읽고 출력합니다. 통신을 하기 위해서 는 Socket 클래스와 ServerSocket 클래스를 사용합니다. Socket 클래스는 클라이언 트와 서버 간의 통신할 때 사용합니다. ServerSocket 클래스는 서버 측에서 사용됩니 다. ServerSocket 클래스의 accept() 메소드는 클라이언트가 연결될 때까지 대기하 고 콘솔을 차단합니다. 클라이언트가 성공적으로 연결되면 서버 측에서 Socket 인스턴스 를 반환하고 연결 상태를 유지하고 통신을 합니다.

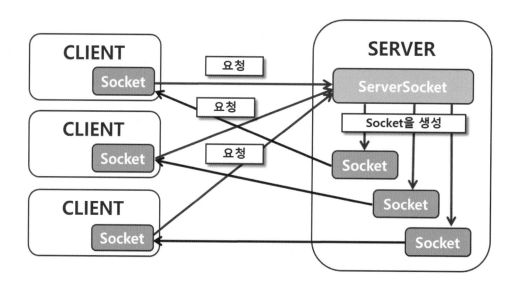

🪣 socket 클래스

소켓은 단순히 시스템 간의 통신을 위한 끝점입니다. Socket 클래스를 사용하여 소켓을 만들 수 있습니다. 소켓 인스턴스를 생성하기 위해서는 서버 소켓의 IP주소와 port 번호 가 있어야 하고, 소켓 연결이 가능한 서버가 실행 중이어야 합니다. 소켓 통신을 위한 클라이언트 애플리케이션을 생성하려면 Socket 클래스의 인스턴스를 생성해야 합니다. 이때 생성자에 서버의 IP 주소 또는 호스트 이름과 포트 번호를 전달해야 합니다. 여기서는 서버가 동일한 시스템에서 실행되기 때문에 "localhost"를 사용하겠습니다.

```
Socket s = new Socket("localhost", 9999);
```

ServerSocket

ServerSocket 클래스를 사용하여 서버 소켓을 만들 수 있습니다. 이 인스턴스는 클라이언트 소켓과 연결하여 통신할 수 있는 소켓 인스턴스를 생성해줍니다.

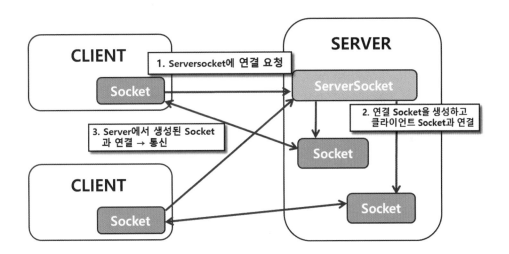

소켓 통신을 위한 서버 애플리케이션을 만들려면 ServerSocket 클래스의 인스턴스를 생성해야 하는데 통신을 위해 9999 포트 번호를 사용해서 ServerSocket 인스턴스를 생성해 보겠습니다. 그리고 ServerSocket 인스턴스의 accept() 메소드를 이용해 클라이언트의 소켓연결 요청을 기다립니다. 클라이언트가 주어진 포트 번호로 연결하면 클라이언트와 연결할 수 있는 Socket의 인스턴스를 반환합니다.

```
ServerSocket serverSocket=new ServerSocket(9999);
Socket s= serverSocket.accept();
```

아래 예제는 소켓을 이용해서 메시지를 주고받는 예제입니다. 아래 예제는 통신을 위한 Socket 객체를 생성해주는 Server를 구현하는 예제입니다.

```java
1    package chapter15;
2
3    import java.io.DataInputStream;
4    import java.net.ServerSocket;
5    import java.net.Socket;
6
7    public class MySocketServer {
8      public static void main(String[] args) {
9        try {
10          ServerSocket ss = new ServerSocket(9999);
11
12          Socket s = ss.accept(); // Socket 연결 요청이 오면 Socket
                인스턴스를 반환합니다.
13          DataInputStream dis = new
                DataInputStream(s.getInputStream());
14          String str = (String) dis.readUTF();
15          System.out.println("message= " + str);
16          ss.close();
17        } catch (Exception e) {
18          System.out.println(e);
19        }
20      }
21    }
22
```

아래 예제는 데이터 통신을 하는 Client 프로그램을 구현하는 예제입니다.

```java
1    package chapter15;
2
3    import java.io.DataOutputStream;
4    import java.net.Socket;
```

```java
5
6    public class ClientSocket {
7      public static void main(String[] args) {
8        try {
9          // SocketServer의 ip와 port 정보를 이용해 Servert에 연결할 Socket
10             인스턴스를 생성
11         Socket s = new Socket("localhost", 9999);
12
13         DataOutputStream dout = new
14            DataOutputStream(s.getOutputStream());
14         dout.writeUTF("안녕하세요~ Client에서 보내는 메시지 입니다.");
15         dout.flush();
16         dout.close();
17         s.close();
18
19        } catch (Exception e) {
20          System.out.println(e);
21        }
22      }
23    }
```

☞ 결과(Console) – MySocketServer

---

message= 안녕하세요~ Client에서 보내는 메시지입니다.

아래 예제는 소켓을 이용해서 메시지를 주고받는 예제입니다. 먼저 서버를 구현하는 코드를 살펴보겠습니다.

```java
1    package chapter15;
2
3    import java.io.DataInputStream;
4    import java.io.DataOutputStream;
5    import java.net.ServerSocket;
```

```java
6    import java.net.Socket;
7    import java.util.Scanner;
8
9    public class MessageServer {
10     public static void main(String args[]) throws Exception {
11
12       ServerSocket ss = new ServerSocket(8888);
13
14       Socket s = ss.accept();
15
16       DataInputStream din = new
17         DataInputStream(s.getInputStream());
         DataOutputStream dout = new
           DataOutputStream(s.getOutputStream());
18
19       Scanner sc = new Scanner(System.in);
20
21       String str = "", str2 = "";
22
23       while (!str.equals("exit")) {
24         str = din.readUTF();
25         System.out.println("client message: " + str);
26         str2 = sc.nextLine();
27         dout.writeUTF(str2);
28         dout.flush();
29       }
30
31       din.close();
32       s.close();
33       ss.close();
34     }
35   }
36
```

아래 예제는 클라이언트를 구현하는 코드입니다.

```java
package chapter15;

import java.io.DataInputStream;
import java.io.DataOutputStream;
import java.net.Socket;
import java.util.Scanner;

public class MessageClient {
  public static void main(String args[]) throws Exception {

    Socket s = new Socket("localhost", 8888);

    DataInputStream din = new
      DataInputStream(s.getInputStream());
    DataOutputStream dout = new
      DataOutputStream(s.getOutputStream());
    Scanner sc = new Scanner(System.in);

    String str = "", str2 = "";

    while (!str.equals("exit")) {
      str = sc.nextLine();
      dout.writeUTF(str);
      dout.flush();
      str2 = din.readUTF();
      System.out.println("Server message: " + str2);
    }

    dout.close();
    s.close();
  }
}
```

☞ 결과(Console) – MessageServer

client message: 안녕~!!
안녕하세요~

☞ 결과(Console) – MessageClient

안녕~!!
Server message: 안녕하세요~

15.5 요약

■ JAVA의 네트워크

JAVA에서는 네트워크 프로그래밍을 위해 **TCP/IP** 프로토콜 기반의 데이터 전송을 할 수 있는 클래스를 제공하고 있습니다. 실제 데이터의 송수신은 **API** 클래스 내부에서 처리하고 있어 실제 프로그래밍은 통신 프로토콜을 이용한 프로그래밍을 하면 됩니다.

■ 네트워크 4계층

애플리케이션 계층

전송 계층 : TCP, UDP

인터넷 계층

네트워크 인터페이스

■ InetAddress 클래스

이 클래스는 **IP Address**를 저장하고 관리하는 클래스입니다.

■ URL

웹 서버에 특정 웹 페이지를 요청할 때 사용하는 주소 방식입니다. 아래와 같은 구조로 사용합니다.

```
http://www.yundu.co.kr:80/sub.html?page=book_list#new
```

프로토콜 → 도메인이름 → port → 경로/파일 → 파라미터 → anchor

■ URL 클래스

JAVA의 URL클래스는 URL 정보를 저장하고 표현하는데 사용됩니다.

■ URLConnection 클래스

JAVA의 URLConnection 클래스는 URL과 응용 프로그램 사이의 통신 링크 관리할 수 있는데 URL이 참조하는 리소스에서 데이터를 읽고 쓰는데 사용됩니다.

■ HttpUrlConnection 클래스

헤더 정보, 상태 코드, 응답 코드 등과 같은 모든 HTTP URL 정보를 얻을 수 있습니다.

■ Socket 클래스

TCP/IP 기반의 1:1 통신을 할 때 사용되는 클래스로 통신을 하는 각 디바이스나 컴퓨터에서 생성해서 디바이스나 컴퓨터간의 통신을 합니다.

■ ServerSocket 클래스

서버 소켓 인스턴스는 클라이언트 소켓과 연결하여 통신할 수 있는 소켓 인스턴스를 생성해 줍니다.

15.6 연습문제

01 전송계층(Transport)에서 데이터의 송수신을 담당하고 1:1 통신을 하는 프로토콜은 무엇인가?

(1) UDP

(2) SMTP

(3) FTP

(4) TCP

02 네트워크 4계층에서 애플리케이션들이 데이터를 교환하기 위해 사용하는 프로토콜들을 정의하고 있는 계층을 고르시오.

(1) 네트워크 인터페이스 계층

(2) 인터넷 계층(Internet)

(3) 전송계층(Transport)

(4) 응용프로그램 계층(Application)

03 WWW의 Web 페이지 파일을 전송하는데 사용되는 프로토콜이 무엇인지 고르시오.

(1) UDP

(2) SMTP

(3) HTTP

(4) TCP

04 단말기(컴퓨터)를 식별할 수 있는 논리적인 주소 값을 무엇이라 하는지 쓰시오.

05 아래는 URL 주소를 나타냅니다. 각 부분의 명칭을 쓰시오.

```
http://www.yundu.co.kr:80/sub.html?page=book_list#new
      프로토콜   도메인이름              경로/파일   파라미터           anchor
                              port
      (1)        (2)          (3)     (4)         (5)          (6)
```

(1)
(2)
(3)
(4)
(5)
(6)

06 아래 코드는 URL 경로의 웹 페이지 html 코드를 읽어오는 코드 입니다. 빈 공간의 코드를 작성하시오.

```java
String urlStr = "https://news.naver.com/main/read.nhn";

try {
  URL url = new URL(urlStr);
  URLConnection urlcon =              (1)              ;
  InputStream stream =              (2)              ;
  int i;
  while ((i = stream.read()) != -1) {
    System.out.print((char) i);
  }
} catch (Exception e) {
  System.out.println(e);
}
```

(1)
(2)

07 아래 코드는 서버 소켓을 이용해서 구현하는 코드 입니다. 빈 공간의 코드를 작성하시오.

```
try {
  ServerSocket ss = new ServerSocket(9999);
  Socket s =          (1)          ; // Socket 연결 요청이 오면 Socket 인스턴스를
  반환합니다.
  DataInputStream dis = new DataInputStream(          (2)          );
  String str = (String) dis.readUTF();
  System.out.println("message= " + str);
  ss.close();
} catch (Exception e) {
  System.out.println(e);
}
```

(1)

(2)

15.7 코딩 해보기

JAVA GUI를 이용해서 멀티 채팅 프로그램을 만들어 봅시다.

First Java

INDEX

C

D

E

F